TAMI FISCHER

Moving
MOUNTAINS

ROMAN

Besuche uns im Internet:
www.knaur.de

Hat dir dieses Buch gefallen? Lesetipps und
vieles mehr rund um unsere romantischen Lieblingsbücher
findest du auf Instagram: @knaurromance

Aus Verantwortung für die Umwelt hat sich die Verlagsgruppe
Droemer Knaur zu einer nachhaltigen Buchproduktion verpflichtet.
Der bewusste Umgang mit unseren Ressourcen, der Schutz unseres Klimas
und der Natur gehören zu unseren obersten Unternehmenszielen.
Gemeinsam mit unseren Partnern und Lieferanten setzen wir uns für eine
klimaneutrale Buchproduktion ein, die den Erwerb von Klimazertifikaten
zur Kompensation des CO_2-Ausstoßes einschließt.
Weitere Informationen unter: www.klimaneutralerverlag.de

Originalausgabe Oktober 2021
Knaur Taschenbuch
© 2021 Knaur Verlag
Ein Imprint der Verlagsgruppe
Droemer Knaur GmbH & Co. KG, München

Redaktion: Anika Beer
Covergestaltung: ZERO Werbeagentur, München
Coverabbildung: Collage unter Verwendung von
theteamtall / shutterstock.com, Irina Bg / shutterstock.com,
4 PM production / shutterstock.com
Illustration im Innenteil: Jule Bürgi
Emojis: Cosmic_Design / Shutterstock.com
Satz: Sandra Hacke
Druck und Bindung: CPI books GmbH, Leck
ISBN 978-3-426-52704-7

2 4 5 3

Liebe Leser*innen,

bei manchen Menschen lösen bestimmte Themen ungewollte Reaktionen aus. Deshalb findet ihr am Ende des Buches eine Triggerwarnung.
Achtung: Diese enthält Spoiler für das gesamte Buch.
Wir wünschen euch gute Unterhaltung mit *Moving Mountains*.

Tami & der Knaur Verlag

Für Michelle und Halil.
Ihr werdet für immer geliebt
und niemals vergessen.
Versprochen.

KAPITEL 1

SAVANNAH

Ich bekam keine Luft. Mein Herzschlag dröhnte mir in den Ohren und sorgte dafür, dass meine Haut sich immer enger zusammenzog. Ich schluchzte ein letztes Mal und versuchte, es mit einem Husten zu kaschieren. Doch es änderte nichts. Ich hatte das Gefühl zu ersticken. *Komm schon, atme tief durch. Du schaffst das. Eine Panikattacke ist das Letzte, was du jetzt gebrauchen kannst.*

Ich wagte es nicht, aufzublicken und meine Eltern anzusehen. Ich konnte mich nicht bewegen, konnte ja nicht einmal das Omelett auf meinem Frühstücksteller anrühren.

Ihre Worte echoten erbarmungslos durch meinen Kopf, und ihr Verrat saß so tief, dass mir schlecht war.

Scheidung.

Hausverkauf.

Das Ende meiner Therapie. *Meine Therapie!* Keine Sitzungen mehr mit Dr. Dreyer, kein Abschied, kein Abschlussgespräch. Einfach … nichts. Und das nach all den Jahren, in denen Dr. Dreyer so wichtig und so essenziell für mich geworden war.

Die Morgen, an denen ich unbekümmert mit meinen Eltern auf ihrer Terrasse frühstücken konnte, waren damit wohl ein für alle Mal dahin. Sie hatten mir einfach einen der wichtigsten Menschen in meinem Leben genommen. Und sie hatten mir so lange etwas vorgemacht, nur um mich jetzt mit allem auf einmal zu erschlagen und mich der Sintflut zu überlassen.

Mein Dad seufzte schwer und stellte in aller Seelenruhe das Glas mit dem frisch gepressten Orangensaft ab. Er schlug einen versöhnlichen Tonfall an. »Savy, Liebling. Es hört sich übler an, als es ist. Deine Mutter und ich haben diese Entscheidung doch nur hinausgezögert, weil es das Beste für dich war. Wir wollen dich nicht verletzen, und wir denken, jetzt, wo es dir besser geht, ist der ideale Zeitpunkt gekommen.«

Im Augenwinkel konnte ich sehen, wie meine Mom heftig nickte. »Dein Vater hat recht. Wir können außerdem nicht für immer Rücksicht auf dich nehmen und unsere eigenen Leben hintanstellen. Vor allem wo du jetzt mit einundzwanzig offiziell erwachsen bist.«

Ich konnte nichts dagegen tun, dass mir erneut ein Schluchzen entfuhr und meine Augen hinter den Gläsern meiner Brille zu brennen begannen. Wütende Hilflosigkeit in ihrer reinsten Form. Aber ich wollte nicht, dass sie es sahen, sonst würden sie mich gar nicht mehr ernst nehmen. Irgendwie musste ich mich zusammenreißen.

Mit all meiner Kraft zwang ich mich, meinen Eltern in die Augen zu sehen. In meinem Kopf hatte ich mir all die richtigen Worte schon längst zurechtgelegt, wie zum Beispiel: *Wie könnt ihr mir das nur antun? Habt ihr euren Verstand verloren? Ihr seid schon so lange kein Paar mehr und haltet das vor mir geheim, während die ganze Welt Bescheid wusste? Ihr verkauft einfach unser Haus, in dem Mitch und ich aufgewachsen sind? Und wie könnt ihr es wagen, mir einfach Dr. Dreyer wegzunehmen? Ich brauche sie! Das habt ihr nicht zu entscheiden!*

»Es tut mir leid«, wisperte ich statt all der Worte, die ich so viel lieber in die Welt hinausgeschrien hätte. Doch es brauchte nur einen Blick in ihre erwartungsvollen Augen, die ja nur das Beste für mich wollten …

Ich konnte es einfach nicht. Wie immer.

Das klaffende Loch in meiner Brust verschluckte die Wut einfach, obwohl sie so heiß, so brennend und wild und unbezwingbar war. Doch plötzlich war sie einfach fort, und mit ihr all meine Kraft. Zurück blieb nur ein Gefühl von Leere.

Ich zwang meinen Mund dazu, Worte zu formen, auch wenn mein Hals noch immer wie zugeschnürt war. »Ich kann noch nicht darüber reden. I-ich brauche Zeit. Es … tut mir leid.«

Meine Mutter stieß hart den Atem aus, was beinahe genervt klang, doch sie nickte. Dad wirkte ein wenig hoffnungsvoller. Er lächelte mich sogar an. »Natürlich, Liebling. Nimm dir alle Zeit der Welt, okay? Wenn ich irgendetwas für dich tun kann, ruf mich einfach an.«

In Gedanken hatte ich erneut eine patzige Antwort parat. *Was du für mich tun kannst? Gib mir verdammt noch mal Dr. Dreyer zurück!*

Am liebsten hätte ich den Gedanken ausgesprochen. Aber ich war schließlich ich. Und wie jeder wusste, war Mut nicht gerade mein Ding. Verbitterung darüber, *nicht* mutig zu sein? Damit konnte ich wiederum dienen.

Das Gefühl der Taubheit in mir wurde stärker und meine Hände zunehmend kälter und klammer. Ich musste hier weg. Die Panikattacke hatte bereits begonnen, und ich konnte nicht zulassen, dass ich hier und jetzt zusammenbrach. Ich musste so schnell wie möglich allein sein. Deshalb nickte ich bloß, legte mir meine Umhängetasche um und verließ mit mechanischen Schritten die Terrasse meiner Eltern. Ich verabschiedete mich nicht einmal, genauso wenig wie sie.

Wie ferngesteuert lief ich zu meinem Auto und setzte mich hinein.

Mein Puls wurde immer schneller und meine Kehle immer trockener. Es war so warm hier drin, dabei war es gerade mal zehn Uhr morgens. Himmel noch mal, wie konnte es bereits jetzt so heiß sein? Egal. Es war mir so was von egal. Nichts spielte mehr eine Rolle. Und gegen die Panikattacke konnte ich nichts mehr tun. Die Welt wurde träge und zäh, wie in Zeitlupe, während ich selbst, mein Herz, mein Blut und meine Gedanken zu rasen schienen.

Ohne wirklich darüber nachzudenken, brachte ich meine Hände dazu, den Motor zu starten. Rückwärtsgang. In diesem Zustand würde ich mich nicht in den regen Verkehr von Fletcher einfädeln, aber Abstand zu dieser Straße musste ich allemal gewinnen. Ich rollte vom Grundstück meiner Eltern. *Zu Hause.* Das Haus, in dem mein Bruder Mitchell und ich aufgewachsen und in dem wir unsere gesamte Kindheit verbracht hatten. Das Haus, welches unsere Eltern nun *verkaufen* würden. Weil sie sich *scheiden* ließen. Weil sie *kein Paar* mehr waren, was jeder wusste außer mir, weil niemand mir zugetraut hatte, mit dieser Neuigkeit umzugehen.

Ich entfernte mich davon.

Alles schien vor meinen Augen zu zerbrechen.

Und nun fiel ich. Nein, ich fuhr. Eine Querstraße weiter, mehr brachte ich nicht zustande. Ich parkte einfach nur am Straßenrand.

Ich ließ den Motor ersterben, zog die Handbremse an und löste mich anschließend in Tränen auf. Wie Zuckerwatte in einer Pfütze. Tränen, die nichts und niemand aufhalten konnte.

Nicht dass das etwas Neues für mich gewesen wäre. Ich war schließlich Savannah Moore.

Und Schmerz war mein treuster Begleiter.

KAPITEL 2

MAXX

*E*in ohrenbetäubender Signalton drang durch den Trakt. Wie jeden Morgen machte er mich augenblicklich hellwach und ließ mich aufrecht im Stockbett sitzen. Und wie auch an jedem anderen Morgen der letzten tausendeinhundertzweiundneunzig Tage ertönte anschließend das Klicken der elektrischen Verriegelung unserer Gittertür. Carmichael, einer der Wärter, lehnte sich in unsere Zelle. »Raus aus den Federn, Zuckerpuppen! Das Frühstück macht sich nicht von selbst.«

Stöhnend rieb ich mir den Schlaf aus den Augen. Von all den Wärtern musste es natürlich ausgerechnet ein Arschloch wie Carmichael sein, der uns an diesem Morgen weckte. Sein lahmer Spruch war der gleiche wie immer, genauso wie die Alkoholfahne, die ich selbst von meiner harten Matratze aus riechen konnte.

Carmichael richtete den Gürtel unter seinem Bauch, räusperte sich, was ziemlich unappetitlich klang, und hob den Blick – geradewegs zu mir. »Du kommst mit mir, Williams«, knurrte er. »Du darfst heute ...«

»Ich werde endlich entlassen«, fiel ich ihm ins Wort und grinste breit. »Geht es jetzt schon los? Ich dachte, ich könnte vielleicht noch ...«

Er machte einen Satz auf das Stockbett von Rae Joe und mir zu. »Du kleiner Bastard, ich glaube nicht, dass ich dir erlaubt habe, dein Maul aufzumachen, und schon gar nicht, mich zu unterbrechen.«

Gerade so konnte ich mich davon abhalten, die Augen zu verdrehen. Glaubte er wirklich, dass ich mich an meinem allerletzten Morgen dermaßen unterordnen würde? Das konnte er vergessen. Heute war der Tag, den ich mir seit fast einem Jahr im Kalender markierte: der Tag meiner Entlassung.

Heute würde ich endlich wieder frei sein. Ich sein, Maxx Williams, ein ganz normaler, zweiundzwanzigjähriger, voll integrierter US-Bürger. Dort draußen. Nicht länger hinter diesen hohen Mauern aus Beton und dem vielen Stacheldraht. Deshalb war es mir herzlich egal, wie ich mit Carmichael sprach. Er konnte mir schließlich nichts mehr anhaben.

»Ich bitte *vielmals* um Entschuldigung«, sagte ich in einem Ton, der nur so vor Sarkasmus triefte. »Unter gar keinen Umständen werde ich Sie jemals wieder unterbrechen, Sir.«

Carmichael wirkte sichtlich verblüfft – immerhin war ich als *der Musterknabe* bekannt – oder unter den anderen Häftlingen als *kleiner Schleimscheißer,* der sich immer korrekt verhielt und deshalb auch so eine niedrige Sicherheitseinstufung und kleine Privilegien genoss.

Carmichael verengte die Augen zu Schlitzen, und sein schmal getrimmter Oberlippenbart zitterte, als er den Mund kräuselte. »Komm mir ja nicht blöd, Williams. Noch bist du hier nicht draußen, also pass auf, wie du mit mir sprichst, hast du das verstanden?«

Ich setzte mich aufrechter hin, sofern das zwischen der niedrigen Zellendecke und meiner oberen Etage des Stockbetts möglich war. »Verstanden, Sir. Kommt nicht wieder vor, Mr. Carmichael, Sir.«

Offenbar schien Carmichael zu überlegen, ob er mir eine letzte Lektion erteilen sollte. Da ließ Rae Joe unter mir auf seinem Bett gehörig einen fahren.

Ich verzog das Gesicht. »Scheiße, RJ, nicht schon um diese Uhrzeit.«

Selbst Sally und Trez aus der Zelle nebenan begannen damit, Rae Joe zu verfluchen, der jedoch bloß dreckig lachte.

Carmichael trat angewidert zurück. »Na los, Bewegung, sonst hole ich Verstärkung, ihr miesen kleinen … Großer verfluchter Gott, Browning! Scheiße, das riecht nach zehn toten Ratten!«

Diesmal konnte ich nicht anders und lachte mit den anderen Insassen in den Zellen neben uns los, auch wenn mir von RJs Stinkbombe verdammt schlecht wurde. Bevor Carmichael noch handgreiflich wurde, kamen wir seinem Befehl nach und kletterten aus unseren schmalen Betten.

Die Jungs von nebenan und RJ machten sich, im Gegensatz zu mir, auf den Weg zur Küche. Mehr als ein hartes Schulterklopfen von Sally und ein paar »Alles Gute«-Sprüche von Trez und Rae Joe waren nicht drin. Verabschiedet hatten wir uns bereits gestern, und auch wenn niemand Alkohol hatte auftreiben können, hatte Nigel uns ganze zwei Schachteln Zigaretten besorgt. Und das war es dann gewesen.

Wir verließen den Zellenblock, und Carmichael übergab mich an einen der älteren Wärter, der mich zu meinem Sozialarbeiter bringen sollte. Nach und nach passierten wir die grünen Hochsicherheitstüren, die sich eine nach der anderen öffneten, während sich die nächste hinter uns schloss. Es fühlte sich komisch an, kein Gespräch zu führen, auch wenn ich mich nie gerne mit den Wärtern unterhielt. Ob er erwartete, dass ich mich verabschiedete? Was sagten andere Häftlinge, die entlassen wurden?

Endlich erreichten wir einen Bereich des Gefängnisses, den ich schon seit sehr langer Zeit nicht mehr gesehen hatte: den Ausgang.

Ich wurde zunehmend aufgeregter. Gott, es passierte wirklich. Nach all der Zeit geschah es endlich, das hier war kein Traum!

Auch wenn die Türen und Fenster aus Milchglas bestanden, hatte sich der Vorgeschmack auf Freiheit nie süßer angefühlt. Ich hatte mir den ersten Moment draußen in den letzten vier Jahren schon Dutzende Male ausgemalt. Ich konnte es kaum erwarten, mein Gesicht der Sonne zuzuwenden, die Augen zu schließen und tief durchzuatmen. Im besten Fall nicht nur die trockene Sommerluft, sondern auch den Rauch einer Zigarette. Glücklicherweise hatte ich das nahezu leere Päckchen unter meiner Kleidung versteckt, mit einem Stück Stoff an mein Bein gebunden. Aber diesen Augenblick des Glücks musste ich mir vermutlich aufheben, bis ich vom Gefängnisgelände runter war. Man konnte schließlich nie vorsichtig genug sein, selbst wenn ich gleich offiziell ein freier Mann war.

Als es endlich so weit war und mir mein Sozialarbeiter Mr. Vargas eine Papiertüte mit der Kleidung reichte, mit welcher ich vor fast vier Jahren hier angekommen war, raste mein Puls, und ich konnte das Grinsen nicht unterdrücken. Ich würde das Drecksloch namens Maine State Prison endlich verlassen!

»Hier bitte, Maxx.« Mr. Vargas lächelte freundlich und drückte mir eine weitere Tüte in die Hand. Diese war aus grauem Plastik und überraschend schwer. Offenbar konnte er mir die Frage vom Gesicht ablesen. »Das ist von Ihrer Familie. Ihr Bruder hat die Kleidung gebracht. Wenn Sie möchten, können Sie sich gleich hier umziehen.« Er deutete auf eine graue Tür.

Ich nickte bloß und trat in den kleinen Raum, um mich umzuziehen.

Es waren keine besonders auffälligen Sachen in der Tüte. Bloß Jeans, die ein wenig zu kurz waren, ein schwarzes Shirt mit V-Ausschnitt und silbergraue Sportschuhe von New Balance.

Ein seltsames Flattern fuhr durch meine Brust. Ich erinnerte mich an dieses Paar. Das waren meine Schuhe. Ich hatte sie gekauft, kurz bevor ich … kurz bevor *das hier* passiert war. Verflucht, sie sahen immer noch so aus wie neu. Das Shirt und die Jeans gehörten mir nicht, aber um sie war ich mindestens genauso froh. Für die meisten wäre all das vermutlich nichts Besonderes gewesen. Für mich jedoch waren diese Sachen so unbeschreiblich kostbar, dass sich mein Hals zuschnürte. Es war lange her, dass mich etwas so emotional gemacht hatte. Zuletzt war es das Gerichtsurteil gewesen, das meinen Weg zur Freiheit geebnet hatte.

Nachdem ich mich umgezogen und das Päckchen Zigaretten in der hinteren Tasche meiner Jeans verstaut hatte, verließ ich den kleinen Raum wieder. Ich legte meine Gefängniskleidung, bestehend aus grüner Hose, grünem Shirt und weißem Longsleeve, auf dem Tisch neben Mr. Vargas ab. Der alte Kerl klopfte mir auf die Schulter. »Denken Sie dran, Maxx. Sie können mich jederzeit anrufen. Meine Visitenkarte ist in der Papiertüte, aber für den Fall der Fälle habe ich Ihnen noch einmal ein Schreiben an die Adresse Ihrer Eltern geschickt. Dort finden Sie meine Mailadresse und meine Nummer, mobil und im Büro. Ich weiß, Sie möchten meine Hilfe nicht in Anspruch nehmen, aber wenn ich doch etwas für Sie tun kann, bin ich jederzeit erreichbar. Melden Sie sich einfach.«

»Klar, danke«, sagte ich, schnappte mir die Papiertüte und nickte Mr. Vargas zu. Wir wussten beide, dass wir uns von diesem Tag an nie wieder hören oder sehen würden, aber auch das war mir mehr als recht. Ich wollte ganz von vorne anfangen, ein neues Kapitel starten.

Nein. Verdammt, ich wollte ein gänzlich neues Buch, da die Blätter meines alten total vergilbt waren, von zu viel Nikotin, falschen Entscheidungen und Partys. Wellig und rissig und abgenutzt, weil man sie nicht gut behandelt hatte. Selbst wenn ich ein neues Kapitel darin anfangen sollte, würde jedes neue Blatt bis zur letzten Seite nach Scheiße riechen, weil das ganze Ding in Dreck gebadet hatte, und das jahrelang. Deshalb musste ich raus aus Maine. Deshalb und wegen all der Dinge, die ich mit diesem verfluchten Bundesstaat verband.

Ich drehte mich zu Fleming um, dem Wärter, der mich hergebracht hatte, und versuchte es mit einem Grinsen. »Auf Nimmerwiedersehen.«

Der alte Mann schnaubte, auch wenn ich nicht sagen konnte, ob es verächtlicher oder belustigter Natur war.

Dann war es so weit. Ich lief zum Ausgang, öffnete die Milchglastür, atmete tief durch und …

War frei. *Ich war frei.*

Meine Füße bewegten sich wie ferngesteuert. Die warme, frische Luft des Sommermorgens wehte mir entgegen, und das gleißende Sonnenlicht blendete mich. Es war still. Friedlich, sofern das der Parkplatz eines Gefängnisses sein konnte.

»Maxx!«

Bei dem Klang der vertrauten Stimme rutschte mir das Herz in die Hose, und ich wirbelte herum. Erleichterung erfüllte mich, als ich meinen großen Bruder auf dem Parkplatz erblickte. Doch nicht nur er stand dort, neben diesem silbernen unscheinbaren Auto, sondern auch mein ältester und engster Freund Creed.

Ich joggte los und spürte, wie sich ein Lächeln auf meinem Gesicht ausbreitete. Es war wie ein Rausch, als ich von Creeds harter Umarmung in Empfang genommen wurde und er auflachte. Er sah noch genauso aus wie bei seinem letzten Besuch: kurz rasierte dunkle Haare, eckiges Kinn, aufrechte Statur und Augen voller Wärme und Schalk.

Als Nächstes war mein Bruder dran. Wir umarmten uns ebenfalls fest, und er klopfte mir mit einem erleichterten Lachen auf den Rücken. Ich konnte regelrecht spüren, wie sich dabei seine Schultern entspannten.

»Schön, dich zu sehen, Knirps. Es ist endlich vorbei.« Er löste sich von mir. Chesters Lächeln war breit und echt, wodurch seine grauen Augen klein wurden. Er war ziemlich gebräunt vom Sommer, und seine braunen welligen Haare berührten mittlerweile sogar schon seine Schultern.

Ungläubig und ergriffen lachte ich ebenfalls. »*Fuck,* ich hab's wirklich geschafft.«

Creed drückte meinem Bruder die Autoschlüssel in die Hand. »Vergeuden wir keine Zeit. Lasst uns endlich von hier verschwinden und nie wieder zurückkommen.«

»Nichts lieber als das.« Mir wurde leichter ums Herz. Am liebsten hätte ich eine geraucht und wie ursprünglich geplant mein Gesicht in die heiße Sommersonne gehalten, aber dafür hatte ich später noch Zeit. Und wenn nichts mehr schiefging, sogar noch den Rest meines Lebens.

Ich kletterte nicht auf die Rückbank, sondern geradewegs auf den Beifahrersitz im erwärmten Wageninneren.

Nervös rieb ich mit den Händen über meine Beine, über den rauen Stoff einer Jeans, die mir nicht gehörte. Oder ab jetzt gehörte. Gierig wie nie zuvor sog ich den leicht staubigen Ledergeruch des Autos ein und lehnte mich zurück, während mein Bruder den Motor anspringen ließ und vom Parkplatz des Maine State Prison fuhr.

Creed legte mir von hinten eine Hand auf die Schulter und drückte sie. »Ab jetzt wird alles anders, Maxx. Du wirst sehen. Von jetzt an geht es nur noch bergauf.«

»Das hast du mir in den letzten Monaten bei jedem einzelnen Besuch gesagt«, erwiderte ich spöttisch.

Wir fuhren durch die offene Schranke, am Wachhäuschen vorbei. Wir ließen die hohen Mauern ein für alle Mal hinter uns.

Mein Bruder warf mir ein Lächeln zu. »Weil es stimmt. Willkommen in der Freiheit, Maxx.«

KAPITEL 3

SAVANNAH

*I*ch zupfte gedankenverloren an meiner gepunkteten Bikinihose und sank tiefer in die Poolliege. Hastig blätterte ich um. Meine Augen huschten unruhig von Zeile zu Zeile, immer schneller und immer verzweifelter. *Nein, nein, nein! Es ist Heiligabend! Tut mir das jetzt bitte nicht an!*

Einerseits wollte ich, dass dieses blöde Buch endlich endete, andererseits liebte ich es auch und wollte überhaupt nicht, dass es jemals endete. Es war der zweite Band einer weihnachtlich-romantischen Serie, und die Protagonistin Kate versuchte gerade, durch einen Schneesturm zu rennen, um ihre große Liebe Sam daran zu hindern, eine andere zu heiraten. Bei so wenigen verbleibenden Seiten konnte das doch nur in einer Tragödie enden!

Hinter meiner riesigen gelben Sonnenbrille kämpfte ich angestrengt mit den Tränen, während aus den Boxen ein ruhiger elektronischer Remix lief. Vor mir, im Pool des Verbindungshauses, war das halbe Schwimmteam der Fletcher University und lauter Mädchen, denen ich hier schon öfter begegnet war, wann immer Austin eine Party schmiss. Es wurde gelacht, mit einem aufblasbaren Ball gespielt und auf Luftmatratzen gedöst – immerhin herrschten um die vierzig Grad. Die flimmernde Luft war erfüllt vom Geruch nach Chlor, Sonnencreme, verbrannter Holzkohle und Steaks. Ich jedoch war dermaßen in die Geschichte versunken, dass es mir vorkam, als würde es nach eisigem Schnee, Zimt und Kaminfeuer riechen. Meine feuchten Augen zuckten weiter, von Wort zu Wort. Mir stockte der Atem. *Wenn Sam Trina und nicht Kate heiratet, breche ich die Reihe ab!*

Ich fröstelte, obwohl die Sommerhitze auf meiner sommersprossigen Haut brannte. Mitchell, Summer und Ella hatten mehrfach versucht, mich länger als zehn Minuten in den Pool zu locken, aber ich wollte nicht feiern. Ich wollte einfach nur lesen, das Wetter genießen und mich ab und an abkühlen. Partys waren sowieso nicht mein Ding. Es war nicht so, dass ich sie nicht leiden konnte, doch manchmal laugten sie mich aus. Wenn ich ehrlich zu mir selbst war, hatte ich heute nicht unter Menschen gehen wollen. Das wollte ich schon seit dem Gespräch mit meinen Eltern vor ein paar Tagen nicht mehr. Ich hatte mich zwingen müssen, herzukommen, weil ich wusste, dass die Alternative es nur schlimmer gemacht hätte: im Bett liegen und so lange schlafen, bis sich das Gewicht auf meiner Brust von selbst auflöste. Nicht dass es wirklich half, doch zu schlafen bedeutete auch, nicht fühlen zu müssen. Eine Flucht vor mir selbst und meinen Gedanken. Das war auch der Grund, aus dem ich nicht gerade selten Feiern oder Spieleabende mit meinen Freunden abgesagt hatte. Doch ich wollte nicht länger vor mir selbst fliehen. Es war die Angst vor der Angst, die mir schon so viele Möglichkeiten genommen hatte, und je besser es mir ging, desto größer wurde meine Furcht davor, dass sich das wieder änderte. Aber damit war Schluss. Ich war es leid, mich zu verkriechen und so viel Leben zu verpassen. Deswegen war ich stolz auf mich, dass ich trotz meines heutigen Gemütszustandes hier war. Auf der Poolparty von meinem Kindheitsfreund Austin, bewaffnet mit einem Buch und einer so großen Sonnenbrille, dass ich vermutlich aussah wie eine Fruchtfliege. Auch wenn ich nicht feierte wie die anderen – es war ein erster richtiger Schritt, überhaupt hier zu sein.

Ich blätterte um. Irgendwo im Hintergrund nahm ich die Stimme meines Bruders Mitchell wahr, der seinem Mitbewohner Todrick etwas zurief. Ich hätte ja aufgeblickt, um zu sehen, was sie taten, aber Kate brach gerade im Schnee zusammen und wollte aufgeben. *O nein, bitte steh wieder auf, Kate!* Ein Schluchzen entfuhr mir. Das konnte doch wohl nicht wahr sein. Nicht nach allem, was ich die letzten vierhundert Seiten mit ihr und Sam durchgemacht hatte!

Eine Hand berührte meinen Arm. »Savy?«

Mit einem Schrei setzte ich mich auf und klappte das Buch zu. »Was?! Was ist?«

Grinsend und pitschnass stellte sich Ella in ihrem blauen Bikini vor mich und blockierte die Sonne. »Du würdest nicht mal mitbekommen, wenn eine Bombe hochgeht, oder?«

Ich räusperte mich, damit sie nicht merkte, dass ich noch immer drauf und dran war, in Tränen auszubrechen. Widerwillig legte ich ein Lesezeichen in mein Buch und verstaute es in meinem Minnie-Rucksack neben der Poolliege. »Das, äh, macht doch ein gutes Buch aus. Außerdem ist es grade echt spannend.«

Ella war eine meiner besten Freundinnen. Wir kannten uns schon, seit ich denken konnte, und hatten seither alles miteinander geteilt und erlebt. Sie studierte Literatur und ging ebenfalls auf die Fletcher University.

Sie wrang sich die schulterlangen dunkelblonden Haare aus, was Wassertropfen auf die heißen Steinfliesen beförderte. »Was liest du da überhaupt?«

»*Herzschmerz & Schneesturm*. Das ist der zweite Band aus der *Hot-Christmas-Pudding*-Reihe.«

»Wow. Nur du kannst mitten im Hochsommer eine Weihnachtsgeschichte lesen.«

»Ich kann nichts dafür. Das Buch hat mich ausgewählt, nicht andersherum. Wenn ich eine Reihe anfange, muss ich sie außerdem an einem Stück lesen. Das ist so was wie ein Naturgesetz.«

Im Augenwinkel konnte ich sehen, wie Summer beim Wasserwrestling gerade von Austins Schultern gestoßen wurde und platschend im Wasser landete. Zwei Mädchen, die am Poolrand saßen, schrien auf, als sie dabei von oben bis unten nass gespritzt wurden.

Ella musterte mich einen Moment lang. Kurz darauf erschienen Sorgenfalten auf ihrer Stirn, die mir augenblicklich Unbehagen bereiteten.

Mein herzzerreißendes Buch war vergessen.

Sie setzte sich auf ihre Liege, rechts von mir. »Möchtest du über die Nachricht von gestern reden?«

Obwohl ich mich auf diese Frage eingestellt hatte, versteifte ich mich bei den Worten. Ich begann damit, sehr ausführlich meine sommersprossigen Arme mit Lichtschutzfaktor 50+ einzucremen.

Ich konnte diesem Gespräch noch immer aus dem Weg gehen. Es würde diesen schönen Tag bewahren und ihn nicht mit dunklen Gedanken überschatten, die ich heute so erfolgreich verdrängt hatte.

Doch würde ich das tun … dann würde ich erneut davonlaufen. Dabei hatte ich mir doch versprochen, dass sich von nun an die Dinge ändern würden.

Aus diesem Grund kratzte ich auch all meinen Mut zusammen und setzte mich auf. »Na schön. Also, vor ein paar Tagen haben meine Eltern …«

»Vorsicht!«, brüllte Todrick vom Pool aus, ehe eine Sekunde später auch schon der aufgeblasene Ball Ella im Gesicht traf. Erschrocken quiekte ich auf, und Ella stieß ein Grunzen aus.

»Au, verdammt!«, rief sie und sah wütend Richtung Pool. »Was soll das denn, Todd?«

»Sorry, El! Das war keine Absicht. Ich wollte Mitchell treffen!«

»Ist klar.« Sie warf den Ball mit beiden Händen zurück in den Pool. Mitchell fing ihn in der Luft und warf Ella ein entschuldigendes Lächeln zu. »Danke, Elmo!«

Neben ihm kletterte Summer aus dem Pool, wischte sich die langen blonden Haare nach hinten und zupfte ihren knappen Bikini zurecht. Durch den weißen Stoff wirkte sie noch gebräunter, als sie diesen Sommer ohnehin schon war. Summer war über ein Meter achtzig groß, kurvig und hatte die längsten Beine, die ich je an einem lebenden Menschen gesehen hatte.

Mit einem zufriedenen Seufzen trat sie zu uns und ließ sich pitschnass auf ihre Liege neben Ella fallen. »Ich wäre diesen Sommer zwar immer noch lieber mit euch nach Cancún geflogen, aber das hier ist auch nicht zu verachten.«

Ich warf Ella einen entschuldigenden Blick zu, ehe ich mich Summer zuwandte und schwach lächelte. »Wenn du das Hotel und die Flüge bezahlst, komme ich sofort mit, versprochen.«

»Wie wäre es mit Ratenzahlung? Ein Kredit bei der Bank?«

»Man gibt kein Geld aus, das man nicht besitzt, Summer.«

Sie grinste. »Dann müssen wir uns wohl weiter mit dem Pool von Austin und den Verbindungsheinis zufriedengeben. Sav, sag mal, was hat es eigentlich mit deiner Nachricht von gestern Nacht auf sich?«

Das Herz sank mir in die Hose. Seit dem grauenhaften Gespräch mit meinen Eltern tat ich nichts anderes, als Pläne zu schmieden. Ich hatte sogar eine Liste dafür angelegt. Letzte Nacht hatte ich Ella und Summer schließlich davon erzählt. Zumindest in gewisser Weise. Dass ich »mein Leben verändern wolle« und »sofort damit starten würde, all die Pläne in die Tat umzusetzen«. Sie wussten noch immer nichts von dem Frühstück mit meinen Eltern, obwohl ich sonst immer meine Sorgen mit ihnen besprach. Doch dieses Mal war es anders. Ich wollte nicht albern klingen, weshalb ich versuchte, mir nicht einzureden, sie hätten mein Leben zerstört. Aber ein kleiner, weinender Teil meines Herzens empfand es genau so. Ich hatte Zeit für mich gebraucht. Zeit, um herauszufinden, was ich jetzt tun sollte. Ich fühlte mich nicht gerade so, als könnte ich Berge versetzen, aber ich war immerhin bereit, es zu versuchen.

Deshalb hatte ich mich auch entschieden, endlich mit meinen Freundinnen darüber zu sprechen. Ich hatte ihnen diese Nachricht geschickt, und ich würde jetzt nicht kneifen.

Einen kurzen Moment überlegte ich, wie ich es am besten ausdrücken sollte. Ich konnte ja selber nicht genau in Worte fassen, wofür meine Liste diente. Mit steifen Fingern zog ich meine Sonnenbrille ab. »Ich möchte aus meiner Komfortzone raus«, versuchte ich es mit unüberhörbarer Vorsicht in der Stimme. »Ich … will Dinge tun, die nur für mich sind und die ich mich sonst noch nicht getraut hab. Ich will einfach keine Angst mehr haben. Deshalb hab ich eine To-do-Liste erstellt.« Voller Argwohn blickte ich zu Ella und Summer auf. Vermutlich fanden sie die Idee albern. Sie *war* albern! Und kindisch.

Ella lächelte mich jedoch an. »Das klingt doch toll. Wirklich.«

Erleichtert stieß ich den Atem aus und ließ die Schultern sinken. »Ja?«

»Natürlich!«, sagte auch Summer. Sie stand auf und zog mich auf die Füße. Das sorgte augenblicklich dafür, dass ich den Kopf in den Nacken legen musste. Immerhin war ich mit meinen eins sechzig ein Winzling, vor allem neben ihr. Sie lächelte ermutigend. Auf ihrem Gesicht war nicht die Spur Belustigung zu sehen, was mir eine riesige Last von den Schultern nahm. »Es ist verdammt schwer, aus seiner Komfortzone rauszukommen. Dass du das versuchst, ist toll. Das sollte gefeiert werden!«

Meine Kehle war vor Rührung wie zugeschnürt, und ich lächelte meine Freundinnen an. Es machte vielleicht nicht den Anschein einer großen Sache, aber für mich war es das. Am liebsten wäre ich ihnen augenblicklich in die Arme gesprungen.

Summer sah sich um, ehe ihr Blick auf einer Person im Pool hängen blieb. »Hey, Austin! Wo ist die Erdbeerbowle, von der du gesprochen hast?«

»Du gehst hier ein und aus, Andrews!«, rief er aus dem Wasser, ohne Anstalten zu machen, rauszukommen. »Sieh einfach in der Küche nach!«

Sie verdrehte die Augen. »Alles muss man hier selber machen. Kommt mit!« Ohne Protest ließ ich mich von meinen Freundinnen über die trockene, warme Wiese ins Haus ziehen.

»Dürfen wir Fragen stellen?«, fragte Ella, als wir barfuß und in unseren Bikinis in die Küche traten.

»Klar«, erwiderte ich sofort, ohne genau zu wissen, worauf ich mich einließ. »*Cookie?*«

»Aber so was von *Cookie*«, erwiderte Summer und holte die Schüssel mit der Bowle aus dem Kühlschrank.

Cookie war unser Safeword. Wenn wir über Themen und Dinge sprachen, die einem von uns schwerfielen, setzte *Cookie* den Schlussstrich. Dann wussten alle anderen, dass ein Punkt erreicht worden war, an welchem man das Thema besser fallen ließ, um niemanden zu verletzen oder zu bedrängen. Es hatte als kleiner Spaß angefangen, aber tatsächlich half es uns, noch offener miteinander zu sprechen. Dr. Dreyer war auf die Idee gekommen, als ich ihr während einer Sitzung gebeichtet hatte, wie schwer es mir bei sensiblen Themen fiel, mich anderen gegenüber zu öffnen.

Allein der Gedanke an Dr. Dreyer sorgte dafür, dass sich mein Hals zusammenzog. Nie wieder. Ich würde nie wieder auf dieser Ledercouch sitzen, ihren süßen Hund Bowie streicheln und mit ihr reden.

Summer reichte mir einen bis zum Rand gefüllten roten Becher mit Bowle, den ich vorsichtig entgegennahm. Hastig trank ich einen Schluck, um nichts zu verschütten.

Sie legte neugierig den Kopf schief, während sie eine Erdbeere aus der Schüssel fischte und sie aß. »Welche Punkte stehen auf deiner Liste? Bungee-Jumping? Paintball? Prank-Videos mit fremden Menschen? Oder mit einem Umarme-mich-Schild über den Campus laufen? Uh, hast du schon an Dates gedacht?«

Beinahe hätte ich mich verschluckt. Ich spürte genau, wie mein Gesicht ziemlich dunkelrot anlief. »*Dates?*«, quiekte ich, ehe ich mich hastig räusperte. »Ich meinte … Dates? Äh, nicht direkt.«

Summer ließ mich nicht aus den Augen, als sie einen weiteren randvollen Becher an Ella weiterreichte. Ein wissendes Lächeln erschien auf ihren Lippen. »Savy, gibt es vielleicht noch etwas, was du erzählen möchtest?«

Ich trank einen großen Schluck, drehte mich abrupt um und lief zurück nach draußen. »Nope. Nö. Wie kommst du darauf?«

Ella holte lachend auf, bis sie neben mir lief, und verschüttete dabei ein wenig Bowle auf der Wiese. »Ich weiß, wie du klingst, wenn du dich bei etwas ertappt fühlst.«

Ein gequälter Laut entfuhr mir, und ich sank auf meine Liege. *O Gott. Wenn sie wüssten!*

Komm schon, Savannah, spring über deinen Schatten. Wenn deine besten Freundinnen die Liste schon nicht sehen dürfen, wer dann?

Ich griff in meine Tasche und drückte Ella mein Handy in die Hand. Kurz und schmerzlos. »Hier. Die Liste ist in meinen Notizen.« Ich trank den gesamten Rest Bowle in einem Zug aus und legte mich wieder hin. Meine Fußzehen krümmten sich, während ich darauf wartete, was Ella und Summer zu sagen hatten. Beide beugten sich über mein Smartphone. Und wieder kam mir die Liste absolut albern vor.

Lass dir ein Tattoo stechen.
Tanze in der Öffentlichkeit.
Such dir einen Nebenjob.
Verlasse auch mal das Wohnheimzimmer.
Habe einen …

Summers Kopf zuckte nach oben. »Ein *One-Night-Stand?*«

»Leise!«, zischte ich und sah mich panisch um. Allem voran sah ich zu meinem Bruder im Pool. Der war jedoch gerade unter Wasser gewesen und tauchte nun wieder auf. Glück gehabt!

Mein Herz klopfte rasend schnell gegen meine Rippen, und ein unangenehmes Prickeln ließ meine Ohren glühen. »Mein Gott, Summer, das kannst du doch nicht einfach so hier herumschreien!«

Ella gab mir mein Handy zurück und strahlte mich begeistert an. »Ich liebe diese Liste. Und das sage ich nicht wegen Punkt Nummer fünf.«

»Aber apropos Punkt Nummer fünf«, wandte Summer vorsichtig ein und runzelte die Stirn. »Wie genau wird das … ablaufen? Du weißt schon, was ich meine.«

Sie musste nicht aussprechen, was sie sagen wollte. Sie hatte recht, ich wusste, was sie meinte. *Habe einen One-Night-Stand.* Eigentlich war dieser Punkt lächerlich. Immerhin bekam ich kaum ein richtiges Wort heraus, wenn ich mit einem Mann sprechen wollte, der auch nur halbwegs attraktiv war! Selbst bei Ches und Creed brauchte ich immer noch etwas Zeit, um aus mir herauszukommen, so wie ich es bei meinen Freundinnen oder bei Todrick und Austin konnte.

Summer betrachtete ihre Nägel und ließ ihre Stimme beiläufig klingen. Es war, als könnte sie geradewegs meine Gedanken lesen. »Wann, äh, hattest du eigentlich zuletzt Kontakt zu einem Kerl, der nicht zu unserer Truppe gehört?«

Ausweichend zuckte ich mit den Schultern. »Also … So lange ist das noch gar nicht her.«

Ella lächelte verschwörerisch. »Das wäre doch auch ein guter Punkt auf deiner Liste, bevor es zu einem *Du weißt schon was* kommt. *Mit Männern sprechen.* Du könntest die Punkte ja kombinieren.«

Empört schnappte ich nach Luft. »In meinen Vorlesungen sind auch Jungs, und mit denen rede ich andauernd! Vor ein paar Monaten zum Beispiel wollte sogar Connor, dieser Kunstgeschichtsstudent aus meinem Buchclub, mit mir ausgehen, und ich habe ihm gesagt, dass es besser wäre, wenn wir nur Freunde bleiben. Ich bin nicht zu Eis erstarrt und bin dabei auch nicht schreiend davongelaufen.«

»Aber Connor ist doch gar nicht dein Typ«, warf Ella ein. »Ich dachte, dieses Kommunikationsproblem gibt es nur mit Jungs, die du süß findest. Na ja, denk einfach mal drüber nach. Das war auch nur ein Vorschlag, letztendlich ist das ganz dir überlassen.«

»Dann … findet ihr das nicht albern?«

»Überhaupt gar nicht!«, sagte Summer mit einem begeisterten Grinsen.

Ich sah mich verstohlen um, ehe ich die Stimme senkte. Mein Gesicht glühte so sehr, dass es vermutlich leuchtend rot angelaufen war. »Okay, es ist ziemlich peinlich. Ihr wisst ja, ich hatte noch nie einen One-Night-Stand. Das einzige Mal war … also mein erstes Mal … ihr wisst doch noch, Toby?«

O ja, dem Ausdruck auf Ellas Gesicht nach zu urteilen wusste sie auch noch genau, wer Toby war. Mein erster und einziger Freund, damals in der Middleschool.

Summer machte eine wegwerfende Handbewegung. »Vergiss dieses Arschloch. Um es noch mal auf den Punkt zu bringen, es ist nichts schlimm und erst recht nichts peinlich daran, One-Night-Stands zu haben oder sie zu wollen. Wenn du welche hast, ist das super, und wenn du keine hast, ist das genauso super. Außerdem hat die halbe Uni *SuperCrush* auf ihrem Handy.«

SuperCrush war eine App, die vor ein paar Jahren von IT-Studentinnen der Fletcher University erschaffen worden war. Ihr Ziel war es, eine lokale Dating-App zu schaffen, die für alle Teilnehmenden sicherer war. Man konnte sogar eine anonyme Bewertung abgeben. Nicht ob das Date gut war oder schlecht, sondern ob man sich dabei sicher gefühlt hatte und ob man gut behandelt worden war. Mittlerweile war *SuperCrush* so beliebt, dass es in ganz Fletcher und Umgebung Tinder und Co. abgelöst hatte.

Ertappt zog ich die Schultern hoch und den Kopf ein.

Mein Gesicht war ein offenes Buch, und Summers Luftschnappen zufolge konnte sie eins und eins ziemlich schnell zusammenzählen.

»Wirklich? Du hast dir *SuperCrush* heruntergeladen?«

»Summer!« Wieder blickte ich alarmiert zum Pool. »Kannst du bitte leiser sprechen?«

»Oh, oh! Darf ich mir dein Profil ansehen?«

»Vergiss es! Ich will nicht, dass du oder Ella es seht.«

»Na schön, du hast gewonnen«, brummte Summer.

Erleichtert atmete ich auf und stupste sie mit dem Fuß an. »Danke.«

Ich hatte *SuperCrush* erst gestern installiert. Noch immer hatte ich keinen blassen Schimmer, wie ich mein Kommunikationsproblem bei attraktiven Männern lösen sollte, aber im Internet war ich viel mutiger als in der echten Welt. Vielleicht war dieser Weg ja genau der richtige für mich. Und, wer weiß, vielleicht sogar der einzige. Es war eine Schnapsidee gewesen, nichts weiter als eine impulsive Entscheidung. Ich hatte nach der Registrierung ein Bild von mir hochgeladen und die leeren Felder ausgefüllt. Fertig. Danach hatte ich die App geschlossen und sie seither auch nicht mehr geöffnet. Ich traute mich nicht. Es war fast schon witzig. Da installierte ich mir diese Dating-Sex-App, um über meinen Schatten zu springen, und traute mich dann nicht einmal, sie auch nur zu öffnen. Vielleicht würde es ja gar nicht zu Punkt Nummer fünf meiner Liste kommen. Vielleicht würde ich *SuperCrush* auch einfach wieder löschen.

Nein, das wirst du nicht, nur weil du Angst vor neuen Dingen hast!

Nervös kratzte ich an einem Fleck Sonnencreme auf meinem linken Knie. »*Cookie*«, sagte ich entschuldigend. »Wollen wir schwimmen gehen?«

Ella lächelte und band sich die dunkelblonden Haare zusammen, die fast schon wieder trocken waren. »Klar. Ich gehe bei der Hitze total ein. Übrigens fahre ich später zu meiner Mom. Sie und Tante Kat wollen schon seit Ewigkeiten unbedingt diesen neuen Sushiladen in der Mall ausprobieren. Wieso kommt ihr nicht mit uns?«

Meine Laune hob sich sofort. »Das klingt toll! Ich habe Kat und Nancy schon lange nicht mehr gesehen.«

Summer verzog unglücklich das Gesicht. »Ausgerechnet heute Abend kann ich nicht. Ich hab meinem Dad versprochen, mit ihm und Delia zu skypen und dabei zu kochen.«

»Wenn du willst, könnten wir morgen zu dir kommen«, schlug ich vor. Ella und Summer wohnten seit dem letzten Winter im gleichen Wohnhaus, worauf ich ehrlich gesagt ein wenig neidisch war.

»Deal!«, sagte Summer sofort, und ihre Miene hellte sich wieder auf. »Wir könnten uns mit Snacks vollstopfen und uns Punkte für deine Liste überlegen, Savy.«

Begeistert nickte ich und stand auf. »Dann haben wir ein Date. Das wird toll!«

Plötzlich wurde ich von hinten gepackt, und das von jemandem, der ziemlich kalt und nass war. Ein spitzer Schrei entfuhr mir. Ich hatte kaum genug Zeit, um einen Blick nach hinten zu werfen, ehe Todrick mich auch schon über die Schulter warf und meine Sonnenbrille auf der Poolliege landete.

»Toddy! Was soll das?« Ich trommelte halbherzig auf seinen Rücken.

Er lachte verschlagen. »Ihr drei gehört ins Wasser! Es sind vierzig Grad, und du bist schon wieder trocken.«

Ich konnte gerade noch sehen, wie Summer die Augen verdrehte, uns aber folgte, ehe Todrick auch schon Anlauf nahm. Er rannte mit mir in den Pool, und ich lachte laut auf, als wir im kalten Chlorwasser landeten.

Obwohl ich mich noch am Morgen alles andere als bereit dazu gefühlt hatte, herzukommen, entpuppte sich der Tag als voller Erfolg. Vielleicht weil ich über meinen Schatten hatte springen müssen, um das hier zu erleben. Und obwohl ich dieses traurige, beklemmende Gefühl, das mir seit dem Gespräch mit meinen Eltern schwer auf die Brust drückte, noch immer spüren konnte, fühlte es sich an, als würde ich ein wenig besser Luft bekommen. Meine Liste würde wachsen. Ich würde Punkt für Punkt abhaken. Und meine Freundinnen unterstützten mich dabei und waren für mich da.

Hoffnung allein war vielleicht noch kein wirklicher Schritt. Aber es war ein Funken, der früher oder später etwas entfachen konnte.

Bald schon würde sich mein Leben von Grund auf verändern. Nicht weil ich mit einem Wunder rechnete, sondern weil ich es von jetzt an selbst in die Hand nahm.

KAPITEL 4

MAXX

Ches ließ den Motor verstummen. Er und Creed schnallten sich ab und stiegen aus dem Auto. Für einen Moment konnte ich nichts anderes tun, als bewegungslos auf dem Beifahrersitz zu verharren und aus dem Fenster zu blicken; auf unser Haus, das ich so viele Jahre nicht mehr zu Gesicht bekommen hatte.

Die verschiedensten Gefühle durchströmten mich und verknoteten mir den Magen. Meine Kehle war so eng, dass ich kaum noch Luft bekam.

Ich bin endlich zu Hause.

Das Haus, in dem ich aufgewachsen war, an welches ich so oft gedacht hatte, während ich jahrelang schlaflos auf meinem Stockbett in der Zelle gelegen hatte – es fühlte sich überwältigend an, hier zu sein, obwohl ich mir diesen Moment so oft ausgemalt hatte. Ich konnte nicht ganz glauben, dass das hier echt war. Dass ich wirklich draußen war. Und dass mich nie wieder ein Arschloch wie Carmichael aus dem Bett schmeißen würde. Kein Wärter und keine anderen Insassen würden mich je wieder demütigen oder piesacken. Nie wieder würde ich lästige Arbeiten in der Holzwerkstatt erledigen, ein Essenstablett nach dem anderen mit ungenießbarem Fraß vollladen oder Drecksarbeiten für andere erledigen, um an die ein oder andere Zigarette zu gelangen. Das alles war von jetzt an Geschichte.

Ich blinzelte so angestrengt das verdächtige Brennen aus meinen Augen, dass mir schwindelig wurde.

»Maxx?«

Ches lugte durch die offen stehende Fahrertür in den Wagen und sah mich fragend an. »Kommst du?«

Ich rang mir ein Lächeln ab. »Klar doch.«

Ich stieg aus und umklammerte mit beiden Händen die braune Papiertüte mit meinen alten Sachen. Dann stand ich auch schon auf dem holprigen Bordstein. Wehmut erfüllte mich. Allem voran aber auch Verwunderung.

Mein Zuhause war nicht mehr das, was es früher gewesen war. Ich sog den Anblick geradezu in mich auf. Der Vorgarten war vertrocknet, die vielen Büsche und Pflanzen, die mein Vater all die Jahre sorgsam gepflegt hatte, waren fort, und an deren Stelle war nackte Erde zu sehen. Von der Deutschen Dogge, die meine Eltern sich angeschafft hatten, war glücklicherweise auch keine Spur zu sehen. Große Hunde und ich, das war keine gute Kombination, und ich war wirklich nicht scharf darauf, Mr. Rowdy kennenzulernen.

Wir liefen los. Vor den Stufen der Veranda blieb ich jedoch stehen. Sie wirkte trostlos. Kein Blumenkranz hing an der Tür, auf der Holzbank daneben lagen keine weichen Kissen. Ein Teil von mir wünschte sich, dass es nur das Haus war, welches sich so verändert hatte. Doch ich ahnte bereits, dass mich die wahre Veränderung drinnen erwartete. Dort war nämlich nicht nur mein Dad, der mich während meiner Haft regelmäßig besucht und angerufen hatte. Der für mich da gewesen war und mir versprochen hatte, das auch zu bleiben. Dort drin …

War auch meine Mom.

Meine Gefühle überwältigten mich; die Erleichterung und die schmerzlich süße Glückseligkeit darüber, endlich wieder hier zu sein, das leise Versprechen, dass alles besser werden würde. Doch meine Angst vor der Begegnung mit meinen Eltern, besonders mit meiner Mutter, drehte mir den Magen um. Sollte ich mich auf sie freuen? Erleichtert sein? Stinkwütend? Oder doch um Vergebung bettelnd auf Knien rutschen? Ich hatte nicht den Hauch einer Ahnung. Ich wurde von den Empfindungen verschluckt, bis mir fast die Kontrolle über mich zu entgleiten drohte.

»Bist du bereit?«, fragte Ches, betont gelassen. Ich sah ihn an. Der Ausdruck auf seinem Gesicht wirkte seltsam, und die Haltung seiner Schultern war unnatürlich steif. Mein Blick wanderte zu Creed, der ein Stück neben uns stand. Es war, als würden die beiden versuchen, ein lässiges, unbeschwertes Bild abzugeben, aber auch wenn ich die Jungs in den letzten fast vier Jahren nur ein paar Mal gesehen hatte, konnte ich genau sehen, wie angespannt sie wirklich waren. Ich kannte sie bereits mein ganzes Leben. Ich wusste, wie sie sich verhielten, wenn sie nervös waren, und mein großer Bruder und Creed strotzten nur so vor Nervosität.

Ihre Anspannung ließ meine eigene ins Unermessliche steigen. Trotz allem zwinkerte ich ihnen zu, mit einer falschen Gelassenheit, die ich mir über die letzten Jahre mühsam antrainiert hatte. »Ich bin mehr als bereit.«

Ches lief voraus und öffnete die Haustür. Meine Knie fühlten sich weich an, als ich die Stufen der Veranda erklomm, und noch weicher, als ich schließlich über die Türschwelle schritt – und überrumpelt stehen blieb.

Nach allem, was ich draußen gesehen hatte, hatte ich damit gerechnet, dass das Innere einen ähnlich trostlosen Eindruck machen würde. Stattdessen war es, als würde ich eine andere Welt betreten. Auf dem Sideboard im Hausflur brannten Kerzen. Der Dielenboden glänzte frisch gewischt, es war aufgeräumt und dekoriert. Ein Song von Johnny Cash spielte leise im Hintergrund, und das ganze Haus duftete nach etwas, was ich schon seit Jahren nicht mehr gerochen hatte: Moms berüchtigtem Schmorbraten. Mein Lieblingsessen.

Und dort, am Fuß der Treppe ins Obergeschoss, waren sie:

Mom und Dad.

Sie boten mir kaum die Gelegenheit, mich fiebrig zu fragen, was ich sagen sollte. Ich konnte nicht einmal Nervosität oder Angst darüber empfinden, ihnen in die Augen zu sehen, denn meine Mutter schluchzte bei meinem Anblick augenblicklich auf und sprang mir in die Arme. »Maxx! Gott, Maxx, du bist wieder hier. Mein Junge ist wieder hier!«

Noch immer war ich wie erstarrt. Was … zum Teufel war das denn?

Ich erwiderte ihre stürmische Umarmung ein wenig unbeholfen. All ihre Emotionen und die Tränen … waren wie ein brutaler Schlag ins Gesicht. »Hi, Mom«, stieß ich hervor.

Ihr Weinen war bitterlich, und ihr ganzer Körper schien unter den Schluchzern zu beben. Sie umfasste mein Gesicht, küsste meine Wangen und lachte immer wieder auf. Dieses Bild war so falsch, so anders als das Bild von dem einzigen kurzen Mal, als sie mich im Gefängnis besucht hatte. Damals war sie distanziert und kalt gewesen, hatte mir kaum in die Augen blicken können, ehe sie schließlich wortlos in Tränen ausgebrochen und gegangen war. Danach war sie nie wieder gekommen. Kein einziges verfluchtes Mal. Aber jetzt? Sie schien ein völlig anderer Mensch zu sein als der, der mich dieses eine Mal besucht hatte. Ihre braunen gewellten Haare waren hochgesteckt, sie trug eine Leinenbluse und eine gestärkte Stoffhose. Diese Frau hier wirkte wie meine Mom von früher. Nur wusste ich, welcher Abgrund nun zwischen jetzt und damals klaffte. Wir wussten es beide. Sie hatte mich im Stich gelassen, fallen gelassen, als ich sie mehr als je zuvor gebraucht hatte.

Ich war vollkommen vor den Kopf gestoßen.

Es verpasste mir eine ganze Ladung verwirrender Schuldgefühle, als sie mich losließ und ich deshalb Erleichterung verspürte. Zum Glück nahm mein Dad mich anschließend ebenfalls erdrückend fest in die Arme und seufzte so schwer auf, als hätte er für eine lange Zeit die Luft angehalten. »Dad«, sagte ich leise und lehnte meine Wange an seine Schulter, als wäre ich neun und nicht zweiundzwanzig, und wünschte mir für einen Moment, dass mich das bittersüße Gefühl von der Entlassung erneut durchströmte – aber das war nicht der Fall. Obwohl ich mich wirklich, *wirklich* freute, meinen Dad zu sehen.

»Schön, dich wieder hier zu haben, mein Junge.« Seine Stimme klang belegt, und er räusperte sich.

Ich lachte unbeholfen, als wir uns voneinander lösten.

Um dem Ganzen eins draufzusetzen, verpasste mir meine Mutter einen Schmatzer auf die Stirn und tätschelte mir den Rücken – es fühlte sich so was von falsch an. Wie konnte es sich bei ihr so falsch anfühlen und bei meinem Dad so richtig? »Willkommen zu Hause, Maxx.«

Mein Blick begegnete erst dem meiner Mom, dann blickte ich zu meinem Dad, der mich voller Liebe anstrahlte, ehe mein Blick zu meinem Bruder glitt. Die Wärme in seinen grauen Augen war ehrlich, aber da war noch immer diese Nervosität. Vielleicht ja, weil er das Verhalten unserer Mom auch irritierend fand.

Ich trat einen Schritt zurück, bis mich endlich niemand mehr berührte, und klatschte in die Hände. »Ich rieche Braten. Ist das Essen schon fertig?«

Meine Mutter lachte laut, als hätte ich einen besonders lustigen Witz gerissen. Selbst Creed rieb sich bei dem atemlosen Gelächter unruhig über den Nacken, und Ches räusperte sich verhalten. Mom ergriff meine Hand und zog mich in die große offene Wohnküche aus dunklem Holz. Wieder kicherte sie. »Der Schmorbraten ist bei Weitem nicht fertig, Liebling! Er ist für heute Abend. Zum Frühstück gibt es Pancakes mit Bacon, Ahornsirup und Baked Beans!«

Mein Lieblingsfrühstück. Ich schluckte schwer, als ich den vollgedeckten runden Esstisch sah. Heilige Scheiße. Sie hatten wirklich alle Geschütze aufgefahren, um mir das beste Willkommen zu bereiten, das ich je erlebt hatte.

»Das sieht toll aus«, sagte ich mit leiser Stimme – und ich meinte es auch so.

»Na dann, nichts wie ran an den Speck!«, sagte Mom überschwänglich und drückte mich auf einen Stuhl. Sie strahlte mich an und begann damit, meinen Teller vollzuladen. »Lass es dir schmecken!«

Ches, Creed und ich blickten uns wieder an. Selbst mein Dad wirkte ein wenig besorgt. Diesmal fiel es mir deutlich schwerer, meine Fassungslosigkeit zu verbergen. Andererseits brach es mir das Herz, zu sehen, wie überdreht meine Mom war. Sie versuchte, das Beste aus dem hier zu machen, und das war ihre Art und Weise, damit umzugehen. Und vermutlich war sie mindestens so verunsichert wie ich.

Endlich setzten sich die anderen ebenfalls. Ich wusste nicht, ob ich es aus Pflichtgefühl tat oder weil ich einfach ziemlichen Hunger hatte. Aber einen Moment später lächelte ich meine Mutter an und goss mir ein Glas Orangensaft ein.

Es war, als würden wir ein Stück spielen. Und dieses Stück nannte sich »Heile Welt«. Wir waren eine in die Jahre gekommene Originalbesetzung, die sich nach vielen Jahren für ein Comeback noch einmal zusammentat und verstaubte Kostüme in alten Kulissen anlegte. Den ganzen Tag dauerte dieses Spiel schon an, und hätte man uns von außen betrachtet, hätte man uns wahrscheinlich für eine Bilderbuchfamilie gehalten. Nein, hätte man uns von außen betrachtet, hätte man meinen können, dass die letzten Jahre nie stattgefunden hätten. Und das machte mich wütend. Aber auch verzweifelt, weil ich zu viel Scheiß durchgemacht hatte, nur um jetzt so zu tun, als gäbe es ihn nicht. Doch dieser Tag war nichts als ein verkrampfter Versuch, eine Reise in die Vergangenheit zu machen. Zu tun, als sei ich nie weg gewesen, und die Tatsache, dass alles im Haus so vertraut war, hätte es vielleicht auch mir einfach machen können. Aber jeder Blick in das Gesicht meiner Mutter, jedes sorgenvolle Stirnrunzeln von Dad oder Ches oder Creed oder auch nur ein einziger Blick aus dem Fenster in den verödeten Garten riefen mir wieder ins Gedächtnis, dass alles nur gefakter Mist war. Unter der scheinbar harmonischen Oberfläche verbargen sich einfach zu viele falsche Details, die die Kulisse unseres ach so perfekten Schauspiels zerstörten. Angefangen bei Mr. Rowdy hinten im Garten, der mich tatsächlich schon auf den ersten Blick nicht hatte leiden können und mich mit seinem wütenden Bellen ständig aus meinem eigenen Zuhause zu vertreiben versuchte. Die Treppe knarzte mehr als früher. Die gerahmten Bilder hingen etwas schief.

Man hatte sich große Mühe gegeben, alles für mich so herzurichten, als hätten meine selbstsüchtigen und unbedachten Entscheidungen von früher *nicht* ihrer aller Leben zerstört. Doch das hatten sie. Das hatte *ich*. Und ich spürte es mit jeder Faser meines Körpers, in jedem Zentimeter dieses Hauses. Vielleicht sogar besonders deshalb, weil meine Eltern dermaßen darum bemüht waren, es vor mir zu verstecken.

Und sosehr ich es auch hasste, es zerriss mir das Herz.

Irgendwann hatte ich genug von dem Trubel und zog mich zurück. Eine Weile hing ich einfach nur in meinem alten Zimmer herum. Ich genoss die Stille und die staubige Hitze, den vertrauten Blick vom Bett an die Zimmerdecke und den Geruch vom Weichspüler. Es war noch immer der gleiche. Diese kleine Vertrautheit sorgte dafür, dass ich mich wieder ein wenig wie ich selbst fühlte. Einfach nur Maxx.

Ich setzte mein altes Handy, das noch immer im Nachttisch gelegen hatte, auf Werkseinstellungen zurück und startete ein paar Updates, die das überholte Ding ziemlich warm werden ließen. Der Akku war vollkommen hinüber. Ich konnte es ausschließlich am Ladekabel nutzen, was nicht gerade ein Idealzustand war.

Ich streckte mich ausgiebig, döste noch eine Weile, um die lang ersehnte Einsamkeit zu genießen, und verließ eine Stunde später mein Zimmer wieder. Ich trabte die Treppen nach unten, so wie ich es früher immer getan hatte, und übersprang dabei die vorletzte Stufe, weil sie auch früher schon am lautesten geknarzt hatte.

Ches saß alleine am Esstisch und sprang sofort vom Stuhl auf, als er mich sah. Das Lächeln auf seinem Gesicht wirkte ein wenig erschöpft, so als ginge auch ihm die Kraft aus, das Schauspiel aufrechtzuerhalten.

Ich schlenderte auf ihn zu. »Ich glaube, ich muss mir einen neuen Handyakku besorgen, meiner hat den Geist aufgegeben.«

Ches wirkte überrascht. »Hat Mom es dir noch nicht gegeben?«

»Was, einen Akku?«

Er schüttelte den Kopf. »Komm mit.«

Ich folgte meinem Bruder ins Wohnzimmer, wo unsere Eltern saßen und sich alte Fotoalben ansahen. Gerade so konnte ich mein Stöhnen unterdrücken. *Oh, bitte. Muss das gleich heute auch noch sein?*

Ich schaffte es jedoch nicht, nur Wut zu empfinden, auch wenn diese wesentlich einfacher war als Schuld. Ich sah mit eigenen Augen, wie hart das heute für sie war. Meinetwegen waren ihre Söhne, alle beide, vor vier Jahren einfach spurlos verschwunden. Ohne auch nur ein Wort des Abschieds. Ich ins Gefängnis und Ches nach Fletcher. Mom und Dad hatten mit einem Schlag ihre Kinder verloren. Ich konnte mir nicht ansatzweise ausmalen, was ich ihnen damit angetan hatte.

Mit einem Mal wurde mir kotzübel. Ich hatte kein Recht, wütend zu sein. Oder genervt und frustriert. Ich trug die Schuld, und sie versuchten nur, endlich wieder so was wie Normalität zurückzuerlangen, nachdem ich unsere Familie zerstört hatte.

Ich.

Wie auch den ganzen Tag schon strahlten die beiden mich an, als sie mich sahen, so als hätten sie es sich in kürzester Zeit antrainiert. Ich bemühte mich, es zu erwidern, so herzlich ich konnte. Wenn es den beiden half, mit der Situation umzugehen, waren ein Lächeln und falsche Leichtigkeit das Mindeste, was ich beisteuern konnte.

»Hey, Mom, kannst du Maxx das Telefon geben?«, fragte Ches.

Sie sprang auf, als wäre sie von einer Tarantel gestochen worden. »Aber sicher! Einen Moment, ich habe es gleich hier …« Sie trat an eine der schweren Holzkommoden, auf denen jede Menge eingerahmte Bilder von uns standen sowie Kerzen und ein Strauß frischer Blumen. Sie holte ein ziemlich großes Smartphone aus einer Schublade und drückte es mir in die Hand. »Ich habe mir vor ein paar Monaten ein neues gekauft, weil mir das hier zu groß war. Eigentlich wollte ich es verkaufen, aber dein Vater meinte, dass ich es für dich aufbewahren könnte.«

Verblüfft blickte ich zu Chester, ehe mein Blick wieder zurück zu meiner Mutter kehrte. »Ich … Danke?«

Ich betrachtete das große Smartphone in meiner Hand. Es besaß nicht einmal einen Homebutton und schien nur aus kratzerfreiem schwarzem Touchscreen zu bestehen.

Überwältigt schüttelte ich den Kopf. »*Fuck,* das muss doch Hunderte von Dollar gekostet haben!«

»Maxx«, warnte Dad leise, als Mom bei dem Fluch kaum merklich zusammenfuhr.

»Sorry«, sagte ich und kniff die Lippen zusammen. Scham brannte mir im Nacken. »Danke. Ich weiß gar nicht, was ich sagen soll.«

Ihre Augen leuchteten auf. Und – wieder umarmte sie mich. Diesmal erwiderte ich es fest. Denn ich hatte es nicht verdient, mich verraten zu fühlen. Vielleicht hatte ich es sogar verdient, dass sie mich hatte hängen lassen.

»Oh, Liebling. Das ist doch selbstverständlich.« Sie streichelte mir über den Kopf und seufzte schwer. Ich hielt mein verkrampftes Lächeln wacker aufrecht, als ich mich von ihr löste. »Ich, äh, werde gleich mal meine SIM-Karte einlegen und so. Danke noch mal.«

»Lust auf ein Bier?«, fragte Ches und lief zurück in Richtung Küche.

Und wie ein Hund, der ein Leckerli angeboten bekommt, war ich sofort Feuer und Flamme und folgte ihm. Vielleicht auch weil es die perfekte Ausrede war, um meiner Mom und dem Knoten in meiner

Brust halbwegs zu entkommen. Gott, und wie ich Lust auf ein Bier hatte. Ich konnte sogar mehr als das gebrauchen. Eine Zigarette und eine ganze Flasche Whiskey, oder Tequila.

Ich folgte meinem Bruder, das große Handy noch immer in der Hand und noch immer von Unglaube erfüllt.

Die Dose, die er mir aus dem Kühlschrank reichte, war eiskalt, und es brauchte nur wenige Augenblicke, bis sich Kondenswasser auf ihrer grünen Oberfläche sammelte.

Erneut sahen Mom und Dad von den Fotoalben auf, als wir zur Verandatür liefen, aber diesmal kam ich mit einem schwachen Lächeln davon.

Ches und ich traten nach draußen. Nicht mehr im Blickfeld meiner Eltern zu sein war dermaßen erleichternd, dass mich selbst *das* mit Schuldgefühlen erfüllte. Verflucht noch mal.

Creed saß auf der Hollywoodschaukel. Er zog ein finsteres Gesicht, und irgendwie erleichterte es mich, zu sehen, dass er eine ganz normale menschliche Emotion zeigte und mir keinen Scheiß weismachen wollte. Auch wenn mir die tiefe Furche zwischen seinen Augenbrauen nicht gefiel.

»Hey, Mann, was ist los?«, fragte ich und ließ mich neben ihn auf die Schaukel fallen.

Hastig steckte er sein Handy ein und rieb sich mit einer Hand über die kurz rasierten Haare.

»Nichts, es ist alles gut. Ich hab nur … eine Sache.«

»Eine Sache?«, wiederholte ich und trank einen Schluck Bier und …

Fuck. War das gut. Ich seufzte auf und trank gleich noch einen Schluck.

Creed zuckte mit den Schultern und blickte in unseren Garten, wo Mr. Rowdy im Schatten der Laube saß und hechelte. Dabei bellte er mich nicht einmal an. Das war doch mal ein Fortschritt.

»Eine kleine Meinungsverschiedenheit«, sagte Creed schließlich.

Irgendwas an seinem Unterton sagte mir, dass es ziemlich an ihm nagte. Ich fragte mich, was wohl alles vorgefallen war.

So viel Leben.

Sie hatten so viel gelebt. Während ich klumpiges, geschmackloses

38

Essen für neunhundert Inhaftierte zusammengekleistert, in der Bibliothek ausgeholfen oder irgendwelche Handwerksarbeiten erledigt hatte, hatten sie ein Leben in Freiheit gelebt.

Bitterkeit erfüllte mich. Sie war auch noch da, als ich versuchte, sie mit dem nächsten Schluck Bier hinunterzuspülen. Ich durfte es ihnen nicht zum Vorwurf machen. Ches hätte nicht im Käfig landen dürfen. Für jegliche Konsequenzen hatte ich doch schon ausgesorgt. Ich war für sie alle ins Maine State Prison gegangen, damit sie kein Schaden traf. Doch sie hatten sehr wohl Schaden abbekommen und die letzten vier Jahre ebenfalls die Hölle durchgemacht, wenn auch eine andere. Ebenfalls aus der Motivation heraus, mich und unsere Eltern zu schützen, und nicht wissend, dass wir uns zeitgleich füreinander aufgeopfert hatten.

Ich schüttelte meine düsteren Gedanken ab und trank mein Bier aus. Danach stieß ich auf, was Creed lachen ließ. »Hey, hat Ches dir eigentlich schon erzählt, dass in Fletcher eine Überraschung auf dich wartet?«

»Ach ja? Was für eine?«

»O bitte, man fragt nicht nach dem Inhalt von Überraschungen. Das macht die Sache an sich doch total sinnlos.«

»Wir sollten es ihm vielleicht trotzdem sagen, immerhin wird es eine Woche lang gehen«, überlegte Ches laut und grinste.

Ich setzte mich aufrechter hin und sah erst zu Creed, dann zu meinem Bruder. Sie kannten mich leider viel zu gut. Ich war neugieriger als ein Kind am Weihnachtsmorgen, und ich liebte Überraschungen. »Was ist es?«, fragte ich nachdrücklich.

»Wir dachten, es wäre vielleicht keine schlechte Idee, wenn wir campen gehen. Das hast du doch früher so gerne mit Dad und mir gemacht – oder du hast hier im Garten gezeltet. Du könntest dabei unsere Freunde kennenlernen, baden gehen und die Natur genießen. Na ja, ich dachte, nach der langen Zeit eingesperrt … Dass es dir gefallen könnte. Und vielleicht erleichtert es dir den Anschluss, wenn du dich gut mit unseren Freunden verstehen solltest.«

Aufregung kribbelte durch meine Adern. Mit großen Augen starrte ich Chester an, und langsam formte sich mein Mund zu einem

Lächeln. »*Camping?* Machst du Witze? Das ist die beste Idee überhaupt!«

»Zum Glück magst du die Idee«, brummte Creed erleichtert. »Wir haben nämlich schon alles geplant, und alle sind mit dabei. Mitchell, Savy, Ella, Carla, Todrick, Summer … und wir.«

»Was ist mit deiner besten Freundin?«, fragte ich überrascht. »Du hast sie doch mal bei deinen Besuchen erwähnt. Wie heißt sie noch mal? Leslie? Lexy?«

Creed wich meinem Blick aus. »Lenny. Sie kommt nicht mit.«

»Wieso nicht?«

»Es ist kompliziert. Wir hatten …«

»Sex«, vervollständigte Ches den Satz. Das brachte ihm einen bösen Blick von Creed ein. »Hey, ich wollte eigentlich sagen ›gestritten‹, aber vielen Dank auch, Babyface! Du bist ein Arschloch.«

Ich lachte auf. »Ich wusste ja gar nicht, dass du rot werden kannst, Creed.«

»Das mit Lenny ist kompliziert. Und es ist nicht nur das. Vor Kurzem, auf der Verlobungsfeier von Freunden von uns, haben Lenny und Summer sich ziemlich gestritten. War unschön. Deshalb will Lenny nicht mitkommen zum Campen. Deshalb … und weil wir miteinander geschlafen haben.«

Ich schüttelte den Kopf. »O Mann. Klingt nach Drama.«

Ches murmelte irgendetwas gegen den Rand seiner Dose, ehe er Creed einen kurzen, missbilligenden Blick zuwarf. »Ich habe dir gleich gesagt, dass du die Finger von Summer lassen sollst. Aber du wolltest ja nicht auf mich hören.«

»Wir haben auf der Party nur miteinander geredet!«

Ches warf mir einen vielsagenden Blick zu. »Dieser Kindergarten hört vermutlich nie auf. Maxx, tu mir den Gefallen und fang wenigstens du nichts mit den Freundinnen meiner Freundin an.«

Ich prostete ihm grinsend zu. »Nichts leichter als das. Fletcher hat mit Sicherheit noch genug andere Mädchen, die ich daten kann, sobald wir dort sind.«

»Siehst du, Creed? So einfach kann es gehen.«

Ich hatte nicht vor, etwas anbrennen zu lassen. Ich war vier Jahre nicht mehr ausgegangen. Sobald ich in Fletcher war, würde ich das gleich in meiner ersten Woche angehen. Ob Tinder noch ein Ding war? Nutzte man das immer noch? Ich würde es später wohl einfach herausfinden. Es würde zwar noch zwei Wochen dauern, bis wir aufbrachen, aber es schadete ja nicht, schon mal ein paar Bekanntschaften zu machen, wenn auch nur virtuell.

»Noch eins gefällig?«, fragte Creed und deutete auf meine leere Dose. Ohne meine Antwort abzuwarten, stand er auf und verschwand ins Haus.

Das ließ Ches und mich allein auf der Hollywoodschaukel zurück. Schweigend saßen wir da, wippten ein wenig vor und zurück und blickten in den Garten hinaus. Der Sommer war in diesem Jahr bestialisch. Es war so heiß wie schon lange nicht mehr und ziemlich brutal. Doch irgendwie genoss ich es auch. Ich liebte diese Jahreszeit, das hatte ich schon immer. Der warme Wind rauschte durch Baumwipfel, Vögel zwitscherten, und Grillen zirpten vor sich hin. Später, gegen Abend, würde ihr Konzert um einiges lauter werden. Ich konnte es kaum erwarten, hier zu sitzen und dem zu lauschen. Wer hätte gedacht, dass etwas so Gewöhnliches mal eine Reizüberflutung für mich sein könnte?

»Wie geht es dir?«

Ich blickte auf. Ches sah noch immer raus in den Garten und beobachtete das Spiel der Blätter.

Wie es mir ging? Gut. Ich war genervt und überfordert und fühlte mich schuldig und wie ein Arschloch. Außerdem war ich müde. Ich wollte schlafen oder mich betrinken oder beides. Ich war erschöpft. Aber ich war frei.

Lächelnd zuckte ich mit den Schultern. »Super. Fantastisch. Ging mir nie besser.«

Ches nickte. Die kleinen Falten auf seiner Stirn sprachen eine deutliche Sprache. »Bist du bereit für Fletcher?«

Die Frage ließ mich erstaunlicherweise grübeln. Natürlich war ich bereit. Ich wollte endlich mein neues Leben starten. Ich konnte es kaum erwarten, am Communitycollege in Frayton zu studieren. Es war zwar nicht unbedingt das, was ich wollte, aber vielleicht konnte ich im Anschluss ein gängiges Vierjahresstudium an einer einigermaßen guten Universität absolvieren. Communitycolleges hatten nicht gerade den besten Ruf. Aber es war ein Mittel zum Zweck. Meine zweijährige Zeit in Frayton würde mich in das Leben katapultieren, das ich mir wünschte. Nein, *ich* würde mich in das Leben katapultieren, das ich mir wünschte.

Ches schien mein Schweigen falsch zu deuten. »Du weißt, du kannst auch länger hier zu Hause bleiben, wenn du möchtest. Oder noch ein wenig mit dem Studium warten. Du könntest dir auch etwas in der Nähe von Topsham suchen, um mehr Zeit mit Mom und Dad zu verbringen.«

»Nein«, sagte ich einen Ticken zu schnell. Ich räusperte mich und versuchte, eine neutralere Miene aufzusetzen. »Ich meine, ich will nicht länger warten. Ich werde jetzt zwei Wochen hier zu Hause bleiben, und danach will ich Topsham hinter mir lassen. Ich …« Mein Herz zog sich schmerzlich zusammen. »Ich brauche einen Neuanfang, Chester, weit weg von alldem hier.«

Ein Schatten huschte über sein Gesicht. Er wirkte schuldbewusst. »Tut mir leid. Ich versuche nur zu helfen.«

»Ich weiß. Tut mir leid«, sagte ich ebenfalls. »Ich glaube, der Tag heute war ein bisschen viel für mich.«

»Glaubst du, du bekommst das alles hin?«

»Was meinst du?«

Er wirkte beinahe verlegen. »Das Studium. Du weißt schon.«

Ich wiederholte seine Worte einige Male im Kopf, bevor ich mich für eine Reaktion entschied – etwas, was ich mir ebenfalls im Knast antrainiert hatte. Die Art und Weise, wie man mit Worten umging, wie man auf sie reagierte und welche Körpersprache man dabei besaß, sagte einiges über Menschen aus und bestimmte darüber, wie andere einen einschätzten. Je kontrollierter man war, desto besser – und desto sicherer.

Ich entschied mich letztendlich für eine schalkhafte Miene, obwohl Scham und Empörung in mir hochkochten. Glaubte er, ich war nicht clever genug für ein beschissenes Communitycollege?

»Das hab ich dir doch schon mal erzählt«, erklärte ich mit ruhiger, entspannter Stimme. »Man sitzt im Knast nicht den ganzen Tag rum und dreht Däumchen oder macht sinnlose Arbeiten für fünfzehn Penny die Stunde. Also doch, das tut man schon, aber es gibt auch Angebote. Programme mit Collegeniveau.« Ich sah meinen Bruder durchdringend an. »Ich bin zu jedem Kurs gegangen, zu dem ich gehen konnte, Ches. Außerdem werden die ersten Wochen am Communitycollege sowieso ziemlich easy. Es müssen alle auf den gleichen Wissensstand gebracht werden, und teilweise sitzen dort uralte Säcke. Mach dir um mich keine Sorgen.«

»Aber das ist es ja. Du bist mein kleiner Bruder, ich mache mir immer Sorgen um dich.«

In dieser Sekunde kam Creed wieder nach draußen. »Hier ist Nachschub, Ladys. Susan und Gerald wollten uns *ein wenig Zeit unter Brüdern* geben. Ich finde es irgendwie süß, dass sie mich mit eingebunden haben.«

Ches verdrehte die Augen. »Nach all der Zeit immer noch die alte Leier? Du gehörst zur Familie, und damit basta.«

Creed grinste und ließ sich wieder zwischen Ches und mir auf die Hollywoodschaukel fallen.

Die Worte meines Bruders ließen mich noch immer nicht los, weshalb ich mich vorbeugte und ihn ansah. Mit jedem Wort fühlten sich meine Stimme und mein Lächeln gepresster an. »Hör auf, dir um mich Sorgen zu machen. Ich komme schon zurecht.«

»Kommst du nicht«, erwiderte er und trank einen Schluck.

Mein Mund klappte vor Überraschung auf. »Was willst du damit sagen?«, erwiderte ich leise. »Natürlich komme ich zurecht.«

Ches seufzte und sah mich nachsichtig an. »Du bist heute erst aus dem Gefängnis gekommen, Maxx. Niemand erwartet von dir, dass du augenblicklich zurechtkommst. Gib dir selbst ein wenig Zeit, um anzukommen und alles auf dich wirken zu lassen.«

Hitze kroch mir den Nacken hinauf. Ich wusste nicht, ob es daran lag, dass ich endlich wieder zu Hause war, oder daran, dass Ches auf eine Art und Weise zu mir durchdrang, wie es schon immer nur er geschafft hatte. Jedenfalls wurde ich wütend, und diese plötzliche Wut war so heiß, dass ich sie kaum zügeln konnte. »Verdammt, Chester! Ich hab den Knast hinter mir gelassen, ich bin fertig mit dem Scheiß, kapiert? Ich will versuchen, mir ein anständiges, gutes Leben aufzubauen, und ich werde ganz bestimmt keine schiefen Aktionen mehr bringen! Es ist vorbei! Niemand muss auf mich aufpassen oder mich überwachen, niemand muss sich um mich Sorgen machen, und niemand muss auf mich achtgeben. Ich habe die letzten vier Jahre auf mich selbst achtgegeben, und das hat auch wunderbar funktioniert. Wie du siehst, bin ich nicht abgestochen worden. Ich bekomme das schon hin, ich bin jetzt ein neuer Mensch, okay?«

Mein Herz raste. Erst als ich aufhörte zu sprechen und in die Gesichter meines Bruders und von Creed sah, merkte ich … dass ich die Kontrolle verloren hatte. Über mich, über meine Gefühle, über alles. Etwas, was schon so lange nicht mehr geschehen war. *Verdammt noch mal!*

Ich sah nichts als Schock auf ihren Gesichtern.

Nein, das stimmte nicht. Da war mehr. Allem voran bei Ches.

Da war Wehmut. Sorge.

Ich sprang auf, was eine Ladung Bier auf meine Füße schwappen ließ, auf die kostbaren Sneaker, die ich heute erst wiedererlangt hatte – weil ich die Dose halb zerdrückt hatte. *Fuck!*

Die Scham erstickte mich beinahe. »I-ich glaube, ich mache ein kleines Nickerchen. Wir sehen uns später. T-tut mir leid. *Fuck.* Ich … Tut mir leid. War nicht so gemeint.«

Bevor die Jungs darauf etwas erwidern konnten, lief ich mit schnellen Schritten zurück ins Haus.

Ich wusste nicht, wohin ich wollte. Ich wusste nur, dass ich es hier nicht länger aushielt.

KAPITEL 5

SAVANNAH

*I*ch hab's!«, rief Summer und stellte sich vor den ratternden Ventilator. »Du solltest Fallschirm springen.«

Mit verdrossener Miene sank ich tiefer in Summers blaues Sofa. »Ist klar. Und dann geht das Ding nicht auf, und ich ende als Haufen Matsch.«

Ella stöhnte auf und lehnte ihren Kopf an meine Schulter. »Savy, das war jetzt bestimmt unser tausendster Vorschlag, und für alles hast du eine Ausrede, es nicht zu tun. Ich dachte, du wolltest waghalsiger sein.«

»Waghalsiger, aber nicht lebensmüde. Ich meine, kommt schon. Könnt ihr euch vorstellen, dass ich eine Gebäudefassade herunterlaufe oder mich aus einem Flugzeug stürze?« Ich lachte nervös auf und rückte meine Brille zurecht. »Ich finde das alles schon irgendwie cool, aber es ist zu extrem. Ich brauche etwas ... Normaleres. Normal-waghalsig.«

»Dann überlegen wir uns eben etwas anderes«, sagte Summer und trat endlich vom Ventilator fort, damit wir hier in ihrer heißen Wohnung auch etwas vom Luftzug abbekommen konnten.

Summers Wohnung gehörte zu meinen liebsten Orten überhaupt. Sie war schick, gleichzeitig aber auch heimelig und gemütlich. An den Wänden hingen überall Fotografien von uns dreien und vom Rest der Gang sowie von Summers Familie. Auf dem gläsernen Esstisch stand ein Strauß getrockneter Wildblumen, und auf den abgenutzten Dielen lag ein kuscheliger beiger Langflorteppich, den Ellas Tante ihr überlassen hatte. Und dann war da noch ihre kleine Küche, in der so gut wie alles pink und rosa war – selbst die Kaffeemaschine.

Ella trommelte mit den Händen auf ihre Knie und blickte nachdenklich zur Zimmerdecke. »Lass mal sehen ... Du brauchst einen Job. Hast du schon etwas Bestimmtes im Sinn?«

»Nicht so richtig«, gab ich zu und zuckte mit den Schultern. »Aber ich könnte im Kino in der Mall nachfragen.«

»Das klingt nach einem Plan! Du liebst das Kino.«

Das Kino war ein weiterer Lieblingsort von mir. Ich war so oft dort, dass ich jedes Gesicht dort kannte. Und Fletcher war nicht gerade eine Millionenmetropole, weshalb sie mich vermutlich auch wiedererkannten. Ich hoffte es zumindest.

Summer stemmte die Hände in die Hüften. »Okay. Bewerbung im Kino und ein Termin im Tattoostudio. Das bekommen wir hin. Wie sieht es mit deinem Profil auf *SuperCrush* aus? Hat dir mittlerweile schon ein Kerl geschrieben?«

Das ließ auch Ellas Augen aufleuchten – und mich erneut im Erdboden versinken. Keine Ahnung, wieso dieses Thema für mich so fest mit Scham verknüpft war, aber ich konnte auch nichts dagegen tun.

Ich schnappte mir ein mit Pailletten besetztes Sofakissen und spielte mit den schillernden Bommeln an den Seiten. »I-ich … Also, ich … Ich habe die App noch nicht wieder geöffnet.«

»Seit wann?«, fragte Ella verblüfft.

»Na ja. Seit ich sie installiert hab«, gestand ich kleinlaut.

Ein seltsames Geräusch erklang plötzlich von nebenan, was mich aufhorchen ließ. Ein dumpfes Klopfen an der Wand. Wieder und wieder, in einem stetigen Rhythmus. Fast so, als würde gerade jemand …

Ich riss die Augen auf. Oh. *Diese* Art von Geräusch!

»Verflucht noch mal!«, rief Summer aufgebracht. »Meine verdammten Nachbarn treiben mich in den Wahnsinn! Erst war es nur nachts, und jetzt müssen sie auch noch den ganzen Tag herumvögeln. Ich halte das nicht mehr aus!« Sie stampfte zur Wand und hämmerte inbrünstig mit der Faust dagegen, was ein paar der Bilder gefährlich wackeln ließ. »Schiebt das gottverdammte Bett gefälligst weg von der Wand, ihr sexsüchtigen Nervensägen!«

Die Geräusche von nebenan wurden jedoch nicht gerade leiser.

Ella lachte glucksend auf. »Offenbar haben sie genauso gerne Sex wie du.«

»Aber *ich* gönne meinen Nachbarn Schlaf und halte sie nicht ständig wach. Ihr könnt euch nicht vorstellen, wie oft das da drüben scheppert. Es wundert mich ehrlich gesagt, dass noch kein Loch bis in meine Wohnung herbeigebumst wurde, so oft, wie das Bettgestell gegen die Wand knallt.«

Ella und ich brachen in Gelächter aus.

Noch immer kichernd, zog ich mein Handy hervor und starrte auf meine Liste. *SuperCrush. One-Night-Stand.* Allmählich verblasste mein Lächeln wieder. Was wohl Dr. Dreyer dazu gesagt hätte? Beinahe bereute ich meine Entscheidung schon. Ich wusste nicht einmal, ob ich überhaupt zu einem One-Night-Stand in der Lage sein würde. War das nicht seltsam, so ganz ohne Liebe und Gefühle? Vermutlich. Aber ganz bestimmt stand das weiter oben auf der Liste als ein verflixter Sprung aus einem Flugzeug.

Ich stand auf und zupfte meine mintgrünen Paperbag-Shorts zurecht. »Danke für eure ganzen Vorschläge. Und Ella, richte Ches und Creed Grüße aus, wenn ihr wieder telefoniert. Sie sind doch noch in Maine, oder? Ich glaube, ich packe noch ein paar Kisten für den Umzug und lese ein wenig, bevor ich zum Essen zu meinen Eltern fahren muss.« Allein die Vorstellung sorgte dafür, dass mir schwer ums Herz wurde. Außerdem wurde mir ein wenig übel, wenn ich mir vorstellte, dass ich das Gerede meiner Mom wieder über mich ergehen lassen musste. Und dass ich nichts dagegen ausrichten würde. Das letzte Mal, als ich bei ihnen gewesen war, war nun schon über eine Woche her … Es würde das erste Mal seit diesem Frühstück sein, dass ich ihnen wieder unter die Augen trat. Am liebsten hätte ich alles in meiner Macht Stehende getan, um genau das zu vermeiden.

Ella stand ebenfalls auf und schloss mich in die Arme. »Wenn du reden willst, ruf an. Tut mir leid, dass so viele alberne Vorschläge für deine Liste dabei waren. Ich denke noch etwas drüber nach, und wenn mir noch etwas einfällt, melde ich mich bei dir.«

Ich erwiderte ihre Umarmung fest. »Danke, Elmo.«

Summer warf mir zum Abschied eine Kusshand zu.

Während ich mit meinem Auto zurück zur Fletcher University fuhr, grübelte ich vor mich hin. Über meine absolut unrealistischen Pläne für den Sommer und das in wenigen Wochen startende neue Semester. Bis dahin musste noch so viel passieren. Ich hatte mir vorgenommen, zum Mayflower Festival am Ende der ersten Semesterwoche meinen Eltern endlich zu sagen, was ich wirklich dachte; über ihre Unehrlichkeit, dass sie ständig alles über meinen Kopf hinweg entschieden und ganz besonders dass sie einfach meine Therapie beendet hatten. Bis dahin wollte ich möglichst viele Punkte auf meiner Liste abhaken, um genug Selbstvertrauen anzusammeln. Ehrlich gesagt erschien es mir derzeit eher noch wie ein Ding der Unmöglichkeit. Niemand konnte innerhalb weniger Wochen zu einem neuen Menschen werden. Vor allem nicht jemand wie ich. Aber so fern es auch schien … ich durfte nichts unversucht lassen. Ich durfte noch nicht aufgeben, wo ich doch noch nicht einmal richtig angefangen hatte.

Deshalb blieb ich auch einen kurzen Moment lang sitzen, als ich mein Auto auf dem Campusparkplatz parkte. Er lag direkt an *Parcell House,* dem Wohnheim, in welchem ich wohnte und welches den Anfang der Wohnanlage der Fletcher University kennzeichnete.

Nein, ich würde nicht aufgeben. Stattdessen würde ich *anfangen.* Und zwar jetzt.

Ich zog mein Handy aus meinen Shorts und entsperrte es. Zwanzig neue Nachrichten im Chat mit meinen Freundinnen. Die meisten bestanden aus Memes und Screenshots von lustigen Twitter-Posts.

Einen Moment lang schwebte mein Daumen über dem Icon von *SuperCrush,* und ich hielt die Luft an. *Komm schon, kurz und schmerzlos, wie das Abreißen eines Pflasters!* Ich tippte die App an, ehe auch schon ein Ladebildschirm erschien, auf welchem in hübscher Schrift *SuperCrush* stand, umgeben von süßen Doodles. Dann war die App geladen und …

Fast ließ ich mein Telefon fallen. Mein Herz machte geradewegs einen Satz. Himmel noch mal! Da war eine Nachricht in meinem Postfach!

Okay, Savy, tief durchatmen. Das ist vermutlich nur eine Infonachricht von der App selbst. Es ist alles in Ordnung. Vermutlich ist es gar nichts.

Ich beeilte mich, mein Postfach zu öffnen, bevor ich noch einen Rückzieher machte.

Das Erste, was mir ins Auge fiel, war das Profilbild. Es war ein

Schwarz-Weiß-Bild eines Sixpacks – ein beeindruckendes noch dazu. Und daneben der Username: *MadDog*.

Mir wurde heiß vor Aufregung. Eine allererste Nachricht! Und zwar keineswegs von der App! Mein Gesicht musste bereits ein ungesundes Dunkelrot angenommen haben. Glücklicherweise sah mich hier niemand im Auto sitzen.

Ich ließ meinen Daumen über der geschlossenen Nachricht schweben.

Und tippte sie dann an.

Hey, Savannah Moore,
du bist auch neu hier, was? Ich wollte dich nur darauf aufmerksam
machen, dass du vielleicht deinen Klarnamen runternehmen
solltest … Die App ist anonym, das weißt du, oder? ;)
Hab noch einen schönen Tag.
PS: Bei der Bewerbung würde ich dich sofort einstellen. 😃

Blinzelnd starrte ich auf die Nachricht und las sie immer wieder. *Neu hier. Anonym. Klarname. Bewerbung.*

Ein Stöhnen entfuhr mir, und ich fasste mir an die Stirn. Ich war so ein Schaf! Hätte ich mich doch nur mal genauer mit dieser App befasst, dann wäre mir ein so dämlicher Fehler bestimmt nicht unterlaufen! *SuperCrush* war anonym, und jeder schien das zu wissen, außer mir. Da stand mein voller Name – und noch mehr.

Hastig klickte ich auf mein Profil, löschte das Bild – das peinlicherweise tatsächlich aussah wie ein Bewerbungsfoto – und dann meinen Namen. Übrig ließ ich nur »S.«

Anschließend öffnete ich wieder den Chat mit *MadDog* und überlegte fiebrig, was ich antworten könnte.

Hi, MadDog!! 😃
Irgendwie ist das wohl an mir vorbeigegangen!!! Danke fürs
Drauf-aufmerksam-Machen!! Ich wünsch dir auch noch einen
schönen Tag!!

»Und abgeschickt«, flüsterte ich und atmete auf. Gerade noch mal gut gegangen. Auch wenn dieser Kerl nun meinen Namen kannte, und das in einer anonymen, lokalen Dating-App. Das hatte ich dermaßen versemmelt, verflixt! Und ich hatte mal wieder viel zu viele Ausrufezeichen verwendet.

Ein Schauder erfasste mich. O Mann, ich hätte mir kein Profil anlegen sollen. Und vor allem hätte ich meine Einträge nicht handhaben sollen wie das Freundebuch einer Fünftklässlerin!

»Liebt Musicals, Zitroneneis und Bücher. ›Defying Gravity‹ ♥«

Gott, hoffentlich war dieser *MadDog* kein Freund meines Bruders. Wenn ich Glück hatte, war er weder mir noch ich ihm jemals begegnet, denn das wäre für immer unangenehm und peinlich.

Ich stieg aus meinem Auto, holte meine Minnie-Tasche vom Rücksitz und verriegelte den Wagen. Anschließend stampfte ich auf *Parcell House* zu. Das Wohnheim war alt und ein wenig heruntergekommen, aber hübsch und voller Charme. Die majestätischen Mauern aus rotem Backstein waren von Efeu überwuchert, die breite Holztreppe drinnen knarzte bei jedem Schritt, und die Ausstattung der Zimmer und der Gemeinschaftsbäder war schön altmodisch, aber nicht gerade zeitgemäß. Überhaupt war es ein Wunder, dass es so was wie einen ID-Scanner am Eingang gab, der nur Studierenden und dem Personal Zutritt gewährte. Das änderte jedoch nichts daran, dass die Eingangstür meistens, so wie auch jetzt, sperrangelweit offen stand. Im Sommer war das vollkommen normal. Die alten Wohnheime waren nicht mit Deckenventilatoren oder Klimaanlagen ausgestattet. Jeder kleinste Luftzug war im staubigen Gebäude deshalb ein Segen.

Ich betrat gerade den Eingangsbereich, als es in meiner Hand vibrierte und eine neue Benachrichtigung auf dem Bildschirm erschien.

MadDog hatte geantwortet.

Ruckartig blieb ich vor der breiten Treppe stehen. Was? So schnell? Sofort öffnete ich die App.

Hey!
Gerne doch, Savannah Moore, die Bücher und Musicals liebt. 😊
Kommst du aus Fletcher? Oder studierst du nur dort? Ich bin
ehrlich gesagt nicht nur neu auf SuperCrush, sondern bald auch
neu in der Stadt. Ich werde zum neuen Semester aufs Communitycollege in Frayton gehen.

Mit beiden Händen hielt ich das Telefon fest. Er fing ein Gespräch
mit mir an. Und das, obwohl ich vermutlich einen ziemlich unbehol-
fenen, nicht gerade ansehnlichen ersten Eindruck hinterlassen hatte.
Nichtsdestotrotz tippte ich eine Antwort.

Ja, ich komme aus Fletcher und studiere in Fletcher!!
Was genau wirst du denn am Communitycollege studieren?

Meine Nachricht erhielt in Sekundenschnelle zwei blaue Häkchen,
die symbolisierten, dass sie gelesen worden war. Gleich darauf hüpften auch schon drei graue Punkte im Chat.

Soziale Arbeit. 😀 Das wird bestimmt super. Mal sehen, was
danach passiert.
Was treibt dich eigentlich auf SuperCrush, Savannah Moore?

Was um alles in der Welt antwortete man auf so eine Frage? Ich konn-
te ihm ja schlecht sagen, wieso.
Warum eigentlich nicht? Du kennst ihn nicht, und er kennt dich nicht.
Und du hast dich hier immerhin angemeldet, oder nicht?
Okay, okay, ich musste mich beruhigen und cool bleiben. Wenn
jeder andere diese App nutzen konnte, um Dates und One-Night-
Stands zu haben, dann konnte ich das auch. Bloß jetzt, wo mir plötzlich dieser Kerl geschrieben hatte, kam es mir so viel realer vor, zu was
das hier führen könnte.
Bevor ich meinen inneren Kampf weiter ausführen konnte, erreich-
te mich auch schon die nächste Nachricht von *MadDog*.

Dates? Spaß? Party? Freunde?

Erleichtert atmete ich auf. Mit dieser Nachricht konnte ich schon viel eher etwas anfangen. Ich antwortete sofort.

Von allem etwas. ☺ Wie sieht es bei dir aus?

Das war gut. Mit dieser Antwort hatte ich keinen Rückzieher gemacht, hatte aber auch nicht aussprechen müssen, was ich wollte. Ich wirkte total selbstbewusst!

… Oder nicht?

Wieder sah ich, dass meine Nachricht gelesen wurde, und die drei hüpfenden grauen Punkte erschienen. Mir war wohl bewusst, dass ich noch immer wie angewurzelt vor der Treppe im Eingangsbereich des Wohnhauses stand. Aber dieses Gespräch war gerade um einiges spannender geworden, und ich war noch nicht so weit, mich wieder in Bewegung zu setzen.

Ich bin eigentlich für alles offen, weil ich niemanden in Fletcher kenne. ☻ Wenn mir also ein gewisses Mädchen mit süßen Sommersprossen die Stadt zeigen möchte, hätte ich absolut nichts dagegen. :)

Hitze schoss mir in die Wangen und kroch mir geradewegs über den ganzen Körper. Himmel noch mal! Er … meinte mich. Grundgütiger!

Gerade wollte ich mir irgendeine Antwort überlegen, als die App sich plötzlich von selbst schloss, mein Handy wie wild zu vibrieren begann und schrill und laut der Anfang von »No One Mourns The Wicked« losposaunte. Vor Schreck fiel mir das Telefon zu Boden. Das war aber nichts im Vergleich zu dem Schreck, als ich beim Aufheben sah, dass es meine Mom war, die mich anrief.

Schnell hob ich ab und presste mir das Smartphone ans Ohr. »Hi, Mom! Was gibt's?«

»Wo bist du, Savannah?«

»Gerade auf dem Campus angekommen. Wieso?«

»Gut. Ich wollte nur sichergehen, dass du heute Abend auch kommst.«

Sichergehen. Von wegen. Sie kontrollierte mich!

Ich schloss für einen Moment die Augen. Die Worte meiner Mom waren nichts Neues für mich, und doch zogen sie mich runter. Ich wusste, dass sie mir im Grunde nichts Böses wollte, dass sie nicht mein Feind war oder absichtlich gegen mich arbeitete. Trotz allem fühlte es sich an wie ein fieser Angriff, wenn sie solche Dinge sagte.

Widerwille stieg in mir hoch … doch ich schaffte es einfach nicht, etwas dagegen zu unternehmen.

»Keine Sorge, Mom«, sagte ich also bloß. »Ich werde kommen. Du kennst mich doch, ich halte immer mein Wort.«

»Dann sehen wir uns in zwei Stunden. Zieh dir etwas Ordentliches an und sei pünktlich, Savannah.« Wir verabschiedeten uns, und das Gespräch war beendet. Wie immer. Denn es war eine Selbstverständlichkeit, dass es so zwischen uns lief.

Meine Knie waren weich, als ich die knarzenden Stufen erklomm, hoch bis in den dritten Stock. Die Luft hier oben war noch drückender und stickiger als im Erdgeschoss. Ich schloss die Tür meines Wohnheimzimmers auf und grüßte meine Mitbewohnerin mit einem schwachen Lächeln. Arden saß auf ihrem Bett, die wasserstoffblond gefärbten Haare zu einem Pferdeschwanz gebunden und mit großen Kopfhörern auf den Ohren. Sie hatte sich offenbar ein nasses Handtuch um die Schultern gelegt, was bei der drückenden Hitze absolut nachvollziehbar war. Sie erwiderte das Lächeln abgelenkt, während sie weiter strickte und sich, so wie es aussah, mal wieder einen Splatterfilm ansah. Arden Fuller und ich kannten uns schon, seit wir denken konnten, weil unsere Eltern befreundet waren. Sie, ihr Bruder Austin, Mitchell und ich hatten die gesamte Kindheit zusammen verbracht. Es war für uns sonnenklar gewesen, dass wir uns unbedingt das Wohnheimzimmer teilen mussten, als wir beide die Zusage für die Fletcher University bekommen hatten. Nur hatten wir uns in den letzten Jahren ziemlich auseinandergelebt. Es betrübte mich, aber irgendwo war es auch okay für mich, weil uns unser ganzes Leben miteinander verband. Auch darüber hatte ich schon viele Male mit Dr. Dreyer gesprochen, und sie hatte es zumindest ein wenig geschafft, mir meine Verlustangst zu nehmen. Sie hatte eine gesündere Perspektive auf meine und Ardens Beziehung gerückt, sodass ich Schritt für Schritt so etwas wie Frieden damit schließen konnte. Aber es war nicht immer gleich einfach. Besonders seit Arden vor einem halben Jahr diesen Streit mit Mitchell und Carla hatte …

Unser Wohnheimzimmer war nicht sonderlich groß. Arden hatte viel weniger Zeug als ich und schaffte es irgendwie, dass ihr Bereich geräumiger wirkte, obwohl wir exakt gleich viel Platz zur Verfügung hatten. Mein Teil des Zimmers war vollgestellt bis zur letzten Ecke. Überall standen Bücherstapel, und auf meinem schmalen Bett lagen viel zu viele bedruckte Kissen mit Buchzitaten und Prints herum. An der schrägen Wand darüber hingen lauter Erinnerungen: Fotos, Musicalposter, Kinokarten, eine Lichterkette und kleine Briefe. Außerdem war da noch der riesige sonnengelbe Sitzsack, den mir meine Freundinnen zum Geburtstag geschenkt hatten. Auf dem Nachttisch thronte aber mein größtes Heiligtum: ein kleiner Ventilator.

Ich legte meine Tasche neben die vielen schiefen Bücherstapel, zog meine Brille ab und warf mich auf mein Bett. Seufzend grub ich den Kopf in ein Kissen, das mit dem Gesicht von Hugh Jackman bedruckt war, und widmete mich anschließend wieder meinem Handy. *Sichergehen. Nur sichergehen, dass du kommst.* Ich war es so leid. Wenn ich es wirklich schaffen wollte, selbstsicherer und freier zu werden, musste ich einen ersten Schritt wagen. Nicht für Mom oder Dad oder weil ich irgendwem etwas beweisen musste. Nur für mich. Ich musste meinen Plan mit dieser Liste für den Sommer durchziehen. Ich musste endlich lernen, über meinen Schatten zu springen. Dinge tun, die ich immer *gewollt,* mich aber nie getraut hatte.

Deshalb entsperrte ich auch mein Handy, öffnete wieder den Chat auf *SuperCrush* und schrieb *MadDog* zurück.

Ich würde nichts lieber tun, als mit dir einen Abend zu verbringen, und dich besser kennenzulernen!!!! =)

KAPITEL 6

MAXX

*A*uf dich«, sagte Creed und hob sein Bierglas über den Tisch zwischen uns. »Und darauf, dass du endlich frei bist.«

Ich lachte auf und hob ebenfalls mein Glas, wie auch Ches. Er nickte mir zu und schenkte mir ein kleines Lächeln. »Cheers. Auf dich.«

Wir ließen unsere Gläser lautstark aneinanderklirren. Das Bier war eiskalt und so wohltuend, dass ich genüsslich die Augen schließen musste, um mich einen Moment lang nur darauf zu konzentrieren. Gott, wie hatte ich das vermisst. Es fühlte sich an, als wäre ich in einem Traum. Wann hatte ich das letzte Mal in einer Bar gesessen? Und dann auch noch am späten Nachmittag? Das war definitiv ein erstes Mal.

»Danke, Jungs«, sagte ich und stellte mein nun halb leeres Glas wieder vor mir auf unserem Tisch ab. Abgesehen von uns waren nur zwei Männer in der Bar, die einzeln und für sich an der Theke saßen und sich einen Drink genehmigten. Aus den Lautsprechern drang leise Musik. Irgendwas Altes, Rockiges, was ich allerdings nicht ganz zuordnen konnte.

Ich seufzte. Wie gerne ich jetzt zu meinem Bier eine Zigarette geraucht hätte. Allmählich wurde ich unruhig. Der Drang, die Sucht, erfüllte mich schon seit heute Morgen. Ich konnte es kaum erwarten, einen Spaziergang zu unternehmen, allein und unbeobachtet, um meinem Verlangen nachzugeben. Das war schon fast eine Art Ritual geworden. Ich wollte nicht vor meinen Eltern rauchen. Selbst vor Ches und Creed wollte ich es nicht unbedingt tun, auch wenn Rauchen ja nichts so Ungewöhnliches war. Aber ich wusste, dass sie es alle nicht guthießen, und besonders die Ablehnung meiner Eltern konnte ich gerade noch nicht verkraften. Außerdem war die Sucht ein Überbleibsel aus meiner Haftzeit und erinnerte nicht nur mich, sondern auch alle um mich herum unweigerlich daran. Und so wie die Dinge im Haus meiner Eltern lagen, musste ich ihnen das ja nicht auch noch aufladen.

»Also, reden wir. Dafür sind wir schließlich hergekommen«, sagte Creed mit einem vorsichtigen Lächeln. »Fangen wir an. Reden wir über den Käfig.«

Mein Magen krampfte sich vor Nervosität zusammen. Ich wusste, dass ein Drink nicht das Einzige war, weshalb wir heute hergekommen waren. Wir waren hier, weil wir zu Hause nicht ungestört reden konnten. Überhaupt war es zu Hause nicht ungestört, ob man reden wollte oder nicht. Doch auch ohne dass ich wirklich etwas Genaues über Chesters und Creeds Zeit im Käfig, diesem Untergrundort in Fletcher, wusste, sorgten Creeds Worte dafür, dass ich augenblicklich stocksteif dasaß. Mir war klar, dass wir irgendwie beginnen mussten und keines der anstehenden Themen angenehm sein würde. Wie lauter offene, nässende Wunden, die bei der kleinsten Berührung höllisch schmerzten. Doch nicht nur ich versteifte mich, sondern auch Ches. Mit einem Mal war ich mir gar nicht mehr so sicher, ob es eine gute Idee gewesen war, die beiden für dieses Gespräch in die Bar zu bitten. Ich war mir nicht einmal sicher, ob *ich* überhaupt bereit für dieses Gespräch war. Ich wusste aber auch, dass ich mich früher oder später den Dingen stellen musste, die in meiner Abwesenheit in ihrem Leben geschehen waren. Je eher ich es hinter mich brachte, desto besser. Ich war es ihnen schuldig.

»Okay«, überwand ich mich zu sagen. »Dann fangen wir mal an.« Zögerlich sah ich meinen Bruder an, der zunehmend nervöser wirkte. Dann Creed.

»Wie war es damals?«, fragte ich vorsichtig. »Wie hat alles angefangen?«

Ches und Creed tauschten einen Blick aus. Es war die Art von Blick, die bedeutungsschwer wirkte, so als würden sie sich stumm absprechen. Es machte mir einmal mehr schmerzlich bewusst, dass die Einheit, die wir drei einmal gebildet hatten, sich mittlerweile nur noch auf sie beide beschränkte. Ich war raus. Hatte die letzten Jahre immerhin nicht an ihrem Leben teilgenommen. Und sie nicht an meinem.

Chester atmete tief durch, als würde er sich wappnen. »Bis letzten Herbst habe ich für einen Kerl namens Rory … gearbeitet. Rose hatte damals die Verbindung zum Käfig. Sie hat dafür gesorgt, dass Creed und ich dort Unterschlupf finden.«

Ich sah Sterne. Fast so, als hätte mir hinterrücks jemand gegen den Schädel geschlagen.

Rose.

Allein ihren Namen zu hören sorgte dafür, dass sich mein Herz zusammenkrampfte. Und das, obwohl ich geglaubt hatte, darüber hinweg zu sein. Ich hatte so viel Zeit damit verbracht, all die Geschehnisse und diese zerstörerische Beziehung innerlich aufzuarbeiten. Gedanken im Kopf zu sortieren war aber offensichtlich etwas vollkommen anderes, als mit ausgesprochenen Worten konfrontiert zu werden. Denn … Scheiße, ich hätte nicht im Traum daran gedacht, wie schlecht mir schon werden würde, allein wenn ich ihren Namen hörte.

Mir wurde schwindelig, als mir Tausende Erinnerungen durch den Kopf schossen. Ich hatte Rose zu Füßen gelegen, hatte mich für sie und um sie geprügelt. Hatte ihr jeden Wunsch von den Lippen abgelesen. Mein Vertrauen und meine Liebe waren dermaßen naiv und gutgläubig gewesen. Damals hatte ich noch nicht gewusst, was ihr Vater für ein Kerl war. Dass er kein Mann war, der neben einem gewöhnlichen Bürojob ab und an ein Tütchen Koks oder Gras an Kollegen und Kolleginnen verkaufte. Es war alles so viel abgefuckter gewesen. Und als ich das realisiert hatte, war es schon zu spät. Ich hatte längst tief in der Scheiße gesessen. Und dann kam diese eine verhängnisvolle Nacht, nach welcher ich doch eigentlich ein für alle Mal hätte frei sein müssen …

Ich kniff die Augen zusammen. *Fuck. Na los, konzentrier dich. Reiß dich zusammen.*

»Du hast für einen Kerl namens Rory gearbeitet?«, wiederholte ich heiser, weil mein Hirn plötzlich zu leer gefegt war, um eine anständige Frage zu stellen.

»Ja«, hörte ich meinen Bruder sagen. »Die Untergrundkämpfe im Käfig sind für manche Leute ein großes Ding. Es werden ziemlich hohe Summen verwettet. Egal wer dort hinkommt, das einzige Blut, das im Käfig vergossen werden darf, ist während der offiziellen Kämpfe. Deswegen hat Rose uns auch dort hingeschickt. Solange ich im Käfig gekämpft habe, war ich auf so was wie neutralem Grund und konnte von Malcolm nicht für die Drogen belangt werden, die damals bei dem Autounfall …«

»Ich weiß«, schnitt ich ihm das Wort ab, und das harscher als beabsichtigt. Es war beinahe lächerlich, was es mit mir anstellte, nun auch den Namen ihres Vaters zu hören. Ich versuchte es, mit einem entschuldigenden Blick, wusste jedoch nicht so ganz, ob mir das auch tatsächlich gelang. »Tut mir leid. Können wir den ganzen Part mit Rose und dem Unfall einfach überspringen?«

Erneut tauschten Ches und Creed einen Blick aus. Und aus irgendeinem Grund schmerzte es mich mit einem Mal so sehr, dass ich mir mein Glas nahm und den Rest Bier in einem Zug leerte. Zwar hatte ich die letzten vier Jahre ständig über Rose, Malcolm, den Unfall und alles, was passiert war, nachgedacht, doch irgendetwas in mir sträubte sich so sehr dagegen, diese Worte aus ihren Mündern zu hören, dass sich mein Hals zuschnürte. Ich blickte zur Bar und sah anschließend die Jungs an. »Bin gleich wieder da, ich besorge mir nur etwas Stärkeres.«

Meine Knie fühlten sich weich an, als ich mich erhob und an die beinahe leere Theke trat, um mir das Erstbeste zu bestellen, was ich mir leisten konnte.

Von wegen etwas Stärkeres. Schön wär's. Dank meines schmalen Geldbeutels wurde es doch nur wieder ein Bier.

Als ich mich mit meinem neuen Getränk wieder setzte, hatte ich mich so weit im Griff, dass ich meine antrainierte Maske wieder aufrecht trug. Mein Herz pochte fest gegen meine Rippen. Ich schenkte den Jungs ein Lächeln und prostete ihnen zu. »Okay. Wir können weitermachen.«

Zwischen Chesters Augenbrauen erschien eine tiefe Furche. »Maxx … bist du sicher, dass es für dich okay ist, wenn wir darüber reden?«

»Wenn es nicht okay wäre, hätte ich nicht gefragt.« Ich musste das hier tun. Ich musste mir und auch ihnen beweisen, dass ich das hier konnte.

»Hm. Wie du meinst.« Chester starrte auf sein Glas, ehe auch er einen großen Schluck nahm. Doch es war nicht mein Bruder, der fortfuhr, sondern Creed.

»Also, die Kämpfe im Käfig sind echt eine Sache für sich. Sie haben nicht viele, aber dafür strikte Regeln. Waffen sind verboten, genauso wie irgendwelche anderen Gegenstände, die als Waffe verwendet werden können. Außerdem darfst du einen bewusstlosen Gegner nicht weiter treten oder schlagen. Nach dem Unfall waren wir etwa drei Jahre dort, bis letzten Herbst. Wenn Ches zu verletzt war, um zu kämpfen, bin ich für ihn eingesprungen und habe die Kämpfe für ihn übernommen. Ein Ausfall oder ein verlorener Kampf haben bedeutet, dass es Strafen gegeben hat, aber wir haben einen Weg gefunden, damit klarzukommen. Das Geld war nicht viel, aber wir konnten glücklicherweise bei einem Freund in der Autowerkstatt arbeiten. Er hat uns …«

Mit offenem Mund starrte ich Creed an. Er sprach weiter, doch ich hörte seine Worte nicht mehr. Ich sah zwar, wie sich seine Lippen bewegten und der Ausdruck auf seinem Gesicht immer düsterer und bedrückter wurde, doch ich hörte nichts anderes mehr außer meinem eigenen Blut. Es rauschte mir so laut in den Ohren, dass sie davon klingelten. *Kämpfe. Strafen. Drei Jahre.* Was zum Teufel redete er da? Heilige Scheiße. Mir war nicht ansatzweise klar gewesen, was genau es mit dem Käfig und den Kämpfen auf sich hatte, als die beiden es während der Besuchszeiten im Knast erwähnt hatten. Was Creed mir jetzt erzählte, war eine völlig andere Hausnummer. *Regeln, Verletzung, Strafen* … Die Bilder in meinem Kopf waren mit einem Mal so erschreckend, so viel düsterer als meine naive Boxkampffantasie, die ich bis dato gehabt hatte. Düsterer … und blutiger.

Je mehr Creed erzählte, desto heftiger wurde das Entsetzen in mir. Was für ein Albtraum. Und ich war daran schuld, dass sie ihn hatten erleben müssen.

»Maxx? Alles in Ordnung?« Creed sah mich besorgt an.

Ein Adrenalinschub durchfuhr mich, und ein stechender Schmerz schoss durch meinen Kiefer, weil ich die Zähne so fest zusammenbiss. Dass Ches die Frage wiederholte, nahm ich irgendwie nur am Rande wahr.

Es ist meine *Schuld. Ich habe ihnen das angetan.* Je öfter sich der Gedanke in meinem Kopf wiederholte, desto lauter und niederschmetternder wurde er. *Meinetwegen wurde Ches jahrelang blutig und krankenhausreif geprügelt, und wenn er am Boden war, war Creed dran. Die Kämpfe haben sie zerstört, immer und immer wieder. Und wofür? Wofür bin ich unschuldig in den Knast gegangen, wenn ich sie vor so was nicht schützen konnte?*

Es ist meine verdammte Schuld.

Ich gab mir solche Mühe, mir mein Entsetzen nicht anmerken zu lassen, dass mir der Schweiß ausbrach. Sie hätten ein richtiges Leben haben sollen. Ich hatte freiwillig die lange Haftzeit auf mich genommen, damit Chester, Creed und meine Eltern ein normales Leben führen konnten. Frei und unbelastet, ohne dass Malcolms Leute nach diesem verdammten Unfall irgendetwas taten, was meiner Familie Schaden zufügen konnte. *Meinetwegen* war ein Haufen Drogen zerstört worden. *Ich* musste dafür bestraft werden. Nicht sie. Nicht die Menschen, die mir alles bedeuteten.

Auch mein zweites Bier leerte ich in einem Zug und knallte das Glas auf den Tisch, damit die Jungs nicht sehen konnten, wie heftig meine Hände bebten. Ich wagte es nicht, ihnen in die Augen zu blicken. Ich konnte es nicht. Ertrug es einfach nicht. Hätte ich es getan, wäre der Hass, den ich in diesem Moment auf mich selbst spürte, so lodernd heiß geworden, dass ich zu einem Haufen Asche verbrannt wäre. Sich selbst Lebensjahre zu stehlen war eine Sache, aber den Menschen, die man liebte?

Das war etwas vollkommen anderes.

»Ich … glaub, ich kann das doch noch nicht«, stieß ich heiser hervor. *Meine Schuld. Meine Schuld. Meine Schuld.* Noch immer liefen die Worte in meinem Kopf auf Endlosschleife, brüllten mich förmlich an.

»Verdammt, Maxx, tut mir leid. Ich hätte nicht so drauflosreden sollen«, sagte Creed alarmiert.

»Ich kann nicht«, wiederholte ich flüsternd und rieb mir fahrig über das Gesicht. »Ich bin noch nicht … Ich bin noch nicht … Ich kann noch nicht darüber reden.«

Wie ferngesteuert erhob ich mich von meinem Platz, die Augen starr auf den Boden geheftet. »Ich muss eine Weile allein sein. Tut … mir leid.«

Gerade als ich gehen wollte, wurde ich an der Schulter festgehalten. Ches war ebenfalls stehen geblieben und drehte mich zu sich herum. Und damit bestätigte sich mein Verdacht. Ihm in die vertrauten grauen Augen zu blicken, die so gequält wirkten, so voller Leid, drehte mir regelrecht den Magen um.

Auch wenn alles in mir danach schrie, augenblicklich um Vergebung zu betteln, trat ich taumelnd zurück, bis seine Hand mich nicht mehr berührte. Ich blickte überallhin, nur nicht zu ihm. »Wir sehen uns später, zu Hause.«

»Maxx …«

Ich ignorierte seine flehende Stimme, ignorierte sie beide. Ich befahl meinen Füßen, mich in Bewegung zu setzen. Noch während ich die Tür der Bar mit meinem Körpergewicht aufstieß, zog ich bereits die zerdrückte Zigarettenpackung aus der Tasche meiner verwaschenen Jeans.

Ich war so ein mieses Stück Scheiße. Vielleicht hatte ich vier Jahre abgesessen, um für meine falschen Entscheidungen zu büßen. Doch ich verdiente mehr als das. Eigentlich verdiente ich es, gleich noch mal vier Jahre zu sitzen, dafür, was ich Chester und Creed angetan hatte. Eher acht Jahre; vier Jahre für jeden. Und jetzt, wo ich sah, in welchem Zustand auch Mom und Dad waren, müsste ich eigentlich weitere acht Jahre dranhängen.

Ich irrte ziellos und mit Tunnelblick durch die Straßen von Topsham, bis ich in die nächstbeste Gasse abbog und an einer Häuserwand zu Boden sank. Zitternd zündete ich mir eine Zigarette an und sog verzweifelt am Filter, als könne mich das irgendwie retten. Doch es rettete mich nicht. Nichts rettete mich. Ich würde keine weiteren sechzehn Jahre im Knast überleben, selbst wenn dieses Schicksal eine realistische Option wäre, um Buße zu tun. Nein, ich musste etwas anderes unternehmen, bevor mich meine inneren Dämonen zerfetzten, bis nichts weiter als eine tote Hülle von mir übrig war. Ich wusste, dass Ches und Creed für mich da sein wollten, dass sie mir versprochen hatten, dass die drei Musketiere nun wieder vereint waren. Sie machten nicht den Anschein, mich zu hassen oder mir für das, was geschehen war, tatsächlich die Schuld zu geben. Aber wer sagte, dass sich das nicht änderte? Und war es nicht genug, dass *ich* die Wahrheit sah? Dass ich mich dafür hasste?

Ich musste jemand gänzlich Neues werden. Die richtige Einstellung würde jedoch niemandem jemals gerecht werden. Ein ganzer Haufen Arbeit kam auf mich zu, und ich sollte schleunigst anfangen, mir etwas zu überlegen. Etwas mit Hand und Fuß.

Ich brauchte schleunigst einen Plan.

KAPITEL 7

SAVANNAH

Savannah, reich mir bitte den Blumenkohl.«
Erschrocken blickte ich auf. Ich ließ augenblicklich mein Handy los, welches ich unter dem Tisch auf meinem Schoß gehalten hatte, und legte es auf meinem gelben Jeansrock ab. *MadDog* hatte mir wieder geschrieben. Nicht nur eben, auch die letzten paar Tage, seit unser Gespräch begonnen hatte. Er flirtete manchmal sogar mit mir, und irgendwie gefiel mir das. Gerade hatte er mich gefragt, wie ich mir unser Date vorstellte. Und vermutlich wäre in diesem Moment kaum eine andere Frage unpassender gewesen als die meiner Mom.

Nervös lächelte ich sie an, griff nach der Schüssel mit dem Blumenkohl und tat wie befohlen. Mitchell und ich tauschten einen Blick aus. Mein Bruder saß mir kauend gegenüber am Esstisch und wirkte mindestens so angespannt, wie ich mich fühlte. Wir beide sprachen nicht. Überhaupt war die Stimmung ziemlich aufgeladen. Wir saßen im großen, klimatisierten Esszimmer unserer Eltern, mit den weißen, holzvertäfelten Wänden, den abstrakten Bildern und den teuren, schicken Bodenvasen. Seit Mitchell und ich an der Fletcher University studierten und nicht mehr zu Hause wohnten, war es zur Regelmäßigkeit geworden, beinahe wöchentlich zum Essen herzukommen. Früher hatten wir nicht sonderlich oft im Esszimmer gegessen. Der Raum war für besondere Anlässe und Besuche von Verwandten und Freunden vorgesehen. Doch nun war es auch eine Art Familientreffpunkt geworden. Insgeheim vermisste ich jedoch die Abendessen in unserer Küche, wo wir unser gesamtes Leben gemeinsam gegessen hatten.

Lustlos schob ich mir eine Gabel voll gedünsteter Prinzessbohnen in den Mund. Das Steak hatte ich nicht angerührt. Ich mochte Steaks nicht, besonders wenn sie so klumpig und groß waren. Fleisch war ab und an okay für mich, aber so massive große Stücke waren einfach nicht mein Ding. Ich hätte es vermutlich nicht einmal vermisst, wenn ich es gar nicht mehr gegessen hätte, aber so was würde ich Mom und Dad nicht einfach sagen können, ohne eine Grundsatzdiskussion auszulösen, bei welcher ich am Ende als die Böse dastehen würde.

Wir aßen schweigend weiter, während nur das leise Surren der Klimaanlage und das Schaben von goldenem Besteck auf schicken Steingutellern die Stille durchbrachen. In meinem Kopf malte ich mir aus, wie ich am liebsten das nächste Gespräch angefangen hätte.

Hey, wollen wir darüber reden, wie ihr mir die letzten Jahre vorgemacht habt, ein glückliches Paar zu sein, während jeder außer mir wusste, dass ihr die Scheidung nur meinetwegen abwartet? Oh, oder wollen wir darüber sprechen, dass ihr unser Haus verkauft, obwohl Grandma und Grandpa Mitchell und mir das Grundstück des Gartens vererbt haben? Und dann noch meine Therapie. Hätte ich doch bloß gewusst, dass die Sitzung letzten Monat die letzte war. Wie wäre es mit einer Entschuldigung?

»Mitchell«, sagte Dad kauend und lächelte meinen Bruder an. »Wie war dein letztes Training?«

»Gut«, erwiderte Mitchell mit viel zu vollem Mund – und achtete dabei nicht eine Sekunde auf den missbilligenden Blick unserer Mom. Er brauchte einen Moment, schluckte sein Essen herunter und räusperte sich. »Coach Pat und mein Agent wollen mich in ein Trainingscamp stecken, wo schon ein paar Anwärter der Olympischen Spiele gewesen sind. Die Zusage kam gestern Morgen.«

»Großartig!«, sagte Dad strahlend und blickte erst zu Mom und dann zu mir. »Findet ihr nicht auch?«

Erneut rang ich mir ein Lächeln ab. »Ja, das ist wirklich toll. Mitch, ich freu mich für dich. Wirklich.«

Mom nahm einen großzügigen Schluck aus ihrem Weinglas. »Du würdest wesentlich besser performen, wenn dieser Sonnenbrand nicht wäre. Dein Gesicht und dein gesamter Oberkörper – alles ist krebsrot und schält sich schon. Das hättest du vermeiden können, Mitchell.«

Empörung stieg in mir auf, die mich nach Luft schnappen ließ. Das war so typisch! Wieso freute sie sich nicht einfach für Mitchells tollen Erfolg?

Mein Blick huschte zu meinem Bruder. Er verdrehte jedoch bloß die Augen, offenbar ungerührt. »Ich habe neben dem Schwimmen noch ein Leben, Mom. Es sind Semesterferien, es ist Hochsommer, und wenn ich mit meinen Freunden am Pool sein möchte oder bei Barbecues oder wo auch immer, dann lasse ich mir das nicht nehmen. Außerdem tut es kaum weh.« Er zuckte mit den Schultern und aß seelenruhig weiter.

Erstaunt sah ich ihm dabei zu. Das war etwas, wofür ich Mitchell schon immer bewundert hatte. Wie konnte er dafür sorgen, dass die Worte unserer Mutter ihn nicht verletzten? Obwohl sie gar nicht an mich gerichtet waren, begann mein Gesicht zu glühen.

Erneut sah ich auf meinen Schoß hinab, wo noch immer mein Handy lag. Nach einem verstohlenen Blick über den Tisch entsperrte ich es wieder.

> Wie groß bist du eigentlich, Savannah? Nicht dass mir so was wichtig wäre, ich bin nur neugierig und will mehr über dich erfahren. 😊

> Ich bin ein Winzling. Ein Meter sechzig. :(

> Was soll der traurige Smiley? 😃 Findest du das schlimm?
> Ich bin übrigens etwa eins neunzig.

Ich schnappte nach Luft. Was? Er war *so groß*?

»Savannah, keine Telefone am Esstisch«, mahnte Mom mit scharfem Unterton, was mich erschrocken zusammenfahren ließ. Ich drückte sofort die Tastensperre, ließ es wieder auf meinen Schoß fallen und sah sie ertappt an. »Tut mir leid.«

»Savy, was ist los?«, fragte Dad neben mir, wesentlich sanfter als meine Mutter, und legte mir eine Hand auf die Schulter. »Dich bedrückt doch irgendetwas, oder? Sonst erzählst du doch immer fröhlich von deinem Tag, wenn wir gemeinsam essen. Wenn meinem kleinen Mädchen etwas auf der Seele brennt, kann sie es uns ruhig jederzeit sagen.«

Ich verzog verärgert das Gesicht, noch bevor ich mich daran hindern konnte. Ein Stich fuhr mir durchs Herz. »Ich bin kein kleines Mädchen mehr, Dad.«

Dad nahm seine Hand wieder von meiner Schulter und lächelte mitfühlend. »Liebling, du weißt, wie das gemeint war. Für mich als Vater wirst du immer mein kleines Mädchen sein.«

»Ich meine ja nur, dass …«

Meine Mutter seufzte schwer. »Savy, Schatz, sei nicht immer so unglaublich empfindlich.«

»Mom«, warnte Mitchell mit einem kühlen Unterton. Er blickte dabei nicht mal auf.

Sie achtete gar nicht auf ihn. »Ich weiß genau, was mit dir los ist, Savannah. Du bist immer noch eingeschnappt, weil wir uns scheiden lassen, nicht wahr? Oder ist es, weil wir dir nicht mehr deine Therapiestunden zahlen?«

Ihre Worte waren ein Schlag ins Gesicht.

Diesmal blickte mein Bruder sehr wohl auf. »Warte, was? Wieso zahlt ihr nicht mehr für Savs Therapie? Wieso weiß ich davon nichts?«

Mom machte eine wegwerfende Handbewegung. »Deine Schwester braucht Dr. Dreyer nicht mehr. Früher, als sie so deprimiert war, war es definitiv notwendig, aber jetzt? Sieh sie dir an. Sie ist ein glückliches Mädchen. Deshalb haben wir ihr auch endlich von der Scheidung und vom Verkauf des Hauses erzählt. Es war einfach an der Zeit. Wir können doch nicht für immer so ein Theater ihretwegen veranstalten.«

»Depressiv«, flüsterte ich wie betäubt. Die brodelnden Gefühle in meiner Brust, die heiße Wut, die Empörung, die Hilflosigkeit – sie alle verwandelten sich in Schmerz. Doch ich kannte diese Gefühle, wusste, wie ich mit ihnen umzugehen hatte – dank Dr. Dreyer. Deshalb biss ich die Zähne zusammen und blinzelte angestrengt, um die Tränen zurückzuhalten. »Ich war nicht *deprimiert,* Mom, sondern depressiv. Das ist ein großer Unterschied. Das ist eine Krankheit und keine schlechte Laune. Und was die Therapie angeht … Ich leide zwar nicht mehr an einer akuten Depression, aber ich habe trotzdem noch ab und an depressive Phasen. Und meine Angststörung ist …« Ich schüttelte den Kopf, als mir die Stimme versagte. Dr. Dreyer und ich hatten in den letzten sechs Jahren noch so viel mehr über mich herausgefunden und aufgearbeitet. Und wir waren noch nicht fertig. Es gab noch so viel zu bereden, so viele Baustellen.

»Es ist zu teuer«, sagte nun Dad entschuldigend. »Du bist Gott sei Dank nicht mehr depressiv, und das Stundenhonorar von Dr. Dreyer ist sehr hoch. Außerdem haben wir dir gestattet, zu Beginn des kommenden Semesters nach Jefferson House zu ziehen. Das kostet zweihundert Dollar mehr als dein jetziges Wohnheimzimmer.«

Mom nickte, lehnte sich zurück und tupfte sich mit einer Stoffserviette über die Mundwinkel. »Liebling, du hättest dir vorher überlegen müssen, was du willst.«

Ein aufgebrachtes Schluchzen entfuhr mir. Sie hatten mich gar nicht erst vor die Wahl gestellt!

Mitchell schmiss sein Besteck auf den Teller. Das laute Scheppern entlockte mir einen erschrockenen Laut.

»Ist das euer verdammter Ernst?« Wütend sah er unsere Eltern an. Als sein Blick jedoch meinem begegnete, zögerte er. Ich wusste nicht genau, was es war, aber offenbar hinderte ihn das, was er in meiner Miene sah, daran, weiterzusprechen und ihnen eine Ansage zu machen.

Ich hielt es hier nicht mehr aus. Ich wollte nicht weinen und damit Schwäche demonstrieren, die mich in ihren Augen mal wieder zum kleinen Mädchen degradierte.

Hastig stand ich auf, was mein Handy polternd auf den teuren Teppich unter dem Esstisch fallen ließ. Ich hob es auf und stopfte es in die Tasche meines Rocks. »Ich habe keinen Hunger mehr«, wisperte ich, ohne aufzublicken. »Danke für das Essen.« Ich drehte mich um und floh aus dem Esszimmer.

Erst als ich vor die Haustür ins rote Licht der letzten warmen Sonnenstrahlen trat, erlaubte ich es mir, in Tränen auszubrechen. Ich schluchzte und schlang meine Arme um mich. Hastig zog ich mir die Brille von der Nase und fuhr mir über die nassen Augen. Schon wieder weinte ich. Wieso weinte ich andauernd? Die kleine, süße, zerbrechliche Sav. Ich war es leid, dass ich ständig den Schwanz einzog, wenn es darum ging, meinen Eltern meine Meinung zu sagen und für mich selbst einzustehen! Wieso schaffte ich es nicht, auch nur ein einziges Mal für das zu kämpfen, was ich wirklich wollte?

»Savannah!« Die Haustür fiel ins Schloss, und Schritte näherten sich. Mein Bruder schloss mich in die Arme, und ich vergrub das Gesicht an seiner Brust, auch wenn es ihm wegen des Sonnenbrands vermutlich ziemlich wehtat.

»Hey, alles wird gut«, sagte er und streichelte mir beruhigend über den Rücken. »Wir werden Mom und Dad schon noch weichklopfen. Soll ich mich darum kümmern? Ich kann mit Dad reden. Und wenn er sich überreden lässt, kann er mit Mom sprechen. So haben wir es doch schon immer gemacht.«

Ich schüttelte den Kopf und trat schniefend einen Schritt zurück. »Diesmal ist es anders, Mitch. Mom hat Dr. Dreyer noch nie leiden können. Sie hat keine Ahnung, wie es mir geht oder wie es bei der Therapie bisher lief! Sie hat nur gesehen, dass ich in den letzten Monaten kaum depressive Schübe hatte. Deshalb hat sie den Geldhahn zugedreht.« Erneut fuhr ich mir über die Augen. Ich brauchte Dr. Dreyer. Das war der springende Punkt. Sie wusste alles über mich, wusste, wie mein Kopf funktionierte und was mir half, wenn es mir schlecht ging. Früher einmal hatte es mich große Überwindung gekostet, zu unseren Sitzungen zu gehen, manchmal hatte ich mich dafür gehasst und hatte mich regelrecht zwingen müssen. Doch irgendwann hatte ich angefangen, mich zu freuen. Manchmal fühlte es sich sogar an, als sei Dr. Dreyer eine Freundin. Vielleicht weil ich ihr bedingungslos vertraute, wir uns so gut verstanden und sie so viel über mich wusste – ich wusste natürlich, dass es keine Freundschaft war, aber es fühlte sich nun mal so an. Sicher, ich hatte meine besten Freundinnen, aber eine Therapeutin war mehr als eine gute Gesprächspartnerin. Eine Therapeutin tat mehr, als zuzuhören und aufmunternde Ratschläge zu geben. Immerhin lernte man bei einem Psychologiestudium jahrelang, nicht nur freundlich zu nicken und ein offenes Ohr zu haben.

Stockend atmete ich ein und blickte zu meinem Bruder auf. In sein

Gesicht, das so sommersprossig war wie meines, sich aber auf der Nase und der Stirn schälte.

»Ich habe keine Ahnung, wie ich ohne sie über die Runden kommen soll, Mitch.«

Mitchells Augenbrauen schossen in die Höhe »Das glaubst du? Wieso? Geht es dir wieder schlecht? Wieso hast du nichts gesagt?«

»Nein, nein, nicht auf *diese* Art und Weise«, erklärte ich hastig. Wie sollte ich es ihm bloß erklären? Mit einem frustrierten Seufzen zog ich den Autoschlüssel aus meiner Rocktasche. »Vergiss es. Ich muss einfach lernen, mich damit zu arrangieren. Früher oder später hätte die Therapie sowieso geendet. Ich muss lernen, auf eigenen Beinen zu stehen.«

»Wenn du die Entscheidung selbst getroffen hättest, wäre ich ganz bei dir. Aber Mom und Dad haben schon wieder über deinen Kopf hinweg entschieden. So was machen sie dauernd. Es war ihre Entscheidung, dass die Therapie endet, und nicht deine oder die von Dr. Dreyer. Ich finde, wir sollten noch mal mit ihnen reden. Mein Angebot steht.«

Ich lächelte schwach. »Danke, Mitch. Aber ... *Cookie*. Ich muss das selber schaffen. Ich kann nicht immer nur dabei zusehen, wie andere etwas in meinem Namen tun. Wenn ich so weit bin, werde ich selbst mit Mom sprechen und ihr sagen, was ich wirklich denke.« *Und das, ohne wie ein Kind loszuheulen,* fügte ich in Gedanken hinzu.

Einen Moment lang musterte er mich, dann gab er schließlich auf und fuhr sich durch die zerzausten braunen Haare. »Okay. Wenn du mich brauchst, weißt du ja, wo du mich findest.«

Wir verabschiedeten uns, und ich stieg in mein Auto. Das Wageninnere war noch wesentlich wärmer als die milde Abendluft. Verflixt noch mal. Ich hätte meinen Eltern gleich sagen sollen, was ich dachte. Ich hätte mit ihnen diskutieren, mit ihnen streiten sollen. Aber ich hatte schon wieder die Flucht ergriffen. Das konnte ich nicht länger zulassen.

Hastig zog ich mein Handy hervor, um *MadDog* zu antworten, ehe ich mir eine letzte Träne fortwischte. Dabei entdeckte ich eine neue Nachricht von ihm.

> Ich hoffe, du hast einen schönen Abend.

Bevor ich es mir verkneifen konnte, lachte ich ungläubig auf. *Einen schönen Abend!* Dann begannen meine Finger auch schon zu tippen.

> Schön wär's! Ich war bei meinen Eltern. Jeder Abend bei ihnen ist neuerdings die reinste Qual. Es war einfach furchtbar, und ich wünschte, ich könnte

Mein Finger rutschte ab. Bevor ich die Nachricht auch nur bearbeiten, löschen oder kürzen konnte … Ich hatte meine Gedanken einfach nur runterschreiben wollen. So tickte ich. Bevor ich Nachrichten abschickte, löschte ich sie unglaublich oft. Nur hatte mein blöder Finger sie diesmal einfach abgeschickt.

Ich erstarrte regelrecht. Bevor ich die Nachricht zurückrufen konnte, erschienen auch schon blaue Haken, die mir zeigten, dass sie bereits gelesen wurde.

Mir wurde heiß und kalt. *O nein, nein, nein!*

Schnell schrieb ich eine zweite Nachricht.

> Tut mir leid, ich sollte dir das nicht erzählen!!! Ist ja auch egal!!! Ich wollte das gar nicht abschicken!! Ich hoffe, du hast auch einen schönen Abend!!!

Und abgeschickt. Schnell verstaute ich mein Telefon wieder in meiner Tasche und ließ im geschlossenen Wagen ein lautes, gequältes Grollen los. Ich war so peinlich!

Nachdem ich den Motor gestartet hatte, zerriss mir der viel zu laute Klang von »Waving Through a Window« aus *Dear Evan Hansen* beinahe das Trommelfell, was mich wiederum dazu brachte, vor Schreck zu schreien. Ich drehte die Musik leiser … Ehe ich sie wieder aufdrehte. So laut, bis mein Kopf nur noch von Ben Platts magischer Stimme erfüllt wurde.

Ich fuhr los. Je kleiner das protzige Haus meiner Eltern im Rückspiegel wurde, desto mehr lockerte sich der Knoten in meinem Bauch.

Dass das nicht gesund war, wusste ich. Vielleicht war dieser Abend so was wie mein Weckruf gewesen, denn noch mehr als zuvor wusste ich nun, was ich zu tun hatte.

KAPITEL 8

SAVANNAH

*A*m nächsten Morgen wachte ich von lauten Geräuschen auf – und von der Sommerhitze, die geradewegs in mein kleines Wohnheimzimmer drang.

Ich drehte mich auf den Bauch und vergrub das Gesicht in meinem Kissen. Ein lautes Scheppern erklang, was mich die Augen aufschlagen ließ. Ein Blick auf meinen analogen Wecker zeigte mir, dass es gerade mal halb sieben war.

Ein verschlafenes Murren entwich mir. »Arden, es ist viel zu früh. Was machst du da?«

Ich sah, wie meine Mitbewohnerin auf den Knien durch ihren Teil des Zimmers robbte und Dinge in Umzugskisten schmiss. Dabei trug sie wieder ihre großen Kopfhörer auf den Ohren. Na große Klasse. Sie hörte mich nicht.

Ich schnappte mir das lila-giftgrüne Zierkissen, von welchem mir ein Zitat aus meinem Lieblingsmusical *Wicked* entgegenstrahlte, und warf sie damit ab.

Erschrocken riss sie sich die Kopfhörer vom hellblonden Kopf und sah mich empört an. »Was soll das, Sav?«

»Du bist viel zu laut!«, beschwerte ich mich. »Hast du mal auf die Uhr gesehen?«

Sie verdrehte die Augen. »Ich habe tagsüber eben keine Zeit zum Packen, mir bleibt nur der Morgen. In zwei Stunden muss ich im Büro sein.« Arden machte während der Semesterferien ein Praktikum in der Agentur irgendeines launischen Immobilienmoguls. Ihre Eltern hatten ihr diesen Job besorgt, denn sie wollten unbedingt, dass Arden nach dem Studium dort eine Stelle bekam.

Ich schob die Beine über die Bettkante und rieb mir gähnend über die Augen. »Sei das nächste Mal einfach ein wenig leiser, okay?«

»Kay. Tut mir leid.« Damit setzte sie sich wieder die Kopfhörer auf und schien noch lauter zu sein als eben noch. Vielleicht weil ich jetzt ohnehin wach war.

Mit einem weiteren Gähnen setzte ich mir meine Brille auf. Vielleicht war es gar nicht so schlecht, um diese Uhrzeit schon wach zu sein. Immerhin waren es noch keine dreißig Grad, und das musste ich genießen, solange es anhielt.

Ich war zwar immer noch hundemüde, aber schloss mich Arden beim Kistenpacken an, weil ich sowieso nicht mehr würde einschlafen können. Außerdem wusste ich, dass ich allmählich in die Gänge kommen musste. In wenigen Wochen schon begann das neue Semester, und bis dahin mussten wir alle beide fertig gepackt haben. Ardens und mein Zimmer hier in *Parcell House* würde dann an zwei Freshmen weitergegeben werden, Arden würde in *King House* einziehen, ich in *Jefferson House*. Es wunderte mich sowieso, dass wir so lange hier hatten wohnen dürfen.

Ich zog mein Handy vom Ladekabel, um ein wenig Musik anzumachen. Es war so früh, dass ich eigentlich nicht damit rechnete, irgendwelche neuen Nachrichten zu haben.

Da sah ich jedoch, dass ich sehr wohl eine neue Nachricht im Postfach hatte. Von *MadDog*.

Sofort war ich hellwach und umfasste mein Handy mit beiden Händen. Er hatte mir geschrieben, vor zwei Stunden. *So früh?* Und das nach gestern Abend! Obwohl ich ihm viel zu viel erzählt hatte, Dinge, die er vermutlich gar nicht hatte hören wollen. Dinge, die nichts auf einer App wie *SuperCrush* zu suchen hatten. Wenn ich so darüber nachdachte, wollte ich augenblicklich im Erdboden versinken, und zwar tief.

Doch seine Nachricht war überhaupt nicht abweisend. Er hatte auch nicht ignoriert, was ich geschrieben hatte.

Hey, Savannah,
tut mir leid, dass ich erst jetzt antworte. Das alles muss hart für dich gewesen sein. Wenn du noch mal darüber reden willst, ich bin hier. Höre dir zu.

Blinzelnd starrte ich auf seine Nachricht. Er flirtete nicht. Die Nachricht klang … überraschend ernst. Nett.

Und absolut unangemessen. Wir waren keine Freunde, und ich hätte niemals so viel erzählen sollen!

Ich beeilte mich, *MadDog* zu antworten.

> Hi! Es tut mir so leid, dass ich dich gestern Abend so zugeschwafelt habe!! Bitte fühl dich nicht gezwungen, mir Mitgefühl und so was zeigen zu müssen. Ich hätte gar nichts sagen sollen!!! Vermutlich interessiert es dich auch gar nicht, und ich habe total

Seufzend löschte ich die letzten Zeilen sowie all die Ausrufezeichen und versuchte es noch mal. Diesmal, *ohne* die Nachricht aus Versehen abzuschicken.

> Hi. Es tut mir leid, dass ich dich gestern Abend so zugeschwafelt habe. Vergiss einfach, was ich geschrieben habe. Ich hätte dich nicht damit belästigen sollen, das gehört außerdem nicht hierher. Genauso wenig wie ich.

Gerade weil es so früh war, war ich mehr als überrascht, zu sehen, dass *MadDog* online war. Nicht nur das, es erschienen auch gleich darauf drei hüpfende graue Punkte. Hatte er sein Handy immer griffbereit? Wie kam es, dass er immer augenblicklich antworten konnte?

> Du brauchst dich nicht zu entschuldigen. 😊 Ich höre dir gern zu, wenn du reden willst. Was meinst du damit, dass du nicht hierhergehörst?

> Na ja …

Ich schickte die kurze Nachricht ab, um Zeit zum Nachdenken zu gewinnen. Irgendwie war ich ihm die Antwort ja schuldig. Ich wollte nicht unehrlich sein.

Du hattest mit deiner ersten Nachricht recht. Ich glaube, ich bin nicht für SuperCrush und so was geschaffen. Aber ich habe mir für den Sommer vorgenommen, ein paar Dinge zu tun, die ich mich normalerweise nicht trauen würde. Deswegen bin ich hier. Auf meiner To-do-Liste ist auch die App gelandet … gewissermaßen.

Ah. Ich verstehe … Du willst mich also flachlegen, weil ich irgendein Punkt auf einer Liste bin! Du verletzt meine Gefühle, Savannah Moore!

Mein Herz rutschte mir geradewegs in die kurze Toy-Story-Pyjamahose. O Gott! Er hatte flachlegen gesagt! Und seine Gefühle …

MadDog schickte noch ein grinsendes Emoji hinterher.

Beinahe hätte ich über mich selbst gelacht. Ich musste endlich aufhören, alles immer so ernst zu nehmen. Und ein wenig Schlagfertigkeit schadete mir wohl auch nicht.

Ich biss mir auf die Lippe und begann schmunzelnd zu tippen.

Das Leben ist kein Ponyhof. 😊

Und abgeschickt. Die Antwort war kindisch. Aber was hatte ich schon zu verlieren? Es war ja nicht so, als wäre all das hier echt. Höchstwahrscheinlich würden wir uns sowieso niemals begegnen. Nun wusste *MadDog* nicht nur von meinen Problemen mit meinen Eltern, er wusste auch von der Liste. Er kannte meinen Namen und wusste, wie ich aussah. Mein Part war alles andere als anonym, so wie es *SuperCrush* vorsah. Ich war für dieses Spiel wohl einfach nicht gemacht. Aber vielleicht konnte ich das hier, was auch immer es war, trotzdem eine Weile genießen.

Eine neue Nachricht von ihm trudelte herein.

Ich bin neugierig. Was hat es mit der Liste auf sich? Was für Punkte stehen fest?

… Das ist peinlich.

Wieso peinlich? :)

Da stehen alberne Punkte drauf.

Wieso albern? Tut mir leid, dass ich so neugierig bin. Wenn du nicht drüber reden willst, ist das total okay.

Na ja. Ich bin nicht gerade der waghalsige Typ. 😄 So gar nicht. Deshalb stehen da total simple Sachen drauf, über die sich andere Leute nicht gerade viele Gedanken machen.

Wie SuperCrush?

Genau. Ich gehe nicht auf Dates. Oder irgendwas Ähnliches.

Was? So gar nicht? 😲

Ich biss mir auf die Lippe und starrte auf die Nachricht.

Hastig klickte ich auf die Tastensperrtaste, schnappte mir einen Stapel Bücher und verfrachtete ihn in eine Kiste. Mist. Jetzt hielt er mich bestimmt für kindisch. Und er hielt mich bestimmt für …

Ich schnappte nach Luft. Diese eine Schlussfolgerung wäre nicht einmal abwegig!

»Was ist denn mit dir los?«

Ich wirbelte zu Arden herum, die gerade ihren Beutel voll Wolle in eine Kiste warf. Die großen Kopfhörer hingen ihr um den Hals, und ein neugieriges Lächeln lag auf ihren Lippen.

Erschrocken starrte ich sie an. »Was soll denn sein?«

»Dein Gesicht ist dunkelrot.«

»Es ist nichts! Ich gehe schnell duschen. Bis gleich!« Ich zog ein Handtuch aus meiner Kommode, schnappte mir meinen Kulturbeutel, meine Badeschlappen und Kleidung und floh so schnell aus dem aufgeheizten Zimmer, als hätte ich total verschlafen.

Das Gemeinschaftsbad war leer, als ich die Tür hinter mir schloss. Ich verfrachtete meine Sachen in eine der Duschkabinen und stand keine Minute später auch schon unter einem harten, lauwarmen Wasserstrahl. Die Rohre ächzten und quietschten, wie immer, die Seifenablage war rostig, und die blau-weißen kleinen Kacheln auf dem Duschboden waren vermutlich so alt wie das Wohnheim selbst.

Nachdem ich mir einen Handtuchturm auf den Kopf gebunden und in Unterwäsche geschlüpft war, trat ich vor den Spiegel neben den vier Waschbecken. Ein schweres Seufzen entfuhr mir. Auch wenn ich es wollte, so richtig konnte ich mir mich selbst noch nicht bei einem One-Night-Stand vorstellen. Sexy war ich jedenfalls nicht gerade. Vor allem nicht in Baumwollunterwäsche und mit roten Flecken, überall auf der blassen Haut.

Ich konnte mich genau dabei beobachten, wie ich ein ziemlich unglückliches Gesicht zog. Dauernd lag ich in der Sonne, aber mein Körper wollte einfach nicht braun werden. Nur etwas verbrannt, vor allem an den Schultern. Und überall waren Sommersprossen, nicht nur auf meinem Gesicht. Ich hatte nicht gerade viele Kurven. Meine Arme waren dürr, meine Beine nicht sonderlich lang, und ich war ein Winzling.

Mein Hals wurde eng. Dr. Dreyer und ich hatten oft über dieses Thema gesprochen. Über Selbstliebe und Selbstakzeptanz. Normalerweise fiel es mir auch überhaupt nicht schwer, mich selbst zu lieben. Aber an manchen Tagen sah ich in den Spiegel und war einfach … unglücklich. Besonders wenn ich mir Gedanken über Sex, Liebe und mein ewiges Singledasein machte. Ich musste es mir öfter erlauben, mich selbst als Frau wahrzunehmen. Ich *war* eine Frau. Kein kleines Mädchen. Das Fehlen oder Vorhandensein von Kurven änderte nichts daran, meine Hobbys und mein Musikgeschmack auch nicht. Ob man ein Sexleben hatte oder nicht, viel Erfahrung oder wie ich nur ein jämmerliches erstes Mal, das höchstens eine Minute angedauert und wirklich höllisch geschmerzt hatte – auch das änderte nichts daran. Diese Dinge definierten weder, wer ich war, noch, was ich war. Nur ich konnte das definieren.

Für einen kurzen Moment schloss ich die Augen. Ich hatte meine

Liste nicht grundlos erstellt. Ich musste mich nicht dafür schämen, Dinge für mich zu wollen. Dinge für mich zu tun. Nur für mich und nicht, um jemand anderem einen Gefallen zu tun oder von außen Anerkennung zu erhalten. Ich hatte mir *SuperCrush* nicht heruntergeladen, um die große Liebe zu finden, sondern um Sex zu haben. Um ihn tatsächlich zu haben und nicht um mit einer Eroberung zu prahlen. Ich war Single, ich war jung, und ich *wollte* es, ausschließlich und nur für mich. Deshalb würde ich *MadDog* auch antworten. Ich würde es nicht hinauszögern und es ihm klipp und klar sagen, auch wenn ich dafür gehörig über meinen Schatten springen musste.

Ha! Ich würde es ganz einfach zu einem Punkt auf meiner Liste machen! *Sag* MadDog, *was du willst.*

Arden war gerade dabei, ihren Kleiderschrank auszuleeren, als ich zurück ins Zimmer kam und die Tür hinter mir schloss.

Ich zog mir ausgefranste Jeanshorts an, mein weißes Hamilton-Top und setzte meine Brille auf. Anschließend trat ich in eine Wolke aus meinem Lieblingsparfum und schob mir einen gelben Haarreif über die nassen hellbraunen Haare.

Vermutlich musste ich schnell handeln, bevor ich mir zu viele Gedanken machen konnte und mein Kopf einen Rückzieher anordnete. Ich schnappte mir mein Handy und öffnete *SuperCrush.*

> Hör zu. Ich suche nur nach einem One-Night-Stand. Nicht mehr und nicht weniger! Tut mir leid, dass ich dir gestern so viel aus meinem Leben aufgetischt habe. Und ich bin keine Jungfrau!! Das sage ich nicht, weil ich es schlimm fände, wenn es so wäre, sondern um meine total unverbindlichen Motive zu betonen!

Mit angehaltenem Atem starrte ich auf die abgeschickte Nachricht. Mein Herz machte einen gewaltigen Satz, und Hitze schoss geradewegs in meine Wangen. Ich ließ mich auf mein Bett sinken.

»Gott. O Gott, o Gott, o Gott.« Ich vergrub mein Gesicht in den Kissen und stieß einen gequälten Laut aus. Wie so oft vergaß ich dabei, dass ich noch immer meine Brille trug, die dabei an mein Gesicht gepresst wurde. Na großartig. Jetzt hatte ich Flecken auf dem Glas!

Und *MadDog* hielt mich nun mit hoher Wahrscheinlichkeit für so was von seltsam!

Wie auch die letzten Male dauerte es nur ein paar Augenblicke, bis eine neue Nachricht von ihm eintrudelte.

Vielen Dank für die Info, Savannah Moore. 👀
Wir müssen auf kein Date gehen, wenn du das nicht möchtest.
Aber wie wäre es mit ein paar Drinks? Ganz ohne irgendwelche
Erwartungen. Danach können wir sehen, was der Abend noch
so bereithält. Also nur wenn du möchtest …

»Was?«, wisperte ich und starrte auf den Chat. Er wollte etwas trinken gehen? Aber was, wenn ich ihm nicht gefiel? Was, wenn er mich langweilig und kindisch fand?

Himmel noch mal, was, wenn der Rest von ihm genauso anbetungswürdig aussah wie das Sixpack auf seinem Profilbild? … Und wenn doch alles ganz anders kam? War das Foto überhaupt echt? Sah er wirklich so aus? Was war, wenn ich bei diesem Treffen kein einziges Wort herausbekommen würde? Wenn er mir nicht gefiel? Wenn ich *ihm* nicht gefiel?

In diesem Moment machte etwas in mir klick. Vielleicht war ein Abend mit ihm genau das, was ich brauchte. Ich konnte mir nicht nur beweisen, dass ich über meinen Schatten springen konnte, ich würde mich mit *MadDog* unterhalten. Ich konnte meine Mauern senken und mutig sein, um etwas zu erleben, was ich vorher nie getan hatte. Es ging einzig und allein darum, mich zu *trauen* und es zu genießen. Ich tat das hier nicht für ihn. Hier ging es um mich. Und es war absolut okay. Sollte ich mich nicht wohlfühlen, konnte ich jederzeit wieder gehen und musste nie wieder ein Wort mit ihm sprechen.

Meine Finger begannen wieder zu tippen.

Freitag in zwei Wochen, neun Uhr, an der Hotelbar des Madison
Inn!!!

Hotelbar. Ich meine, man musste Eventualitäten ja nicht gleich ganz ausschließen. Und wenn es wirklich zu einem One-Night-Stand führen sollte …

Obwohl meine Hände eiskalt vor Aufregung waren, als ich mein Handy wieder sperrte, breitete sich ein Lächeln auf meinen Lippen aus. Das hier war absurd! Ein Date in diesem großen Hotel am Stadtrand von Fletcher. Aber es würde passieren. Ich war über meinen Schatten gesprungen, um diese Entscheidung zu treffen und um *MadDog* diese Sätze zu antworten. Deshalb nahm ich mir auch fest vor, mindestens ein oder zwei weitere Punkte von meiner Liste zu streichen, bevor ich *MadDog* begegnete.

So schwer konnte das schließlich nicht sein, besonders wenn ich meine Freundinnen um Hilfe bat.

KAPITEL 9

MAXX

*A*ls ich an diesem besonders heißen Nachmittag das Haus meiner Eltern verließ, tauschte ich erdrückende Stille gegen ein Orchester lebendiger Geräusche aus; singende Vögel, das Rascheln des Windes in den dichten Blätterdächern der Bäume, die die Straßen in Schatten hüllten, vorbeifahrende Autos und die Geräusche der Rasensprenger, die in den Vorgärten der Nachbarn glitzerndes Wasser über Rasenflächen verteilten. Die Stimmung zu Hause wurde mit jedem Tag angespannter. Vermutlich weil Ches, Creed und ich in zwei Tagen schon nach Fletcher aufbrechen würden. Die letzten Wochen waren wie im Flug vergangen, und es fühlte sich an, als wäre ich gestern erst angekommen. Gleichzeitig schien meine Freilassung Lichtjahre her zu sein. Meine Eltern, ganz besonders meine Mom, schienen vom Hoch verlassen worden zu sein, welches meine Entlassung mit sich gebracht hatte. Vielleicht fehlte ihnen auf Dauer auch einfach die Kraft, die strahlenden Gesichter aufrechtzuerhalten – und ich konnte es ihnen wirklich nicht übel nehmen. Am liebsten hätte ich mit einem magischen Fingerschnipsen dafür gesorgt, dass sie nicht mehr litten, dass der gequälte, hilflose und verlorene Ausdruck auf Moms Gesicht verschwand, wann immer eine Gesprächspause einsetzte und sie fiebrig nach einem neuen Thema suchte. Es raubte mir den Atem, so sehr tat dieser Anblick weh. Mein Vater hingegen war zuvor schon still gewesen, jetzt jedoch schien ihm das Sprechen noch schwerer zu fallen als früher. Auch wenn er mir stets ein Lächeln schenkte, wenn sich unsere Blicke kreuzten. Mit ihm war es zumindest ein bisschen leichter als mit meiner Mom. Und doch änderte es nichts daran, dass auch zwischen uns eine Kluft war.

Ich atmete tief durch, genoss den Geruch nach verbrannter Holzkohle, der in der Luft lag, und den süßen Duft eines buschigen Gewächses, an dem ich vorbeilief. Es war Jahre her, dass ich hatte allein sein können, ohne auf der Hut sein zu müssen oder beobachtet zu werden. Deshalb genoss ich es nun sehr. Ein wenig Ruhe. Frieden. Es war in den letzten Wochen ein kleines Ritual geworden.

Das, und die Nachrichten mit Savannah Moore.

Ich habe so was von versagt. :(

Ich zündete mir im Gehen eine Zigarette an und tippte eine Antwort.

Womit hast du versagt?

Dank meiner Freundinnen war ich eben im Tattoostudio … 😣

Uhh. Echt? Was hast du dir machen lassen, was so schiefgegangen ist?? Chinesische Schriftzeichen, die etwas ganz anderes sagen, als der Tätowierer verspricht? Ein Schmetterling auf der linken Pobacke? 😂

Ich wünschte, es wäre so!!! Dann hätte ich mich wenigstens getraut … 😃 Nein, ich hatte einen Termin, und ich habe gekniffen. Obwohl ich mich schon so drauf gefreut hatte!!

Oh, schade. Aber wieso gekniffen?

Weil ich der größte Angsthase auf der ganzen weiten Welt bin. Ugh. Ich wollte schon immer ein Tattoo haben und hatte endlich die Chance. Gott, das frustriert mich so sehr!!!

Hat das wieder etwas mit deiner Liste zu tun?

Ich schickte ihr ein GIF von zwei Cartoonfiguren. Einer tröstete den anderen, tätschelte unbeholfen dessen Rücken und sagte in einer Sprechblase immer wieder »There, there«. Ich wurde mit einem breit lächelnden Emoji belohnt, dann mit einem Äffchen, das sich die Augen zuhielt.

Japp!! Blöde Liste.

Hey, das wird schon. 😊 Nicht aufgeben!

Sie schickte mir ein GIF von einem Pinguin, der ein Schild mit »Danke!« nach oben hielt und auf der Stelle hüpfte. Anschließend verabschiedete sie sich, weil sie wohl noch für einen Umzug packte und zu einem Spieleabend ging. Lächelnd steckte ich mein Telefon weg. Die Sonne brannte mir auf den kurz geschorenen Kopf, und ich blies dem wolkenlosen Himmel eine Rauchwolke entgegen. Ich wusste nicht, woran es lag, aber irgendwie mochte ich die Gespräche mit diesem Mädchen. Es fühlte sich fast schon freundschaftlich an. Ich hatte ihr sogar ein Bild von den Waffeln geschickt, die mein Dad vor ein paar Tagen zubereitet hatte. Und als Savannah erwähnte, dass sie Hunde liebte, hatte ich ihr ein Bild nach dem anderen von Mr. Rowdy geschickt – und eventuell ein wenig überspitzt über die Deutsche Dogge gelästert. Mr. Rowdy und ich waren nämlich weiterhin auf Kriegsfuß. Selbst nach fast zwei Wochen konnte mich der Köter auf den Tod nicht ausstehen, und wann immer er mir einen niederträchtigen Blick aus seinen dunklen Knopfaugen zuwarf, einen Schiss im Garten erledigte oder die Zähne fletschte, fotografierte ich ihn dabei und leitete die Bilder an Savannah weiter. Dieser Kontakt war irgendwie … schön. Nicht ganz das, was ich bei einer Dating-App erwartet hatte, aber ich genoss es trotzdem. Savannah war der allererste Mensch auf der ganzen weiten Welt, der mich nun als den brandneuen Maxx Williams kennenlernte, und vielleicht war die Vorstellung lächerlich, aber für mich war das etwas Besonderes. Deshalb fühlte es sich auch so gut an, mit ihr zu schreiben. Dass sie ziemlich süß war und wir bald eine Art Date haben würden, machte die Sache auch nicht schlechter. Ich ließ meine Gedanken weiterwandern und fragte mich, welche Menschen wohl die nächsten sein würden, die mein neues Ich kennenlernten. Da waren zum Beispiel Chesters und Creeds Freunde. Ich konnte immer noch nicht glauben, dass die Jungs einen Campingtrip für mich auf die Beine gestellt hatten und dass dieser auch schon wenige Tage nach unserer Ankunft losgehen würde. Vielleicht würden mir die neue Umgebung und der kleine Urlaub ja die Kraft geben, endlich die Dinge mit meinem Bruder und Creed zu bereinigen. Ich hatte das Gefühl, dass die Kluft zwischen uns noch größer geworden war, seit der Sache in der Bar und meinem Aussetzer. Ich hatte eingesehen, dass ich noch nicht so weit gewesen war, um über die Ereignisse von damals zu sprechen. Über das, was die beiden und Mom und Dad durchgemacht hatten, und das, was ich durchgemacht hatte. Aber vielleicht würde es mir ja in Fletcher anders ergehen. Ich hoffte es.

Bald schon würde ich Topsham endlich hinter mir lassen. Und dann war auch schon mein Date mit Savannah, gleich am Tag meiner Ankunft. Ich konnte es kaum mehr erwarten. Sie erlebte quasi meine persönliche Premiere, würde den *richtigen* Maxx, mit der reinen weißen Weste und dem anständigen Plan für sein Leben, kennenlernen. Jeder sollte das fortan, und deshalb durften weder sie noch jemand anderes in Fletcher etwas von meiner Zeit im Knast erfahren. Solange Chester und Creed dichthielten und solange auch ich es sicherstellte, stand meinem neuen Leben absolut nichts im Weg.

KAPITEL 10

SAVANNAH

*N*ervös klopfte ich mit den Händen abwechselnd auf die Knie und starrte suchend aus dem Beifahrerfenster von Ellas Auto. »Ihr könnt mich doch nicht so auf die Folter spannen!«, beschwerte ich mich und blickte erst zu Ella, die ganz auf den Verkehr konzentriert war, dann zu Summer, die hinter Ella saß. Die Lüftung blies mir warme muffige Luft entgegen, und aus dem Autoradio drang leise »good 4 u« von Olivia Rodrigo.

»O doch«, sagte Ella mit einem verschwörerischen Lächeln, ohne den Blick von der Straße abzuwenden. Wir fuhren durch Fletcher, Richtung Westen, vorbei am Cadfan-Hill-Park, und durch einen großen Verkehrskreisel, in dessen Mitte ein Arrangement aus Blumen und großen Steinen war. Die Wohnhäuser, an denen wir vorbeikamen, sahen niedlich und einladend aus, wie aus einem Bilderbuch. Als Kind hatte ich mir immer gewünscht, dass unser Haus auch direkt am Cadfan-Hill-Park lag, weil es dort so schön war und Mitchell und ich am liebsten Versteckfangen zusammen gespielt hatten.

»Es wird dir gefallen, Sav. Es ist für *Mission Selbstliebe*«, sagte Summer von der Rückbank. »Keine Sorge.«

»Ihr lasst mich doch nicht irgendwas Gefährliches machen, oder?«

Ella schüttelte den Kopf. »Nichts Gefährliches, versprochen. Summer hatte da nur eine Idee für deine Liste. Etwas, was du noch nie getan hast und was wir gemeinsam tun können.«

Ich biss mir auf die Lippe und starrte wieder aus dem Fenster. *Etwas, was wir gemeinsam tun können.* Was um alles in der Welt konnte das nur sein? Hoffentlich war es nicht so was wie Speeddating. Wobei Ella dabei vermutlich nicht mitmachen würde. Oder war es noch mal das Tattoostudio? Dabei war das doch gestern erst so furchtbar in die Hose gegangen! Vom Barista im Café nahe dem Campus brauchte ich gar nicht erst anzufangen. Ich hatte vor ein paar Tagen kaum ein Wort herausbekommen, und er kannte mich bereits vom Sehen, weshalb er wusste, was ich trinken wollte. Es war so was von peinlich gewesen! Erst im Tattoostudio, dann bei diesem Barista. Ich hatte mich blamiert, und das, obwohl es meine ersten richtigen Versuche gewesen waren, etwas von meiner Liste abzuhaken. *MadDog* zählte irgendwie nicht so richtig, wir waren uns immerhin noch nie im echten Leben begegnet. Das Date würde erst morgen Abend stattfinden, und es bestand auch hier noch immer die Gefahr, dass ich einfach kniff.

Je weiter wir fuhren, desto sicherer wurde ich mir, dass wir unmöglich zum Tattoostudio fahren konnten, weil dieses in Coldwater war und wir in eine ganz andere Richtung fuhren.

»Na schön«, sagte ich und verschränkte die Arme vor der Brust. »Ich gebe auf. Ich habe keinen blassen Schimmer, wo wir hinfahren.«

»In zwei Minuten wirst du es wissen«, sagte Summer zufrieden und sang anschließend beim Refrain von »good 4 u« mit.

Meine Neugier stieg ins Unermessliche. Ich liebte Überraschungen, aber ich war nicht besonders gut darin, die Ruhe zu bewahren, wenn ich wusste, dass eine bevorstand. Deshalb fühlten sich die nächsten Minuten auch an wie eine Ewigkeit. Nicht einmal Mikrowellenminuten konnten da mithalten.

Kurz nachdem wir Fletcher verließen und die Straße mehr und mehr von Bäumen und vertrocknetem Feld geziert wurde, bog Ella auf einen Schotterweg ab. Neben dem Weg stand ein Schild – und endlich sah ich, wohin wir fuhren.

»Wir … Wir fahren auf einen Schrottplatz?«

»Wir fahren auf einen Schrottplatz!«, wiederholte Summer meine Worte und begann laut jubelnd zu klatschen, wie eine Fernsehmoderatorin, die gerade etwas verschenkt hatte.

»Ich traue mich gar nicht zu fragen, was wir da machen werden«, murmelte ich und richtete nervös meine Brille.

»Wir lassen alles raus, was wir sonst nicht rauslassen«, sagte Ella und lachte bei Summers noch immer anhaltendem Jubeln und einem überschwänglichen Kreischen laut auf, genau wie ich.

Wenige Augenblicke später passierten wir auch schon eine Schranke, die für uns geöffnet wurde. Ella parkte den Wagen neben einem Reifenhaufen, welchen die Natur für sich beansprucht hatte – aus jedem Loch und jedem Spalt wuchsen Gräser.

Wir stiegen aus, und ich hielt mir eine Hand über die Augen, um das gleißende Sonnenlicht abzuschirmen. Insekten zirpten im nahe gelegenen Unterholz, und es roch staubig und trocken.

»Kommt«, sagte Summer und winkte uns zu sich, ehe sie den Kofferraum öffnete.

Mir fielen fast die Augen aus dem Kopf. »Baseballschläger?«, fragte ich erschrocken.

»Wie schon gesagt: Heute lassen wir alles raus. Ich wollte das schon immer mal machen. Thorsus hat El und mir den Kontakt zu dem Schrotthändler vermittelt. Er kennt den Typen durch Vince, wegen der Autowerkstatt. Wir haben ihm fünfzig Mäuse gezahlt und dürfen jetzt ein paar Autowracks zertrümmern!«

Das war so ziemlich die letzte Sache, mit der ich je gerechnet hätte. »Das klingt total …«

»Genial?«, fragte Ella strahlend. »Hier. Die sollten wir anziehen.« Sie griff in eine Tasche neben den Baseballschlägern und zog Schutzbrillen und Handschuhe heraus. Summer und ich nahmen sie entgegen und zogen sie an. Ich konnte nicht anders, als aufzulachen, und schnappte mir in den viel zu großen Handschuhen einen Baseballschläger. Bewaffnet machten wir uns anschließend auf den Weg über den Schrottplatz. Summer führte uns an, und ich war verblüfft, dass sie offenbar genau wusste, wo wir hingehen mussten. Offenbar war sie sogar schon hier gewesen.

Es rührte mich sehr, zu sehen, wie meine Freundinnen sich bemühten. Sie halfen mir, ohne Wenn und Aber, und machten sogar etwas wie das hier. Mein Herz wollte vor warmer Liebe überschwappen. Einmal mehr war ich überglücklich, die besten Freundinnen der Welt zu haben.

Wir liefen an den Überresten eines alten gelben Schulbusses vorbei, der keine Scheiben und Räder mehr besaß. Sprayer hatten an das rostige Metall bunte Graffitis gesprüht, wie auch auf andere Schrottteile, die in den Hügeln aus Müll zu sehen waren. Die Wracks, die Summer ansteuerte, waren drei Autos. Die Scheiben hatten zwar schon einige Sprünge, und die Reifen fehlten auch hier, aber ansonsten wirkten die Autos noch nicht so zerstört wie einige andere, die ich bereits gesichtet hatte.

Mein Puls beschleunigte sich. Aufgeregt wippte ich vor und zurück, als wir vor dem mittleren Wrack stehen blieben.

»Also, Rekruten«, sagte Summer, schwang sich lässig den Baseballschläger über die Schulter und marschierte vor Ella und mir auf und ab. Das leuchtende Funkeln ihrer poolblauen Augen unter der Schutzbrille verriet, dass sie gerade ziemlichen Spaß hatte, auch wenn sie sich um eine ernste Miene bemühte. Sie spitzte die rot geschminkten Lippen. »Wir haben eine Mission. Und zwar Mission Selbstliebe. Unsere heutige Aufgabe besteht darin, so richtig Dampf abzulassen. Jeder Schlag steht für etwas, was ihr immer heruntergeschluckt oder verdrängt habt. Für jeden unfairen Scheiß, den man euch schon angetan hat, und für jedes schlechte Wort, das ihr manchmal an euch selbst richtet. Ihr dürft schreien und fluchen und brüllen, Hauptsache, ihr lasst es raus und schlagt kräftig zu. Ich werde es euch demonstrieren.«

Sie trat an das rostige Wrack, stellte sich in ihren weißen Sneakern breitbeinig hin und umfasste den Schläger mit beiden behandschuhten Händen. »Das hier ist für Professor Green, der jedes Mal Blondinenwitze oder sexistischen Mist von sich gibt, wenn ich etwas falsch mache!« Sie holte mit dem Baseballschläger aus und schlug auf die Windschutzscheibe ein. Der Schlag ließ mich zusammenzucken, wie auch das knirschende Geräusch, als sich Dutzende Risse durch das Glas zogen. Doch es erfüllte mich auch mit Begeisterung.

Summer drehte sich wieder zu uns um und grinste, als sie meine geweiteten Augen sah. »Sav, willst du als Nächstes?«

Ich konnte nicht anders und lachte wieder auf. Motiviert trat ich vor, den Baseballschläger fest umklammert. Fieberhaft überlegte ich, was ich sagen wollte. Einerseits kam ich mir seltsam vor, andererseits konnte ich es kaum erwarten, den ersten Schlag zu tätigen. Zögerlich warf ich meinen Freundinnen einen Blick über die Schulter zu. »Was, wenn uns jemand hört?«

»Wir sind allein«, versprach Ella. »Der Kerl an der Schranke wird es entweder nicht mitbekommen, oder es wird ihm egal sein. Er weiß ja, was wir hier machen.«

Ich nickte, straffte die Schultern und fixierte wieder das blaue Wrack. »Ich …« Meine Stimme versagte. *Komm schon. Lass es raus!* »Ich hasse es, dass ich beim Tattoostudio gekniffen habe!« Ich holte aus und schlug ebenfalls mit dem Schläger auf die Windschutzscheibe. Es knackte, und weitere Risse zogen sich durch das Glas. Himmel noch mal, war das brutal! Mein Herz rutschte mir geradewegs in die kurze Jeanshose. Summers Schlag war definitiv härter gewesen, aber dennoch konnte ich sehen, was ich angerichtet hatte. Es war total hardcore. Aber irgendwie gefiel es mir auch.

Summer jubelte. »Sehr gut, Savy! Ella, du bist dran! Und nur fürs Protokoll: Es werden keine Fragen gestellt. Über uns schwebt ein gigantischer *Cookie,* alles klar?«

Ich nickte, auch wenn ich nicht drum herumkam, mir vorzustellen, wie ein Riesen-Monster-Cookie mit Schokostückchen über uns schwebte und seinen Schatten auf uns warf, wie ein Ufo oder eine dunkle Wolke.

Ich trat zurück, während Ella sich nun in Position begab. »Das hier ist für Rory und den Käfig.« Sie brüllte regelrecht, als sie mit dem Schläger ausholte, ehe sie mit voller Kraft auf den rechten Seitenspiegel schlug. Und dann gleich noch einmal. Er fiel scheppernd auf den Schotterboden. Summer trat auf die andere Seite des Autos. »Ich hasse mein Studium und bereue es, es gewählt zu haben, weil ich keine gottverdammte Ernährungsberaterin werden will!« Voller Inbrunst schlug sie das Fahrerfenster ein.

»So schlimm?«, fragte ich mit großen Augen. »Wieso hast du nichts … Oh. Tut mir leid. *Cookie.*«

Summer machte ein entschuldigendes Gesicht und zögerte sichtlich. »Okay, ich kann nicht so eine Bombe platzen lassen, ohne etwas dazu zu sagen. Ihr wisst ja, dass ich nicht wirklich glücklich mit meinem Studium bin. Ehrlich gesagt habe ich überhaupt keinen Spaß daran und möchte nicht mal danach im Bereich Ernährung arbeiten. Wenn ich ehrlich sein soll, habe ich nicht den blassesten Schimmer, was ich tun soll und wer ich sein will. Ich weiß, das ist kein guter Ausgangspunkt, um sein Studium abzubrechen. So ganz perspektivlos. Deshalb habe ich auch noch nichts gesagt oder irgendwas unternommen. Ich warte noch ab und mache mir Gedanken, bis ich einen Plan B habe.«

»Oh, Summer, es tut mir leid, dass es dir so geht«, sagte Ella leise. Mitgefühl stieg in mir auf, und hätte ich nicht diese klobigen Handschuhe an und den Baseballschläger in den Händen, hätte ich sie am liebsten in den Arm genommen. »Ich wusste nicht, dass es dir damit so schlecht geht. Du weißt, dass du immer mit uns darüber reden kannst«, sagte ich.

Summer lächelte halbherzig. »Klar. Aber das Gespräch heben wir uns auf. Kommt schon, jetzt wird nicht mehr gequatscht. Nur draufschlagen, keine Fragen, bis wir fertig sind!«

»Jawohl, Sir!«, sagte ich und salutierte grinsend. Dann wandte ich mich wieder dem Wrack zu. Auch wenn es mir schwerfiel, meine Gedanken wieder auf mich selbst zu richten, nach dieser großen Neuigkeit.

Ich nahm eine stabilere Haltung ein und atmete tief durch. *Na los. Lass es einfach raus.* »Ich hasse es, dass Dr. Dreyer und ich uns nicht verabschieden konnten!« Ich schlug auf die Haube und hinterließ eine ordentliche Delle.

Ella holte ebenfalls aus. »Der Schlag ist für Erica und Jason. Schmort in der Hölle!« Das Beifahrerfenster zersplitterte mit einem lauten Klirren.

Auch Summer schlug wieder zu. »Für meine arschigen sexsüchtigen Nachbarn, die mich kaum eine Nacht ruhig schlafen lassen!«

Mein Puls beschleunigte sich, als ich wieder gegen die Windschutzscheibe schlug. »Ich hasse es, dass meine Eltern mich nicht ernst nehmen! Und ich hasse es, dass sie in mir nur ein Kind sehen!« Wieder ein Schlag. »Ich hasse es, dass ich ihnen meine Meinung nicht schon längst gegeigt habe!« Wieder ein Schrei, der in Verbindung mit dem nächsten Schlag Adrenalin durch meine Adern schießen ließ. Die Windschutzscheibe brach lauthals. Angst breitete sich in mir aus, nicht etwa wegen der Schläge oder meines Schreis, sondern … weil ich die Worte so *laut* ausgesprochen hatte. Mehr noch, ich hatte sie in die Welt hinausgeschrien.

»Für Delia, die herzloseste Stiefmutter der Welt!« Summer schlug brüllend auf den Wagen ein, nicht nur einmal, sondern fünfmal. Oh. Wow. Ich hatte zwar gewusst, dass sie ihre Stiefmutter nicht mochte, aber sie sprach so gut wie nie über sie. Ihre Wut über diese zu sehen verblüffte mich deshalb noch mehr.

Ella schlug ebenfalls wieder zu. »Für jedes Schloss an meiner Wohnungstür und meine verdammte Angst!«

»Für meinen ersten und einzigen Freund Toby, in der Middleschool«, sagte ich wütend und umklammerte den Schläger so fest, dass meine Finger kribbelten. »Der mit mir Schluss gemacht hat, weil ich ihm zu traurig war!« Wieder schlug ich zu, einmal, zweimal, dreimal, bis ich einen Schrei losließ. »Zu traurig! Wie arschig kann man nur sein?« Und noch drei Schläge. Atemlos trat ich an ein anderes Wrack. »Und das hier ist für meine Mom!« *Krach.* »Sie hat mir einfach Dr. Dreyer weggenommen. Ich hasse sie!« Ich schlug und schlug und schlug, bis nicht nur die Frontscheibe zerstört war, sondern auch die Seitenspiegel sich verabschiedeten. Ella und Summer taten das Gleiche, und wir riefen so viele Dinge, die wir verfluchten durch die trockene, brennende Sommerluft, bis sie von den Schrottbergen, Waschmaschinen, Reifen und alten Badewannen widerhallte.

Mit jedem Schlag lockerte sich der Knoten in meiner Brust, gleichzeitig wurde jedoch auch mein Hals enger und mein Puls schneller. Meine Augen brannten hinter der Schutzbrille. »Ich hasse es, dass ich viel zu oft nichts tue und nur zusehe! Dass ich mich nicht für mich selbst einsetze und Mom und Dad nicht die Stirn biete und mir die richtigen Worte immer erst *nach* den Gesprächen einfallen, oder beim Duschen!« Ich schluchzte, hörte jedoch nicht auf, auf das Wrack einzuprügeln. »Ich bin es so leid!«

Summer schlug zu. »Ich hasse meine Angst vor der Zukunft, weil ich keine Ahnung habe, wer ich sein und was ich werden soll! Ich will nicht mehr studieren und fühle mich verdammt undankbar deshalb!«

»Ich hasse es, dass ich meinen Dad nie wiedersehen werde und dass kein verdammter Arzt ihn retten konnte!« Ella stieß einen Schrei aus und holte mit dem Schläger aus.

Ich hämmerte auf das Heckfenster des Wracks ein. »Ich vermisse meine Freundschaft mit Arden und hasse es, dass sie und Mitch miteinander geschlafen haben, weil das alles kaputt gemacht hat!«

»Ich bin es leid, dass mich so viele Leute für eine charakterlose, blonde Klischeetussi halten!«, rief Summer mit einem herzzerreißendem Schluchzen und schlug wieder zu. »Ich hasse Slutshaming! Und. Ich. Bin. Nicht. Wertlos!«

Ich hielt mich nicht zurück und ließ mit jedem Schlag all meinen Schmerz raus. All die kochenden Gefühle, die ich mein ganzes Leben stets runtergeschluckt hatte, die ich stets verdrängt hatte, um mich abzulenken, um mich besser zu fühlen. Ich schlug für all die depressiven Phasen zu, die mir die Teenagerjahre versaut hatten. Dafür, dass ich zwar nicht mehr als depressiv galt, aber ab und an immer noch mit heftigen Tagen oder Wochen zu kämpfen hatte. Für jede Panikattacke. Für meine Angststörung und das unerträgliche irrationale Gefühl, dass meine Freunde mich in Wahrheit gar nicht mochten. Für die Hilflosigkeit, die ich schon so oft empfunden hatte, wenn ich mir gewünscht hatte, gesehen zu werden. Für all den Selbsthass. Für die Sehnsucht nach Selbstliebe und die Angst, verlassen zu werden.

Atemlos holte ich ein letztes Mal aus. »Wehe, ich schaffe es nicht, über mich selbst hinauszuwachsen!« Dann schlug ich zu, so fest ich konnte, obwohl meine Arme bereits brannten. Mit einem lauten Knirschen und Splittern brach auch das letzte Fenster der drei Wracks, an einer der Hintertüren.

Summer lachte schluchzend auf, zog die Handschuhe von ihren Händen und nahm die Schutzbrille ab. Die Mascara hatte schwarze Schlieren auf ihrem Gesicht hinterlassen und sich dunkel unter ihren geröteten Augen abgesetzt. Sie wischte sich die Tränen fort, auch wenn es das Ganze nicht besser machte. Ich nahm ebenfalls die Schutzbrille ab, wischte mir hastig über die ungeschminkten Augen und setzte mir meine goldene Brille wieder auf. Ich schniefte und trat zu meinen Freundinnen. Ella hatte nicht geweint, hatte jedoch ziemlich fleckige

Wangen, und das dunkelblonde Haar klebte ihr feucht an den Schläfen. Sie lächelte Summer und mich an und schloss uns dann in eine Gruppenumarmung, die ich fest erwiderte. »Ich hab euch lieb«, sagte ich mit belegter Stimme.

»Und ich euch erst«, sagte Ella, was Summer erwiderte.

Ich schloss die Augen und atmete tief und zittrig durch. Eine ganze Weile standen wir einfach nur so da.

Ein Lächeln breitete sich auf meinen Lippen aus. »Meine Arme fühlen sich an wie Wackelpudding.«

Summer löste sich aus unserer Umarmung und fuhr sich mit dem Unterarm über die Stirn. »Ich schwitze wie ein Wasserfall. Fahren wir zu mir und machen uns frisch?«

»Nur wenn es Cocktails gibt«, sagte Ella grinsend. »Und Eiscreme.«

»Und Pizza«, sagte ich sehnsuchtsvoll.

Wir drehten uns gleichzeitig zu den drei demolierten Wracks um und betrachteten unser Werk. Unsere Zerstörungswut war erstaunlich gewesen, hatte fast schon etwas Künstlerisches. Besonders von mir selbst war ich verblüfft. Nicht einmal im Traum hätte ich gedacht, dass ich jemals mit einem Baseballschläger so inbrünstig und brüllend auf etwas einschlagen konnte. Ich war verschwitzt und atemlos. Es hatte so gutgetan. Mehr noch als das, ich fühlte mich befreit und um Welten leichter.

Meine Brust zog sich zusammen, als ich mich wieder zu meinen Freundinnen umdrehte. »Danke, dass ihr mich heute hergebracht habt. Das war wirklich gut.«

Ella betrachtete ihren Baseballschläger. »Ich glaube, das habe ich dringend gebraucht. Wir alle.«

»Na los, gehen wir, bevor wir uns noch einen Sonnenbrand holen«, sagte Summer und setzte sich in Bewegung. »Braucht noch wer Schminktücher? Ich fühle mich wie ein Pandabär.«

Ein letztes Mal blickte ich auf die zerstörten Wracks und konnte nicht anders, als zu lächeln. Ich war stolz auf mich. Dieses Gefühl hatte ich schon lange nicht mehr empfunden. Vor allem nicht nach dem heutigen Tag und dem kürzlichen Kneifen im Tattoostudio. Ich war nicht nur stolz auf mich, sondern auf uns alle drei.

An Ellas Auto angekommen, verfrachteten wir die Brillen, Schläger und Handschuhe wieder im Kofferraum und stiegen ein. Das Erste, was ich tat, war, mein Handy hervorzuziehen und meine Notiz-App zu öffnen. Aufgeregt begann ich zu tippen.

Auf dem Schrottplatz Autos zertrümmern – Check.

Ein Grinsen breitete sich auf meinem Gesicht aus. »Ich hab einen neuen Punkt und ihn abgehakt!«

»Ich bin so was von dafür, dass wir gleich morgen noch einen Punkt angehen«, sagte Ella begeistert. »Sobald wir bei Summer sind, überlegen wir uns einfach noch etwas.«

Das Lächeln auf meinen Lippen gefror. *Morgen …*

Ich hatte mich noch nicht getraut, meinen Freundinnen von *Mad-Dog* zu erzählen, auch wenn mir das gar nicht ähnlich sah. Normalerweise war ich gar nicht in der Lage, große Neuigkeiten zurückzuhalten – außer es waren Geheimnisse, die ich hüten sollte. Und genau das war auch der Grund, weshalb ich es geschafft hatte, nichts zu sagen. Die letzten Wochen war *MadDog* mein kleines, aufregendes Geheimnis gewesen.

Es war aber nicht nur das. Ich konnte Ella und Summer unmöglich von meinem Fauxpas mit dem Profilbild und dem Klarnamen erzählen, geschweige denn, was für seltsame Nachrichten ich *MadDog* geschickt hatte! Doch morgen schon waren er und ich verabredet. Morgen schon würden wir vielleicht …

»Ich hab ein Date!«, platzte es aus mir heraus. Vor Schreck verschluckte ich beinahe meine Zunge.

Meine Freundinnen blinzelten mich wortlos an. Ella war die Erste, die ihre Stimme wiederfand. »Warte, was? Mit wem? Und wann?«

Ein nervöses Lachen entfuhr mir, und ich schob mir hastig die Haare hinter die Ohren. »E-er nennt sich *MadDog*. Ich weiß nicht, wer es wirklich ist. Das Date ist morgen Abend im Madison Inn. Gott, ihr dürft es keiner Menschenseele erzählen! Auch nicht Ches oder Carla und Lenny oder Todrick, okay?! Und erst recht nicht Mitchell!«

Summer schnappte nach Luft und strahlte mich an. »Ein *Super-Crush*-Date?«

»Ihr müsst es versprechen!«

»Ist hoch und heilig versprochen. Das ist doch klar. Und jetzt erzähl schon!«

»Okay. E-er hat mich vor etwa zwei Wochen auf *SuperCrush* angeschrieben, und dann kam es irgendwie dazu, dass wir uns verabredet haben. Aber ich kenne nicht mal seinen richtigen Namen. Er meinen aber schon, weil ich das mit den Nutzernamen irgendwie falsch verstanden hatte! O Gott. Was habe ich nur getan? Es wird furchtbar, ich weiß es. Bestimmt werde ich kneifen, wie mit dem Tattoo, oder es wird so peinlich wie mit dem Barista! Was, wenn er mich nicht mag? Oder mich nicht sexy genug findet? Wenn ich ihn langweile oder er mich unsympathisch findet?« Voller Horror sah ich die Mädchen an. »O mein Gott, was ist, wenn *ich ihn* unsympathisch finde? Was ist, wenn es ein schmieriger Schmierlappen ist, mit haariger Brust, Goldkette und Schnauzer und ganz viel Gel in den Haaren? O Gott. O Gott! Er könnte Drogen nehmen! Oder er stinkt! Oder er ist ein Krimineller! Oder ein Verschwörungstheoretiker, oder ein Axtmörder, oder ein Nazi!« Mir schoss der Song »When He Sees Me« aus dem Musical *Waitress* in den Kopf. Noch nie hatte ich mich einem Songtext und Kimiko Glenn verbundener gefühlt.

»Savy!«, sagte Ella und legte mir ihre Hände auf die Schultern. »Jetzt reiß dich zusammen. Wie würde Carla jetzt sagen? Du sollst den Kerl flachlegen und ihn nicht heiraten. Sobald ich die Jungs morgen vom Flughafen abgeholt habe, komme ich zu dir und helfe dir beim Fertigmachen, versprochen.«

»Ich helfe mit!«, sagte Summer begeistert. »Du kannst dich auch bei mir fertig machen und meine Lidschattenpaletten benutzen, wenn du möchtest. Uh, ich könnte dir das Make-up machen. Du wirst einen unvergesslichen Abend haben, und wenn es ein Arschloch sein sollte, sind wir zur Stelle und gehen einfach zu dritt aus, okay?«

Ich war so gerührt, dass ich mir die Hände aufs Herz legen musste. »Ihr seid wirklich die besten Freundinnen, die man sich wünschen kann.«

»Summer und ich werden einfach irgendwo in der Nähe in einer Bar etwas trinken gehen. Schick uns ein Ausrufezeichen oder so, irgendetwas, und wir kommen dich retten.«

»Das ist eine tolle Idee.« Ich konnte kaum glauben, wie gut sich die Erleichterung anfühlte, es den beiden erzählt zu haben. Am liebsten hätte ich sie wieder fest umarmt, aber meine Arme waren vom Autosdemolieren noch immer ganz taub und schwach.

»Lasst uns endlich hier verschwinden. Jetzt haben wir erst recht etwas, worauf wir anstoßen sollten«, sagte Ella lächelnd und drehte das Radio mit »Midnight Sky« von Miley Cyrus laut auf. Dann fuhren wir rumpelnd über den Schotterweg und ließen den Schrottplatz hinter uns.

KAPITEL 11

MAXX

*M*it einem Schlag schloss Dad die Tür des Kofferraums. Er klopfte sich die Hände ab, so als sei der Koffer schmutzig oder staubig gewesen, obwohl das gar nicht der Fall war. Es war Mittag, und unser Flug würde in wenigen Stunden anstehen.

Mr. Rowdy sprang bellend um das Auto herum, während Ches und Creed das übrige Gepäck auf die Rückbank verfrachteten. Alles, was sich in diesen Taschen befand, hatte ich seit Jahren nicht mehr getragen oder benutzt. Ich nahm so viel mit. Und ließ zugleich alles zurück. Ein seltsames Gefühl.

»Wir können aufbrechen«, sagte Dad und lächelte die Jungs und mich traurig an. Wenn es nach ihm ginge, hätte ich Topsham vermutlich nie wieder verlassen. Genauer gesagt ihn und Mom.

Ich erwiderte das Lächeln sanft. Mein Blick landete auf meiner Mutter, die ein wenig verloren am Bordstein stand. »Dann heißt es jetzt wohl Abschied nehmen«, sagte sie mit brüchiger Stimme.

Wieder einmal war ich hin- und hergerissen zwischen der erdrückenden Schuld und dem Gefühl, von meiner Mutter während der letzten Monate im Stich gelassen worden zu sein. Es war so kräftezehrend, ständig von der einen zur anderen Empfindung gerissen zu werden, dass mir in ihrer Nähe immer wieder das Herz brach.

Ich schloss meine Mom in die Arme. Sie erwiderte es so fest, dass ich kaum noch Luft bekam.

»Du kommst uns doch bald besuchen, oder, Maxxy?« Sie wich zurück und legte mir die Hände an die Wangen.

Ich wollte nicht unehrlich sein. Ich hatte die Geheimnisse und Lügen von meinem alten Ich so satt. Doch als ich ihr in die Augen sah, konnte ich ihr einfach nicht die Wahrheit sagen.

»Klar«, ächzte ich leise. »Sobald ich es mir leisten kann, komme ich euch sofort wieder besuchen. Ver… Versprochen, Mom.«

Sie lächelte traurig und zog meinen Kopf nach unten, ehe sie meine Stirn küsste. »Ich vermisse dich schon jetzt.«

»Und ich euch erst.«

Ich stieg zu Dad ins Auto auf den Beifahrersitz, während sich Ches und Creed ebenfalls von Mom verabschiedeten.

»Wie fühlst du dich?«, fragte Dad und startete den Motor.

Blinzelnd starrte ich auf die verschmierte Windschutzscheibe mit den toten Käferklecksen. In meiner Brust kochten unendlich viele Gefühle. Ich war traurig. Aber auch aufgeregt. Ich konnte mir noch nicht ansatzweise vorstellen, was nun auf mich zukommen würde.

Irgendetwas in meinem Blick musste mich verraten, denn mein Vater sah mich im nächsten Moment mitfühlend an. »Alles wird gut, Maxx. Wenn du angekommen bist, können wir ab und an Videocalls und so was machen. Chester hat uns dafür extra eine Webcam besorgt. Du bekommst das alles hin. Und wenn du Hilfe benötigst, egal bei was, lass es uns wissen. Wir alle sind immer für dich da.«

Ich fühlte mich wie betäubt, als Ches und Creed ebenfalls in den Wagen stiegen.

»Bereit für einen Roadtrip?«, fragte Dad und setzte das brummende Auto in Bewegung.

»Aber so was von!«, hörte ich Creed sagen.

Ich sagte kein Wort, als wir losfuhren in Richtung Flughafen. Ich schaffte es nicht, den Blick von meiner Mom zu lösen, die winkte und lächelte, obwohl ihre Wangen tränennass waren. Ein anständiger, guter Kerl hätte ihr ein Lächeln zugeworfen und zurückgewunken. Aber ich brachte es nicht über mich. Ich konnte sie nur ansehen, mich dabei hassen, sie dabei lieben und vollkommen zerrissen sein.

Wir fuhren fort. Ein Ende und ein Neubeginn. Ein anderes Leben wartete auf mich. Ein Studium. Ein Campingtrip. Ein Date, gleich noch heute Abend.

Und eine zweite Chance.

Nie zuvor in meinem Leben hatte ich mich so gut und gleichzeitig so aufgeschmissen gefühlt.

KAPITEL 12

SAVANNAH

*N*ie zuvor in meinem Leben hatte ich mich so gut und gleichzeitig so aufgeschmissen gefühlt.

Ich fühlte mich selbstbewusst und unsicher, aufgeregt und lethargisch, entspannt und panisch. All diese Zustände schienen nicht im Wechsel, sondern gleichzeitig auf mich zu wirken, als ich durch die große gläserne Drehtür des Madison Inn am südlichen Stadtrand von Fletcher trat. *Staksen* beschrieb es wohl eher, denn die schicken schwarzen Stilettos, die ich trug, waren höher als alle anderen Schuhe, die ich als Abendgarderobe besaß. Glücklicherweise hatten Ella und Summer mir wie versprochen geholfen, mich auf dieses Date vorzubereiten. Meinen hellbraunen Haaren hatten wir Hollywoodwellen verpasst, und ich trug Kontaktlinsen. Das Make-up war zwar stark, ließ mich aber nicht schrill oder zugekleistert wirken. Meine Züge wirkten weniger weich, und der dunkle, rosige Ton auf meinen Lippen ließ diese voller wirken.

Vielleicht war es dieses verboten enge rote Kleid, das ich trug, das mich in diesem Moment so viel selbstbewusster fühlen ließ als sonst. Vielleicht war es auch irgendein Funke in mir, der einen kleinen Brand ausgelöst hatte. Aber ich würde das hier durchziehen, und ich würde mich dabei verdammt gut fühlen, auch wenn das jetzt noch eher eine Sache gemischter Gefühle war. Ich würde das schon schaffen! Schön, ich war vielleicht nicht gerade das Paradebeispiel an Toughness, Selbstbewusstsein und Übermut. Aber das bedeutete nicht, dass diese Seiten nicht auch irgendwo in mir schlummern konnten!

Das hier würde mein Abend werden, und ich würde ihn mir von niemandem vermiesen lassen, ganz besonders nicht von mir selbst.

Mein Herz schlug so aufgeregt wie die Flügel eines Kolibris. Das Foyer des Madison Inn war riesig. Der dunkle Boden glänzte so sehr, dass sich der halbe Raum darin spiegelte, und überall standen hübsche Sitzgelegenheiten und prächtige Lampen, die gedimmtes, warmes Licht verströmten. Ein roter Teppich führte vor zur Rezeption, eine Spur davon führte zu den Aufzügen, und eine andere, die rechts von mir abging, führte in einen Bereich, der von breiten Glastüren und einem mit Stuck besetzten Rahmen umgeben war: die Hotelbar.

Mit trockenem Mund umklammerte ich meine kleine schwarze Handtasche und setzte einen Schritt vor den anderen. Das Hotel sah vollkommen anders aus als in meiner Erinnerung. Ich war erst einmal hier gewesen, und das auch nur, weil mein Dad vor sehr vielen Jahren einmal einen Arbeitskollegen getroffen hatte und ich ihn hatte begleiten müssen, weil ich zu klein gewesen war, um allein zu Hause zu bleiben.

In meiner Tasche vibrierte es. Vermutlich waren es Ella und Summer, um mir zu sagen, wo sie den Abend verbringen würden. Ich konnte noch immer nicht glauben, dass sie das für mich taten. Dass sie nur ausgingen, um mich im Fall der Fälle auf Abruf retten zu können. Einmal mehr war ich dankbar für meine Freundinnen.

Mit steifen Fingern öffnete ich die Tür der Bar und zog mein Handy aus der kleinen Tasche. Das gab mir außerdem die Möglichkeit, beschäftigt zu wirken, für den Fall, dass *MadDog* bereits hier war und mich vielleicht sogar schon sehen konnte. Ich wollte nicht verloren oder unsicher wirken. Mit dem Handy beschäftigt zu sein war da doch immer eine gute Taktik.

Es war fast neun Uhr. In wenigen Minuten schon würde das Date beginnen!

Ich öffnete den Gruppenchat mit meinen Freundinnen.

Summer: Viel Spaaaaß! 😊 Und denk dran: Schick uns eine Ladung Ausrufezeichen, wenn irgendwas sein sollte, dann kommen wir sofort!

Ella: Und behalt deinen Drink im Auge. IMMER! Aber das wird bestimmt super. Genieß den Abend. 🖤

Lächelnd steckte ich das Handy wieder weg und steuerte den Bartresen an. Es überraschte mich, dass doch einige Leute hier waren, und das vor neun Uhr. Glücklicherweise war ich nicht die einzige Person in Abendgarderobe. Kurzzeitig hatte ich sogar Angst gehabt, dass das Kleid vielleicht zu aufgebrezelt wirken könnte, aber das tat es nicht. Es gab nicht zu viel preis und hatte keinen so tiefen Ausschnitt wie das schwarze Kleid, das ich zuvor bei Summer anprobiert hatte. Zumindest nicht vorne. Dafür aber auf dem Rücken. Es war so presseng, dass ich im ersten Moment kaum darin hatte atmen können, aber der Stoff war glücklicherweise ein wenig elastisch, weshalb sich diese Angst schnell gelegt hatte. Der Schlitz am rechten Bein reichte mir auch nicht bis zur Hüfte, und das Kleid begann ein Stück über meinen Knien. Noch immer absolut angemessen. Es war elegant und schick und vielleicht sogar eines der schönsten Kleider, die ich je getragen hatte. Ich fühlte mich weiblich. Schön. Sexy. Erwachsen.

Ich trat an die halbrunde, prunkvolle Bar und winkte einen Barkeeper zu mir. »Ich nehme einen, äh …« Ich ließ meinen Blick über die Karte wandern und bestellte das Erstbeste, was mir ins Auge sprang. »Einen White Russian, bitte«, sagte ich und blickte auf, um den Barkeeper anzulächeln.

Er erwiderte es und runzelte die Stirn. Ich wusste genau, was er sagen würde, noch bevor er den Mund öffnen konnte, weshalb ich ihm sofort meinen Ausweis unter die Nase hielt.

Er nahm ihn entgegen und inspizierte ihn sehr sorgfältig. Nicht einmal mit meinem ganzen Make-up schien man mir wohl abzukaufen, dass ich einundzwanzig war.

»Alles klar«, sagte er und gab ihn mir zurück, ehe er sich auch schon daranmachte, meinen Drink zuzubereiten, was auch immer das für einer war.

Stolz lächelte ich in mich hinein. Selbst wenn *MadDog* mich versetzen sollte, konnte ich diesen Teil des Abends bereits von meiner Liste abhaken. Ich war einfach an diese Bar gegangen und hatte einen Drink bestellt!

Erneut warf ich einen verstohlenen Blick auf meine Handyuhr. Der Anblick der vier Ziffern sorgte dafür, dass mein Herz erst stehen blieb und dann mit dreifacher Geschwindigkeit weiterschlug. Es war so weit. Es war in einer Minute neun Uhr.

Ich schluckte schwer und sah mich unauffällig in der Bar um. Mein Nacken kribbelte heiß.

Immer mit der Ruhe. Es wird alles gut. Du schaffst das. Du bist schon so weit gekommen.

»Wow«, erklang eine Stimme hinter mir. »Du bist noch schöner, als ich es mir hätte vorstellen können.«

Ich wirbelte herum.

»Oh«, entschlüpfte es mir, und ich starrte den Mann vor mir an. Das Herz rutschte mir in die viel zu schicke Unterhose.

»Hi«, sagte der Mann vor mir und lächelte scheu …

Und da traf mich sein Geruch. Knoblauch.

Erschrocken stieß ich mit meinem Rücken gegen die Theke.

»Hi!«, piepste ich. Fieberhaft suchte ich nach Worten, aber ich wusste nicht, was ich noch sagen sollte.

»Endlich lernen wir uns kennen. Du bist wirklich …« Er lachte nervös und rieb sich über die glänzende Stirn. »Ich hätte nicht gedacht, dass du so eine Granate bist!«

»Äh … danke?«

Er war … alt. Viel älter als ich und auf keinen Fall ein Student. Aber *MadDog* hatte schließlich gesagt, dass er auf das Communitycollege in Frayton gehen würde …

Horror machte sich in mir breit. O Gott. Natürlich! Auf das Communitycollege konnte man schließlich immer gehen! Man musste dafür nicht in meinem Alter sein! Selbst wenn er auf eine reguläre Uni gehen würde!

MadDog war alles andere als das, was ich mir vorgestellt hatte. Es machte mir nichts aus, dass sich unter dem locker sitzenden lilafarbenen Hemd offensichtlich nicht das Sixpack verbarg, das er als Profilbild in *SuperCrush* benutzte. Wir hatten uns schließlich gut verstanden, und das war viel bedeutender. Es machte mir auch nichts aus, dass er schwitzte. Selbst um diese Uhrzeit war es noch immer heiß. Jeder schwitzte doch während dieses Sommers. Aber was mich mit Widerwillen erfüllte und schreiend weglaufen lassen wollte, war dieser grauenhafte Knoblauchatem. Vielleicht konnte er auch dafür nichts, aber Himmel noch mal! Irgendwo stieß auch ich mit meinem Verständnis an Grenzen!

Mein schneller Puls rauschte mir plötzlich in den Ohren. Das war nichts für mich, ich konnte das nicht, ich wollte das nicht, und ich wollte auch nicht von ihm berührt werden, oder gar mit ihm schlafen! Er war außerdem so alt, dass er mein Vater hätte sein können!

MadDog lächelte unsicher und vergrub die Hände in seiner beigen Bügelfaltenhose, vollkommen unwissend darüber, dass ich gerade von heißer Panik übermannt wurde. »Darf ich dir einen Drink ausgeben, meine Schönheit?«

Hektisch blinzelte ich ihn an. »I-ich …«

Von irgendwo hörte ich ein leises, tiefes Lachen, ehe ich wahrnahm, wie jemand im Augenwinkel in mein Blickfeld trat.

»Sorry, Kumpel. Ich glaube, hier liegt eine Verwechslung vor.« Die Worte stammten weder von mir noch von *MadDog*. In diesem Moment trat jemand neben mich an die Bar. Jemand *sehr* Großes. So groß, dass ich trotz meiner Stilettos den Kopf in den Nacken legen musste, um ihn anzusehen. Ein Kerl mit breitem Kreuz, kurz geschorenen dunklen Haaren und einem amüsierten Funkeln in grauen Augen.

Der Typ legte *MadDog* freundlich eine Hand auf den Arm. »Savannah ist heute Abend mein Date.«

Meine Kinnlade klappte nach unten, und mein Herz machte einen Satz. Ich zeigte erst auf *MadDog,* dann auf den Typen neben mir. »D-Du bist … er ist nicht …«

Himmel! *Das* war *MadDog?*

»Warte, du bist gar nicht Martha?«, fragte der falsche *MadDog* und sah mich sichtlich enttäuscht an. Er und ich hatten eines gemein: Wir liefen geradewegs beide knallrot an, vor allem als der echte *MadDog* schief lächelte. *Wow. Ein schiefes Lächeln. Mein armes, rasendes Herz.*

Der falsche *MadDog* trat verlegen zurück und begann damit, sich gefühlt Hunderte Male in unter einer Minute bei mir zu entschuldigen. Ich nahm es jedoch kaum wahr, da meine Gefühle gerade Achterbahn fuhren. Das war gar nicht *MadDog!* Er hatte mich wohl so sehr verwechselt, wie ich ihn verwechselt hatte! Wir beide hatten uns vertan!

Wie in Zeitlupe drehte ich mich zu dem großen Kerl mit dem schiefen Lächeln um. Er trug ein lockeres schwarzes Leinenhemd, was ziemlich anbetungswürdig an ihm aussah, und lehnte sich seitlich gegen die Bar. Tiefenentspannt vergrub er eine Hand in der dunklen Jeans. Seine Augen musterten mich aufmerksam, von unten bis oben, ehe er meinen Blick erwiderte und wieder auf diese hinreißend schiefe Weise lächelte.

»Hey, Savannah Moore«, sagte er vergnügt und lehnte sich näher zu mir. »Freut mich, dich endlich kennenzulernen.«

KAPITEL 13

MAXX

Sie öffnete den Mund und schloss ihn wieder, mindestens drei Mal hintereinander. Es war ziemlich süß, weshalb ich leider noch breiter lächeln musste. Vermutlich war ich ein Mistkerl, dass ich nicht augenblicklich zu ihr gestürmt war, als sie die Bar des Hotels betreten hatte, doch ich … hatte einen Moment gebraucht. Seit gut einer Stunde war ich bereits hier, hatte schon ein Bier getrunken und von einer Sitznische auf der anderen Seite der halbrunden Bar den Raum im Blick behalten. Obwohl Savannah so anders aussah als auf dem Bild, das sie für einen kurzen Moment auf *SuperCrush* als Profilbild genutzt hatte, hatte ich sie sofort erkannt. Sie war noch immer atemberaubend. In natura noch viel atemberaubender als auf einem Bild. Heute Abend hatte sie zudem etwas Verruchtes an sich, vor allem in diesem Kleid. Ihre Augen waren rehbraun, groß und dezent geschminkt, genau wie ihre Wangen und ihre geschwungenen, rosigen Lippen. Das Make-up schaffte es nicht gänzlich, ihre Sommersprossen verschwinden zu lassen, und ich sah, wie sie errötete – vor allem wegen ihres Dekolletés und ihrer Ohren.

Es war hinreißend. Sie war so anziehend, dass es mir schwerfiel, einen klaren Gedanken zu fassen.

Offenbar hatte sie den Schreck überwunden, denn im nächsten Moment lächelte sie mich vorsichtig an. »Hi. *MaddDog?*«

Ich verkniff mir ein Grinsen. »Hi.«

Sie biss sich auf die verführerisch volle Unterlippe und senkte den Blick. »Tut mir leid, dass das gerade so …«

»Schräg war?«, half ich ihr auf die Sprünge und lachte auf. »Ja. Irgendwie wie in einer schlechten Komödie, oder? Aber sieh mal, da hinten.« Ich deutete in Richtung Glastür der Bar, wo der ältere, nervöse Typ von eben stand. Er sprach gerade eine Frau in seinem Alter an, die ebenfalls ein rotes Kleid trug – nur dass ihres nicht halb so heiß oder eng war wie das von Savannah. Offenbar hatte er endlich die richtige Frau angesprochen, denn sie strahlte ihn an und fiel ihm um den Hals.

Ich lehnte mich näher zu Savannah. »Sieht so aus, als wären wir nicht die Einzigen, die heute Abend ein Blind Date haben.«

Sie lachte nervös und blickte wieder zu mir auf. Ich konnte nicht sagen, warum, doch obwohl wir uns noch keine fünf Minuten kannten, musste ich mich bereits jetzt zurückhalten, sie nicht zu berühren. Alles in mir sehnte sich danach, genau das zu tun. Besonders, als ich den Duft ihres süßen Parfums roch. Verflucht, ich fühlte mich wie ein Verdurstender inmitten einer Wüste.

»Hast du Durst?«, fragte ich ironischerweise und deutete auf die Bar, ohne den Blick von ihr zu lösen.

Sie strich sich die hellbraunen welligen Haare hinter die Ohren, und erneut konnte ich beobachten, wie rot sie wurde. »Ich … Also, ehrlich gesagt habe ich eben schon etwas bestellt.«

Wie gerufen wurde just in diesem Moment ein breites Glas neben ihr abgestellt.

»Einmal White Russian«, sagte der Barkeeper und sah mich erwartungsvoll an. »Was darf es für Sie sein?«

Mein Blick jedoch lag noch immer auf dem White Russian, und Verblüffung machte sich in mir breit. Ich sah Savannah an. »Du trinkst so was?«

»Klar«, erwiderte sie lässig. Ein Lächeln huschte über ihre Lippen. Sie nahm sich den Drink und nippte daran. Plötzlich verzog sie das Gesicht und ließ das Glas halb auf die Bar fallen, was einen Schluck verschüttete. »Gott!«, keuchte sie und tupfte sich über das Kinn und die Mundwinkel. »Verflixt noch mal, das schmeckt ja total … das ist …«

Meine Schultern bebten. Ich versuchte, mein Lachen zu unterdrücken, doch es wollte mir nicht so recht gelingen. »Hast du irgendetwas bestellt, ohne zu wissen, was es ist?«

Sie zögerte, so als wollte sie widersprechen, und blickte schließlich zu mir auf. »Na schön. Ja. Ich hab einfach bestellt, was mir ins Auge gesprungen ist.«

Lächelnd nahm ich mir ihr Glas, drehte es auf die Seite, von welcher sie getrunken hatte, und nippte ebenfalls daran, ohne meinen Blick von ihr zu lösen. Der Alkohol war ziemlich stark, und es war lange her, dass ich etwas Vergleichbares geschmeckt hatte. Vermutlich hätte es kitschig geklungen, hätte ich es ausgesprochen, aber es schmeckte nach Freiheit. Nach süßer, süßer Freiheit.

Savannahs Augen weiteten sich kaum merklich, während sie mich beobachtete. Und es sorgte dafür, dass mir plötzlich ziemlich heiß wurde.

»Ich habe einen Vorschlag«, sagte ich und stellte das Glas wieder ab. »Wie wäre es, wenn wir uns irgendwo hinsetzen und du dir ganz in Ruhe die Karte ansiehst, bis du etwas gefunden hast, was dir auch schmeckt?«

Sie machte den Anschein, als sei sie hin- und hergerissen. Schließlich nickte sie, und ihre Schultern entspannten sich ein wenig. »Okay.«

Ich nahm den White Russian an mich und hielt Savannah eine Hand hin. »Wollen wir?«

Das ließ sie regelrecht erstarren. Ungläubig starrte sie meine Hand an, als hätte ich etwas Undenkbares vorgeschlagen.

Unsicherheit ergriff mich. Preschte ich zu schnell voran? Sollte ich es langsamer angehen lassen? Bedrängte ich sie?

Bevor ich eine dieser Fragen stellen oder einen Rückzieher machen konnte, hob Savannah die Hand und legte sie vorsichtig in meine.

Wieder sahen wir uns an, wobei ich nach unten blickte und sie nach oben, und es kam mir vor, als würde dabei die Welt für eine Sekunde stehen bleiben. Ihre Hand war zart und warm und glatt. Und diese unschuldige Berührung sorgte dafür, dass mir die Hitze, von der Hand ausgehend, den Arm hinaufschoss, bis in meine Brust. Und in jeden Zentimeter meines Körpers.

Dann liefen wir los.

Irgendwas in mir verriet mir, dass dieser Abend noch sehr interessant werden würde. Jedoch nicht auf die schrille, plumpe Art. Sondern leise und gemächlich und einbrennend. Eine Art und Weise, die mir noch lange im Gedächtnis bleiben würde.

KAPITEL 14

SAVANNAH

MadDog und ich saßen nebeneinander, in einer kleinen Sitznische. Das Licht war schummrig, die Musik leise, und nie zuvor in meinem Leben war ich dermaßen nervös gewesen.

Fast war es, als wären *MadDog* und ich allein, auch wenn ich wusste, dass noch einige andere Leute hier an der Hotelbar des Madison Inn waren. Und trotz allem fühlte ich mich gut. Nein, mehr als gut. Es war fast wie ein Rausch, als wäre ich mitten im freien Fall. Vom Adrenalinfaktor her war dieses Date jedenfalls mindestens auf der gleichen Stufe wie ein Sprung aus einem Flugzeug. *MadDog* sah außerdem noch so viel besser aus, als ich für möglich gehalten hatte. Nie im Leben hätte ich gedacht, dass ich jemals mit einem Kerl wie ihm in einer Bar sitzen würde. Vor allem ohne zur Salzsäule zu erstarren! – Das musste ich dringend auf meine Liste schreiben, nur um es abhaken zu können. Noch mehr verwunderte mich jedoch mein Wagemut. Denn *MadDog* und ich saßen gemeinsam auf einer Seite der Sitznische. Er hatte auf den freien Platz neben sich gedeutet, wie eine stumme Einladung, und ich hatte, überfordert, wie ich war, einfach genickt und mich gesetzt. Deshalb saß ich nun mit glühendem Gesicht, rasendem Herzen und flachem Atem neben dem wohl attraktivsten Typen, der mir jemals über den Weg gelaufen war.

»Auf uns«, sagte *MadDog* lächelnd und hob das breite Glas mit dem ekligen Cocktail, den ich mir an der Bar gefühlt über das halbe Gesicht hatte laufen lassen.

Ich zwang mich dazu, zu reagieren, bevor ich ihn einfach stumm angegafft hätte. »Cheers«, sagte ich, was erschreckend atemlos klang. So wie er mich betrachtete, wie seine einnehmenden grauen Augen sich für einen Augenblick auf meinen Mund hefteten, konnte es unmöglich nur mir aufgefallen sein.

Wir stießen an, was unsere Gläser klirren ließ. Diesmal hatte ich einen Mojito, den ich wesentlich mehr mochte als den White Russian. Gierig saugte ich an dem Strohhalm, in der Hoffnung, dass meine Kehle den Rest des Abends nicht mehr so trocken sein würde. *Alles ist in bester Ordnung. Du sitzt nur in einem ziemlich unglaublichen Kleid mit einem ziemlich unglaublichen Typen in der Bar eines Hotels. Du rockst das!*

Tatsächlich mochte ich es, hier zu sitzen. Ich hatte nicht das Bedürfnis, schreiend wegzulaufen oder mich zu verstecken, auch wenn mich ein Gefühlschaos erfüllte.

»Also«, sagte ich und schlug die Beine übereinander. Unauffällig räusperte ich mich und strich über das eiskalte Cocktailglas, auf dem sich Kondenswasser gesammelt hatte. *Sei keine Salzsäule. Sei keine Salzsäule!* »*MadDog* ist nicht wirklich dein Name.« Ich blickte zu ihm auf. Als ich sah, wie Belustigung in seinen Augen aufblitzte, wollte ich mich am liebsten ohrfeigen. *Natürlich ist* MadDog *nicht sein echter Name, du Trottel. Das ist ein Nutzername in einer verflixten anonymen Dating-App!*

»Für heute Abend schon«, erwiderte er. »Wir müssen es nicht zu persönlich werden lassen. Ganz wie du wolltest. Ein anonymes Blind Date, nicht mehr und nicht weniger. Deswegen werde ich für dich auch heute Abend weiterhin *MadDog* heißen.«

»Okay«, erwiderte ich mit einem begeisterten Lächeln. »Guter Plan!«

Gleich darauf verblasste mein Lächeln jedoch wieder. Worüber sollten wir dann reden? Schon klar, ich hatte den Vorschlag gemacht, es so anonym wie möglich zu halten. Aber sollten wir uns nun anschweigen? Was, wenn alles von hier an bergab gehen würde? Wenn das Date meinetwegen furchtbar wurde?

MadDog hob die Hand und rieb sich über den Nacken. Er runzelte die Stirn. Fast machte es den Eindruck, als würde er selbst überlegen, was er sagen sollte. Eine ganze Weile schwiegen wir uns an.

Ich konnte nicht anders und lachte auf. Mehr als das. Ich war so nervös, dass ich nicht aufhören konnte, jetzt, wo ich einmal angefangen hatte: Das Kichern sprudelte einfach aus mir heraus. *MadDog* stimmte mit ein, und es machte fast den Anschein, als würde sich dadurch die Anspannung in seinen Schultern ebenfalls lösen.

»Tut mir leid!«, sagte ich und fasste mir an die Brust. »Ich … Ich mache so was nie. Ich gehe ja noch nicht mal auf Dates! Ich fühle mich, als würden wir komische Rollen in einem komischen Theaterstück spielen. Tut mir leid, wenn ich damit jetzt die Stimmung kaputt mache.«

Er lächelte. »Ich bin auch nicht gerade ein Profi. Ist schon viele Jahre her, dass ich zuletzt auf einem Date war. Vielleicht bin ich ein wenig eingerostet.«

Ich runzelte die Stirn. »Du wirkst aber nicht gerade eingerostet.«

Seine Augen blitzten auf, und ich wurde augenblicklich knallrot.

»Ach ja?«, fragte er amüsiert.

»D-du wirkst ziemlich selbstbewusst«, erklärte ich scheu und ertrank meine Scham anschließend im köstlichen Mojito, den ich mit gierigen Zügen regelrecht inhalierte.

»Du doch auch.«

Beinahe verschluckte ich mich an einem Minzblatt. Eilig hielt ich mir die Hand vor den Mund und schluckte schnell, bevor mir der Drink noch aus der Nase schoss. »Ganz ehrlich, ich bin ein nervliches Wrack«, erklärte ich und lachte wieder, was diesmal jedoch klang, als würde ich jeden Moment losheulen. Verflixt, was machte ich hier nur? Das Kleid war sexy, mein Make-up toll, und ich lief auf ziemlich schicken Stilettos. Wieso musste ich dieses Bild von mir zerstören und die echte Savannah durchsickern lassen? Ich hätte für diesen Abend doch auch einfach eine geheimnisvolle, sexy Fremde sein können. Aber nein, ich plapperte einfach drauflos und stülpte mein Inneres nach außen. Kaum hatte mein Körper die Hürde überwunden, überhaupt ein Wort vor diesem gut aussehenden Fremden herauszubekommen, musste er es natürlich gleich wieder übertreiben. Großartig.

Doch als der Ausdruck in *MadDogs* grauen Augen sanfter wurde und er seinen Blick über mein Gesicht gleiten ließ, wirkte er nicht genervt. Es war eine Wärme, die mich mehr als überraschte.

»Kann ich irgendetwas tun, damit du dich wohler fühlst?«, fragte er leise.

Ich zuckte mit den Schultern, noch immer zu perplex darüber, dass wir dieses Gespräch überhaupt führten. »Ich weiß es nicht … Tut mir leid, dass ich damit den Abend kaputt mache«, murmelte ich und blickte auf meine Finger, die mit dem Saum meines roten Kleides spielten. Erst da fiel mir auf, dass der Stoff bis zur Mitte meiner Oberschenkel hochgerutscht war und der Schlitz des Kleides ziemlich viel vom Rest meines Beins freigab. Augenblicklich erstarrte ich und zupfte es möglichst unauffällig zurecht.

»Du brauchst dich für nichts zu entschuldigen, Savannah«, sagte *MadDog* und lehnte sich dabei näher zu mir. So nah, dass mir seine Körperwärme eine Gänsehaut bescherte. So nah, dass ich seinen sauberen Duft riechen konnte. Er roch so gut, dass ich am liebsten mein Gesicht in seinem schwarzen Leinenhemd vergraben hätte. »Glaub mir, das hier ist mit Abstand der beste Abend seit vielen, vielen Jahren, und du könntest nichts sagen oder tun, was etwas daran ändern würde.«

Mit angehaltenem Atem blickte ich zu ihm auf, nur um festzustellen, wie unglaublich nahe wir uns waren. Auch unsere Gesichter. »Tut mir leid, dass ich mich andauernd entschuldige«, flüsterte ich.

Erst als ich die Worte ausgesprochen hatte und das amüsierte Funkeln in seinen Augen sah, realisierte ich, was ich da gesagt hatte. Ich musste lächeln.

»Erzähl mir etwas, vielleicht hilft es dir«, sagte er und strich mir beiläufig eine Strähne hinter das Ohr. Dabei glitten seine Fingerspitzen kaum merklich über meine Wange. Die unerwartete, sachte Berührung ließ mich den Atem anhalten. Etwas zu erzählen sollte mir helfen? Die winzige Berührung hatte bereits dafür gesorgt, dass alles in mir noch viel mehr in Aufruhr versetzt wurde!

Mein Herz klopfte so laut und schnell, dass er es unmöglich überhören konnte. »Ich …«, begann ich, wusste jedoch schon gar nicht mehr, was ich sagen wollte. Wie ging das noch mal mit dem Sprechen? Mein Kopf war voll und gleichzeitig wie leer gefegt. Ich konnte meinen Blick nicht von seinen Augen lösen, und die Luft zwischen uns schien sich immer stärker aufzuladen.

Ich atmete tief durch und gab mir einen Ruck. »Hast du … Hobbys?«

Er wirkte überrascht. Einer seiner Mundwinkel wanderte nach oben, wodurch ich meine Worte sofort bereute. Am liebsten wäre ich augenblicklich im Erdboden versunken, doch *MadDog* war ganz offensichtlich nicht so schnell abzuschrecken.

»Lass mich überlegen«, sagte er und legte nachdenklich den Kopf schief. »Hab ich Hobbys? In den letzten Jahren habe ich viel gelesen. Zählt das als Hobby?«

Sofort setzte ich mich aufrechter hin. »Du liest gerne? Wirklich?«

Er schmunzelte. »Kann man so sagen.«

»Ich liebe Bücher! Es vergeht kein Tag, an dem ich nicht lese. Gleich im ersten Jahr an der Fletcher University bin ich auch einem Buchclub beigetreten, wo wir meistens gesellschaftskritische Literatur lesen und …« Ich brach ab. Verflucht, ich plapperte schon wieder.

MadDog runzelte die Stirn und sah mich fragend an. »Und? Was noch?«

Verlegen lächelte ich. »Liebesromane?«

MadDog erwiderte mein Lächeln und zuckte mit den Schultern. »Cool. Ich habe eigentlich auch fast jeden Tag gelesen. Das lag aber vor allem daran, dass ich nichts Besseres zu tun hatte … jobbedingt, könnte man sagen.« Er stockte. Dann wandte er den Blick ab und räusperte sich.

Am liebsten hätte ich gefragt, von was für einem Job die Rede war, dann erinnerte ich mich aber auch daran, dass wir nicht zu persönlich werden sollten. Immerhin sollte das hier anonym bleiben. Die Tatsache, dass er gerne las, war aber so unerwartet, das ich ihm genau das mitteilen musste.

»Ich hätte nicht gedacht, dass du gerne liest.«

»Wieso? Wegen der Tattoos?«

Überrascht blinzelte ich. »Welche Tattoos?«

»Oh, man sieht sie gerade nicht. Noch nicht.« Er blickte aus dichten Wimpern zu mir auf, und sein spitzbübisches Lächeln war so anziehend, dass mir geradewegs das Herz in die Hose rutschte. Oder wohl eher ins Höschen.

»Okay. Ich sehe deiner Meinung nach also nicht aus wie ein Kerl, der Bücher liest. Hättest du mein altes Ich kennengelernt, hättest du damit vermutlich auch ziemlich ins Schwarze getroffen. Ich habe früher nie gelesen. Ich fand es langweilig. Ich war immer nur unterwegs und wollte Party machen. Aber in den letzten Jahren habe ich mich verändert. Mein näheres Umfeld kauft mir das noch nicht wirklich ab … Es ist nicht so einfach, sein Leben umzukrempeln, wenn niemand so richtig glaubt, dass du das Zeug dazu hast.« Ein Muskel an seinem Kiefer zuckte, und er wandte den Blick ab, so als wollte er nicht, dass ich etwas Bestimmtes darin sah. Er lachte. »Tut mir leid, wenn das zu persönlich war.«

Seine Worte berührten etwas tief in mir und brachten es zum Schwingen. »Ich weiß, was du meinst«, sagte ich leise. »Ich versuche auch gerade, mein Leben umzukrempeln, und nur meine beiden besten Freundinnen glauben dabei an mich. Die, auf die es ankommt, nehmen mich nicht ernst.« Ich schloss den Mund, nicht sicher, ob ich weitersprechen sollte. Anonym war vermutlich etwas anderes, aber das schienen wir offenbar beide nicht so richtig auf die Reihe zu bekommen. »In aller Augen bin ich nur ein kleines Mädchen, obwohl ich schon einundzwanzig bin. Außerdem finde ich nicht, dass ich schwach bin. Ich bin nur …« Unschlüssig rang ich nach Worten, ohne die richtigen zu finden. »Sensibel. Das ist alles.«

»Ist schon gut«, sagte *MadDog* sanft und griff nach meiner Hand, um sie von meinem Knie zu lösen. Ich hatte gar nicht bemerkt, dass sich meine Finger geradezu krampfhaft hineingegraben hatten. Doch jetzt, wo seine Finger nicht nur die meinen, sondern auch mein Knie berührten, war ich mir dessen mehr als bewusst. Genauer gesagt schoss das Gefühl wie ein Blitz mein Bein hinauf, bis in meine Wirbelsäule. *Du meine Güte.*

»Ich schätze, wir haben noch eine Gemeinsamkeit, was?«, raunte er. »Wir werden von den Menschen in unseren Leben unterschätzt. Das ist ziemlich scheiße.«

Ich nickte. Noch immer war mir mehr als bewusst, dass seine Hand noch immer auf meiner lag. An meinem Knie. Und je länger *MadDog* mich berührte, desto lauter begann mein Herz zu klopfen.

»Ja«, stieß ich hervor. »Ziemlich *scheiße.*« Zu fluchen fühlte sich jedes Mal seltsam an, weil es einfach nicht mein Ding war. Gestern auf dem Schrottplatz hatte es mich beflügelt, aber selbst da war es irgendwie befremdlich gewesen. Ich war einfach nicht der große Flucher.

Oder *Fluchbär,* wie ich sonst immer sagte. Wieso verniedlichte ich auch bloß alles? Argh! Oder wohl eher:

Fuck!

»Deshalb also die Liste«, schlussfolgerte *MadDog* und betrachtete mich, ehe sein Blick auf unseren Händen liegen blieb. Er strich mit dem Daumen über meinen Handrücken, und seine Fingerspitzen strichen kaum merklich über mein Knie. »Was steht da eigentlich noch so drauf?«

Stille.

Ich konnte kaum atmen. Himmel noch mal, wieso tat er das? Wollte er, dass mein Herz stehen blieb? Das alles hier war waghalsig, so unglaublich und untypisch, dass ich nicht anders konnte, als erneut atemlos aufzulachen. »Willst du sie sehen? Du wirst sie mit großer Sicherheit total peinlich finden.« Außer Ella und Summer wusste niemand sonst von der Liste, und bisher hatte ich sie nur ihnen und nicht einmal Carla und Lenny gezeigt …

Was soll's? Ich würde *MadDog* nach diesem Abend doch sowieso nie wiedersehen.

»Klar«, sagte er und setzte sich aufrechter hin, wofür er seine Hand wieder zurückzog.

Erleichtert atmete ich aus und nutzte den Moment, um mein Handy aus der kleinen schwarzen Handtasche zu holen. Ich entsperrte es, öffnete die Notiz-App und drückte es ihm in die Hand, bevor ich es mir noch anders überlegen konnte.

Mit rasendem Herzen beobachtete ich, wie seine Augen in winzigen Bewegungen hin und her huschten, während er die wenigen Punkte auf der Liste las.

Anschließend blickte *MadDog* auf. Das Lächeln, das sich dabei auf seinen Lippen ausbreitete, war absolut und vollkommen hinreißend. »Du hast One-Night-Stand in Capslock geschrieben. Und unterstrichen.«

Ach du heiliger … Hatte ich das noch nicht gelöscht?

Mein ganzer Körper wurde bei seinen Worten glühend heiß, als hätte er mich auf frischer Tat bei einem üblen Verbrechen ertappt. »I-ich …« *O Gott.* Das war so peinlich!

Ein Grübchen erschien auf seiner Wange.

Ein. Grübchen. Konnte er mich noch mehr aus der Fassung bringen?

»Hätte ich eine Liste, würde das auch an erster Stelle stehen, aber noch größer und noch fetter gedruckt.« Er zwinkerte mir zu und ging weiter die Liste durch. Doch das süße Schmunzeln blieb, genau wie das noch viel süßere Grübchen. »Du willst in einem Kino arbeiten?«

Noch immer höchst verlegen nickte ich. »In der Fletcher Mall ist ein ziemlich tolles Kino. Aber ich habe mich noch nicht getraut, mich zu bewerben.«

»Ich stehe total auf Filme! Wir sollten mal …« Er verstummte und runzelte die Stirn. »Nicht so wichtig«, murmelte er.

Mein Herz machte einen aufgeregten Hüpfer. Es hatte beinahe so geklungen, als hätte er vorschlagen wollen, dass er und ich einmal gemeinsam ins Kino gehen könnten. Wenn ich ehrlich war, gefiel mir die Vorstellung mehr als nur etwas. Sie gefiel mir unglaublich sehr. Andererseits würden wir uns nach diesem Abend nie wiedersehen. Es war irgendwie schade. Nicht nur weil ich mich so sehr zu ihm hingezogen fühlte. Obwohl *MadDog* so groß war, attraktiv und ganz offensichtlich ziemlich selbstbewusst, stotterte ich in seiner Nähe nicht oder kicherte durchweg. Ich verlor zwar etwas die Nerven, aber nur ein klein wenig. Aus irgendeinem Grund schaffte er es, dass ich mich in seiner Gegenwart … wohlfühlte. Er machte mich nervös, aber ich fühlte mich trotzdem gut. Und das, obwohl wir uns fremd waren. Ich kannte mich, ich brauchte Wochen, wenn nicht sogar Monate, bis ich mich gänzlich öffnen konnte. So war das früher nicht nur mit Todrick gewesen, so war es vor allem auch mit Ches und Creed gewesen. Selbst jetzt, wo ich die beiden schon fast ein Jahr kannte, fiel es mir schwer, alleine mit ihnen zu sein. Das kam zumindest bei Ches öfter vor, wenn ich Ella besuchte und sie kurz aus dem Raum ging. Aber *MadDog*? Ihn kannte ich erst seit heute Abend! Das war doch absurd. Oder nicht?

Ich musterte ihn. So nah bei mir. Neben mir. Der Abstand zwischen uns schien elektrisch zu summen. *MadDog* hatte zuvor nur ganz beiläufig meine Wange gestreift, aber es war, als könnte ich die Berührung noch immer spüren. Auch mein Knie, nein, mein ganzes Bein schien noch immer zu kribbeln. Ich fragte mich, was mit mir geschah, wenn mehr passieren würde als kurze flüchtige Berührungen. Wie würde ich mich fühlen, wenn seine Hand mein Knie nicht nur streifte, sondern es umfasste? Ich fragte mich, wie es sich wohl anfühlen würde, seinen Atem auf meinen Lippen zu spüren.

Und ich fragte mich, was dann mein Herz machen würde.

Die aufsteigende Hitze in mir hatte nichts mit Scham zu tun. Sie war von einer ganz und gar anderen Sorte und schien das Knistern zwischen *MadDog* und mir nur zu bestärken. Sie flatterte durch meinen Bauch und sorgte dafür, dass sich jedes feine Härchen in meinem Nacken und auf meinen Armen aufstellte.

Blinzelnd löste ich mich von meinen einlullenden Gedanken und kehrte ins Hier und Jetzt zurück. Erst da bemerkte ich, dass *MadDog* sich genauso wenig rührte wie ich. Er betrachtete mich. Sein Blick wirkte verschleiert, und seine Lippen standen kaum merklich offen. Das war jedoch nicht alles.

Seine Augen ruhten definitiv auf meinem Mund, und diese Tatsache allein versetzte alles in mir in Aufruhr.

Im nächsten Moment klärte sich sein Blick. Er gab mir mein Handy zurück, ergriff sein Glas und hielt es hoch. »Auf uns. Darauf, dass wir von jetzt an unser Leben genau so leben, wie wir es uns wünschen.«

Seine Worte waren perfekt. Und sie machten das alles hier noch perfekter. Ich konnte nicht anders, als ihn anzulächeln. Ich ergriff mein Glas und hielt es erneut ebenfalls hoch. »Auf alles, was wir noch erreichen werden. Ganz für uns und niemand anderen.«

Wir stießen wieder an und tranken beide unsere Drinks aus, ohne die Augen voneinander zu lösen.

»Willst du gehen, Savannah?«, fragte *MadDog* leise.

Mein Herz machte einen gewaltigen Satz. »Gehen?«, wiederholte ich verblüfft.

Doch *MadDog* lächelte bloß. »Auf ein Zimmer.«

Ach du heilige …! *Auf ein Zimmer.* Seine Worte hallten immer und immer wieder durch meinen Kopf. *Auf ein Zimmer. Auf ein Zimmer!*

Er wollte … mit mir auf ein Zimmer. Für den One-Night-Stand, den ich wollte. Und er auch. Oder nicht? O Gott!

Bevor ich in Panik ausbrechen oder es zerdenken konnte, nickte ich. »Okay! Lass uns gehen!«

Er befeuchtete mit der Zungenspitze seine Lippen. Dabei ließ er seine Augen wieder auf meinem Mund ruhen. Es war elektrisierend und magisch und vollkommen absurd, wie begehrt ich mich plötzlich fühlte. Dieses Gefühl war so neu, so unglaublich, dass es mich regelrecht berauschte. Es erfüllte mich mit Unglauben, dass ein Typ wie er sich auch nur ansatzweise so sehr von mir angezogen fühlen konnte wie ich mich zu ihm. Und doch waren wir hier. Doch wollte er mit mir nach oben. Und ich mit ihm.

Himmel, das hier passierte wirklich!

Ich war wie betäubt und hypersensitiv zugleich, als ich mit weichen Knien aus der Sitznische rutschte.

Erneut geriet mein Herz ins Stolpern, als *MadDog* neben mich trat. Er war so ein Riese! Anstatt voranzugehen, ergriff er meine Hand und verschränkte unsere Finger ineinander, zog mich mit sich. Die kleine Geste war intim und gewaltig. Es fühlte sich unglaublich gut an. So gut, dass ich kaum erwarten konnte, herauszufinden, wie sich seine warme, große Hand wohl woanders an meinem Körper anfühlen würde.

Tief durchatmen. Du bist total cool. Nichts und niemand kann dich aus der Ruhe bringen.

Ich sagte mir diese Worte und noch viele andere dieser Art immer wieder, bis wir schließlich, bewaffnet mit einer Schlüsselkarte, vor einer der goldenen Fahrstuhltüren im großen Foyer des Hotels standen.

MadDog drückte meine Hand leicht, was mich zu ihm aufblicken ließ.

Er öffnete den Mund und schloss ihn wieder, so als wollte er etwas sagen. Das brachte mich dazu, ebenfalls etwas sagen zu wollen, doch genau wie er öffnete und schloss ich meinen Mund bloß, ehe ich verlegen den Blick abwandte. Mein Herz glühte.

Alles in mir war in Alarmbereitschaft. Ich zuckte sogar zusammen, als sich die Türen des Fahrstuhls öffneten.

Keiner von uns sprach ein Wort, als wir den kleinen verspiegelten Raum betraten. Mein Atem kam mir ungewöhnlich laut vor, und als ich mein Spiegelbild vor mir erblickte, blickte mir eine Version von mir entgegen, die mir vorkam wie aus einem fernen Traum. Es überraschte mich, zu sehen, wie gut mir das Bild im Spiegel gefiel. Das hauteng Kleid mit den dünnen Trägern. Meine Haare. Ich gefiel mir mehr, als ich jemals zugeben würde, was das alles hier noch mehr wie einen Traum erscheinen ließ. Doch nicht nur ich selbst gefiel mir. Auch der große Typ, der hinter mir stand, gefiel mir wirklich ausgesprochen gut.

Durch den Spiegel hindurch sahen wir uns an. Er konnte problemlos über mich hinwegblicken. Ich lächelte scheu, und er erwiderte es. Das Kribbeln auf meiner Haut wurde noch stärker, als ich spürte, wie *MadDog* näher hinter mich trat. Seine Körperwärme, die sich auf meinem Rücken ausbreitete, ließ mich schwer schlucken.

Als er langsam, vorsichtig seine Hand hob und meine Haare über meine rechte Schulter schob, erschauderte ich. So sehr, dass ich nach Luft schnappen musste und mich leicht schüttelte. Meine Haarspitzen kitzelten die hochempfindliche Haut meines Halses und meines nackten Rückens.

MadDog trat noch dichter hinter mich, bis wir uns berührten. Er beugte sich zu meinem linken Ohr. Das alles noch immer, ohne den Blick von meinem im Spiegel freizugeben.

»Du bist wirklich wunderschön«, flüsterte er. Sein heißer Atem auf meiner Haut ließ eine Gänsehaut meinen Rücken hinunterrieseln.

Dann, langsam, sah ich dabei zu, wie er den Kopf weiter senkte. Mein Atem wurde flach.

Seine Lippen berührten meinen Hals, kurz unter meinem Ohr.

»Oh«, entwich es mir atemlos. Flatternd fielen mir die Augen zu. Ohne etwas dagegen tun zu können, lehnte ich mich gegen ihn. Seine Hand berührte mich kaum merklich an der Hüfte, die andere berührte, genauso vorsichtig, meinen Arm. Ein wildes und zugleich unerträglich träges Kribbeln verknotete mir den Bauch. Wanderte sogar sehr verdächtig noch ein wenig tiefer. Seine Lippen waren noch viel weicher, als sie aussahen, und die Berührung war so hauchzart, dass ich mich gleich darauf nach mehr sehnte, als er sich wieder von mir löste.

Vielleicht war es die Magie des Moments, vielleicht war es die Magie des ganzen Abends, die uns umhüllte und mir irgendeine unbekannte Kraft verlieh, doch etwas in mir machte klick.

Ich drehte mich zu *MadDog* um und legte meine Arme um seinen Hals. Und das war vielleicht eine Art Zeichen gewesen, auf welches er gewartet hatte, eine Zustimmung. Im nächsten Moment spürte ich das kühle Spiegelglas des Fahrstuhles im Rücken, er senkte den Kopf und presste seine Lippen, die ich immer wieder so verstohlen betrachtet hatte, auf meine.

KAPITEL 15

SAVANNAH

*D*as hier war der beste Kuss meines Lebens. Da war ich mir ziemlich sicher, denn besonders oft war ich noch nicht geküsst worden, und ich hatte genug über atemberaubende Küsse gelesen, um zu wissen, wie sie sich laut einiger Bücher anfühlen mussten.

Das hier übertraf alles.

Vorsichtig bewegte ich meine Lippen an denen von *MadDog* und rang nach Atem. Noch besser fühlte es sich an, mit welcher Intensität er die Führung übernahm. Er küsste mich beinahe ausgehungert. Seine Hände pressten mich an ihn, glitten über meinen Körper, jedoch ohne zu weit zu gehen – er fasste mir nicht einfach an den Hintern oder woandershin, wo man niemanden einfach berühren sollte. Und dieser Anstand und diese Vorsicht machten es erst perfekt. Darüber hatte ich mir überhaupt keine Gedanken gemacht, und trotzdem stellte ich jetzt fest, wie wichtig es mir war. Er machte alles richtig. Es war überraschend und schön zugleich.

Der Aufzug blieb stehen und kündigte mit einem sanften Klingeln an, dass wir das neunte Stockwerk erreicht hatten, wo sich offenbar unser Zimmer befand. *MadDog* löste sich von mir und ergriff wieder meine Hand. Seine Brust hob und senkte sich flach, und der Ausdruck in seinen Augen war dunkel. Gefährlich und unwiderstehlich zugleich. Mir war schwindelig, und ich rang nach Atem. Ich konnte nicht anders, als zu lächeln. »Lass uns gehen.«

Das ließ er sich nicht zweimal sagen. Ich nahm kaum wahr, wie wir den stillen, schmalen Gang entlangliefen, dessen dunkelroter Teppich den Klang unserer Schritte verschluckte. Noch immer konnte ich nicht glauben, dass das hier gerade wirklich passierte. Am liebsten hätte ich mich gezwickt, aber das tat ich natürlich nicht. Dennoch konnte ich es mir nicht verkneifen, mit den Fingerspitzen über meine Lippen zu streichen.

Wir blieben stehen, und *MadDog* öffnete mit der Schlüsselkarte eine Tür.

Dann waren wir im Hotelzimmer, und er schaltete das Licht an. Direkt vor uns stand das sehr weich aussehende Kingsize-Bett. Gegenüber davon lag eine Tür, die wohl ins Badezimmer führen musste.

Jetzt ist es so weit.

Meine Nervosität kam zurück und fraß sich in mich hinein. Besonders als *MadDog* mich zum Bett zog.

Vor dem Bett blieben wir stehen und sahen uns atemlos an. Hier war es noch so viel stiller als im Aufzug. So viel privater. Für die starke Anziehung zwischen uns hatte es den Effekt von Benzin in Feuer. Ich konnte mir nicht erklären, wie das sein konnte oder woher all diese brennenden Gefühle in mir kamen, doch sie waren da. Deshalb gab ich mich ihnen hin.

Ich zog ihn mutig zu mir herunter, obwohl ich doch gar nicht mutig war, und küsste ihn mit all der Leidenschaft, die in mir aufkochte.

Sein leises, tiefes Stöhnen vibrierte auf meinen Lippen, und er schlang erneut seine Arme um mich.

MadDog zu küssen war unglaublich, und ich wollte nie wieder damit aufhören. Es fühlte sich so natürlich und zugleich fremd an. Neu und dennoch so richtig. Ich wusste, dass nicht jeder Kuss mit jedem Menschen so laufen musste. Manchmal war man einfach nicht kompatibel. Manche bewegten sich ganz anders als man selbst, taten Dinge, die einem selbst nicht gefielen, oder brannten mit mehr oder viel weniger Leidenschaft. Doch mit *MadDog* fühlte es sich so an, als wären er und ich wie zwei perfekt passende Puzzleteile.

Ich fragte mich aber natürlich auch, ob es tatsächlich nur das Küssen war. Denn die Leidenschaft, mit welcher er seine Lippen auf meinen bewegte, die Art und Weise, wie sich seine Hände in meine Hüfte gruben und wie er an meiner Unterlippe saugte, wollte mir mit jeder Sekunde klarmachen, dass es sich vermutlich nicht nur auf Küsse beschränken würde.

Mit jeder Sekunde wurden wir leidenschaftlicher und hektischer. Keuchend grub ich meine Hände in sein Leinenhemd, dann ließ er sich plötzlich rückwärts aufs Bett sinken und zog mich mit sich.

Erschrocken stützte ich mich zu beiden Seiten von ihm in dem weichen Bett ab und blickte auf ihn hinunter.

»Alles in Ordnung?«, fragte er mit rauer, belegter Stimme.

Atemlos starrte ich ihn an, starrte auf seine umwerfenden, von unseren Küssen geschwollenen Lippen, die markanten Gesichtszüge und seine kurz rasierten dunklen Haare. Zwischen meinen Beinen hatte sich ein ziehendes, drängendes Gefühl ausgebreitet. Mein ganzer Körper war mehr als bereit, einen Schritt weiterzugehen. Nein, nicht nur einen Schritt, alle Schritte. Ich wollte das hier. Ich wollte *MadDog*. Doch …

Eilig lächelte ich. »Es ist nichts.« Bevor ich weiter darüber nachdenken konnte, küsste ich ihn wieder, noch stürmischer als zuvor.

Seine harte Brust vibrierte unter mir, als er einen leisen, zufriedenen Laut ausstieß.

Ohne den Kuss zu unterbrechen, rutschte er höher aufs Bett, bis sein Kopf auf einem der Kissen zu liegen kam. Ich spürte die kühle Luft des Zimmers auf meinen nackten Beinen, dort, wo mein Kleid ein Stück hochgerutscht war. Noch stärker nahm ich jedoch wahr, wie sich *MadDogs* Hände mit festem, bestimmtem Druck auf die Rückseite meiner Oberschenkel legten und sich seine Hüfte unter mir bewegte. Er veränderte seine Position und …

Ich erstarrte. Durch mein Kleid und seine Jeans hindurch konnte ich die harte Beule genau spüren. Atemlos rang ich nach Luft, genau wie er. Er küsste mich erneut, biss mir in die Unterlippe – und packte mit seinen Händen meinen Hintern. Er presste mich an sich und bewegte dabei seine Hüfte, was sich so gut anfühlte, dass mir ein Keuchen entwich. Jedoch veränderte sich etwas in meiner Nervosität. Sie wurde schwerer. Lauter. Ängstlicher. *Keinen Rückzieher machen. Keinen Rückzieher machen! Zieh das hier durch!*

Mein Herz raste, und in meinen Ohren rauschte es. Nie zuvor war ich von mehr Lust erfüllt gewesen, besonders als wir gleichermaßen immer fiebriger wurden und seine Hände mich beinahe schon besitzergreifend hielten. Es war perfekt. Es war so gut und durfte niemals aufhören! Und trotzdem …

Was tust du da? Was tust du da? Was tust du da?

Ich kann doch nicht einfach mit ihm ... Nicht wenn ich nicht ...

Mir wurde kalt. Erst nur ein wenig, dann erfüllte mich Eiseskälte. Das war keine Nervosität. Es war grundlose, harte Angst.

Abrupt setzte ich mich auf. »Warte, stopp!«, stieß ich hervor.

Stille.

Wir starrten uns an. Keiner von uns rührte sich, wir atmeten nur schwer weiter.

Und mit den folgenden Worten zerstörte ich vermutlich die beste Nacht meines Lebens: »I-ich kann nicht.«

»Savannah«, ächzte *MadDog* und setzte sich alarmiert auf. »Was ist los? Ist alles in Ordnung?«

Mein Magen verknotete sich, und mir schossen plötzlich Tränen in die Augen. Gott, es kam einfach über mich. Die Angst war von jetzt auf gleich da. Einfach so! Wenn es nicht meine Worte waren, die den Abend zerstörten, dann vermutlich das, was ich als Nächstes tat.

Ohne ein weiteres Wort krabbelte ich fluchtartig vom Bett, schnappte mir meine Tasche und stürzte, so schnell ich konnte, auf meinen Stilettos aus dem Hotelzimmer.

KAPITEL 16

MAXX

ch starrte schon wieder auf mein Handy. So als könnte nichts weiter als mein Blick dafür sorgen, dass sich etwas an dem änderte, was sich mir präsentierte.

Der Chat war fort. Savannah war fort. Sie hatte ihr Profil auf *SuperCrush* gelöscht, und es gab keine Möglichkeit, wie ich sie jemals wieder kontaktieren konnte.

Das war vermutlich auch der Sinn der Sache. Sie wollte nicht, dass ich sie jemals wieder kontaktierte. Sonst hätte sie mir ihre Nummer oder etwas Ähnliches gegeben. Aber das hatte sie nicht. Wir waren nur zwei Fremde, die die vergangene Nacht mehr oder weniger miteinander verbracht hatten. Es war nie mehr als das gewesen. Nicht einmal ein One-Night-Stand. Wir hatten nur geredet und uns geküsst. Sehr intensiv, wenn man so wollte.

Es war absolut nichtig, anonym und vollkommen bedeutungslos.

Deshalb fragte ich mich auch zum wiederholten Mal, wieso zum Teufel ich dann so schlechte Laune hatte.

Seufzend steckte ich mein Handy ein. Ich hatte nicht wirklich geschlafen. Nach der kältesten Dusche meines Lebens hatte ich gegen Mitternacht das Hotelzimmer verlassen und war durch Fletcher gestreunt. Der lange nächtliche Spaziergang hatte gutgetan, auch wenn ich dabei vermutlich viel zu viele Zigaretten geraucht hatte. Ich war an einem Fluss entlanggekommen sowie an einem Park und verschlafenen kleinen Straßen, in denen sich geschlossene Cafés und kleine Geschäfte befunden hatten. Viele der Häuserfassaden in Fletcher waren aus rotem Ziegelstein und sahen alt aus – spitze Dächer, weiße Fensterläden. Andere Gebäude waren moderner, mit viel Beton und Glas. Und überall waren Bäume, die die Straßen in ihre Schatten hüllten. Fletcher war keine gigantische Metropole, ein Dorf aber mit Sicherheit auch nicht.

Als ich irgendwann schließlich wieder in Chesters und Ellas Wohnung angekommen war, war mein Bruder noch wach gewesen. Er hatte auf mich gewartet, wie ein Elternteil, der sein Kind zum ersten Mal ausgehen ließ. Das hatte meine Laune noch weiter heruntergezogen, mir noch mehr vor Augen gehalten, wie wenig er mir vertraute – auch wenn er das Gegenteil behauptete. Anschließend hatte ich eine Ewigkeit auf dem Sofa wach gelegen. Schon seit meiner Entlassung hatte ich Schlafprobleme, hier in Fletcher jedoch schienen sie ganz neue Ausmaße anzunehmen. Es war zu still. Etwas fehlte mir. Irgendetwas, nur konnte ich nicht sagen, was es war.

Letztendlich hatte ich gesunde zwei Stunden Schlaf abbekommen und wartete seither einfach nur ab – außer wenn ich dabei war, Ella und Ches jede noch so kleine Aufgabe im Haushalt abzunehmen, um irgendwie wiedergutzumachen, dass ich auf ihrem Sofa schlafen durfte. Ich lenkte mich den ganzen Tag ab, beim Putzen, Staubwischen, Bügeln und bei den Vorbereitungen für die Party. Nur wusste ich nicht, auf was genau ich wartete. Irgendwann gegen Nachmittag hatte Ches mich aus der Wohnung gescheucht, weil ich nicht aufhören wollte zu helfen. Ich hatte mich unten an den Fluss gesetzt, der praktisch vor der Haustür lag. Zurück in der Wohnung, hatte ich schließlich Netflix für mich entdeckt, nachdem mir Ella gezeigt hatte, wie ich es auf dem Fernseher starten konnte. Dann war ich wieder draußen gewesen. Dann wieder vor Netflix. Und währenddessen hatte ich immer wieder mein Handy gecheckt, um zu sehen, ob es auf *Super-Crush* irgendeine Veränderung gab. Aber nichts da. Savannah Moore hatte sich in Luft aufgelöst, und ich sollte lieber so schnell wie möglich vergessen, dass wir uns je begegnet waren. Glücklicherweise konnte mich *peachpearlxx* ein wenig aufmuntern. Ein süßes Mädchen mit tollen Kurven und einem verwegenen Lächeln. Auch *BonnieBee* bekam das gut hin, vor allem mit den Fotos, die sie mir nach nur einer Nachricht geschickt hatte.

Ich war einfach ein Waschlappen. Wer verschwendete auch bitte so viele Gedanken an ein Mädchen, das er erst ein einziges Mal getroffen hatte und eigentlich überhaupt nicht kannte?

Richtig. Niemand. Das war nämlich seltsam und bescheuert.

Lustlos tippte ich auf meinem Handy herum und warf einen erneuten Blick auf die Uhr. In einer halben Stunde würde die Willkommensparty losgehen. *Meine* Willkommensparty. Mit Freunden, die nicht meine Freunde waren. Leuten, die ich nicht kannte. Und doch war ich froh, dass es überhaupt stattfand. Ches hatte Musik angeschmissen. Es waren Lieder, die ich seit einer Ewigkeit nicht mehr gehört hatte; Arctic Monkeys, The Subways, Sum 41 und Linkin Park. Ella flitzte dazu durch die ganze Wohnung. Sie war noch viel angespannter, als ich es war, dabei sollte ich doch eigentlich derjenige sein, der nervös war. Aber ich war nicht nervös. Ich fühlte mich nur schuldig, dass überhaupt einer von ihnen einen Finger für diese Party gerührt und Geld ausgegeben hatte. Doch selbst Ches und Creed wirken angespannt.

Ich fragte mich erneut, ob das hier die richtige Entscheidung war. Ich fragte mich, ob sie denn wirklich wollten, dass ich ihre Freunde kennenlernte, oder ob sie sich dazu nur verpflichtet fühlten. Immerhin hatten wir es noch nicht mal geschafft, selbst an einen Punkt zu kommen, an dem wir entspannt miteinander umgehen konnten. Wir alle bemühten uns, aber manche Dinge konnte man nicht wegignorieren. Zum Beispiel die Tatsache, dass noch so viel Wichtiges unausgesprochen war. Einerseits schien der Zeitpunkt für ein erneutes Gespräch über damals einfach noch nicht gekommen zu sein, und andererseits drückte ich mich auch davor, feige, wie ich war.

Die Stimmung war noch immer seltsam, doch als es schließlich an der Tür klingelte, Creed aufsprang und sie öffnete, schüttelte ich all die negativen Gedanken von mir. *Das hier ist meine Willkommensparty. Sie haben sich so viel Mühe gegeben, dass diese Party für mich stattfindet. Sie wollen mir eine Chance geben, und ich will mir auch eine Chance geben.*

Durch die Tür kamen die ersten Leute. Einer von ihnen war ein großer Kerl mit blasser Haut, leuchtend roten Haaren und einem roten Bart, der andere hatte braune Haare, Sommersprossen und ein freundliches, irgendwie vertrautes Gesicht. Er trug einen Pullover, auf dem *Fletcher University* stand, wirkte selbstbewusst und gut gelaunt. Nach ihm betrat ein Mädchen mit langen dunklen Haaren und gebräunter Haut die Wohnung sowie ein Mädchen mit kantigen, ernsten Gesichtszügen. Anschließend betrat noch ein Berg von einem Kerl die Wohnung, der ebenfalls einen Pullover der Fletcher University trug, und eine große Blondine mit rot geschminkten Lippen.

Ich stand vom Sofa auf, wischte mir die Hände an meiner Jeanshose ab, legte ein Lächeln auf und lief den Freunden meines Bruders entgegen. Wir stellten uns einander vor. Der Kerl mit den roten Haaren hieß Vince, der Sommersprossentyp stellte sich als Mitchell vor, und seine Freundin hieß Carla. Das ernst aussehende Mädchen war Lenny. *Ah, Creeds beste Freundin.* Der trainierte Riese hieß Todrick, und die große Blondine war Summer.

Chesters, Creeds und Ellas Freunde waren nett. Das war zumindest mein erster Eindruck. Ich hätte es zwar begrüßt, wenn alle Namensschilder getragen hätten, weil ich bereits jetzt schon alle durcheinanderbrachte, aber das machte mir nichts aus. Sie waren gekommen, um mich kennenzulernen und diesen Abend mit mir zu verbringen – *meine* Willkommensparty. Und auch wenn alles irgendwie seltsam war, genoss ich es in vollen Zügen.

Ches drückte mir ein eiskaltes Bier in die Hand und ließ sich neben mich auf das Sofa fallen. »Wie geht's dir?«

»Ging mir nie besser«, sagte ich und beobachtete, wie Carla und Sienna über etwas lachten. Nein, nicht Sienna. Sarah? Ah, Summer! Richtig. Summer und Carla. Ich war mir zu achtzig Prozent sicher, dass es ihre Namen waren. Falls dem nicht so war, würden sie mich eben korrigieren müssen, da war bestimmt nichts dabei.

Ich prostete meinem Bruder zu und trank einen Schluck. »Hey, Mann. Danke für die Party. Und für alles andere. Und wegen der Vorbereitungen und dem Geld für die Getränke …«

»Du machst dir zu viele Gedanken, Maxx. Entspann dich einfach.«

Ha. Entspannen. Wenn das so einfach wäre.

»Werd's versuchen«, murmelte ich und blickte wieder zu Chesters Freunden.

»Oh, und übrigens: Du stinkst.«

Ein Lachen entfuhr mir. »Das ist kein Gestank, Chester. Das ist der Geruch nach Freiheit.«

»Ich kann mir nicht vorstellen, dass Freiheit nach Zigarettenrauch riecht.«

»Hey, die Tabakkonzerne werben doch immer mit Sprüchen über Freiheit. Warum sollte sie dann nicht auch danach riechen?«

Er gab ein unzufriedenes Brummen von sich. »Du bist ein ziemliches Großmaul. Wenigstens daran hat sich nichts geändert.«

Grinsend stand ich auf. »Wo wir gerade dabei sind. Ich glaube, ich werde schnell mal nach unten vor die Tür treten, um ein wenig *frische Luft zu schnappen.*«

Ches verzog das Gesicht. Das schien ihm überhaupt nicht zu gefallen. Ein Teil von mir wollte mich dazu zwingen, augenblicklich mit dem Rauchen aufzuhören und ihn um Verzeihung zu bitten, weil ich es nicht ertragen konnte, ihn zu verärgern. Ich war allerdings kein Hofnarr oder Diener. Und mir war wohl bewusst, dass ich meine Schuldgefühle in den Griff bekommen musste. Daran würde ich von jetzt an arbeiten. Meine Dämonen hatten mich zwar ziemlich im Griff, aber die Machtverhältnisse stimmten ganz und gar nicht: Ich sollte sie im Griff haben, nicht andersherum.

Seufzend gab ich nach, zumindest halb. »Ich werde irgendwie aufhören. Irgendwann. *Bald*«, sagte ich nachdrücklich, als ich seinen missbilligenden Blick sah. »Versprochen. Aber ein Schritt nach dem anderen, okay?«

Die Augen meines Bruders bekamen einen weicheren Ausdruck. Seine Schultern entspannten sich, und er nickte.

Ich ließ den Blick durch die Wohnung streifen. Mein Feuerzeug war leer. Aber Ella hatte Streichhölzer, das wusste ich seit meiner letzten Tour nach draußen, *um frische Luft zu schnappen.* Creed stand gerade mit Lenny an der Küchentheke. Sie standen verdächtig nah beieinander und hatten die Köpfe zusammengesteckt. Fast hätte man meinen können, sie würden herumknutschen, aber sie unterhielten sich bloß.

Ich setzte mich in Bewegung und quetschte mich, möglichst unauffällig, zwischen Creed und der Kochinsel durch.

»Hoppla, sorry!«, sagte ich, als ich ihn dabei volle Kanne streifte. »Redet ruhig weiter. Ich will euch gar nicht stören und hole mir nur ein paar Streichhölzer.« Die beiden wirkten, als hätte ich sie bei irgendetwas Verbotenem ertappt – weshalb ich mir ein Grinsen nicht verkneifen konnte.

Ah, da waren sie ja. Die Streichhölzer und meine Zigaretten lagen noch immer hinter dem Metallkorb mit dem Obst. Ich nahm mir die Streichhölzer und steckte mir eine Kippe hinter das Ohr. Erneut checkte ich mein Handy. Eine Bewegung, die automatisch geschah. Genauso automatisch hatte ich auch *SuperCrush* wieder geöffnet. Noch immer keine Spur von diesem Mädchen, an das ich eigentlich nicht mehr denken wollte, weil ich mich nicht lächerlich machen sollte. *Es war nur ein verfluchter Abend, und ihr habt noch nicht mal miteinander geschlafen. Also reiß dich gefälligst zusammen!*

In diesem Moment klopfte es wie wild an der Wohnungstür.

Ella sprang auf, vermutlich weil weitere ihrer Freunde eintrudelten.

»Es tut mir so unendlich leid!«, erklang im nächsten Moment eine Stimme.

Eine Stimme, die mir *erschreckend* vertraut war.

»Die Schlangen im Supermarkt waren total lang, und dann stand ich ewig an dieser Ampel, und dann hat mich auch noch meine Mom angerufen! Bitte entschuldige, ich komme sonst nie zu spät!«

Mein Herz blieb stehen, genau wie meine Füße, als ich gerade die Tür anvisiert hatte, um nach unten zu gehen. Wie in Zeitlupe hob ich den Kopf. Blickte zu dem Mädchen, welches Ella gerade stürmisch um den Hals fiel, trotz der vollen Einkaufstüte auf ihrem Arm.

Alles in mir erstarrte. *Nein.* Das war doch unmöglich. Das konnte sie unmöglich sein! Doch es …

Sie war es.

Ungläubig blickte ich sie an, während mein Puls vor Überraschung in die Höhe schoss. Dieses Mädchen vor mir hatte viel mehr Ähnlichkeit mit dem Bild, welches sie nach meiner ersten Nachricht viel zu schnell wieder gelöscht hatte, als mit der verführerischen verruchten Erscheinung von letzter Nacht, die mich sitzen gelassen hatte. Diesmal trug sie ein kurzes blaues Latzhosenkleid, darunter ein weißgrau gepunktetes Shirt, und sie hatte sich die hellbraunen Haare zu einem wirren Knoten zusammengebunden. Auch trug sie diesmal kein Make-up, sodass ihre hübschen Sommersprossen zur Geltung kamen, und sie hatte eine große Brille auf der Nase, mit einem filigranen goldenen Metallgestell. Diese saß jedoch gerade ein wenig schief, was dem Ausdruck *durch den Wind sein* alle Ehre verlieh.

»Ich habe auch noch Orangen mitgebracht, damit Summer wieder diesen leckeren Cocktail machen kann!« Sie lächelte keuchend.

Ella grinste ihre Freundin an. »Danke, Savy. Oh, und bevor du ihn verpasst, weil er schon wieder *frische Luft schnappen gehen* möchte, das ist Chesters Bruder. Maxx.«

Ella deutete auf mich, was mich die Luft anhalten ließ. Das war jedoch nichts im Vergleich zu dem, was mit mir geschah, als das zerzauste, schwer atmende Mädchen ihren Blick von Ella löste und mich ansah. Denn dieser Blick aus den großen braunen Augen hinter der schiefen Brille, diese Sekunden, als Savannah Moore mich erkannte, sorgten dafür, dass mein Herz geradewegs auf den Boden krachte.

Ihre Augen weiteten sich. Die Papiertüte rutschte ihr aus den Fingern und landete mit einem dumpfen Geräusch ebenfalls auf dem Boden. Lauter Orangen rollten über die Dielen.

»*Fuck*«, stieß ich ungläubig hervor – in exakt der Sekunde, als das Ende eines Songs in der ganzen Wohnung Stille einkehren ließ.

KAPITEL 17

MAXX

*M*ein Kopf war wie leer gefegt. Und doch formten meine Lippen Worte. Ich wusste nicht, woher sie stammten und wer sie mir überhaupt in den Mund legte.

»Ich mach das«, sagte ich und setzte mich in Bewegung. *Savannah. Das hier ist Savannah Moore. Das Mädchen von letzter Nacht. Sie ist hier. Auf meiner Willkommensparty.*

Mein Körper war auf Autopilot, als ich mich bückte und die heruntergefallene Tüte aufhob. Ella half mir, die Orangen einzusammeln. Eine nach der anderen hoben wir sie auf. Dabei schaffte ich es, *sie* kein einziges Mal anzusehen.

Ellas Freundin. Chesters Freundin. Sie ist hier. Von allen Menschen in dieser Stadt gehört sie ausgerechnet zu dieser Freundesgruppe.

Und ich war das Arschloch, das sie bedrängt hatte. Das Arschloch, das letzte Nacht nicht bemerkt hatte, dass es zu weit gegangen war. Irgendetwas war schiefgegangen. Auch wenn ich keine Ahnung hatte, was. Doch es war nicht zu übersehen, dass ich in dieser Gleichung der Mistkerl des Jahres war.

»Alles in Ordnung, Savy?«, hörte ich Mitchell besorgt fragen.

»Soll ich die Tüte in die Küche stellen?«, fragte ich Ella mit einer Stimme, die so ruhig klang, dass es mich selbst überraschte. In meinem Kopf herrschte nämlich das reine Chaos. Ich fühlte mich grauenhaft. Sie hatte sichergestellt, dass sie mich nie wiedersehen musste, hatte regelrecht die Flucht vor mir ergriffen, und ich war nun die Personifikation davon, was das Schicksal wohl Strich durch die Rechnung nannte.

Wer hätte gedacht, dass der neue Maxx Williams auch zu so was fähig ist?

Fuck. Ich musste das richtigstellen. Ich musste mich unbedingt entschuldigen.

Ella bejahte meine Frage, was ich kaum wahrnahm. Ehrlich gesagt hatte ich die Frage schon fast wieder vergessen. Und doch: Mit derselben Ruhe, die bereits in meiner Stimme lag, stellte ich die Tüte auf der Küchentheke neben Lenny ab. Vielleicht war das hier die eine Sache, für die ich dem Knast dankbar sein konnte. Eine undurchdringliche Maske, die mir schon mehr als einmal den Arsch gerettet hatte.

Doch obwohl ich mir diese Maske über Jahre hinweg antrainiert hatte, konnte ich nicht verhindern zusammenzuzucken, als das große blonde Mädchen – Summer –, plötzlich aufschrie: »*Heilige Scheiße!*«

Ich drehte mich erschrocken um, gerade als Savannah herumwirbelte und aus der Wohnung floh.

Verdammt!

Ich konnte das so nicht stehen lassen. Ich musste mich entschuldigen. Sofort.

Ich dachte nicht nach, sondern eilte ihr wenige Sekunden später auch schon hinterher.

Ich sah, wie Savannah den Flur hinunterrannte, bis zum Aufzug.

»Savannah!«

Die Tür des Fahrstuhles öffnete sich, doch Savannah stieg nicht ein. Sie drehte sich zu mir um und wirkte mit einem Mal wie zur Salzsäule erstarrt.

Ich erreichte sie und blieb keuchend vor ihr stehen. Nicht dass ich gerade einen Marathon gelaufen war, aber es fühlte sich an, als hätte mir jemand mit einem heftigen Schlag jegliche Luft aus der Lunge befördert. Deshalb konnte ich gar nicht anders, als nach Atem zu ringen.

Ich betrachtete das Mädchen vor mir. Den chaotischen hellbraunen Knoten, die vielen Sommersprossen, die sich schnell hebende und senkende Brust. Die schief sitzende goldene Brille mit den offenbar starken Gläsern.

Langsam blickte Savannah zu mir auf. Ihre Augen waren vor Schreck geweitet. Doch … ich konnte keine Angst in ihnen sehen. Keine Panik, keinen Horror. Nur Unglaube und Schock.

»Hi«, stieß ich hervor. »Können wir reden? Savannah, ich …«

»*Du* bist Chesters Bruder?«, platzte es aus ihr heraus, was ihre Wangen augenblicklich leuchtend rot werden ließ. Nicht nur ihre Wangen. Ihr ganzes Gesicht folgte.

»Die Welt ist verdammt klein, was?«, erwiderte ich mehr als lahm.

Die Türen des Aufzuges wollten sich schließen, doch ich trat hinein, was sie wieder aufgleiten ließ. Fragend und unsicher sah ich Savannah an. Sie hatte meine Frage noch nicht beantwortet, und offenbar fiel das nicht nur mir auf.

Zögernd setzte sie sich in Bewegung. In ihrem kurzen Latzhosenkleid und den Sandalen machte sie zwei Schritte nach vorn, bis sie steif neben mir im Aufzug stand. Sie streckte die Hand aus und drückte den Knopf für das Erdgeschoss. Dann waren die Türen auch schon wieder zu.

Die Luft in der kleinen Kabine vibrierte vor verwirrter Spannung, besonders weil wir kein einziges Wort sprachen, während wir nach unten fuhren. Wie ironisch, dass wir nun erneut gemeinsam in einem Aufzug standen.

Sie lehnte mit dem Rücken an den Türen und starrte mich an, mindestens so ungläubig, wie ich mich fühlte. Die Information wollte noch nicht ganz sacken. Savannah war *hier*. Von allen Mädchen aus Fletcher hatte ich ausgerechnet eine Freundin meines Bruders auf *SuperCrush* kennengelernt. Nicht dass es grundsätzlich ein Problem darstellte. Aber ich erinnerte mich noch genau an Chesters Worte und mein Versprechen, das ich ihm in Maine gegeben hatte – selbst wenn keiner von uns dabei sonderlich ernst gewesen war, ein wahrer Kern steckte doch darin: Es war so was von ein Problem, wenn ich es versaute. *Fang wenigstens du nichts mit den Freundinnen meiner Freundin an.* Und das hatte ich. Ich hatte das Versprechen gebrochen, *und* ich hatte es versaut. Warum sonst hätte Savannah letzte Nacht vor mir fliehen sollen? Vor weniger als vierundzwanzig Stunden hatte sie mich mit furchtsamen Augen angesehen, ehe sie aus dem Hotelzimmer gerannt war. Normalerweise liebte ich Überraschungen, aber in diesem Moment war ich mir wirklich nicht sicher, ob das Universum mir nicht einen bösen Streich spielte.

»Es tut mir so leid, Maxx«, flüsterte sie plötzlich. »Ich meine, dass ich abgehauen bin.«

Mein Mund klappte auf.

Bitte was?

Mit einem Ruck blieb der Aufzug stehen. Die Türen glitten zur Seite, und warme Luft, die von der offen stehenden Eingangstür ins Gebäude drang, erfasste die Kabine.

Ich folgte Savannah nach draußen, wo wir die drückende Sommerhitze augenblicklich zu spüren bekamen.

»Savannah, dir muss nichts leidtun«, sagte ich nachdrücklich, wie vor den Kopf gestoßen. »Wieso entschuldigst du dich?«

Neben dem Eingang des Wohnkomplexes blieben wir stehen. Sie schlang die Arme um sich und starrte zu Boden. Die Sonne war dabei, unterzugehen, und ein sanfter Wind wehte durch die Trauerweide, die am Parkplatz neben uns stand. »I-ich habe dich sitzen lassen! Ich bin einfach weggelaufen.«

»Und ich fühle mich deshalb noch immer wie das größte Arschloch aller Zeiten.«

Verblüfft blickte sie auf. »Warte, was? Aber wieso denn das? Du hast doch überhaupt nichts falsch gemacht!«

… Wie bitte?

»Ich hätte dich nicht so drängen sollen. Das war total mies«, beharrte ich. Das Gespräch erinnerte mich auf unglückliche Weise an die vielen Resozialisierungsstunden und die Vorträge zu sexueller Belästigung, denen ich in den vergangenen vier Jahren mehr als oft gelauscht hatte. Und ich wollte unbedingt nicht so ein Arsch sein wie die Kerle in den Beispielfällen.

Savannahs Stimme bebte, und sie wich zurück, was mich erneut zusammenfahren ließ. »Du hast mich nicht gedrängt, *MadDog –* M-*Maxx!* D-du hast nichts falsch gemacht, wirklich nicht. I-ich hab einfach nur kalte Füße bekommen. Tut mir leid, dass du dachtest, dass du etwas falsch gemacht hast, und dass ich mein Profil gelöscht habe und dass ich abgehauen bin und dass ich nicht mit dir geschlafen habe!« Savannahs Augen weiteten sich, und sie schnappte hörbar nach Luft, so als könnte sie nicht glauben, was sie da gerade gesagt hatte.

Ihre Worte hallten in meinem leer gefegten Kopf wider. Die darauf folgende Erleichterung, die mich erfasste, war schwindelerregend. Ich konnte nicht anders, als aufzuatmen und zu lächeln.

Jemand trat plötzlich aus dem Haus. Instinktiv wich ich zur Seite, um Platz zu machen. Als ich sah, dass es Creeds beste Freundin Lenny war, die an uns vorbeihastete und zu ihrem Auto ging, runzelte ich die Stirn.

»Sorry, dass ich schon gehe!«, rief sie uns zu. Dabei war nicht zu übersehen, wie sie bei dem Anblick von Savannah und mir verblüfft die Augenbrauen hob. »Ich mach's bald wieder wett. Tut mir echt leid. Hat mich gefreut, dich kennenzulernen, Maxx!«

Halbherzig hob ich die Hand und winkte ihr zu. Wir sahen dabei zu, wie Lenny in ihr Auto stieg. Der Motor heulte auf, und einen Moment später fuhr sie mit einem beängstigend ruckartigen und offensiven Fahrstil davon.

Meine gesamte Aufmerksamkeit wanderte zurück zu Savannah. Meine Erleichterung darüber, dass sie mich nicht für ein übergriffiges Arschloch hielt, war so groß, dass ich nicht anders konnte, als einen Schritt auf sie zuzumachen. Sie hob den Blick, und erneut wurde ihr hübsches Gesicht rot. »Tut mir leid, dass ich nicht mit dir … Dass wir beide nicht …«

Ich senkte die Stimme, diesmal weitaus ernster. »Nur um das klarzustellen, Savannah, du warst mir nichts schuldig und bist mir nichts schuldig. Weder Sex noch eine Entschuldigung, okay?«

»Aber ich dachte, du … und ich …«

Erneut wurden wir unterbrochen, als wieder jemand aus dem Haus rauschte. Diesmal war es Creed, dessen Schlüsselbund in seiner Hand klimperte. Als er Savannah und mich jedoch bemerkte, hielt er inne. Verwirrt runzelte er die Stirn. »Was passiert hier gerade? Hab ich irgendwas nicht mitbekommen?«

Ich brachte Abstand zwischen Savannah und mich und zauberte ein entspanntes Lächeln auf meine Lippen. »Nur ein kleines Missverständnis, das wir klären müssen. Es ist alles in Ordnung.«

Mit gerunzelter Stirn huschten Creeds Augen von Savannah zu mir, hin und her, immer wieder. »Na dann«, sagte er zögerlich, »will ich nicht weiter stören. Tut mir leid, dass ich schon gehe, Maxx. Ich muss etwas überprüfen. Viel Spaß noch bei deiner Party. Wir sehen uns spätestens, wenn wir zum Nationalpark aufbrechen!«

Oh, richtig. Der Campingtrip. Das war schon morgen!

Ich erwiderte nichts, als Creed ging, genauso wenig wie Savannah.

»Also«, sagte ich und wandte mich ihr wieder zu. »Es spielt keine Rolle, wieso wir uns gestern getroffen haben und wo. Es ändert nichts daran, dass weder du mir noch ich dir etwas schuldig bin. Es war immerhin ein Blind Date. Haken wir das einfach ab, okay?«

Sie blinzelte sehr schnell und oft. Wandte den Blick ab und schlang die Arme um sich. »Ich … okay. Na schön. Gut.«

»Toll«, fügte ich hinzu und lächelte schief. »Einigen wir uns einfach darauf, dass keiner von uns irgendetwas falsch gemacht hat und das alles hier nur ein riesiger Zufall ist. Lass uns wieder hochgehen, was meinst du? Die anderen fragen sich bestimmt schon, was los ist und wo wir bleiben.«

Diesmal lächelte Savannah, wenn auch nur vorsichtig und noch immer ohne mich anzusehen. Dafür folgte sie mir aber zurück ins Haus.

Den Weg nach oben sprachen wir wieder kein Wort, und die Stille zwischen uns war drückend. Diesmal machte es mir allerdings nichts aus. Ich war noch immer viel zu erleichtert darüber, nicht gleich an meinem ersten Tag in Fletcher Mist gebaut zu haben. Dann war es eben ein Zufall, dass wir uns hier wiedertrafen. Na und? Was machte das schon? Schwamm drüber. Die Sache war schon vergessen. Außerdem hatten wir ja nur ein wenig rumgemacht.

»Wo zum Teufel wart ihr?«, fragte Ches, als ich schnurstracks zu den Getränken lief und mir ein Bier nahm. Ich fühlte mich aufgedreht und ein wenig betäubt. Laute Popmusik drang durch die Wohnung, und Chesters Freunde spielten Twister. Ich hatte nicht einmal gewusst, dass Leute dieses Spiel immer noch besaßen.

»Wir haben uns nur unterhalten«, sagte ich mit fester Stimme und trat zu meinem Bruder an die Mücheninsel. Der Ausdruck in seinen grauen Augen war argwöhnisch. So argwöhnisch und misstrauisch, dass sich augenblicklich mein Magen verknotete.

Verflucht. Er vermutete irgendeine miese Aktion. Er glaubte mir nicht, dass ich nicht mehr der Alte war. Verzweifelt biss ich die Zähne zusammen. Irgendwie musste ich beweisen, dass ich mich verändert hatte – mich gebessert. Und was half dabei mehr als die Wahrheit? Ich durfte Ches von jetzt an einfach nie wieder anlügen! Ich musste der ehrlichste Mensch auf dem gottverdammten Planeten werden, wenn das hier klappen sollte.

Deshalb beugte ich mich zu ihm und begann schnell und leise zu sprechen. »Wir haben uns auf *SuperCrush* kennengelernt, geflirtet und uns für einen One-Night-Stand verabredet. Gestern Nacht haben wir uns getroffen, etwas getrunken und uns geküsst, aber wir haben nicht miteinander geschlafen, dazu ist es nicht gekommen. Und jetzt sind wir beide hier, weil diese Stadt offenbar ein Dorf ist und der Zufall es so wollte.«

Sichtlich erschrocken starrte mich mein großer Bruder an. Glücklicherweise lief die Musik in der Wohnung laut genug, dass uns die anderen nicht hören konnten. Chesters Miene wurde blass. »Okay, einen Moment. Damit ich das richtig verstehe: du und Savannah. *Unsere* Savannah?«

Ich lachte nervös auf, während mein Herz geradewegs zu Boden sackte. »Ich schwöre dir, das ist die Wahrheit. Ich hätte sie niemals angerührt, wenn ich gewusst hätte, dass sie zu deinen und Ellas Freundinnen gehört. Ich meine, komm schon. Ich sagte doch, es war ein riesiger Zufall. Ich wollte einfach nur ein wenig Spaß, das hier war ganz bestimmt nicht mein Plan.«

Endlich wirkte der Ausdruck auf Chesters Gesicht nicht mehr ganz so misstrauisch. Er glaubte mir. Glaubte meiner absoluten Offenheit.

Ha! Ich hatte die richtige Entscheidung getroffen!

»*Oh.*«

Das leise Geräusch kam nicht von Ches. Die Stimme klang viel dünner und höher.

Überrascht drehte ich mich um, doch Savannah stolperte zurück und sah so sprachlos aus, dass sie diesmal nicht rot, sondern eher blass wurde.

Ich hielt die Luft an.

Fuck. Na toll. Sie hatte mich so was von gehört. Auch wenn meine Worte der Wahrheit entsprachen, war nicht zu übersehen, wie vor den Kopf gestoßen sie war. Ob nun der Worte wegen oder weil ich es so unverblümt, hier und jetzt, meinem Bruder erzählt hatte.

Erneut drehte sie sich um und ging. Diesmal jedoch wirkten ihre Schritte mechanisch und steif. Und diesmal folgte ihr niemand, auch wenn ihre Freundinnen fragten, wohin sie ging. Savannahs Antwort verwirrte mich, genauso wie die Reaktionen der Mädchen. Sie sagte einfach nur »*Cookie*«. Und offenbar schien es als Erklärung zu genügen, was auch immer das zu bedeuten hatte. Summer und Ella warfen sich besorgte Blicke zu. Dann pfählte Summer mich auch schon mit wütenden blauen Augen.

»O Mann«, murmelte Ches, während er sich durch die langen Haare fuhr. »Kaum bist du in der Stadt, gibt es ein Durcheinander.«

Ich lachte laut auf. Nicht weil ich seine halbherzigen Worte lustig fand, sondern weil sie mich erschütterten. Sie entsetzten mich. »Ja«, sagte ich mit einem Grinsen, das überhaupt nicht zu dem Horror passte, der sich sauer und eiskalt in mir ausbreitete. »Typisch Maxx, was? Wo ich bin, ist das Chaos nicht fern.« Ches lachte und stieß seine Bierflasche gegen meine. Sein Lächeln wirkte ehrlich. »Hey, ich bin froh, dass du es mir gesagt hast. So viel geballte Ehrlichkeit. Das ist toll, Maxx. Danke. Du scheinst dich wirklich verändert zu haben.«

Mein Lächeln wurde verkrampfter, doch ich hielt es wacker aufrecht. »Ich hab es dir doch gesagt, Babyface«, stieß ich hervor und trank einen Schluck. »Ich bin ein neuer Mensch. Die beste Version von mir, die jemals existiert hat.«

»Na dann komm, du perfekter kleiner Bruder. Setzen wir uns zu den anderen und spielen etwas.«

Ich folgte ihm ohne Widerspruch und setzte mich dazu, beobachtete die Truppe beim Twisterspielen und Lachen. Alles, was ich empfand und was mir schwer auf der Brust lag, verdrängte ich gekonnt, so wie ich es gelernt hatte. Ich unterhielt mich mit Chesters Freunden, hörte mit ehrlicher Begeisterung zu, als sie vom bevorstehenden Campingtrip sprachen, war nett und zuvorkommend und lachte, wann immer alle anderen lachten. Ich suchte Songs aus, ließ Ella bei Trivial Pursuit gewinnen und gab peinliche Geschichten über Ches und Creed preis. All das, nur damit ich mich erneut empfehlen konnte, um *frische Luft schnappen zu gehen*.

Aber erst als ich den Rauch einer Zigarette tief inhalierte, hatte ich das Gefühl, wieder richtig durchatmen zu können.

Ich wollte laut lachen. Einen Tag in dieser Stadt, und schon verfolgte mich wieder das Pech. Vermutlich hielt mich Savannah nun doch für einen Mistkerl. Und vielleicht lag es ja einfach in meiner Natur, Dinge zu verkacken. Ich war ein Experte darin, und diese Gabe wollte wohl einfach nicht von mir ablassen.

KAPITEL 18

SAVANNAH

$\mathcal{M}$it einem Ruck zog ich den Reißverschluss zu und starrte auf mein Gepäck. Damit wäre auch die letzte Tasche gepackt.

Dass meine Freude auf den Campingtrip getrübt war, war noch milde ausgedrückt. Ich konnte mich ja jetzt schon kaum konzentrieren oder an jemand anderes denken als an Maxx. Wie sollte es dann erst werden, wenn wir eine Woche lang gemeinsam campen gingen? Wie sollte ich das bewerkstelligen, ohne dass jemand etwas davon mitbekam? Das war doch total unmöglich. Noch immer musste ich an seine Worte denken. Er hatte es Ches ganz unverblümt gesagt. Einfach so! Als wäre nichts dabei! Es fühlte sich an, als wäre er mir damit in den Rücken gefallen, auch wenn ich nicht sagen konnte, wieso. Er war mir nichts schuldig und hatte schließlich nicht gelogen. Er war einfach mit der Wahrheit vorgeprescht. Schon klar, wir waren uns fremd, und ich hatte diesen One-Night-Stand ziemlich vermasselt. Aber … der Abend mit ihm hatte mir irgendwie etwas bedeutet. Er war etwas Besonderes gewesen. Diese magische, starke Anziehungskraft zwischen uns, die Gespräche, die Küsse, das Gefühl von ihm an mir. Allem voran aber mein Mut. Mein Mut war magisch gewesen. Ich war überhaupt erst aufgetaucht, ich hatte mit ihm gesprochen, ich hatte ihn geküsst. Schön, vielleicht hatte ich einen Rückzieher gemacht, aber ich hatte ihn nicht sofort gemacht, und darauf war ich stolz. Das war doch auch etwas, oder? Und letztendlich ging es nicht um Maxx. Es ging um mich. Und um meine Liste. Ich hatte jedes Recht, auf diesen Abend stolz zu sein, auch wenn ich am Ende davongelaufen war.

Es klopfte an der Tür meines Wohnheimzimmers, was mich so sehr erschreckte, dass ich mit einem kleinen Schrei aufsprang.

Ich wirbelte herum, gerade als sich die Türklinke senkte und Ellas Kopf erschien.

»Hey«, sagte sie und trat ein. Sie hatte sich ihre Sonnenbrille auf die dunkelblonden Haare geschoben und trug ein schwarzes Shirt und einen kurzen Jeansrock. Außerdem roch sie nach ihrem tollen, süßen Parfum. »Bist du bereit? Die anderen warten unten.«

Ich fasste mir an die Brust und atmete tief durch. »Klar. Wir können los.«

Ella schloss die Tür hinter sich und sah mich mit sorgenvoll gerunzelter Stirn an. »Savy, ist alles in Ordnung? Du hast auf keine meiner Nachrichten geantwortet, auf Summers und Carlas auch nicht. Willst du darüber reden, was gestern auf der Party passiert ist?«

Ich zuckte mit den Schultern und hob meinen Rucksack vom Sitzsack auf. »Es gibt nichts zu bereden. Es ist alles in bester Ordnung, wirklich.«

Ihr Blick wurde verständnisvoll. »Was ist passiert? Du hast uns nichts vom Date erzählt. War es wirklich Maxx? Was war gestern los?«

Ich wollte es abstreiten, aber ich konnte das alles auch nicht unausgesprochen lassen, vor allem nicht einer meiner besten Freundinnen gegenüber.

Seufzend setzte ich mich auf mein Bett, zog meine Brille ab und rieb mir über das Gesicht. »Ja, es war Maxx. Maxx ist *MadDog!* Und es war eine Katastrophe.«

Ella setzte sich neben mich und sah mich ernst an. »Savannah, hat er irgendwas gemacht, was du nicht wolltest? Mir ist total egal, dass er Chesters Bruder ist, wenn er irgendetwas getan hat, was du nicht willst …«

Ich sah sie mit großen Augen an. »N-nein, er hat nichts falsch gemacht! Irgendwie. Also nicht so richtig.« Ein gequälter Laut entfuhr mir, und ich blickte zur Zimmerdecke. »Maxx hat nichts falsch gemacht, sondern sich wie ein Gentleman verhalten. Er war einfühlsam und hat meine Grenzen respektiert und war wirklich ziemlich perfekt. Wir hatten einen schönen Abend, haben uns unterhalten und uns geküsst und sind zusammen auf ein Zimmer gegangen. Dann habe ich … kalte Füße bekommen und einen Rückzieher gemacht. Mehr nicht. Ich bin es, die den Abend verhauen hat. Ich konnte es einfach nicht durchziehen, El! Und dann … d-dann war er gestern plötzlich auf dieser Party, plötzlich war *MadDog* Maxx, und er hat Ches einfach alles erzählt, so als wäre nichts dabei, seinem Bruder von so was zu erzählen! U-Und er hat gesagt, dass er es niemals getan hätte, wenn er gewusst hätte, dass ich zur Truppe gehöre!«

Ella runzelte die Stirn. »So ein Mist. Aber hey, ihr habt euch geküsst! Du bist über deinen Schatten gesprungen! Hak das von der Liste ab.«

»Nein!« Ich sprang vom Bett auf. »Verstehst du nicht? Es war nicht anonym! Maxx ist Ches' Bruder, und jetzt werde ich ihm vermutlich für immer überall wiederbegegnen! Es ist so peinlich und unangenehm.« Am liebsten hätte ich einen Schütteltanz vollführt, in der Hoffnung, die Scham dadurch einfach abzutanzen, die mir wie Tausende Ameisen über den ganzen Körper kroch und eine Gänsehaut hinterließ. Vielleicht hätte ich schlicht und einfach mit einem anderen Punkt auf der Liste starten sollen. Hätte ich mir *SuperCrush* erst in einer Woche heruntergeladen, wäre das alles niemals geschehen.

Ella stand ebenfalls auf, legte mir mit festem Griff die Hände auf die Schultern und lächelte mich an. »Es ist alles in bester Ordnung, Sav! Tief durchatmen, okay? Du hast nichts falsch gemacht, genauso wenig wie Maxx. Das ist nichts weiter als ein blöder Zufall. Mach dich nicht verrückt deswegen.«

»Das sagt sich so leicht. Wie soll ich ihm jemals wieder unter die Augen treten?«

Ella lachte und nahm sich meine schwere Tasche, die noch auf dem Boden stand. Ein Ächzen entfuhr ihr. »Also erst mal: Was zum Teufel ist in dieser Tasche? Hast du Backsteine eingepackt? Und zweitens: Irgendwann wird es nicht mehr unangenehm sein, wenn ihr euch im gleichen Raum befindet, versprochen. Selbst wenn ihr miteinander geschlafen hättet, wäre da nichts Schlimmes bei. Ihr seid beide Single und niemandem Rechenschaft schuldig, außer euch selbst. Wenn dich das wirklich so beschäftigt, solltest du vielleicht noch mal mit Maxx reden. Ansonsten solltest du dich aber nicht verrückt machen.«

»Was soll ich dann machen?«, fragte ich verzweifelt.

Ella öffnete die Tür, schob sich die Sonnenbrille auf die Nase und lächelte breit. »Hinter dir abschließen und mir folgen. Wir machen jetzt einen Roadtrip und werden unsere Sorgen heute Abend an einem guten alten Lagerfeuer mit Marshmallows verkleben lassen.«

Wir fuhren in zwei Autos zum Scassanara-Nationalpark. Es war der größte Nationalpark im Bundesstaat und bekannt für seine wunderschönen Seen, von denen es Dutzende gab, und die hügeligen Mischwälder. Bis zum Farn Lake, an welchem wir campen würden, dauerte es von Fletcher aus etwa zwei Stunden. Als ich klein war, hatten meine Eltern, Mitchell und ich mal eine Woche in einem Ferienhaus in der malerischen Kleinstadt Grealy am Thomas Lake verbracht, aber diese lag auf der anderen Seite des Nationalparks und hätte uns etwa fünf Stunden Fahrt gekostet.

Glücklicherweise saß Maxx in Creeds Jeep, genau wie Creed, Ches, Todrick und Mitchell. In Ellas Auto waren Summer, Ella, Carla und ich. Wir schlugen die Zeit damit tot, Karaoke zu singen – ganz zu Carlas Leid. Sie hasste Karaoke. Und was sie noch mehr hasste als Karaoke, waren Disney- und Musicallieder. Meine Laune stieg erheblich, als Ella und ich den Text zu »Into The Unknown« aus *Frozen 2* mitgrölten und uns anschließend bei »Non-Stop« aus *Hamilton* ein chaotisches Rap-Battle lieferten. Summer war auch mit von der Partie, zumindest bei den Disneysongs.

»Es reicht!«, rief Carla irgendwann von der Rückbank. »*Mierda*, wenn ich noch einen Song aus *High School Musical* ertragen muss, bringe ich euch alle eisblütig um!«

Lachend drehte ich die Lautstärke am Autoradio herunter und verrenkte mich auf dem Beifahrersitz, um sie ansehen zu können. Mein Fenster war einen Spaltbreit offen, genau wie Ellas, was unser aller Haare herumwirbeln ließ. Wir fuhren über den Highway, mit der Sommersonne im Wagen. Die Schatten von hochgewachsenen Bäumen mit leuchtend grünen Blätterdächern ließen das Licht auf Carlas Gesicht und im Rest des Wageninneren flackernd tanzten.

»Das heißt *kaltblütig*, Carly. Und tut mir leid. Ist es so schlimm? Das war doch nur ›Bop To The Top‹.«

Carla sah tatsächlich aus, als würde sie furchtbare Schmerzen leiden, was mich kichern ließ.

»Du hast ja keine Ahnung. Bitte. Schalte es einfach aus. Ich will nicht dafür verantwortlich sein, dass ihr alle abgeschlachtet werdet.«

Summer lachte neben ihr auf und stieß Carla mit dem Ellbogen an. »Komm schon, Santos, das war lustig.«

»Nein. Jetzt hab ich einen Tinnitus.«

»Tinnitus-Schminnitus«, erwiderte Summer nur, was ihr von Carla ein böses Augenfunkeln einbrachte. »Das ist nicht mal ein echtes Wort!«

»O doch. Jetzt schon.«

»Ich werde nie wieder einen Roadtrip mit euch machen! Auf der Rückfahrt sitze ich bei den Jungs.«

Mit einem Grinsen setzte ich mich wieder aufrecht hin, während Summer und Ella zu lachen begannen. Carla zuliebe machte ich einen Song von Luis Fonsi an, ihrem absoluten Lieblingssänger, und schickte ihr anschließend ein Herz-Emoji als Textnachricht.

Ich hörte sie hinter mir erleichtert aufatmen. »Und aus diesem Grund mag ich Savy viel mehr als euch zwei zusammen.«

»Hey, das ist gemein«, sagte Ella in gespielter Empörung.

»Ich bin eben gemein«, erwiderte Carla und begann, laut und schief zu »Date La Vuelta« mitzusingen.

Ich streckte mich auf meinem Sitz und klopfte auf meinen Beinen den Takt mit. Der Song war diesen Sommer zu Carlas Lieblingslied geworden. Aus irgendeinem Grund ließ mich das Klopfen auf meine Knie an Maxx denken. Der Abend. Die Spannung zwischen uns. Wie seine Finger mein Knie berührt hatten und wie es sich angefühlt hatte …

Mein Lächeln verblasste. O Mann, wieder war ich zurück bei diesen Gedanken. Es war hoffnungslos. Wir kannten uns nicht, und es bedeutete nichts. Also sollte ich auch nicht so oft daran denken. Der Zufall um seine Person war der einzige Grund, weshalb es sich gerade so aufbauschte.

»Alles okay, Savy?«, fragte Ella, ohne die Augen von der Straße abzuwenden. Sie wirkte entspannt und gut gelaunt und tippte selbst den Takt der Musik auf dem Lenkrad mit.

»Klar«, sagte ich. »Ich komme schon irgendwie zurecht.«

Summer legte mir von der Rückbank aus eine Hand auf die Schulter. »Hey, falls du über gestern Abend reden willst …«

Ich wollte gerade etwas erwidern, als Ella mir zuvorkam. »Vielleicht reden wir später darüber? Also, ich meine nur … wir haben vorhin erst darüber gesprochen. Nicht dass du das zweimal durchkauen musst, Sav.« Ihr Tonfall war ganz beiläufig, was mich das Gesicht verziehen ließ. Bei Summer hätte sie diesen Ton ganz bestimmt nicht angeschlagen.

Ein frustriertes Stöhnen entfuhr mir. Ich blickte nach hinten auf die Rückbank und sah, dass sowohl Summer wie auch Carla plötzlich ganz unschuldig taten, als würden wir über nichts Besonderes sprechen.

»Leute, hört schon auf«, sagte ich überraschend verärgert. »Spuckt aus, was ihr sagen wollt. Ich kann das ab!«

Carla atmete auf. »Okay. Danke. *Was* ist da gestern auf der Willkommensparty passiert?!«

»Es war Maxx, nicht wahr?«, rief Summer. »Dein Blind Date! *Mad-Dog!*«

Ich verschränkte die Arme vor der Brust. »Ich hasse es, dass mich alle immer so übervorsichtig behandeln! Selbst ihr! Ja, Maxx ist *Mad-Dog*. Und ja, wir hatten vor zwei Tagen das Date. Nein, ich habe nicht mit ihm geschlafen!«

»Savy, du kennst uns, wir fassen dich ganz bestimmt nicht mit Samthandschuhen an«, sagte Ella beschwichtigend und warf mir einen flüchtigen Blick zu, ehe sie ihre Augen wieder auf die Straße richtete.

»Oh, doch! Gerade eben zum Beispiel! Das habt ihr schon immer getan. Als wäre ich zu zart für die Welt und könnte jeden Moment zerbrechen!«

»Okay, dann schubsen wir dich ab jetzt durch die Gegend!«, rief Carla. »Sav, ich habe dich nie anders behandelt als alle anderen.«

Ich öffnete den Mund, zögerte jedoch, bevor ich haltlos widersprach. »Na schön, ja, das stimmt. Aber trotzdem!« Super, jetzt klang ich wie ein bockiges Kind. »Ihr könnt mit mir umgehen wie mit allen anderen auch! Ich möchte keine Vorsicht mehr.«

»Okay«, sagte Summer mit überraschend ernster Stimme. »Machen wir es zu einem Punkt auf deiner Liste. Hey, ich mache mir selbst eine Liste und setze den Punkt drauf!«

Einerseits erfüllte mich Erleichterung bei ihren Worten, andererseits verspürte ich auch Ärger, weil sie insgeheim zugab, mich tatsächlich vorsichtiger behandelt zu haben.

»Danke«, murmelte ich und sank tiefer in den Beifahrersitz.

Ich war überrascht, als Ella im nächsten Moment die Musik noch leiser drehte und mir einen nachdenklichen Blick zuwarf. »Tut mir leid wegen der Samthandschuhe. Aber wegen Maxx … Du solltest wissen, es ist kompliziert. Maxx hat eine schwierige Zeit hinter sich, und er und Ches müssen einiges unter sich klären. Sei einfach vorsichtig bei ihm, okay? Es hat nichts mit dir zu tun. Ich sage das nicht, weil ich dich für zerbrechlich halte, sondern weil du meine Freundin bist und ich meine Freunde beschützen möchte. Tut mir leid, das klingt vermutlich total bescheuert.«

»Tut … es wirklich«, bemerkte Carla von der Rückbank. »Was hat das jetzt schon wieder zu bedeuten? Ist Maxx ein übler Kerl, oder was?«

»Nein! Nein, nein, überhaupt nicht. Ich wollte es nur sagen. Maxx ist toll, er ist total in Ordnung, aber er macht gerade einiges durch. Deshalb möchte ich Sav einfach vorwarnen, weil ich mir Sorgen mache, dass er sie verletzen könnte.«

Ich verschränkte die Arme vor der Brust. Ellas Ratschlag war ziemlich schwammig. Schön, vielleicht war ein wenig Vorsicht nicht verkehrt. Ganz grundsätzlich. Vorsicht war schließlich keine Feigheit. Und mit einer Sache hatte Ella recht. Ich wusste nicht, was vor sich ging, wer Maxx war und aus welchen Gründen er überhaupt nach Fletcher gekommen war. Allerdings verstand ich noch nicht ganz, was sie mir genau sagen wollte. Ich hatte schließlich nichts Bestimmtes vor in Bezug auf ihn. Wir würden fortan einfach nur in der gleichen Clique sein, wie sollte er mich da verletzen können? Ich würde von nun an versuchen, in seiner Gegenwart die Fassung zu wahren und ihn zu behandeln wie alle anderen auch.

Wie ich das bewerkstelligen sollte? Ich hatte keine Ahnung. Er schaffte es immerhin, mich nervös zu machen, ohne überhaupt anwesend zu sein. Außerdem konnte ich nicht aufhören, an diesen Abend und unsere Küsse zu denken, und wie lebendig und aufgeregt ich mich gefühlt hatte.

Ich würde also eine Woche lang mit Maxx konfrontiert sein – das war immerhin ein Ausflug für *ihn*. Welche Wahl blieb mir schon, als wieder und wieder über meinen Schatten zu springen? Ich würde das hier hinbekommen. Ich musste es.

Deshalb zückte ich mein Handy und öffnete meine Notizen. Wenn mir schon dieser Campingtrip bevorstand, konnte ich ihn wenigstens zu Punkten auf meiner Liste machen. Ich würde mir und Maxx und allen anderen beweisen, dass mich absolut nichts aus der Ruhe bringen konnte.

KAPITEL 19

MAXX

$\mathcal{E}$ine warme, herbe Brise wehte über die Lichtung, auf der wir gerade angekommen waren. Ich schloss die Beifahrertür von Creeds Jeep und legte den Kopf in den Nacken, um die schwindelerregend hohen Baumspitzen zu betrachten. Durch die langen, schmalen Kiefern sah ich das Wasser des Farn Lake glitzern. Es roch so anders. Herb und frisch und feucht. Und der Boden war weich. Allein diese erste explosive und zugleich beruhigende Sinnesüberflutung war schon das größte Geschenk, das Ches und Creed mir hätten machen können.

Ein kribbelndes, leichtes Gefühl fegte durch meine Brust und sorgte dafür, dass ich aufseufzte. Das war ... Glück. Dieses Gefühl. Ich konnte einfach nicht glauben, dass ich tatsächlich hier war. Ich war frei. Und in diesem Moment kam mir dieser Ort vor wie das Paradies auf Erden.

»Nett hier.« Todrick trat neben mich und ließ seine vollgepackte Sporttasche auf die Erde fallen.

Ich stieß ein Schnauben aus, ohne den Blick von den Bäumen zu lösen. »Kann man so sagen.«

»Mann, ich war schon seit bestimmt zehn Jahren nicht mehr campen. Und dieses eine Mal war auch nur im Sportcamp. Das hier ist so viel besser.«

Auf der Fahrt hierher hatten Todrick und ich uns ein wenig unterhalten, wozu wir am letzten Abend nicht wirklich gekommen waren. Es war immerhin schwer, so viele Leute auf einmal kennenzulernen. Todrick war im Footballteam der Fletcher University und hatte sogar ein Vollstipendium. Er war lustig, wirkte entspannt und selbstbewusst. Wir hatten uns sofort gut verstanden.

Creed, Ches und Mitchell stiegen ebenfalls aus dem Auto. Seit wir losgefahren waren, machte Creed schon den Eindruck, als hätte er die schlechteste Laune der Welt. Ches hatte mich bereits vorgewarnt. Offenbar hatten sich Creed und Lenny nach meiner Willkommensparty noch gestritten. Ich hatte keine Ahnung, was es damit auf sich hatte, da Creed nicht darüber reden wollte, aber er wirkte, als würde es ihn wirklich fertigmachen. So grimmig hatte ich ihn noch nie erlebt. Ich fragte mich, was zwischen ihm und seiner besten Freundin passiert war. Und ob es damit etwas zu tun hatte, dass sie miteinander geschlafen hatten. Was es auch war, ich würde warten, bis Creed damit auf uns zukommen würde, nicht andersherum.

Die Mädchen waren bisher noch nicht angekommen, da Creed ein klitzekleines bisschen zu schnell gefahren war, und das den ganzen Weg von Fletcher bis hierher. Aber das gab uns wenigstens die Möglichkeit, ein wenig Vorarbeit zu leisten.

Ich öffnete den Kofferraum des Jeeps und holte die großen Taschen mit den Zelten heraus, während die Jungs sich noch den Platz ansahen, auf dem wir die kommende Woche verbringen würden. Ich wusste nicht, wieso, doch obwohl ich so froh darüber war, hier zu sein, war ich nervös. Mehr als das. Ich konnte nicht aufhören, an Savannah zu denken. Sie war von meiner Ehrlichkeit Ches gegenüber so vor den Kopf gestoßen gewesen. Am liebsten hätte ich augenblicklich das Handtuch geschmissen und einfach akzeptiert, dass ich ein hoffnungsloser Fall war. Aber das war keine Option. Immerhin hatte ich mir ein Versprechen gegeben. Aufgeben kam nicht infrage. Aber … mein Kopf. Der war anderer Meinung. Meine Schuldgefühle waren so bitter und so schwer, dass sie mir in unachtsamen Momenten so sehr den Hals zuschnürten, dass ich keine Luft mehr bekam. *Nein. Irgendwie klappt das schon. Irgendwie muss ich beweisen, dass ich mehr als das bin.*

Eine Tasche nach der anderen holte ich aus dem Auto und legte sie in die Mitte unseres Lagers, ehe ich damit begann, die Zelttaschen zu öffnen und mir die Anleitung durchzulesen, wie man diese Dinger zusammenbaute.

Ches hockte sich neben mich, krempelte die Ärmel seines offenen Hemdes hoch und nahm sich ebenfalls eine Zelttasche.

»Ist schon gut«, sagte ich und winkte ab. »Ich mach das schon, ich baue die Zelte auf.«

Er zuckte mit den Schultern und machte weiter. »Zu zweit geht es schneller.«

»Nein, wirklich, mach dir keine Umstände«, beharrte ich lächelnd. »Geht ihr doch schon mal zum See oder so. Ich kümmere mich darum, dass das Lager steht.«

Ches hielt inne. Falten erschienen auf seiner Stirn, und einer seiner Mundwinkel hob sich. »Maxx, du musst das hier nicht alleine machen. Wir machen das gemeinsam, okay?«

Nein. Du hast schon genug getan. Ich öffnete den Mund, bereit, ihm zu widersprechen und zu beharren. Aber ich schloss ihn wieder. Stattdessen presste ich die Lippen zusammen und nickte. Wenn es das war, was er wollte, sollte es so sein. Ich wollte nicht streiten. Ich wollte, dass wir das hier hinbekamen. »Okay. Gut. Dann zu zweit.«

»Wir haben das hier im Griff!«, rief Ches Creed, Todrick und Mitchell zu. »Maxx und ich kümmern uns um das Lager.«

»Danke«, sagte ich leise, als die Jungs sich einen Moment später aufmachten, um sich den See anzusehen.

Stumm arbeiteten wir uns vor. Ich steckte schwarze Kunststoffstäbe zusammen, die nicht unbedingt aussahen, als könnte man aus ihnen Zelte zaubern, und blätterte immer wieder durch die unübersichtliche Anleitung, die durch diverse Campingtrips schon ganz wellig und zerknickt war. In den Zelttaschen war auch eine überraschende Menge an Sand und getrockneten Blättern zu finden gewesen. Ich fragte mich, wem sie gehörten. Wer besaß so viele Zelte?

Es wollte mir nicht so recht in den Kopf, dass dieser kleine Urlaub *mir* galt. Dass mein Bruder und Creed das auf die Beine gestemmt hatten, *für mich*. Damit ich wieder rauskam, in die Natur, die frische Luft. Keiner ihrer Freunde kannte mich, und dennoch waren sie alle mitgekommen. Einfach so. Sie hatten keine Ahnung, wie dankbar ich war. Sie hatten jedoch auch keine Ahnung, wie mies ich mich deshalb fühlte. Ich hatte das nicht verdient. All die Mühe hatte ich nicht verdient.

»Entspann dich«, sagte Ches leise, ohne aufzublicken oder damit aufzuhören, Stangen zusammenzustecken. »Du siehst aus, als könntest du jeden Moment explodieren.«

Ich zuckte mit den Schultern, ebenfalls ohne aufzublicken, während ich den raschelnden Zeltstoff auf dem Boden ausbreitete, um die Stangen in die Ösen zu stecken. Erneut ließ ich mein antrainiertes lässiges Lächeln erscheinen. »Mach dir keine Sorgen um mich. Ich hab nur schlecht geschlafen, aber mir geht's gut.«

»Du schläfst nie sonderlich gut, oder?«, fragte Ches vorsichtig. Ich hörte die Sorge in seiner Stimme, auch wenn er offenbar versuchte, es sich nicht anmerken zu lassen. »Seit du entlassen wurdest, machst du schon den Anschein.«

Erneut zuckte ich mit den Schultern. Diesmal fühlte ich mich jedoch unwohl, weshalb es umso schwerer war, meine unbekümmerte Miene aufrechtzuerhalten. »Die meisten Leute heutzutage haben doch Schlafprobleme. Ist bei mir eben nicht anders.«

Wie auch ich zuvor machte Ches den Anschein, als würde er etwas Bestimmtes dazu sagen wollen. Er rang sichtbar mit sich, ehe er schließlich sagte, was er dachte. »Hat es … mit deiner Haftzeit zu tun?«

Haftzeit. Beinahe hätte ich aufgelacht. Er tanzte auf Zehenspitzen um mich herum. Und ganz offensichtlich traute er sich nicht mal mehr, das Wort *Knast* auszusprechen.

Ich wollte ein drittes Mal mit den Schultern zuckten, hielt mich aber davon ab. Es war vier Jahre lang mein Leben gewesen. Wieso zum Teufel fiel es mir so schwer, Ches davon zu erzählen?

»Es sind die Geräusche«, murmelte ich schließlich. Ich gab mir noch einen Ruck, um weiterzusprechen. »Jeden einzelnen Abend, wenn die Zellen verriegelt wurden, erklang so ein elektrisches Summen und ein Klingeln. Irgendwie … fällt es mir schwer, ohne diese Geräusche einzuschlafen.«

Eine lange Zeit sagte er nichts, während mein Herz immer schwerer wurde. Er widmete sich ganz den Zelten, fast so als hätte er mich nicht gehört.

»Okay«, sagte er jedoch schließlich mit sanfter Stimme. Er stellte keine Fragen. Bohrte nicht nach, so als hätte er verstanden, dass das alles war, was ich bereit war, in diesem Moment zu teilen. Und für diese Sensibilität war ich ihm dankbar. Er machte kein großes Ding draus, er reagierte nicht seltsam, sondern nahm es einfach hin, ohne mir das Gefühl zu geben, als müsste ich mich für irgendetwas schämen. Es erfüllte mich mit Dankbarkeit. Und es gab mir ein wenig Mut. Vielleicht würde ich doch bald so weit sein, Ches und Creed von meiner Haftzeit zu erzählen. Von den Zellengenossen, die ich in den letzten Jahren so gehabt hatte, von meinen Jobs, von meiner Freundschaft mit Omar, der dauernd Karten oder Schach mit mir gespielt hatte … Es gab so viel. Auch die negativen Seiten. Die Gehässigkeit der Wärter, ihre Machtspiele. Und die Machtspiele und Gehässigkeiten einiger Insassen. Im ersten Jahr hatte mir ein schiefer Blick sogar eine gebrochene Nase eingebracht …

Aber ich war noch nicht so weit. Jetzt noch nicht. Bald.

Wieder arbeiteten wir stumm weiter, und ich stellte das erste fertige Zelt auf, um dessen Schnüre zu spannen und Heringe in den Waldboden zu hämmern. Es kostete mich einiges an Kraft, die Erinnerungen zu verdrängen, Erinnerungen voller hoher Mauern und Stacheldraht und Gittertüren. Ich wollte mich einfach voll und ganz auf meine Freiheit konzentrieren.

Es war drückend heiß, obwohl wir mitten im Wald waren, weshalb ich mir geradewegs das Shirt auszog, genau wie mein Bruder. Ich bemühte mich, die blassen, silbrigen Narben auf seinem gebräunten Oberkörper zu ignorieren, so wie er die Tattoos auf meinen Armen und die Narben an mir ignorierte. Es wäre beinahe ein lustiges Spiel gewesen, wäre es nicht so traurig. Ich wollte wissen, woher seine Narben stammten, gleichzeitig wollte ich mir aber auch die Ohren zuhalten und die Augen schließen, so als könnten sie dadurch verschwinden und alles, was sie verursacht hatten. Alles, was mit dem Käfig zu tun hatte. Und er wollte vermutlich wissen, wie lange ich diese Tattoos schon besaß. Das waren nämlich keine Knasttattoos. Es waren … Kunstwerke. Von meiner Zeit vor dem Gefängnis. Kurz davor.

Der Wind raschelte warm in den Bäumen und Büschen, und man hörte Vögel singen. Von überall kamen Geräusche: Quaken, Brummen, Summen und Zirpen. Je mehr man lauschte, desto mehr Geräusche aus dem Unterholz machten sich bemerkbar. Ich liebte es. Das hier, mit meinem Bruder, war fast wie früher. Es erinnerte mich an die vielen Male, bei denen Ches, Dad und ich zelten gegangen waren. Es war schon immer mein Ding gewesen. Wir waren zwar nun weit von dem entfernt, was einmal war, aber es war schön und tröstlich, wieder gemeinsam etwas so Vertrautes zu unternehmen.

Der Klang von heranrollenden Reifen riss mich aus meiner Konzentration. Ich blickte auf, genau wie Ches, und wir sahen zu, wie Ellas Auto über den kleinen ungepflasterten Weg angefahren kam. Wir sahen sie durch die schmutzige Windschutzscheibe lächeln und winken, während sie den Wagen neben dem schwarzen Jeep parkte.

Ches erhob sich und wischte sich mit dem Handrücken über die nasse Stirn. »Na endlich. Jede Wette, dass sie sich verfahren hat, sonst hätte das niemals so lange gedauert.«

Ich entdeckte Savannah auf dem Beifahrersitz – deren Augen geradewegs auf mich gerichtet waren.

Mein Herz setzte einen Schlag aus. Wie Ches zuvor richtete ich mich ebenfalls auf und wischte mir den Schweiß vom Gesicht, da wandte sich Savannah jedoch verlegen ab.

Hastig sah ich zu Chester, augenblicklich besorgt, auf Missbilligung zu stoßen. Doch offenbar hatte er nichts mitbekommen, denn er machte mit der Arbeit weiter.

Ich biss die Zähne zusammen. Mein Bruder gab die richtige Richtung vor: Einfach weiterarbeiten, nicht zu den Mädchen starren und so tun, als sei alles normal – na ja, *ich* würde so tun, Ches brauchte das nicht.

Doch auch als ich mich wieder dem Aufbau der Zelte widmete, konnte ich nicht ignorieren, wie Ella, Summer, Carla und Savannah uns begrüßten und ihre Sachen aus dem Auto holten.

»Wow!«, hörte ich Savannah sagen. »Es ist wunderschön hier. Hat schon fast etwas Paradiesisches.«

Ha. Das habe ich auch gedacht, als ich angekommen bin.

Verstohlen warf ich ihr einen Blick zu und beobachtete, wie sie sich staunend im Kreis drehte. Erneut waren ihre hellbraunen Haare zu einem unordentlichen Knoten zusammengebunden, aus dem sich bereits einige Strähnen gelöst hatten. Außerdem hatte sie wieder diese goldene Nerdbrille auf, die ihr so gut stand. Ein verzücktes Lächeln lag auf ihren Lippen, und sie hatte die Hände über dem Herzen zusammengefaltet, so als würde sie der Anblick unserer kleinen Lichtung überwältigen.

»Ich hoffe, hier gibt es keine Bären«, sagte Summer und lief mit ihrem großen Smartphone um das Lager, um offenbar Bilder oder so was davon zu machen. Ich wusste ehrlich gesagt nicht, was sie da tat.

»Wo sind die anderen?«, fragte Carla und fächerte sich Luft zu. »Nicht mal hier ist es kühl. Mir ist so verdammt heiß.«

»Die Jungs sind am See«, sagte Ches, der gerade das letzte Zelt mit Heringen befestigte. »Ihr könnt ja schon mal zu ihnen gehen.« Die Zelte standen inzwischen in einem gesunden Abstand zueinander, in einem fast perfekten Halbkreis um eine klar erkennbare Feuerstelle herum.

»Braucht ihr keine Hilfe?«, fragte Ella überrascht. »Wir könnten ein paar Sachen verstauen.«

Ich zwinkerte ihr zu. »Chester und ich machen das schon. Kommt erst mal an. Nehmt euch was zu trinken oder legt euch schon mal ans Wasser.«

Verdrossen stieß sie den Atem aus und verdrehte die Augen. »Es ist so was von offensichtlich, dass ihr zwei Brüder seid.«

Ches lachte auf. »Wieso das denn?«

»Ihr könnt überhaupt nicht gut Hilfe annehmen!«

Carla lachte ebenfalls auf, da drehte sich Ella jedoch zu ihrer Freundin um und warf ihr einen Arm um die Schulter. »Ich verstehe gar nicht, wieso ausgerechnet du lachst, Santos. Du bist nämlich noch viel, viel schlimmer.«

Ich lächelte, als ich sah, wie die Freundinnen sich einen Schlagabtausch lieferten und Summer und Savannah mit einstiegen und gemeinsam lachten.

Natürlich war mein Blick, der auf Savannah lag, schon lange nicht mehr verstohlen. Ich beobachtete sie ziemlich offensichtlich. Ich musste daran denken, was sie mir alles von sich erzählt hatte, in der Bar und als wir auf *SuperCrush* gechattet hatten. Von ihren Eltern und von ihren Wünschen und Plänen für die Zukunft. Ich dachte daran, wie perfekt sich ihre Lippen an meinen angefühlt hatten. Und natürlich dachte ich auch daran, wie mich diese Gedanken noch tiefer ins Schlamassel ritten. Je länger ich Savannah beobachtete, desto kniffliger wurde es. Besonders als sie meinen Blick erwiderte. Denn sie wirkte nicht wie ein erschrockenes Reh im Scheinwerferlicht. Sie zuckte nicht zurück. Zumindest nicht sofort. Nein, ihr Blick hielt meinem stand, und ein vorsichtiges, unsicheres Lächeln trat auf ihre Lippen.

Verflucht. Vielleicht machte ich mich lächerlich, wenn ich tatsächlich versuchte abzustreiten, wie umwerfend ich sie fand. Aber ich würde mich nicht wie ein Arschloch benehmen. Ich würde Savannah weder bedrängen noch ihr auf die Pelle rücken. Denn sollte ich sie jemals verletzen, sollte ich irgendetwas tun, was jemandem in dieser Truppe schadete … das wollte ich nicht riskieren. Ich wollte nicht zu einer Belastung oder einem unangenehmen Anhängsel werden.

Doch Savannah ging mir unter die Haut, und ich war mir ihrer Gegenwart zu jeder Zeit viel zu bewusst. Wir waren gerade mal fünf Minuten gemeinsam auf diesem Zeltplatz – und schon jetzt war mir klar, dass diese Woche hier eine ziemliche Probe für mich werden würde.

KAPITEL 20

SAVANNAH

*I*ch schlug das Buch zu und drückte es mir an die Brust. Das war wunderschön gewesen. Mehr als das. Es war perfekt. Die Protagonistin war witzig und stark, und ihr Herzensbrecher …

Ein Seufzen entfuhr mir. Wieso musste die Geschichte schon vorbei sein? Und wieso war Hochsommer und nicht schon verschneite Weihnachten, wie im Buch? Wenn es nach mir ginge, hätte es noch tausend Seiten länger sein können. Ich wollte mehr von Elena und Jack lesen, noch tiefer in ihrer Liebe und ihrer Leidenschaft versinken, selbst wenn es nur banale Alltagsmomente waren.

Ich hatte so was von einen Buch-Hangover. Obwohl es kein schönes Gefühl war, war es irgendwie auch das beste Gefühl überhaupt.

Ich verstaute das Buch in meiner Tasche und zog gleich darauf das nächste heraus. Vielleicht hatte ich zu viele Bücher eingepackt, aber ich war froh um die Auswahl. Man konnte nie genug Urlaubslektüre haben, besonders wenn es um Weihnachtskitschbücher ging. Die Reihe, die ich gerade las, war zum Glück noch lange nicht vorbei, denn da gab es noch Jacks Schwester Belle oder die Geschichte um meine absolute Lieblingsnebenfigur Edgar …

Verstohlen blickte ich mich von meinem Strandhandtuch aus um, beobachtete meine Freunde, um sicherzugehen, dass *mich* niemand beachtete. Dann atmete ich tief den Duft des Buches ein.

Das. War. Einfach. Himmlisch! Dieser Urlaub würde perfekt werden. Ich würde eine Woche lang nur lesen, in der Sonne liegen und abends am Lagerfeuer Marshmallows grillen, bis sie innen weich und außen schön knusprig wurden. Dieser Campingtrip entpuppte sich schon am allerersten Tag zur besten Entscheidung des ganzen Sommers. Ich hatte mich schon lange nicht mehr so gut gefühlt. Und das ließ ich auch nicht davon trüben, dass Maxx mich nervös machte, selbst wenn er nicht mal in meine Richtung blickte.

Ich musste einfach lernen, damit umzugehen. Das hatte ich sogar auf meine Liste geschrieben. Ich hatte mir vorgenommen, eine tolle Zeit mit meinen Freunden zu haben, und ich würde mir dabei nicht weiter im Weg stehen. Immer wieder fragte ich mich, welchen Rat mir nun wohl Dr. Dreyer geben würde, hätten wir noch immer unsere regelmäßigen Sitzungen. Vielleicht sähe dieser Rat ja ähnlich aus wie das, was ich mir ohnehin vorgenommen hatte. Ich hoffte es zumindest. Und ich hoffte, dass der Gedanke an sie mich irgendwann nicht mehr betrüben würde.

Gähnend streckte ich mich auf meinem Strandtuch und reckte mein Gesicht der glühenden Sonne entgegen. Carla und Summer lagen neben mir am Strand. Es war später Nachmittag. Ches und Maxx hatten das Lager bereits aufgebaut, und gemeinsam hatten wir anschließend Baumstämme als Sitzgelegenheiten für unsere künftigen Lagerfeuer herangerollt. Wir hatten Isomatten und Luftmatratzen in den Zelten verteilt, ebenso wie unsere Taschen. Nun trugen wir alle Badesachen und hatten es uns am glitzernden, klaren Wasser gemütlich gemacht. Der Farn Lake war wunderschön. Und er war überraschend groß. Riesig, um genau zu sein. Auf unserer Seite war ein kleiner Strand, der irgendwann vermutlich künstlich aufgeschüttet worden war. Umgeben war der See von steilen, bewachsenen Hängen, langen, hohen Nadelbäumen, dichten Laubbäumen und Gestrüpp. Das uns gegenüberliegende, ferne Ufer bestand aus einer moosbewachsenen Felswand, auf der knorrige Kiefern thronten, und in der Ferne waren grüne Berge zu sehen. Das viele Grün verlieh dem leuchtenden Blau des Wassers eine türkisfarbene Note.

Ich wollte mir diesen Moment, diese schöne, sorglose Szenerie, abspeichern und festhalten. Ähnlich wie Summer mit ihren tausend Bildern, die sie mit ihrem Handy schoss, nur eben in meinem Kopf. *Klick.* Ein perfekter Einmachglasmoment.

Immer wieder glitt mein Blick zu Maxx, was es mir nicht gerade einfach machte, mich auf den Anfang des neuen Buches zu konzentrieren. Oder auf meinen Vorsatz, alles was war, abzuhaken.

Wie auch Ches, Ella, Todrick, Creed und Mitchell stand Maxx im See. Sie spielten mit einem Ball, den ich zuvor aufgepustet hatte und in dem sich glitzerndes buntes Konfetti befand. Maxx und Creed witzelten gerade miteinander und lachten. Auch mit meinem Bruder und mit Todrick schien Maxx sich blendend zu verstehen. Irgendwie freute es mich, wie gut er Anschluss fand. Eine Sache konnte ich mir allerdings nicht verkneifen oder wegignorieren: Er sah einfach wirklich sehr, sehr … gut aus. Vor allem oberkörperfrei. O Mann. Aus meiner sicheren Entfernung betrachtete ich die Art und Weise, wie sein drahtiger, muskulöser Oberkörper sich im Wasser bewegte, betrachtete sein umwerfendes Lächeln und wie er sich ab und an durch die kurzen dunklen Haare rieb. Verflixt. Wie schaffte man es, so fantastisch auszusehen?

Das war jedoch nicht alles, was ich trotz meines strikten Vorsatzes betrachtete. Da waren die Tattoos an seinen Armen, von denen er mir im Hotel erzählt hatte. Sie waren nicht zu übersehen, und es juckte mich so was von in den Fingern, sie auch mal aus der Nähe zu betrachten …

»Savannah!«, rief Mitchell, holte aus und warf den Ball ans Ufer, genau in meine Richtung. Erschrocken setzte ich mich auf, ließ mein Buch los und fing den Ball, was mir kalte Wasserspritzer verpasste.

»Kommt endlich wieder ins Wasser!«, rief er grinsend. »Sonst sind die Teams total mies aufgeteilt.«

Lächelnd verdrehte ich die Augen, legte meine Brille zur Seite und rappelte mich auf.

»Kommt ihr mit?«, fragte ich Summer und Carla, die sich noch nicht gerührt hatten.

»Mäh«, machte Summer nur und schob sich ihre runde Ray-Ban-Sonnenbrille tiefer ins Gesicht. »Ich hab mich eben erst eingeölt. Erst wird gebrutzelt.«

Und wie sie sich eingeölt hatte, ihr gesamter bereits gebräunter Körper glänzte wie eine Ölsardine. Sie hatte sogar die Schnüre ihres olivgrünen Triangelbikinis von ihrem Hals gelöst, um Streifen zu vermeiden.

»Na gut«, sagte ich schulterzuckend. »Was ist mit dir, Carly?«

Stirnrunzelnd blickte Carla auf. »Ich war schon bis zur Hüfte im Wasser. Das reicht mir für heute. Badewannen und Pools sind eine

Sache, aber ein See?« Sie verzog das Gesicht und schüttelte sich. »In zehn Jahren oder so.«

»O nein, tut mir leid!«, sagte ich hastig. »Ich hab nicht dran gedacht. Sorry!« Carla hatte uns vor ein paar Monaten anvertraut, dass sie unter einer Aquaphobie litt. Sie arbeitete daran und machte viele kleine Fortschritte, aber sie mochte es trotzdem noch nicht, ins Wasser zu gehen. Auch nicht in den Pool, egal wie oft sie sich selbst herausforderte.

Sie lächelte entspannt. »Sav, du brauchst dich nicht zu entschuldigen. Ich bleibe einfach hier liegen und bewache mit Summer unsere Sachen. Nur für den Fall, dass tollwütige Waschbären uns überfallen wollen.«

Summer setzte sich ruckartig auf, hielt ihr Bikinioberteil fest und riss sich die Sonnenbrille vom Gesicht. »Moment mal. Hier gibt es Waschbären?«

»*Claro*. Wir sind in einem Nationalpark, Summer, hier gibt es bestimmt noch viele andere Tiere.«

»O mein Gott!«

Ich lachte auf. »Waschbären sind doch süß.«

»Waschbären sind verschlagene kleine Bösewichte. Genau wie Biber!«

Carla verdrehte die Augen und schnalzte mit der Zunge. »*Was* hast du erwartet, Andrews? Zimmerservice und heiße Bademeister?«

Summer verzog die rot geschminkten Lippen zu einer Schnute und legte sich wieder hin. »Haha. Sehr witzig. Auch wenn ich sagen muss, dass ich nichts gegen ein paar heiße Bademeister einzuwenden hätte.«

»Die Jungs sehen doch auch nicht gerade schlecht aus. Heul nicht so rum.«

»Ich heule nicht rum. Abgesehen davon werde ich bestimmt nicht die Freunde meiner Freundinnen angaffen. Und Creed kann ich ja jetzt auch ein für alle Mal vergessen. Gott, wie konnte ich nur in einen Pärchenurlaub geraten?«

Verblüfft sah ich sie an. »Wieso Pärchenurlaub? Ella und Ches und Carla und Mitchell sind hier die einzigen Pärchen.«

»Jaaa«, sagte Summer lang gezogen. »Aber es ist ja wohl mehr als offensichtlich, dass Creed wegen Lenny am Schmollen ist. Todrick ist wie immer Todrick, und von Maxx brauchen wir jetzt bestimmt nicht anfangen.«

Ich wurde hellhörig. »Äh, wieso?«, fragte ich unschuldig. »Was ist mit Maxx?«

»Savy! Summer!«, rief nun auch Todrick. »Jetzt bewegt endlich eure Hintern ins Wasser!«

Summer grinste breit und wackelte mit den Augenbrauen. »Ich glaube, das weißt du ganz genau.«

Carla schmunzelte unübersehbar, und ich schnappte empört nach Luft. Es dauerte keine zwei Sekunden, da fühlte ich auch schon, wie knallrot mein Gesicht wurde. »Haltet bloß die Klappe!«, flüsterte ich, drehte mich um und eilte beschämt ins Wasser.

»Bin da!«, rief ich Todrick lächelnd zu. Ich hob die Arme über den Kopf und warf ihm den Ball zu. Mein Wurf war jedoch jämmerlich, und der Ball landete nicht bei Todrick …

Sondern bei Maxx.

Mein Atem geriet ins Stocken. Mühelos fing er den Ball und warf mir einen amüsierten Blick zu, der mich dazu bringen wollte, meinen Kopf in den Händen zu vergraben.

Komm schon, das ist nur Ches' Bruder. Ein neues Mitglied unserer chaotischen, liebevollen Freundesgruppe. Ich werde ihn behandeln wie alle anderen auch!

Ich lächelte ihm scheu zu, was mich noch immer ziemlich Überwindung kostete. Dann watete ich ins erfrischend kühle Wasser und schloss mich Mitchells Team an.

Eine Weile spielten wir Wasserball, ehe wir mit Wasserwrestling weitermachten. Ich war zu klein, um dort anständig stehen zu können, wo alle anderen noch standen, weshalb ich also jedes Mal einen kämpfenden Part auf den Schultern übernahm. Summer hatte sich letztendlich doch überreden lassen, mitzumachen, damit wir vier Teams bilden konnten. Und dann hieß es: alle gegeneinander, bis nur noch ein Team stand, ehe wir wechselten. Ella und ich hielten keine Minute durch, als ich auf ihren Schultern saß. Das lag nicht nur daran, dass wir mit Abstand die Kleinsten in der Gruppe waren; Todrick und Mitchell hatten es total auf uns abgesehen. Sie visierten uns an, lachten ihr diabolisches Bösewichtlachen, ehe wir auch schon platschend im Wasser landeten. Anschließend saß ich auf Mitchells Schultern. Ich schaffte es, Summer von Ches herunterzureißen, was mich jedoch ebenfalls von Mitchells Schultern holte. Dann saß ich auf Todricks Schultern und fühlte mich zur Abwechslung mal ein wenig überlegen, weil er so groß war. Erst fegten wir Ella von Ches, dann Summer von Mitchell und fanden uns schließlich Creed und Maxx gegenüber.

»Die machen wir fertig«, sagte Todrick unter mir siegessicher, während meine Augen jedoch nur auf Maxx klebten. Er näherte sich auf Creeds Schultern bedrohlich schnell.

»Die bekommen dich nicht von mir runter, Sav, keine Sorge.«

»Okay«, sagte ich in gespielter Ernsthaftigkeit und nickte.

»Seid ihr bereit, ihr Loser?«, rief Todrick den Jungs zu. Sie hatten uns fast erreicht.

»Bereit!«, sagte Creed grinsend.

Erneut landete mein Blick auf Maxx. Er hatte einen seltsamen Gesichtsausdruck drauf und musterte Todrick. Dann jedoch sah er mich wieder an und zwinkerte mir zu. »Kann losgehen.«

Aufregung kitzelte durch mein Blut und kribbelte in meinem Bauch. *Nur ein neuer Bekannter. Chesters Bruder, der neu in der Stadt ist.*

Dann setzten sich Creed und Todrick auch schon in Bewegung.

Ein Lachen entfuhr mir, als Maxx und ich uns zugleich an den Armen packten und versuchten, uns von den Schultern der Jungs zu holen. Wir zerrten aneinander, und ich wandte alles an Kraft auf, das ich hatte, um ihn von Creed zu zerren.

»Komm schon!«, rief ich keuchend, als er sich einfach nicht fortbewegen ließ.

Creed spritzte Todrick Wasser ins Gesicht und lachte fies.

»Hey!«, rief ich, ohne Maxx loszulassen. »Nicht schummeln!«

»Kann mal einer Schiedsrichter sein?«, rief Todrick den anderen zu. »Creed spielt mit unfairen Mitteln!«

»Nicht nur Creed«, sagte Maxx an mich gewandt. Dann plötzlich lehnte er sich vor, schlang die Arme um mich und ließ sich zur Seite fallen, ohne seinen stählernen Griff zu lösen.

Ein spitzer Schrei entfuhr mir, und ich hörte ihn lachen, ehe wir auch schon alle vier zur Seite stürzten.

Das kalte Wasser schloss sich um meinen Kopf und knisterte kitzelnd in meinen Ohren. Todrick löste sich von mir, und ich strampelte hoch zur Wasseroberfläche, bevor die matschigen ekligen Algen am Grund meine Füße berühren konnten.

Japsend tauchte ich auf und wischte mir über das Gesicht.

»Gewonnen!«, rief Creed und lachte laut. »Gut gemacht, Maxx!«

Empört holte ich aus und spritzte erst Creed und dann Maxx mit Wasser voll. »Ihr habt total geschummelt! Ihr seid disqualifiziert!«

Maxx lachte und schwamm auf dem Rücken um mich herum. »Ach, haben wir das, Savannah?«

Mein Herz machte einen Hüpfer. »Aber so was von«, sagte ich in gespielter Empörung und schwamm auf der Stelle. Ich drehte mich im Kreis, um Maxx im Blick zu behalten. »Außerdem könnt ihr gar nicht gewonnen haben, ihr seid auch im Wasser gelandet.«

Mit einem verschmitzten Lächeln, das erneut das Grübchen erscheinen ließ, schwamm er im nächsten Moment auf mich zu. »Dann ist es wohl ein Unentschieden.«

»Damit … Damit kann ich mich arrangieren.« Ich zog mir das Haargummi aus den nassen Haaren auf mein Handgelenk, bevor ich es noch im See verlor.

Creed und Todrick kamen nicht ganz so schnell zu einer friedlichen Lösung und rauften sich im Wasser, was für einige deftige Wasserspritzer sorgte, die auch Maxx und mich erwischten.

Kichernd schüttelte ich den Kopf und schwamm aus der Gefahrenzone.

»Savannah, warte mal.«

Überrascht drehte ich mich zu Maxx um. Hitze breitete sich in meinem Bauch aus, und ich musste schwer schlucken. Ich gab mein Bestes, es mir nicht anmerken zu lassen.

»Was gibt's?«, fragte ich und lächelte wieder, vielleicht ein wenig zu strahlend und ein wenig zu unsicher.

Verstohlen warf Maxx einen Blick zu den anderen. Niemand schien uns jedoch zu beachten, weshalb er noch ein Stück auf mich zuschwamm. »Können wir kurz reden?«

»Klar«, stieß ich hervor, wobei meine Stimme seltsam in die Höhe schnellte. Mit einem Mal kam mir der Klang meines Herzschlages verdächtig laut vor.

Maxx fuhr sich mit einer Hand über die kurzen Haare und stieß hart den Atem aus. »Es tut mir leid. Alles. Ich war ein Arsch und bin es vermutlich immer noch.«

»Du musst dich nicht entschuldigen«, murmelte ich und betrachtete das glitzernde Wasser, auf dem etwas Sonnencreme zu schimmern schien.

»Doch«, beharrte Maxx. »Das alles war ein riesiger Zufall, und ich möchte nicht, dass das zwischen uns steht. Und es tut mir leid, dass du mit anhören musstest, wie ich es Ches erzählt habe.«

»Dann vergessen wir es einfach.« *Nicht zurückschrecken. Spring über deinen Schatten und sieh ihm wenigstens in die Augen, wenn du mit ihm redest!* Ich blickte auf. »Haken wir es ab. Ein Neuanfang, okay?«

Maxx betrachtete mich nachdenklich. Sein Kopf war leicht schiefgelegt, und ein Wassertropfen rollte geradewegs von seiner Nasenspitze. Ein anderer lief über seine glatt rasierte, markante Wange. Im Sonnenlicht wirkten seine grauen Augen wie Gewitterwolken, eingefangen in glänzendem Rauchglas. Seine Lippen sahen gerötet aus. Einladend und weich … Oh, Himmel. Leider wusste ich seit Neuestem nur zu gut, wie perfekt sie sich auf meinen anfühlten.

Von wegen abhaken. Das würde ich mit Sicherheit niemals vergessen.

Er kam näher, bis sich unsere Füße unter Wasser streiften. »Okay. Neuanfang in drei, zwei, eins.« Er streckte die Hand aus und berührte meine. »Hi. Maxx Williams. Schön, dich kennenzulernen.«

Ich konnte nicht anders, als mich hierüber zu freuen. Am liebsten wollte ich mehr berühren als seine Finger, die sich um meine geschlossen hatten … viel mehr, wenn ich ehrlich war.

Nein, stopp! Neuanfang!

Ich drückte lächelnd seine Hand, möglichst fest, um selbstbewusst zu wirken. »Hi. Savannah Moore. Freut mich, dich kennenzulernen, Maxx.«

Langsam verzogen sich seine Lippen zu einem trägen Lächeln. Es war so umwerfend und so überaus anziehend, dass es fast schon unfair war. »Die Freude ist ganz meinerseits, Savannah«, sagte er mit leiser, kratziger Stimme. Er klang so intim, als würde sich ein anrüchiges Geheimnis in seinen Worten verbergen. Es ließ mich augenblicklich erschaudern.

Vielleicht bildete ich es mir nur ein, doch ich glaubte zu sehen, wie seine Augen sich auf meinen Mund richteten. Nein, ich bildete es mir nicht ein. Der Moment dauerte zu lange. So lange, bis ein heißes Kribbeln durch meinen Bauch fegte. Noch immer lagen unsere Hände ineinander.

Zumindest nach außen hin tat ich so, als würde ich nichts empfinden, als hätte seine Nähe keinen Effekt auf mich. Immerhin war das hier ein Neuanfang. Und bei einem Neuanfang gab es so was wie heißes Kribbeln nicht. Er war nur Chesters jüngerer Bruder, und ich war noch immer nur ich.

Deshalb brachte ich auch eilig Abstand zwischen Maxx und mich, schenkte ihm ein letztes scheues Lächeln und schwamm zurück zu unseren Freunden.

KAPITEL 21

MAXX

Die Sonne war längst untergegangen, und allmählich wich die drückende Hitze auch aus dem Wald. Der Ruf einer Eule erfüllte die Sommernacht, und es roch nach Erde, Moos – und nach unserem Lagerfeuer. Wenn man den Duft von Glück in Flaschen abfüllen könnte, würde er aus genau diesen Komponenten bestehen.

Ich trat aus dem Gebüsch, auf den Armen jede Menge dicker Äste. In der Mitte unseres Lagers brannte das fröhliche, knackende Feuer, das Rauch und ab und an ein paar Funken in den Himmel steigen ließ. Chester, Creed und ihre Freunde saßen auf Baumstämmen drum herum. Sie unterhielten sich, hörten Musik über eine kleine Bluetoothbox und lachten. Für einen kurzen Moment stand ich einfach nur da und beobachtete die Szenerie. Zwischen den Baumkronen glommen Tausende Sterne. Dieser Augenblick weckte die Erinnerungen an so viele andere Lagerfeuer, die ich in der Vergangenheit mit meiner Familie gemacht hatte. Erinnerungen, die ich vergessen geglaubt hatte.

Ich schloss die Augen und atmete tief ein. Es waren diese flüchtigen Momente, in denen es mich scheinbar aus dem Nichts traf. Das Gefühl von Freiheit. *Frei*. Nicht mehr eingesperrt in einer Zelle, bewacht von Wärtern und umgeben von Häftlingen. Ich war hier. In der Natur.

Der gesamte heutige Tag schon fühlte sich an wie ein Traum. Es erfüllte mich noch immer mit Unglauben, dass das hier nun mein Leben war. Dass diese Menschen, die am Feuer saßen, mich mir nichts, dir nichts einfach in ihrer Gruppe aufgenommen hatten, obwohl ich es doch alles andere als verdiente.

Mit einem Kloß im Hals setzte ich mich wieder in Bewegung. Ich kehrte auf meinen Platz zurück, auf den Baumstamm am Feuer, um Holz nachzulegen.

»Wo warst du so lange?«, fragte Ches neben mir.

Ich schnaubte. »Siehst du doch. Ich hab uns Feuerholz geholt.«

»Du riechst nach Rauch. Das rieche ich bis hierher.«

»Wir machen ja auch ein Feuer. Da riecht man eben nach Rauch …
Okay, schön, vielleicht war ich ein wenig *frische Luft schnappen*«, fügte ich mit einem halbherzigen Lachen hinzu.

Selbst Creed neben Ches verzog nun das Gesicht, auch wenn es bei
ihm wesentlich aufziehender wirkte. Mehr noch, der Schalk war ihm
von der Nasenspitze abzulesen. »Hat Ches es dir heute etwa noch
nicht gesagt? Du solltest dir das dringend abgewöhnen, junger Mann.«

»Bald. Ich verspreche es, Officer Parker«, erwiderte ich, so ernst ich
konnte, ehe ich schmunzeln musste. Es war irgendwie schön, zu sehen, dass Creed ganz der Alte war. Und dass er Ches und mich mit
unserem regelmäßig wiederkehrenden Gespräch über das Rauchen
aufzog, war tausendmal besser als diese argwöhnische Vorsicht, die er
und vor allem Ches in Maine an den Tag gelegt hatten.

»Was abgewöhnen?«, fragte Summer neugierig. Sie saß auf der anderen Seite des Feuers, uns gegenüber, und trank einen Schluck aus
einem Becher. Sie hatte sich einen riesigen, gemusterten Fleecepullover übergezogen, der so groß war, dass selbst ein Teil ihrer langen
Beine darin verschwand. Alle schienen sich innerhalb der letzten halben Stunde etwas übergezogen zu haben, bis auf Ches, Todrick und
mich. Das Feuer war schließlich warm, und das Bier wärmte von
innen.

»Das Rauchen«, erklärte ich und klopfte mir den Dreck von den
vielen Ästen von den Händen ab.

»Du rauchst?«

Die Frage war von Savannah gekommen, die zu meiner Rechten
neben Carla auf einem der Baumstämme saß. Sie wirkte überrascht.
Dann rümpfte sie die Nase.

Verlegen rieb ich mir mit einer Hand über den Kopf. »Ich, äh, arbeite daran, es mir abzugewöhnen. Also bald.«

Savannah hob skeptisch eine Augenbraue. Die Reaktion sorgte irgendwie dafür, dass Hitze meinen Nacken hinaufstieg, auch wenn ich
mir nicht erklären konnte, weshalb. Vielleicht weil ich ihr gefallen

wollte und ihr diese Sache ganz offensichtlich nicht gefiel? *Nein. Du willst ihr nicht gefallen. Reiß dich zusammen.* Der Gedanke hinderte mich aber nicht daran, *dass* sie mir gefiel. Savannah trug noch immer Hotpants, hatte sich kurz zuvor jedoch Mitchells Unipullover übergezogen, der ihr viel zu groß war. Außerdem hatte sie wieder ihre Brille auf, in welcher sich das Lagerfeuer flackernd spiegelte. Ihre braunen Haare waren offen und auf eine Art und Weise zerzaust, die ich *ziemlich* mochte.

»Ein Raucher also«, sagte Carla und nahm sich mit einer Plastikgabel ein Stück Grillkäse von der Aluminiumschale in der Glut. »Dann kannst du dich ja mit Vince zusammentun.«

»Cool«, erwiderte ich lahm. Ich hatte keine Ahnung, wer das war. »Klar, sicher. Vince.«

»Du hast ihn gestern kennengelernt«, erinnerte sie mich, so als könnte sie die Fragezeichen in meinem Gesicht deutlich sehen. »Der ernste, rothaarige Typ. Er ist Lennys Onkel und mit meiner Tante verlobt.«

Creed verspannte sich neben Ches. Offenbar brauchte es nicht mehr als den Klang von Lennys Namen, damit das geschah.

»Was gibt es noch so über dich zu wissen, Maxx?«, fragte Todrick kauend, ehe er sich wieder seinen halb aufgegessenen gebutterten Maiskolben ins Gesicht drückte.

Ich überlegte einen Moment lang und verschränkte dabei die Arme über den Knien. »Nicht viel. Wirklich nicht.«

»Komm schon«, sagte Mitchell und grinste mir von der anderen Seite des Feuers zu. »Was hast du so getrieben, bevor du nach Fletcher gekommen bist?«

Verstohlen glitt mein Blick zu Ches. Dann zu Creed. Sie hatten ihnen nichts über den Knast gesagt. Eine Sache, die mich ziemlich erleichterte.

Ich räusperte mich. »Nicht viel«, wiederholte ich, betont gelassen. Als ich jedoch die erwartungsvollen Blicke aller Anwesenden sah, suchte ich fiebrig nach einer Ausrede. »Ich, äh, hab eine etwas schwierige Zeit hinter mir. Vielleicht könnten wir über etwas anderes reden.«

»Du fängst nächste Woche am Communitycollege in Frayton an,

richtig?«, fragte Savannah und lächelte zaghaft. Augenblicklich fiel mir ein Stein vom Herzen. »Richtig«, sagte ich schnell und warf ihr einen dankbaren Blick zu. Ella, Carla und Summer jedoch starrten ihre Freundin verblüfft an, und ich fragte mich, was das zu bedeuten hatte. Besonders als Savannah plötzlich so rot wie eine Tomate wurde.

»Nächste Woche geht's los«, sprach ich weiter, jetzt, wo ich endlich ein Thema hatte. »Einen Nebenjob habe ich auch schon, bei dem es bald ebenfalls losgeht. Chester hat ihn mir klargemacht. Ich werde in einer Autowerkstatt aushelfen, auch wenn ich keine Ahnung von so was habe. Aber besser so als gar kein Job.«

Carla nickte. »Die Werkstatt gehört Vince.«

»Wieso bist du eigentlich ausgerechnet nach Fletcher gekommen, wenn du davor in Maine gelebt hast?«, fragte Summer.

Ich war schwer darauf bedacht, nicht preiszugeben, was in mir vorging, und setzte mein vertrautes Pokerface auf. Deshalb strahlten meine Haltung und meine Miene auch nichts als Gelassenheit aus, während in mir ein ziemliches Durcheinander entstand. *Rede dich einfach heraus. Dann werden sie nichts merken. Aber schön ehrlich bleiben, so wie du es dir für dein neues Leben vorgenommen hast.*

»Ich wollte bei Ches und Creed sein. Und es war Zeit für einen Tapetenwechsel. Manchmal ist so was dringend notwendig«, sagte ich schließlich und warf ein schalkhaftes Lächeln in die Runde, um meine ach so entspannte Miene noch mehr zu unterstreichen. Schnell nahm ich mir eine Dose Bier, damit meine Hände beschäftigt waren. Das zischende Geräusch erfüllte mich mit Zufriedenheit, und ich trank einen tiefen Schluck. Das machte die Gesprächspause zur nächsten Frage groß genug, um einen plumpen Themenwechsel zu rechtfertigen. »Wie habt ihr euch alle eigentlich kennengelernt?«

»Wir kennen uns schon fast unser ganzes Leben«, sagte Ella und deutete auf Savannah, Summer, Carla, Mitchell und Todrick – also auf alle, außer Ches, Creed und mich. »Die meisten an der Fletcher University kommen nicht von hier, wie das eben ist, wir aber schon. Keine Ahnung, aber ich glaube, dass uns das zusammengeschweißt hat. Wie wir Ches und Creed kennengelernt haben, weißt du bestimmt schon.«

»O ja«, erwiderte ich grinsend und stieß meinen Bruder mit dem Ellbogen an. »Bitte sag mir, dass es irgendwo ein Foto von dir gibt, mit Einhorntasse, Handtuch und hautengem T-Shirt.«

Ella, Summer und Savannah prusteten los, ehe die anderen mit einfielen. Chester verdrehte bloß die Augen, doch er verkniff sich sichtlich ein Lächeln. »Nein, es gibt kein Foto davon. Auch wenn ich El zugetraut hätte, noch heimlich eins zu schießen. Sie ist echt skrupellos.«

»Ich wünschte, ich hätte es getan!«, sagte Ella und streckte ihm die Zunge raus.

Summer grinste. »Ach, Thorsus. Das waren noch Zeiten, was?«

»Ja«, sagte Ches leise, auch wenn sein Lächeln dabei zu schwinden schien. Mein Blick wanderte von ihm zu Ella. Die Art und Weise, wie sie sich ansahen, sorgte dafür, dass mir flau im Magen wurde. Ich musste an die vielen Schlösser an Ellas Tür denken. An die vielen silbrigen Narben auf Chesters Körper. *Der Käfig. Untergrund. Illegale Kämpfe.*

Mein Herz zog sich so sehr zusammen, dass ich einen kurzen Moment nichts anderes wahrnehmen konnte.

»Bäh, der ganze Rauch zieht zu uns!« Savannah kniff die Augen zusammen und stand auf.

Mitchell gab ein Murren von sich. »Schon wieder Platzwechsel? Das ist schon das dritte Mal.«

»Ich bin doch schon halb blind, der Rauch muss das nicht noch schlimmer machen.« Savannah nahm sich ihren Becher und eine Tüte Marshmallows. In der Dunkelheit konnte man den Rauch nicht sonderlich gut sehen, aber sie blinzelte immer wieder und trat in dem viel zu großen Pullover um den Baumstamm herum, während Carla ihre Sachen nahm und ebenfalls umzog. »*Ay*, Platz da, Riesenbaby«, sagte sie zu Todrick und schnippte gegen sein Ohr.

»Au! Hey, was soll das?«

»Das war die Rache dafür, dass du mir heute diesen verdammten Glitzerball gegen den Kopf geworfen hast. Schon wieder. Wir wissen beide, dass das Absicht war.«

Mit finsterer Miene rieb sich der große, bullige Kerl das Ohr, rückte aber dennoch zur Seite, damit Carla sich zwischen ihn und Mitchell quetschen konnte.

»Na schön, ja, es war Absicht. Aber das hat bestimmt nur halb so sehr wehgetan wie deine hinterlistige Attacke gerade eben.«

Sie fasste gerade ihre dunklen Haare zu einem Pferdeschwanz zusammen, als sie innehielt und Todrick stirnrunzelnd ansah. »Hinterlistig? Ich stand genau vor dir. Hinterlistig wäre es gewesen, wenn ich *hinter* dir gestanden hätte.«

»Lass gut sein, Prinzessin«, sagte Mitchell und warf ihr grinsend einen Arm um die Schulter. »Sonst fängt das Riesenbaby noch an zu weinen.«

»Arschloch«, brummte Todrick. »Und zwar ihr alle beide. Ich werde jetzt Spareribs grillen und gebe euch kein verdammtes Rippchen ab. Besonders dir nicht, Santos.«

»Todd«, mischte sich Summer ein und sah ihn eindringlich an. »Heul bitte etwas leiser, okay?«

Wir brachen in Gelächter aus, während Todrick uns verfluchte.

Noch immer stand Savannah da und wirkte mit ihren Marshmallows und dem Becher ein wenig verloren.

»Hier«, sagte ich und rutschte von meinem Baumstamm runter, bis ich auf dem Boden saß. »Savannah, du kannst dich hierhin setzen.«

Überrascht sah sie erst mich an, dann den leeren Platz neben Ches – der das Ganze nicht besonders unauffällig beobachtete. Zögerlich trat sie um das Feuer und nahm neben mir Platz. Das machte uns ausnahmsweise fast gleich groß. Und warum auch immer ließ mich das ziemlich erfreut lächeln.

»Willst du einen Stock haben?«, fragte ich sie – und kam mir einen Moment später wie ein Höhlenmensch vor. Verflucht noch mal, jeder andere Kerl hätte ihr einen Drink angeboten oder eine Decke oder so was. Und ich fragte sie, ob sie einen Stock haben wollte. Wir saßen mitten im Wald, und ich bot Savannah einen verfluchten Stock an.

»Für deine Marshmallows«, fügte ich eilig hinzu und lachte auf, weil ich mir so albern vorkam.

»Oh«, sagte sie. »Ja. Gern. Danke, Maxx.«

Ich räusperte mich und wühlte durch die Äste, die ich für das Feuer geholt hatte.

»Hier«, sagte ich und hielt ihr stolz einen langen Ast hin. »Das ist der beste von allen.« Ich zwinkerte spielerisch, was sie kurz auflachen ließ, ehe ihre Wangen im flackernden Schein des Feuers eine zarte Röte bekamen. Sie nahm mir den Stock aus der Hand, wobei sich unsere Finger kurz streiften. Dann nahm ich mir ebenfalls einen Stock und griff in Savannahs Marshmallowtüte, als sie sie mir hinhielt.

Zufrieden ließ ich meinen Blick durchs Lager schweifen – bis ich Chesters Blick neben Sav begegnete. Augenblicklich hielt ich die Luft an, und mein Lächeln verblasste vor Schreck. Doch er wirkte überhaupt nicht anklagend. Nur ein wenig neugierig. Während mir für den Bruchteil einer Sekunde kalter Schweiß ausbrach, wandte er sich bereits wieder Creed zu, dem er ein für alle Mal sein Handy wegnahm. An diesem hing er nämlich schon die ganze Zeit, vermutlich wegen Lenny.

Ich tat so, als gäbe es nichts Wichtigeres, als dieses Marshmallow zu grillen, und konzentrierte mich nur darauf. *Komm schon. Sei kein Arschloch. Small Talk kannst du. Absolut harmlosen, unbedeutenden Small Talk.*

»Freust du dich schon auf das startende Semester?«, fragte ich Savannah, ohne von den knackenden Flammen aufzublicken.

»Ich?«, fragte sie überrascht. Es klang so verblüfft, dass ich fast aufgelacht hätte, aber noch immer blickte ich in die Flammen.

»Ja«, sagte sie schließlich, »Schon. Ein wenig.«

»Klingt nicht gerade begeistert.«

»So meine ich das nicht. Es werden sich bloß ein paar Sachen ändern.«

»Was denn für Sachen?«

»Na ja, ich ziehe in ein neues Wohnheim. Aber … Ach, nicht so wichtig.«

»Ist es wegen der Sache mit deinen Eltern?«

Sie erstarrte.

Am liebsten hätte ich mich gleich darauf geohrfeigt. Verdammt, ich war echt nicht gerade sensibel. Savannah aber schien sich offenbar schnell von ihrem Schock zu erholen. Sie rutschte ein wenig unruhig auf dem Baumstamm umher und drehte ihren Stock mit dem Marshmallow, das an einer Stelle bereits eine goldene Farbe angenommen hatte. »Ja … Schon. Entschuldige noch mal, dass ich dir das einfach erzählt habe.«

»Tut mir leid, dass ich es angesprochen habe.«

»Und mir tut es leid, dass ich …« Ihre Mundwinkel zuckten nach oben. »Ich entschuldige mich immer noch zu oft.«

Ich schmunzelte ebenfalls. »Steht das auch auf deiner Liste? Dass du dich nicht mehr entschuldigen willst?«

Sie nickte und wurde dabei offenbar noch verlegener.

Meine Gedanken wanderten wieder zu unseren Textnachrichten. Zu ihrer Liste und welche Punkte dort standen. *One-Night-Stand.* Die Erinnerung daran führte gleich darauf dazu, dass ich mich an etwas ganz anderes erinnerte. Die Art und Weise, wie wir uns in der Hotelbar immer näher gekommen waren. Als seien wir Magnete, die sich nicht widerstehen konnten, bis uns schließlich kaum noch etwas getrennt hatte. Die Luft zwischen uns hatte regelrecht geknistert. Ich hatte meine gesamte Kraft aufbringen müssen, den Kopf nicht einfach zu senken und sie zu küssen …

Blinzelnd kehrte ich ins Hier und Jetzt zurück – nur um festzustellen, dass Savannah mich genauso gedankenverloren anstarrte wie ich sie. Der Abstand zwischen uns kam mir plötzlich viel zu groß vor, denn die Erinnerung hatte ihr Übriges getan: Trotz aller guten Vorsätze hätte ich Savannah am liebsten vom Baumstamm und geradewegs auf meinen Schoß gezogen. Allein die Vorstellung sorgte dafür, dass sich mein Blut erhitzte. So wie sich ihre Lippen teilten und sie scharf einatmete, verriet mir, dass sie definitiv auch an unser Date dachte. Immerhin war es ja auch erst zwei Tage her.

Sie blinzelte ein paar Mal, ehe sie sich erschrocken ihrem Marshmallow zuwandte.

Ich beobachtete sie dabei, vor allem wie hektisch sie sich ein paar Haarsträhnen hinter die Ohren steckte und die Brille höher schob. Es sollte mir nicht gefallen … aber Gott, es gefiel mir so sehr, wie sie auf mich reagierte. Dass sie die Anziehung genauso sehr spürte wie ich.

172

Ich beugte mich zu ihr und senkte verschwörerisch die Stimme. »Wie kommst du denn mit der Liste voran? Konntest du schon das ein oder andere Häkchen setzen?«

Sie schien nach Worten zu ringen, ehe sie jedoch plötzlich meinen Stock packte, genau über meiner Hand. »Vorsicht, er fängt gleich Feuer!«

Einen Moment starrte ich auf ihre Hand, die meine berührte, ehe mein überraschter Blick zum Marshmallow weiterwanderte. Tatsächlich rauchte das weiße, süße Ding verdächtig. Als ich ihn drehte, sah ich auch, weshalb. Die gesamte Unterseite war kohlschwarz. »Hoppla«, sagte ich grinsend. »Der muss wohl in den Müll.«

»Willst du ihn nicht?«, fragte Savannah ungläubig. »Hier. Nimm meinen. Wir tauschen. Es werden doch keine Marshmallows weggeworfen.«

Die Bewegung ihrer Hand war ruckartig, was ihre Nervosität verriet, doch sie nahm mir, ohne zu fragen, den Stock ab und drückte mir anschließend den ihren in die Hand. Ihre sommersprossigen Wangen leuchteten fast so sehr wie das sich spiegelnde Feuer in den Gläsern ihrer Brille. Ein Lächeln umspielte ihre Lippen.

Sie war und blieb einfach hinreißend.

»Na dann, cheers.« Ich erwiderte ihr Lächeln und prostete ihr mit dem Marshmallow zu. Sie verklebten miteinander und zogen weiße, zuckrige Fäden, als wir sie wieder auseinanderbrachten, um sie zu essen.

Savannah seufzte zufrieden, ehe sie die verbrannte Kruste des Marshmallows abzog und sie geradewegs aß.

Wow. Sie zuckte nicht einmal mit einer Wimper. »Dir ist klar, dass das verbrannte Zeug krebserregend ist, oder?«

Diesmal war ihr Grinsen überhaupt nicht scheu, sondern herausfordernd. »Ich lasse mich von einem Raucher nicht über krebserregende Marshmallows belehren. Tut mir leid, Maxx.«

Ich lachte laut auf.

»Was ist so lustig?«, fragte Ella neugierig.

»Ach nichts«, erwiderte ich grinsend, während ich mir Savannahs Marshmallow in den Mund schob, der wesentlich gleichmäßiger gebräunt war als meiner. »Savannah gibt nur ziemlich gute Konter.«

Es war nicht zu übersehen, wie Mitchell, Savannahs großer Bruder, bei den Worten überrascht aufblickte. Er musterte mich aufmerksam. Dann lächelte er jedoch im nächsten Moment seine Schwester an. »O ja. Mit dir sollte man sich lieber nicht anlegen.«

Savannah lachte auf und verdrehte sogar die Augen. »Jetzt übertreib mal nicht.«

»Mitch hat recht«, beharrte Summer. »Es braucht vielleicht ein wenig, bis das Eis bei dir gebrochen ist, aber in einer Diskussion bekommst du einen so festen Biss wie eine Bulldogge, die das Sofakissen nicht loslassen will.«

Carla grunzte. »Ich hätte Sav eher mit einem Kaninchen verglichen, das an einem Stück Petersilie knabbert.«

»Hey!«, rief Savannah empört. »Ich bin kein Kaninchen! Ich bin so was von eine Bulldogge!«

Amüsiert sah ich der ausbrechenden Diskussion zu, griff nach meinem Bier und trank einen tiefen Schluck. Die süße Spannung in der Luft legte sich allmählich, was mich aufatmen ließ. Das Gefühl, die Anziehung waren so plötzlich und intensiv gewesen, dass ich nun das Bedürfnis verspürte, eine Zigarette zu rauchen, um meine Gedanken zu sortieren. Verflucht, so eine Anziehung hatte ich schon sehr, sehr lange nicht mehr gespürt. Nicht seit … *ihr*.

Ich schloss die Augen und ließ den Gedanken augenblicklich fallen. Wie etwas, das man intuitiv losließ, wenn es einem die Finger verbrannte. Nein. Auf keinen Fall würde ich *diese* Gedanken zulassen. Vor allem und ganz bestimmt nicht jetzt. Mit diesem Kapitel meines Lebens hatte ich nicht nur abgeschlossen, ich hatte es nach meinem Auftritt in der Bar mit Ches und Creed auch ein für alle Mal abgehakt. Es war nichts, was der neue Maxx Williams in seinem neuen Leben haben wollte. Oder konnte. Auch *sie* hatte ich ein für alle Mal losgelassen …

Das hatte ich bis zu diesem Augenblick zumindest geglaubt. *Fuck*, wenn es wirklich so war, wieso kippte dann plötzlich meine Stimmung? Wieso versetzte es mir so einen Schlag in den Magen, nur weil ich mich zu Savannah hingezogen fühlte und es davor zuletzt bei *ihr* gespürt hatte? Wieso wurde mein Verlangen nach einer Zigarette plötzlich so verzehrend, dass ich erst mitbekam, dass ich aufstand, als Ches überrascht meinen Namen sagte und ich zusammenfuhr?

Blinzelnd sah ich meinen Bruder an, der ganz so aussah, als wollte er mich fragen, ob etwas nicht stimmte, ehe ich meine Augen weiter zu Savannah wandern ließ. Mein Herz rutschte mir in die Hose. Der offene, neugierige Blick ihrer großen braunen Augen ging mir geradewegs durch Mark und Bein.

Feige, wie ich war, wich ich ihrem Blick aus und schluckte schwer. »Ich … gehe frische Luft schnappen.«

Und damit drehte ich mich um, ignorierte die scherzhaften Kommentare der anderen dazu und spazierte zwischen den Bäumen hindurch zum Ufer des Sees.

KAPITEL 22

SAVANNAH

*D*as laute Prasseln des Regens riss mich aus dem Schlaf. Im Zelt klang es so, als würde jedes Platschen auf die Polyesteroberfläche des Außenzeltes einen lauten Knall auslösen. Nur dass es Abertausende Knalle in der Minute waren.

Gähnend rieb ich mir die Augen und sah verschlafen zu Summer, mit der ich mir das kleine Zelt teilte.

»Du bist ja schon wach«, ächzte ich und setzte mir meine Brille auf, um richtig sehen zu können.

Summer legte ihr Handy beiseite und wandte ihren Kopf in meine Richtung. Erschrocken bemerkte ich die dunklen Ringe unter ihren Augen. Außerdem war es immer irgendwie ungewöhnlich, sie ohne ihren roten Lippenstift zu sehen, auch wenn ich sie gar nicht so selten ungeschminkt sah.

Ihre Mundwinkel wanderten unglücklich nach unten. »Es hat nur einen Tropfen gebraucht, und ich war hellwach. Da fahre ich endlich mal woandershin, wo mir meine sexsüchtigen Nachbarn nicht den letzten Nerv rauben, und dann muss es auch noch regnen. Ich bin seit fünf Uhr wach. Ich hasse gerade die ganze Welt und will sie brennen sehen.«

Ich lächelte müde und kuschelte mich tiefer in meinen Schlafsack. Ich hatte geschlafen wie ein Baby, aber das musste ich ihr ja nicht unbedingt unter die Nase reiben. »Hast du denn keine Ohrstöpsel dabei?«

»Die fallen mir immer aus den Dumboohren. Bringt nichts. Aber seltsamerweise geht es meinem Rücken besser. Wenigstens eine gute Sache.«

Ich warf einen Blick auf mein Handy und stellte erschrocken fest, dass es gerade mal sieben Uhr war. Bis auf das laute Prasseln des Regens war von unserem Lager nichts zu hören. Der erste Morgen im

Paradies. Obwohl es regnete, konnte ich es kaum erwarten, den Tag auf mich zukommen zu lassen. Gestern war perfekt gewesen. Ich hatte meinen ganzen Alltag und all meine Sorgen so gut wie vergessen können. Wie meine Eltern, die noch nicht fertig gepackten Kisten in meinem Wohnheimzimmer oder Dr. Dreyer. Als wir gestern schwimmen gewesen waren, am Strand lagen oder am Abend alle gemeinsam am Lagerfeuer gesessen hatten – das waren Momente, die ich mein Leben lang nie vergessen würde. Dass ich so mutig gewesen und ein so normales Gespräch mit Maxx geführt hatte, gab dem Ganzen noch den besonderen Zauber. Ich wusste nicht, woran es lag; ob es mir tatsächlich immer besser gelang, über meinen Schatten zu springen, oder ob es Maxx' Art war, die mich erdete und mich schlichtweg daran hinderte, auszuflippen. Was es auch war, ich genoss es. Seine Nähe fühlte sich gut an. Besonders dieser kurze Augenblick zwischen uns am Lagerfeuer, als ich das Gefühl gehabt hatte, nicht mehr atmen zu können.

»Also«, begann Summer, fast als konnte sie meine Gedanken lesen. Ihre poolblauen Augen blitzten nämlich verdächtig auf. »Du und Maxx kommt ja ziemlich gut zurecht. Habt ihr über *die Sache* geredet?«

Und schon war ich hellwach. »Er hat sich bei mir entschuldigt. Wir, äh, haben gestern noch mal von vorne angefangen. Ein Neustart und so was … du weißt schon. Vermutlich sollte ich einfach vergessen, was auf dem Date passiert ist.«

»Hä? Aber warum das denn? Gestern Abend haben total die Funken zwischen euch gesprüht, das war nicht zu übersehen! Mitch hat sogar Ella und mich gefragt, was da gerade passiert. Ganz abgesehen davon sehen du und Maxx ziemlich gut zusammen aus.«

Mein Herz überschlug sich erschrocken, und ich stützte mich hastig auf einem Ellbogen ab. »Findest du wirklich? Ich meine, wir sind total verschieden. Und er ist so groß, und ich bin ein Winzling!«

»Nope. Ich shippe euch. Sehr hart. Ha, euer Shipname wäre Maxannah, oder Saxx! Das erinnert mich an diesen Bop von Fleur East. Beide Namen passen jedenfalls gut.«

Prustend lachte ich auf. »Das sind grauenhafte Shipnamen!«

Summer rollte sich auf den Rücken und streckte sich ausgiebig, wobei sie mit beiden Händen gegen die Zeltwand drückte. »Also, ich finde sie genial.«

»Ich hab übrigens meine Liste upgedatet«, sagte ich, was wegen des lauten Regenprasselns kaum zu hören war. Möglichst beiläufig zog ich wieder mein Handy hervor. »Diese Woche muss ich es einfach schaffen, den Großteil abzuhaken. Ich hab nur noch bis Ende nächster Woche Zeit, dann ist auch schon das Mayflower Festival.« Mein Mut sank. So viel Zeit war das nun wirklich nicht mehr.

»Darf ich sie sehen?«

»Oh … Sicher.« Ich reichte ihr mein Handy.

»Wieso hast du dir überhaupt so einen straffen Zeitplan auferlegt?«, fragte Summer und runzelte die Stirn.

Das Gewicht auf meiner Brust wurde schwerer. »Wenn ich mir keine Deadline gesetzt hätte, hätte ich die Liste gar nicht erst erstellt, ich kenne mich.«

Nervös und angespannt sah ich dabei zu, wie Summer durch die Liste scrollte. Ich war stolz auf mich, denn es waren einige Punkte hinzugekommen, und ein paar von ihnen hatte ich sogar schon abgehakt!

Ich sah, wie Summer sich ein Lächeln verkniff. Sie presste die Lippen zusammen und las weiter. Ganz offensichtlich wollte sie nicht, dass ich es ihr anmerkte, aber ich kannte sie mittlerweile lange und gut genug, um ihre Miene zu lesen.

»O nein. Was ist?«, fragte ich und bedeckte mit den Händen meinen Mund. »Was ist so lustig?«

»Es ist nichts. Ich … Alle deine neuen Punkte beziehen sich auf Maxx. *Unterhalte dich mit Maxx* – Check. *Sprich Maxx an* – Check. *Lauf nicht weg, wenn Maxx in der Nähe ist* – Check. Soll ich weiter vorlesen?«

Mir wurde glühend heiß. »I-ich meine, es sind nur ein paar Punkte! Ich dachte mir, dass die Woche hier bestimmt eine ziemliche Herausforderung wird. Also kann diese Herausforderung wenigstens ein paar Kästchen zum Abhaken bekommen.«

»*Biete Maxx ein Marshmallow an* – Check.« Summer lachte verzückt auf. »Gott, Savy, das ist das Süßeste, was ich jemals gelesen habe. Mein voller Ernst.«

Mit einem gequälten Laut grub ich mich tiefer in meinen Schlafsack. »Das ist nicht süß, das ist jämmerlich! Findest du die Punkte nicht bescheuert?«

»Überhaupt nicht. Mission Selbstliebe ist mein Sommerhighlight. Glaub mir, du bist gerade so was von mein Vorbild.«

Ich schnaubte. »Ist klar. Ich? Dein Vorbild?«

Sie verdrehte die Augen. »Ich werde niemals verstehen, warum du bei jedem Kompliment so überrascht bist! Natürlich du. Du bist ein tolles Vorbild.«

»Alles, was auf meiner Liste steht, hast du bestimmt schon eine Milliarde Mal getan. Du hast das doch überhaupt nicht nötig. Du bist perfekt.«

Offenbar hatte ich genau das Falsche gesagt. Summers Miene wurde düster. »Erzähl das mal Lenny.«

»Oh, Summer. Lenny war nur eifersüchtig und betrunken.«

Summer rang nach Worten. »Ich weiß doch, es ist nur … Ich kann trotzdem nicht vergessen, was sie auf der Feier zu mir gesagt hat.« Ein Schatten huschte über ihr Gesicht. Er war genauso schnell fort, wie er gekommen war, doch ich hatte Schmerz darin gesehen. Summer und Lenny hatten sich vor zwei Wochen auf der Verlobungsfeier von Lennys Onkel Vince und Carlas Tante Alma gestritten. Genauer gesagt war es Lenny gewesen, die Summer ziemlich betrunken böse Worte an den Kopf geworfen hatte. Ein paar Tage nach der Party hatten wir herausgefunden, weshalb Lenny so auf Summer losgegangen war: Lenny war in Creed verliebt. Und Summer und Creed hatten die ganze Verlobungsfeier zu zweit verbracht und geflirtet. Es machte den Schmerz und die Bloßstellung nicht wett. Summer hätte Lennys Entschuldigung nicht annehmen müssen, das wäre ihr gutes Recht gewesen. Aber sie hatte es trotzdem getan. Ich hatte geglaubt, dass sie die Sache bereits abgehakt hatte. So war Summer schon immer gewesen. Entweder sie vergab gar nicht, oder Dinge waren abgehakt und vergessen. Es gab kein Mittelding. Deshalb wunderte es mich jetzt umso mehr, dass es diesmal anders war.

Mitfühlend streckte ich mich zu ihr und berührte ihren Arm. »Ich wusste nicht, dass dich das noch immer beschäftigt.«

Sie zuckte mit den Schultern und machte eine wegwerfende Handbewegung. Jedoch fragte ich mich, ob sie bloß versuchte, es herunterzuspielen. »Es ist nichts. Echt nicht, alles ist gut. Ich glaube nur, dass Lenny mich einfach wirklich nicht leiden kann, obwohl wir Freundinnen sind. Wegen Creed, und weil ich bin, wie ich bin. Ich meine, das ist total okay. Jeder Mensch ist anders, und man muss nicht von jedem gemocht werden. Wenn ich ehrlich bin, komme ich mit ihrer Art auch nicht so gut klar. Aber das, was sie gesagt hat, hat einfach etwas … in mir bewegt. Seitdem hinterfrage ich irgendwie alles an mir.« Sie lachte auf und schenkte mir ein Lächeln. »*Cookie!* Ich wollte gar nicht so weit ausholen. Eigentlich wollte ich nur sagen, dass du und deine Liste mich inspirieren. Nicht dass ich mir die gleichen Punkte draufsetzen würde, sondern dass du überhaupt so eine Liste gemacht hast. Ich glaube, ich könnte Mission Selbstliebe auch gut gebrauchen. Vielleicht wird das mein Winterprojekt oder so.«

Am liebsten hätte ich nachgehakt und Fragen gestellt. Ich wollte fragen, womit sie unzufrieden war, was genau sie beschäftigte und weshalb sie damit nicht zu Ella, Carla und mir gekommen war. Doch ich ließ es sein. Immerhin hatte sie *Cookie* gesagt.

»Winterprojekt klingt gut. Wenn du Hilfe brauchst, sag einfach Bescheid«, sagte ich deshalb nur und schenkte ihr ein Lächeln. Dann streckte ich mich in meinem Schlafsack und schnappte mir mein Buch. Das Wetter lud schließlich dazu ein, sich über den Morgen mit einem Buch einzukuscheln.

Gegen zehn Uhr hörte der Regen endlich auf. Kaum war jedoch der letzte Tropfen gefallen, wärmten die Sonnenstrahlen das Innere des Zeltes in solch einer Rekordgeschwindigkeit auf, dass Summer und ich geradewegs in unsere Badesachen schlüpften und nach draußen flohen.

»Igitt«, sagte ich, als mir im Freien stickige, herbe Luft entgegenschlug, die nicht sonderlich angenehmer war als die im Zelt. Der Boden war feucht und weich unter meinen nackten Füßen, und direkt neben Summers und meinem Zelt war sogar eine Pfütze.

»Dir auch einen guten Morgen.«

Ich wirbelte herum – und sah Maxx, wie er pitschnass und in Badehose in unser Lager zurückkehrte.

Mir blieb geradewegs der Atem weg. *Ach du heilige …* Ich starrte ihn mit großen Augen an, wie er in seinen nassen blauen Badeshorts und mit seiner großen drahtigen Gestalt auf uns zukam. Und dann noch die Tattoos an seinen Armen. Ich gaffte ihn regelrecht an – etwas, wofür ich nichts konnte, immerhin war es das Erste, was ich vor dem Zelt zu Gesicht bekam. Da waren außerdem überall glitzernde Wassertropfen auf seinem viel zu attraktiven Körper!

»Holla, die Waldfee«, murmelte Summer leise neben mir. Sie packte mich plötzlich am Arm und schnappte nach Luft. »O mein Gott. Er hat einen Spitznamen. Er hat einen Spitznamen! *Waldfee!*«

»Summer!«, zischte ich, ehe ich nicht anders konnte, als loszuprusten, genau wie sie. Ich fühlte mich wie ein Grundschulkind, aber es war eine Sache der Unmöglichkeit, das Kichern zu unterdrücken.

Hastig räusperte ich mich und wandte mich mit brennenden Wangen Maxx zu. »Guten Morgen.«

»Ihr habt echt einen festen Schlaf.« Er rieb sich mit den Händen über das Gesicht und die kurz rasierten Haare, was Wassertropfen von seinen Ellbogen rollen ließ. Wäre das hier ein Film, hätte man diesen Augenblick vermutlich in Zeitlupe gezeigt. Tropfen. Für. Tropfen.

»Der Regen war total laut. Wie konntet ihr bis jetzt schlafen?«

Summer schnaubte. »Also ich bin seit fünf Uhr wach.«

»Und ich seit sieben«, erklärte ich. »Wir haben geredet, und ich habe ein wenig gelesen.«

Maxx trat an das Zelt neben unserem – das, in welchem *er* schlief – und nahm sich das Handtuch, das obendrüber lag.

»Schade«, sagte er und warf Summer und mir ein spitzbübisches Lächeln zu. »Dann hättet ihr bei der morgendlichen Runde durch den See dabei sein können. Bei Regen war es fast noch besser.«

»So ein Mist aber auch«, sagte Summer und stieß mich mit dem

Ellbogen an. »Sag das nächste Mal einfach Bescheid. Dann kommt Sav liebend gern mit.«

Ich hob den Kopf, um meine Freundin entgeistert anzusehen. Mein *Was soll das denn?!* konnte sie hoffentlich deutlich von meiner Miene ablesen.

Maxx lachte und trocknete sich ab. »Das würde ich ja liebend gern tun, aber ich will euch nicht wecken, falls ihr das nächste Mal doch länger schlafen solltet.«

»Dann solltest du ihr einfach eine kurze Nachricht schicken, sie hat ihr Handy immer bei sich.«

»Summer!«, zischte ich.

Maxx ließ den Blick zwischen uns hin und her wandern, und am liebsten wäre ich dabei im Erdboden versunken. Ein Lächeln, das zu meinem Leid *sehr* wissend und viel zu atemberaubend aussah, erschien auf seinen Lippen.

Er holte Luft, um etwas zu erwidern, aber ich kam ihm hektisch zuvor, damit die peinliche Situation nicht noch peinlicher werden konnte. »A-also ich gehe jetzt schwimmen, und dann esse ich einen, äh, Bagel! Bis später!«

Ich hastete davon – und erreichte damit genau das, was ich eigentlich hatte vermeiden wollen.

Es war noch viel peinlicher geworden.

KAPITEL 23

SAVANNAH

Was sollte das vorhin?«, flüsterte ich aufgebracht und legte mein Buch zur Seite, als Summer sich pitschnass neben mich auf das große Strandtuch legte.

Sie lächelte atemlos, rollte sich auf den Bauch und bettete den Kopf auf den verschränkten Armen. »Ich wollte dich und Waldfee nur ein wenig verkuppeln.«

»Das brauchst du nicht! Wirklich nicht. Ich glaube nicht, dass … I-ich habe … Es ist überhaupt schon ein Wunder, dass ich mit ihm sprechen kann und nicht einfach zur Salzsäule erstarre! Verkuppeln … nein. Auf gar keinen Fall!« Ein nervöses Lachen entfuhr mir. »Und außerdem würde Maxx das bestimmt auch nicht wollen!«

Summer sah mich ungläubig an. »Bitte, das glaubst du nicht ernsthaft.«

»O doch«, erwiderte ich trotzig.

»Savy, der Kerl kann seine Augen nicht von dir lassen. Meine Güte, selbst jetzt gerade in diesem Moment schaut er zu uns rüber.«

»Vermutlich starrt er *dich* an, weil du das schönste Mädchen auf der Welt bist.«

»Hör auf mit diesem Unsinn. Du machst dich vollkommen unnötig verrückt. Soll ich es dir beweisen?«

Irritiert blinzelte ich sie an. »Was meinst du?«

Sie grinste. »Ich kann dir sehr schnell sehr deutlich beweisen, dass Waldfee auf dich steht.«

Argwöhnisch – und ein wenig aufgeregt – sah ich mich um. Ich sah, wie Carla und Mitchell ein Stück von uns entfernt herumturtelten, wie Ella und Ches im Wasser ebenfalls herumturtelten und wie Maxx und Creed im Wasser mit dem Glitzerball spielten. Todrick kehrte gerade aus unserem Lager zurück, unter dem Arm ein Sixpack Bier, welches er geradewegs ins Wasser stellte, um es kühl zu halten.

»Na schön. Wie?«, fragte ich.

Summer schien nur darauf gewartet zu haben und setzte sich auf. »Okay. Frag Todrick, ob er dir den Rücken eincremt.«

»Wieso *das* denn?«

Sie grinste diabolisch. »Vertrau mir einfach.«

Das war etwas, was mir nicht schwerfallen sollte, immerhin war es nur Todrick. Auch wenn ich nicht glaubte, dass Summers komische Idee irgendwo hinführte.

Ich holte die Tube aus meiner Tasche und gab mir einen Ruck. »Hey, Toddy! Kannst du mir mal helfen?« Unschuldig lächelte ich und hielt die Sonnencreme demonstrativ höher, so als wäre nicht ohnehin klar, womit ich seine Hilfe brauchte.

Ich würde vermutlich eine grauenhafte Undercoveragentin abgeben.

Er richtete sich am Ufer auf und kam zu uns gelaufen. »Klar doch.«

»Was auch immer du tust«, flüsterte Summer. »Sieh *nicht* zu Maxx. Ich mache das. Sieh kein einziges Mal zu ihm, hast du das verstanden? Du musst dich unter allen Umständen daran halten.«

»Ich weiß immer noch nicht, was das soll«, murmelte ich.

»Du machst ihn eifersüchtig. Was denn sonst?«

»Weil ich mir den Rücken eincremen lasse?«

»Ganz genau.«

»Das ist total schräg!«, flüsterte ich.

Summer lachte, was ihre Augen ganz klein werden ließ. »Ich weiß. Das ist ja das Spaßige dabei.«

Wir blickten auf, als Todrick uns erreichte.

»Todrick, wir brauchen deine Hilfe«, sagte Summer und stützte sich mit einem verschwörerischen Lächeln auf den Ellbogen ab. »Bei wem, würdest du sagen, sind gestern am Lagerfeuer die Funken geflogen?«

Überrascht sah Todrick Summer an, dann blickte er zu mir – und ein wissendes Grinsen erschien auf seinen Lippen. O Gott, peinlicher ging es wohl kaum! Besonders als er mit den Augenbrauen wackelte. »Dann ist unsere Vermutung also richtig gewesen.«

»U-unsere Vermutung?«, stieß ich perplex hervor.

»Von Mitchell, Carla und mir. Du und Chesters Bruder konntet ja gar nicht die Augen voneinander lassen.«

Mein Herz machte sehr seltsame, gefährliche Dinge in meiner Brust. Mit einem gequälten Laut zog ich meine Brille ab und bedeckte das brennende Gesicht mit den Händen.

Todrick lachte auf. »Hey, kein Grund, sich zu schämen! So kitschig war es gar nicht.«

»Wir müssen Sav etwas beweisen«, sagte Summer.

»Ach ja? Was denn?«

Nicht nur Todrick sah Summer neugierig an. Auch ich lugte zwischen meinen Fingern zu ihr. Noch immer mit diesem verschwörerischen Lächeln auf dem Gesicht schüttete Summer sich eine Ladung Sonnenöl auf den flachen, gebräunten Bauch. »Die legendäre Macht der Eifersucht.«

Einen Moment klebten Todricks Augen ein wenig zu aufmerksam auf Summer, um sie dabei zu beobachten, wie sie ihren Körper mit Öl einrieb. Dann lachte er jedoch und sah mich wieder an. »Ah, deshalb die Sonnencreme.«

»Ich hasse euch beide«, flüsterte ich unter meinen Händen und ließ langsam die Arme sinken. »Du findest das bestimmt total kindisch, oder?«

Er zuckte mit den Schultern. »Ich sehe es eher als ausgeklügelte Taktik. In der Liebe und im Football ist alles erlaubt. Na los, jetzt dreh dich um.«

Ich wollte meinen Blick zu Maxx wandern lassen, kurz nachschauen, ob er in meine Richtung blickte, nachschauen, ob Summer ganz vielleicht tatsächlich recht hatte, aber ich riss mich zusammen und kam schließlich Todricks Aufforderung nach.

Er kniete sich neben mich auf das Strandtuch und ließ die Tube Sonnencreme mit einem Klicken aufgehen, ehe auch schon mit einem schmatzenden Geräusch kalte Kleckse auf meinem Rücken landeten. Ich sog scharf die Luft ein. »Huh, ist das kalt!«

Todrick lachte, ehe sich seine großen, warmen Hände auf meinen Rücken legten. Mit überraschendem Druck.

Mein Mund wurde staubtrocken, und ich erstarrte regelrecht, während sich seine Hände sanft und bestimmend auf mir bewegten. Er cremte mir nicht einfach nur den Rücken ein, wie er es sonst tat. Das ... Das war eine Massage.

»Ist das okay so?«, fragte er, was mich beinahe hätte zusammenzucken lassen.

»Japp«, piepste ich. »Total. Äh. Danke.«

Obwohl ich es nicht sah, weil ich mich keinen Zentimeter rühren konnte, spürte ich regelrecht, wie Summer neben mir grinste.

Ich musste daran denken, was meine Freundinnen schon so oft gesagt hatten. Immer wieder in den letzten Jahren waren Vermutungen aufgekommen, ob Todrick und ich nicht irgendwann zusammen enden würden. Vermutlich rührte es daher, dass Todrick der einzige Junge war, den ich behandelte wie meine Freundinnen – zumindest meistens – und nicht in Scham ertrank, sobald wir voreinanderstanden, weil er attraktiv war und groß und immer ein wenig flirtete, egal mit wem. Er und Mitchell waren schon Freunde, seit ich denken konnte, und Todrick damit so was wie ein zweiter großer Bruder für mich. Als ich mich bei Summer für das Date mit *MadDog* fertig gemacht hatte, war Carlas und Lennys erster Verdacht für das Date Todrick gewesen – weil ich mal auf einer Party mit ihm getanzt hatte und anschließend mit ihm im Pool gewesen war. Das waren jedoch Dinge, die ich auch genauso mit meinen Freundinnen tat. Auf der letzten Party in Austins Verbindungshaus hatte Todd mit mir den Macarena getanzt, und wir hatten anschließend die Tanzszene aus *Dirty Dancing* nachstellen wollen. Er hatte mir den halben Abend das Ohr über ein Mädchen abgekaut, das er heiß fand, dann hatte er mal wieder Dampf über seinen Footballcoach abgelassen, der ihn und fünf andere im Team mies behandelte, nur weil sie schwarz waren, und schließlich hatte er von seinem letzten Date erzählt, was nicht besonders gut gelaufen war. Wir hatten uns über unsere nicht existenten Liebesleben ausgetauscht, und er hatte sich darüber beklagt, wie stark der Leistungsdruck für ihn wurde wegen seines Footballstipendiums. Für Außenstehende mochte es vielleicht wirklich so wirken, als wäre da etwas zwischen uns. Aber damit lagen sie falsch. Ich wusste es besser, und Todrick auch, und das war alles, was zählte.

Deshalb war das hier vermutlich auch so … falsch. Fast schon unangenehm. Je länger Todrick mich eincremte Schrägstrich massierte, desto verlegener wurde ich. Es war nicht nur die Tatsache, dass er mich überhaupt so lange eincremte. Es war die Art und Weise, wie seine Hände mich dabei berührten. So berührte mich nie jemand, auch nicht aus einem Scherz heraus, weshalb es mir nicht gerade dabei half, die Fassung zu bewahren.

»Todrick!«, rief die Stimme meines Bruders plötzlich. Wir blickten beide auf, wofür ich mich ziemlich verrenken musste. Der Blick, mit dem Mitchell seinen Mitbewohner bedachte, strotzte nicht gerade vor Freude. »Was zum Teufel? Behalt gefälligst deine Griffel bei dir!«

Ich zwang mich zu einem möglichst lässigen Lächeln. *Sieh nicht zu Maxx. Sieh auf keinen Fall zu Maxx.* »Schalt einen Gang runter, Mitch! Er cremt mir nur den Rücken ein.«

»Genau!«, rief Todrick zurück. Seine Hände lösten sich von mir, und er gab mir unauffällig ein kleines Highfive. Hastig setzte ich mich auf und schob mir meine gelbe Sonnenbrille auf die Nase.

»Willst du auch?«, fragte Todrick Summer mit einem anzüglichen Grinsen. »Mit Öl und Massagen kenne ich mich ziemlich gut aus.«

Summer lächelte zuckersüß. Doch als sie ihm den Rücken tätschelte, wirkte es eher, als würde sie ihn verprügeln. »Jetzt werd ja nicht übermütig, Dumpfbacke.«

Todrick lachte schallend und erhob sich wieder. »Gib Bescheid, falls du deine Meinung ändern solltest.«

»Wird niemals passieren. Aber falls wir in der Angelegenheit von eben noch mal deine Hilfe brauchen, sagen wir dir Bescheid. Und kein Wort zu irgendwem, das ist streng geheim!«

Ich drehte mich zu Summer um, als Todrick ins Wasser zu den anderen lief. Ein Zittern breitete sich in meiner Brust aus, dann konnte ich es nicht länger halten. Wir prusteten lauthals los.

Summer tupfte sich die Augenwinkel mit den Fingern ab, ehe sie sich wieder ihre Ray-Ban aufsetzte. »Das war ein absoluter Jackpot.«

Mit fragend gerunzelter Stirn sah ich sie an, ehe mein Blick auch schon dem ihren folgte. Lange bevor ich darüber nachdenken konnte.

Oh. Jetzt wusste ich, was sie meinte. Sie sprach von Maxx.

Als ich ihn ansah, begegnete mein Blick geradewegs seinem. Er wirkte alles andere als glücklich.

Besonders finster wurde seine Miene jedoch erst, als seine Augen sich auf Todrick hefteten.

Mein Lächeln erblasste. Für einen Moment konnte ich nichts weiter tun, als ihn anzusehen. Ich hörte Creed fragen, ob bei Maxx alles in Ordnung sei, und erst da schien er zusammenzufahren und sich wieder auf das Spiel zu konzentrieren.

»Der Fisch hat angebissen«, flüsterte Summer grinsend. »Die Mission war erfolgreich.«

Ich hielt den Atem an.

Erst jetzt wurde mir im vollen Maße bewusst, was Summers Worte zu bedeuten hatten. Was der Ausdruck auf Maxx' Gesicht zu bedeuten hatte.

Er war eifersüchtig.

Weil Todrick mir den Rücken eingecremt hatte.

KAPITEL 24

MAXX

Die Tage vergingen wie im Flug, und das Ende unseres Trips rückte immer näher. Erschreckend näher. Morgen schon würde es wieder zurück nach Fletcher gehen. Mit jedem Tag schien dieser kleine Urlaub perfekter zu werden, und ich wollte nicht, dass er jemals endete. Ganz ehrlich, am liebsten wäre ich für immer geblieben, direkt am See, auf dieser kleinen Waldlichtung und unserem Campingplatz. Ich wollte für immer jeden Abend grillen und schwimmen gehen, durch den Wald spazieren und an Lagerfeuern sitzen. Es war einfach das Beste auf der ganzen Welt. Und nach den letzten Jahren fühlte es sich an wie der Himmel auf Erden. Noch nie hatte ich mich so frei gefühlt. So angekommen und so verbunden mit der Natur.

Die ganze Woche schon hatte ich nur in der Sonne gelegen, Kartenspiele gespielt, war ein wenig spazieren gewesen, wann immer die anderen noch geschlafen hatten, und hatte viel mit der Gruppe unternommen. Sie schienen mich einfach anzunehmen, ganz ohne Fragen, Erwartungen oder Gegenleistungen. *Einfach so.* Es wäre perfekt – wenn Todrick nicht gewesen wäre. Gott, dieses miese, nervige Arschloch. Ich konnte ihn nicht leiden. Seine Witze waren außerdem überhaupt nicht lustig. Und abgesehen davon konnte er seine verfluchten Griffel nicht von Savannah lassen. Wenn ich es mir recht überlegte, war mir das gleich bei unserer Ankunft hier aufgefallen, doch ich hatte mir nichts dabei gedacht. Erst als er vor zwei Tagen seine Hände überall auf ihrem Körper gehabt hatte, war es für mich ein für alle Mal gelaufen gewesen. Dieser Mistkerl. Schon klar, ich sollte nicht eifersüchtig sein. Es sollte mir verflucht noch mal egal sein, wenn Savannah von irgendwelchen Arschlöchern Sonnencreme einmassiert bekam. Aber das war es nicht. Und das nervte mich. Jedes Mal wenn nun Todrick mit ihr flirtete, brannte irgendwas in mir durch. Und seitdem er ihr das erste Mal den Rücken eingecremt hatte, schien er viel erpichter darauf, genau das zu tun.

Selbst jetzt, in genau diesem Augenblick, cremte er ihr schon wieder den Rücken ein.

Mit finsterer Miene saß ich am Ufer und gab vor, die Sonne zu genießen, die aus der immer dichter werdenden Wolkendecke hervorgekommen war. In Wahrheit aber trug ich einen innerlichen Kampf aus. Vor allem als Savannah sich wenig später mit einer Luftmatratze auf den See begab und Todrick Snacks aus unserem Lager holte. Meine Instinkte waren davon überzeugt, dass es eine grandiose Idee wäre, ihm hinterherzugehen und ihm eine reinzuhauen. Der Höhlenmensch in mir war von der Idee besonders begeistert. *Oy. Knüppel. Hauen auf Kopf. Mädchen gewinnen. Feuer machen!* Ein anderer, wesentlich körperlicherer Teil von mir wollte einfach in den See springen und zu Savannah schwimmen, um das zu tun, was ich schon die ganze Zeit tun wollte: bei ihr sein, in ihrer Nähe sein und mit ihr reden. Vielleicht war das aber eine genauso gefährliche Idee, wie Todrick zu verprügeln. Ich hatte mir versprochen, kein Chaos in dieser Gruppe zu verursachen. Und jetzt, wo ich sah, wie die Clique miteinander umging und funktionierte, wollte ich sie alle erst recht vor mir selbst bewahren. Sie verhielten sich nicht einfach nur wie eine Freundesgruppe, sondern eher wie eine große Familie. Ich erlebte, wie Savannah von ihren Freunden wertgeschätzt und geliebt wurde. Selbst in mir wallte so was wie ein Beschützerinstinkt auf, wenn ich in ihrer Nähe war. Nicht weil sie zerbrechlich wirkte, sondern weil sie auf eine inspirierende Art und Weise sanft war. Vielleicht war es das, was sie für mich so unfassbar anziehend machte. Sie war ganz anders als ich, und bekanntermaßen zogen sich Gegensätze an. Ich würde sie dennoch nicht bedrängen. Ich würde sie auch nicht zu irgendetwas überreden oder sie verführen. Nein, ich würde Savannah einfach nur ein Freund sein, genauso wie ich auch allen anderen hier ein Freund sein würde. Kein Flirten, keine billigen Anmachen. Wenn *sie* allerdings mehr als das wollte …

Aus Gründen, die vermutlich nicht so unschuldig waren, wie mein neues Ich es gerne gehabt hätte, tat ich nun etwas, was man definitiv als *mit dem Feuer spielen* bezeichnen konnte. Ich kämpfte mich auf die Beine, lief in den glitzernden See hinein und steuerte Savannah auf ihrer Luftmatratze an.

Es war höchste Zeit, ihr zu beweisen, wie ernst es mir damit war, das Richtige zu tun.

KAPITEL 25

SAVANNAH

*D*ie Sonne verschwand hinter feinem Wolkendunst. Dösend trieb ich auf meiner Luftmatratze und genoss das Gefühl, geröstet zu werden. Vielleicht blieben mir noch ein paar Minuten, bis die dichte Wolkendecke die heißen Strahlen verschluckte. Solange das noch nicht der Fall war, sog ich jedes bisschen Licht in mich auf. Dass ich trotz der Sonnencreme krebsrot werden würde, nahm ich so was von in Kauf. Vom Ufer erklang Musik. »Cherry Wine« von Hozier. Bestimmt hatte Ella ihre Wohlfühl-Playlist angemacht. Sie liebte diesen Song, und er war ganze drei Mal in der Liste.

Der aufkommende Wind war eine Wohltat. Immerhin waren es selbst im Schatten fast vierzig Grad. Meine Augen waren geschlossen, und meine Fingerspitzen berührten die kühle Wasseroberfläche. Ich war so tiefenentspannt, dass ich kurz davor war, einzuschlafen.

Zumindest bis ich es plötzlich unmittelbar neben meinem Ohr plätschern hörte. Etwas drückte auf meine Luftmatratze, was dafür sorgte, dass das kühle Wasser in die Rillen floss, genau unter meinen Rücken.

Ich quietschte erschrocken, riss die Augen auf – und fand mich unmittelbar vor einem Gesicht wieder, das ich weder so nah noch hier erwartet hätte.

»Hi«, sagte Maxx schmunzelnd. Beinahe hätte ich erneut einen erschrockenen Schrei losgelassen, doch es reichte gerade so für einen aufgeregten Hüpfer in meiner Brust. Ich hielt die Luft an. Er hatte die nassen Unterarme auf der Matratze verschränkt, was die Pfütze unter meinem Rücken verursachte, und das Kinn auf den Armen abgestützt. Genau neben meinem Kopf.

»Hi«, erwiderte ich und legte mir eine Hand aufs Herz. »Du hast mich ganz schön erschreckt.«

»Tut mir leid«, erwiderte er mit einem schiefen Lächeln. »Ich wollte mit dir reden. Störe ich gerade?«

»N-nein, natürlich nicht!«, erwiderte ich hastig und erwiderte sein Lächeln verlegen. Er war so nah. Ich konnte seine Tattoos endlich genauer betrachten, die altgriechischen Buchstaben an seinem rechten Unterarm, die überkreuzten Pfeile und den dünnen, schwarzen Ring aus Tinte über seinem linken Ellbogen. Ich war ihm so nah, dass ich sogar sah, wie kleine Wassertropfen seine Wimpern benetzten. Und ich sah seine Lippen. Es war beinahe lächerlich, wie einladend und perfekt sie aussahen. Noch viel lächerlicher war es, dass ich schon wieder nicht aufhören konnte, daran zu denken, wie es war, von ihm geküsst zu werden.

Ein ziehendes Kribbeln breitete sich in meinem Bauch aus.

»Okay. Ich falle einfach mal mit der Tür ins Haus«, sagte Maxx und holte tief Luft. »Ich möchte dir bei deiner Liste helfen.«

Er ... *Was?* Meine Kinnlade fiel nach unten.

»Was?«, wiederholte ich die Frage aus meinem Kopf. Ich hatte nicht mit vielem gerechnet, aber am wenigsten damit. Woher kam das so plötzlich?

Mit einem Mal wirkte Maxx nicht mehr ganz so selbstsicher. »Na ja. Nur wenn du möchtest.«

»Aber wieso solltest du das wollen?«, fragte ich und runzelte die Stirn. »Was hast du davon?«

Irgendwie schaffte er es, in dieser Position an meiner Luftmatratze, mit den Schultern zu zucken. »Wir haben das gleiche Ziel. Oder zumindest ähnliche Ziele«, fügte er hinzu, als mein Blick noch fragender wurde. »Weißt du noch, über was wir im Hotel gesprochen haben?«, fragte er leise und betrachtete mein Gesicht.

Mein Herz setzte einen Schlag aus. *Er hat es von sich aus angesprochen. Einfach so.*

Hastig nickte ich, auch wenn ich nicht genau wusste, auf was er hinauswollte. Denn das Erste, was mir in den Sinn kam, wenn ich an unseren Abend im Hotel dachte, war, wie er im Fahrstuhl meinen Hals geküsst hatte. Wie er mich anschließend regelrecht ausgehungert und voller Leidenschaft an die verspiegelte Wand gepresst hatte.

Mit einem gequälten Laut verdeckte ich das Gesicht mit den Händen. Dieses ständige Rotwerden war ein Fluch!

Maxx lachte leise, und dieser raue, tiefe Klang sorgte nicht gerade dafür, dass meine körperliche Reaktion auf seine Nähe besser wurde.

»Könntest du etwas genauer werden?«, fragte ich, ohne die Hände vom Gesicht zu nehmen.

»Wir haben doch davon gesprochen, dass uns unser Umfeld nicht ernst nimmt. Dass wir unterschätzt werden und … unsere Leben umkrempeln wollen.«

Langsam nahm ich meine Hände wieder vom Gesicht und sah ihn an. »Ja«, sagte ich leise. »Daran erinnere ich mich.« Natürlich tat ich das. Wie sollte es auch anders sein? Wir hatten sogar darauf angestoßen. Ich war nervös gewesen, hatte mich aber in seiner Gegenwart erstaunlich wohlgefühlt. Wie auch jetzt. Er machte mich dermaßen nervös, dass ich eine Gänsehaut hatte, aber gleichzeitig fühlte ich mich auch unbeschreiblich wohl.

»Ich möchte mir auch eine Liste anlegen«, sagte Maxx, gerade als die Sonne von den Wolken verschluckt wurde. Er schien vollkommen ernst zu sein. »Ich möchte ein besserer Mensch werden. Ich möchte nicht die gleichen Fehler wie früher machen. Ich will für die Menschen da sein, die mir nahestehen, und einfach *gut* sein. Das hört sich vermutlich ein wenig seltsam an, aber … ich brauche das. Ich trage so viel Scheiß mit mir rum.«

»Dann träumst du von Freiheit«, schlussfolgerte ich leise.

Vielleicht hatte ich etwas Falsches gesagt, denn ich hatte das Gefühl, Traurigkeit in seinen Augen zu sehen. »Ja«, murmelte er. »Freiheit ist echt eine verflucht seltsame Sache.« Er hob einen Mundwinkel in die Höhe und sah mich aus dunklen Wimpern an. »Tut mir leid, wenn ich dir mit der Liste zu nahe getreten bin. Eigentlich steht es mir nicht zu, dich auch nur darauf anzusprechen.«

»Wieso das denn? Immerhin habe ich dir davon erzählt, oder nicht?« Plötzlich musste ich an den Augenblick denken, als Maxx in der Hotelbar die Liste gelesen hatte. *Hätte ich eine Liste, würde das auch an erster Stelle stehen, aber noch größer und noch fetter gedruckt.* Wieder wurde mir bei der Erinnerung heiß. Und wieder konnte man es mir vermutlich vom Gesicht ablesen.

»Ja, schon … Ich war mir nur nicht sicher, ob mein Vorschlag nicht total bescheuert klingt. Es ist einfach inspirierend, zu sehen, dass du versuchst, so aktiv dein Leben zu ändern. Das macht nicht jeder und schafft nicht jeder. Na ja, wenn ich dir helfe, helfe ich vielleicht auch mir selbst. Es könnte ja so was wie unser Ding werden.«

Unser Ding. In meiner Brust wurde es ganz warm, und was auch immer mir durch den Bauch flatterte, spielte vollkommen verrückt. »Das klingt schön«, erwiderte ich lächelnd. Ehrlich gesagt war es mehr als das. Seine Worte verblüfften mich. Instinktiv wollte ich es kleinreden, wollte es abstreiten. *Das ist nicht bewundernswert. Ich strebe eigentlich nur das an, was für alle anderen Menschen absolut selbstverständlich ist. Ich versuche einfach nur, normal zu sein. Ich bin nicht inspirierend, wenn ich so viel Kraft aufwenden muss, um gerade so eigenständig und funktionstüchtig zu sein.*

Verflixt noch mal. Ständig kämpfte ich gegen mich selbst an, und ich war es leid.

Deshalb nickte ich auch langsam und atmete tief durch. »Okay, ich bin dabei. Dann ist das wohl von jetzt an *unser Ding.*«

Das Strahlen, welches Maxx mir schenkte, hätte mich umgehauen, wenn ich nicht bereits auf der Matratze gelegen hätte. Es war wieder dieses hinreißende Lächeln, welches das Grübchen auf seine Wange zauberte und mich regelrecht dem Untergang weihte. Wie schaffte ich es überhaupt, auch nur ein Wort in seiner Gegenwart hervorzubringen, wenn er so anbetungswürdig war?

»Cool! Was wollen wir als Erstes angehen? Hast du seit Freitagabend schon irgendwelche neuen Punkte hinzugefügt? Oh, und … tut mir leid, dass ich ständig Freitagabend anspreche, trotz des Neuanfangs und so.«

»Schon in Ordnung. Ich …« Meine Stimme versagte. Oje. Die neuesten Punkte auf meiner Liste betrafen allesamt nur Maxx!

Ein amüsiertes Funkeln trat in seine Augen. »Du wirst ja plötzlich so rot. Stehen da etwa noch mehr unanständige Dinge?«

»Noch mehr?«, fragte ich erschrocken.

»Na ja, neben dem One-Night-Stand.«

»Maxx!« Ich langte ins Wasser und spritzte ihn nass.

Er lachte. Erst als ich in sein Lachen einstimmte, fiel mir auf, dass unsere Gesichter sich näher gekommen waren. Bevor ich mich davon abhalten konnte, ließ ich den Blick zu seinen Lippen wandern. Es währte nur für einen kurzen Moment, doch das schien bereits zu genügen. Es entging ihm nicht. Und es schien seinen Blick dazu zu verleiten, ebenfalls zu meinem Mund zu wandern. Maxx schluckte schwer. Ich sah, wie ein Muskel an seinem Kiefer zuckte, als er die Zähne zusammenbiss. Und obwohl dieser gesamte Moment nicht sonderlich lang währte, war der Effekt, den dieser auf mich hatte, umso intensiver. Es fühlte sich an wie ein Prickeln auf meiner Haut, sorgte dafür, dass mein Herz ein klein wenig schneller und ein klein wenig lauter schlug.

Lautlos seufzte ich. Und ich hätte beinahe schwören können, dass mein Atem direkt auf seine Lippen traf, denn sie teilten sich kaum merklich.

Er war so nah. Ich hätte mich vermutlich nur ein winziges Stück zur Seite lehnen müssen, damit sich unsere Nasenspitzen streiften und unsere Lippen sich berührten.

Allein die Vorstellung war so intim und so elektrisierend, dass mir noch heißer wurde.

Irgendwas ließ Maxx jedoch zurückrudern. Er räusperte sich, wich ein Stück zurück und sah sich um. »Wir, äh, sind ganz schön weit von unserem Strand weggetrieben.«

Noch immer benommen, folgte ich seinem Blick. Oh. Wir waren tatsächlich ein ganzes Stück weggetrieben. Glücklicherweise nicht in Richtung Mitte des Sees. Mein Dad hatte Mitchell und mir schon als Kindern eingebläut, dass man weder in Flüssen noch in Seen zu weit rausschwimmen sollte, wegen Strömungen und Strudeln, die unter der Wasseroberfläche liegen konnten. Maxx und ich waren nicht fern vom Ufer, jedoch an einer vollkommen anderen Stelle als die anderen. Ein Stück weiter vorne offenbarte sich uns eine Bucht, die ich vorher gar nicht gesehen hatte und von welcher aus man keinen Blick auf unseren kleinen Strand hatte.

Ein starker, warmer Sommerwind blies über uns und die blaugrüne Oberfläche des Sees hinweg, rauschte im tiefen Wald des Nationalparks – und zwei kalte Wassertropfen trafen auf meinen Bauch. Ich blickte zum Himmel. »Sieh mal, wie dunkel die Wolken dort vorne sind.«

»*O fuck*«, murmelte Maxx leise und blickte nun ebenfalls zum Himmel, dort, wo man die fernen, verschleierten Berge in der Ferne sehen konnte. Dort hinten war die Wolkendecke tatsächlich alles andere als weiß. Sie näherte sich erschreckend schnell. Aus der Ferne konnte ich sogar die Schlieren erkennen; die Stellen, wo Regenmassen vom Himmel fielen.

Ein entferntes Donnergrollen scheuchte einen Schwarm Vögel auf, der sich aus dem Wald erhob.

Maxx griff nach meiner Matratze und schwamm los. »Wenn wir Glück haben, wird uns der Sturm nicht erwischen. Wenn wir Pech haben, bekommen wir die volle Ladung ab. Gehen wir lieber zurück und sichern das Lager.«

Weitere Tropfen landeten auf mir, erst auf meiner Schulter, meinem Knie, dann direkt auf meiner Stirn. Schweren Herzens setzte ich mich auf und schnappte scharf nach Luft, als meine Beine vom kühlen Wasser des Sees umschlossen wurden.

Maxx grinste mich an. »Lust auf ein kleines Wettschwimmen? Wer zuerst am Ufer ist!« Er stieß sich von meiner Luftmatratze ab. Das ließ mich ein Stück in die falsche Richtung treiben und im Kreis drehen.

»Hey!«, rief ich lachend und ließ mich ins Wasser plumpsen. »Das ist nicht fair, du hast geschummelt!«

Maxx schwamm auf der Stelle und wartete auf mich.

Als ich ihn erreichte, setzte ich alles auf das Überraschungsmoment: Mit einem gehörigen Stoß spritzte ich ihm Wasser ins Gesicht, ehe ich lachend und so schnell wie möglich zum Ufer schwamm.

KAPITEL 26

MAXX

*A*ls Savannah und ich das Ufer erreichten, war der Regen schon längst kein leichtes Tröpfeln mehr, obwohl wir uns beeilt hatten. Der Wind wurde immer stärker und kühler, und es war erschreckend, wie schnell die dunkle Wolkenfront sich näherte. Sie hatte uns schon fast erreicht. Und dennoch: Als ich Savannah am verlassenen Ufer die Luftmatratze abnahm, lag vermutlich das breiteste Grinsen der Weltgeschichte auf meinem Gesicht. Ich fühlte mich gelöst. Ich war stolz auf mich. Obwohl im Wasser das Knistern zwischen uns so stark gewesen war, obwohl ich nur zu gerne ihren Kopf zu mir gezogen und sie geküsst hätte, hatte ich es nicht getan. Schön, ich hatte vielleicht ein wenig geflirtet, aber so war ich vermutlich einfach. Trotz allem hatte ich mich regelrecht vorbildlich verhalten, und das beflügelte mich.

Getrocknete Tannennadeln wurden von der nächsten Böe gegen unsere Beine gepustet, was einen stechenden Schmerz verursachte.

»Autsch!«, sagte Savannah und beschleunigte ihre Schritte über den Waldboden. »Ich glaube, wir sollten uns wirklich beeilen. Wir – o nein!« Der nächste starke Windstoß riss ihr die Luftmatratze aus dem Griff und geradewegs in die Luft.

Ich fluchte und griff nach ihr, doch es nützte nichts. Sie wurde vom heraufziehenden Unwetter fortgeschleudert. Der Regen wurde sekündlich stärker, was mir mehr als ein mulmiges Gefühl verpasste. Es versetzte mich in Alarmbereitschaft. *Bitte kein Gewitter. Keine Blitze, kein Donner.* Ich hasste Unwetter. Das hatte ich schon immer. Und jetzt gerade, als Savannah und ich mit schnellen Schritten durch den Wald hasteten, fühlte ich mich ausgeliefert.

»Der Regen wird stärker!«, rief Savannah panisch und schlang mit aufgerissenen Augen die Arme um sich. »Glaubst du, wir schaffen es rechtzeitig zum Lager?«

Erneut wurden uns getrocknete Äste, Blätter und Tannennadeln gegen die halb nackten Körper geblasen, was uns schmerzhafte Laute entlockte. »Verflucht, ich weiß es nicht«, gab ich ehrlich zu.

Ziellos liefen wir durch das grüne Dickicht. Die dunklen Wolken befanden sich nun über dem See, und der Regen war inzwischen ein waschechter Wolkenbruch. Unangenehm wurde es vor allem durch den Wind.

Licht zuckte plötzlich gleißend hell durch die Luft, unmittelbar gefolgt von einem ohrenbetäubenden Donnergrollen.

Wie angewurzelt blieb ich stehen. *Fuck.* Etwas, was bei diesem Geräusch schon immer mit mir geschehen war, geschah nun auch jetzt. Mein Hals schnürte sich zu. Ich atmete nicht und presste die Lippen zusammen. Alles in mir verkrampfte sich, und mein Puls wurde noch schneller.

Da wieder – ein Lichtblitz, ein ohrenbetäubendes, knirschendes Donnern, das die Luft vibrieren ließ.

Ich schnappte keuchend nach Luft. Mir wurde eiskalt.

»Maxx! Was ist los, wieso bleibst du stehen? Wir müssen uns be… Vorsicht!«

Plötzlich schoss Savannah gegen mich, und das mit verblüffender Geschwindigkeit. Nein sie *stieß* mich. Mit einem unsanften Ruck, der mir die Luft aus der Lunge presste, riss sie mich von den Füßen.

Offenbar gerade noch rechtzeitig. Denn noch in dem Moment, in dem wir beide hart auf dem pitschnassen Waldboden aufkamen, landete dort, wo ich eben noch gestanden hatte, ein dicker Ast.

Ich riss die Augen auf. Ach du heilige … Scheiße.

»Tut mir leid!«, stieß Savannah keuchend hervor und kämpfte sich auf, während ich für einen Moment noch immer nichts anderes tun konnte, als auf den dicken Ast zu starren, der mich um ein Haar verflucht noch mal erschlagen hätte. Wie hatte sie so schnell reagieren können?

Endlich kam ich wieder zu Sinnen und rappelte mich auf. Ich wischte den Matsch auf meinen Händen an meiner Badehose ab, der vom strömenden kalten Regen regelrecht fortgespült wurde. »Gern geschehen!«, stieß Savannah hervor, ehe sich ihre Augen weiteten.

»I-ich meine. Also ich … Falls du dich bedanken willst. Gern geschehen. Das mit dem Schubsen und dem Ast. Tut mir leid, ich wollte wirklich nicht, dass du im Dreck landest, ich hab nur gesehen, wie der Ast sich …«

»Savannah.«

»Ja?«, keuchte sie.

Wieder das weiße Licht eines Blitzes, welches den Wald und Savannahs pitschnasses Gesicht erhellte. Wieder ein lautes Donnergrollen, das mir durch Mark und Bein ging und alles in mir verkrampfte. Zitternd ergriff ich ihre Hand. »Vergessen wir das Lager. Wenn wir nicht den nächsten Ast abbekommen wollen, sollten wir schleunigst aus dem Wald raus.«

Sie antwortete nicht. Stattdessen rannten wir los.

KAPITEL 27

SAVANNAH

*I*ch stolperte Maxx hinterher, der meine Hand fest umschlossen hielt. Wir eilten durch strömenden Regen, der vom Wind in feine, schmerzhafte Geschosse verwandelt wurde. Jeder schnelle Schritt unserer nackten Füße schmatzte, raschelte oder pikste. Dann erreichten wir endlich wieder das Ufer. Hier sah es ganz anders aus als an unserem kleinen Strand. Doch da ich meine Orientierung schon verloren hatte, als wir zuvor das Ufer verlassen hatten, war mir gar nicht aufgefallen, dass wir nun in die entgegengesetzte Richtung zu unserem Lager geflohen waren. *Ich hatte uns gerettet, vor diesem Ast.* Ich wusste auch nicht, was in mich gefahren war. Impulsivität war nicht mein Ding. Und doch war ich jetzt hier und hastete mit Maxx Williams Hand in Hand durch den strömenden Regen.

»Da!«, rief er aufgeregt. »Da vorne am Wasser ist ein Felsvorsprung! Da drunter können wir warten, bis das Wetter sich beruhigt hat!«

Wegen meiner fehlenden Brille konnte ich nicht genug erkennen, doch ich vertraute auf Maxx. Das Ufer war an diesem Teil des Sees unebener und schien mit jedem Meter steiniger zu werden. Etwa zehn Meter von uns entfernt bestand es nur noch aus Geröll und dem graubraunen Fels, auf welchem die knorrigen Nadelbäume hoch über dem See thronten.

Mein Herz raste wie wild, als wir den Felsvorsprung erreichten. Erst ein Blitz und dann ein Donnergrollen erfüllten die abgekühlte geflutete Sommerluft. Es entging mir nicht, wie sehr Maxx dabei zusammenzuckte. Ich spürte es über seine Hand, die ich hielt. *Ich halte seine Hand.*

»Geschafft!«, keuchte ich atemlos, als wir endlich unter dem Felsvorsprung kauerten. Er erwiderte zunächst nicht mehr als ein Ächzen, weil er sich den Kopf anstieß. Viel Platz gab es hier nicht, aber es war genug, um vor dem Regen geschützt zu werden und einigermaßen gerade zu sitzen.

Ich schluckte schwer und versuchte, meinen Atem dazu zu bringen, langsamer zu werden. Im ersten Moment ziemlich erfolglos. Aber nicht nur meine Brust hob und senkte sich ziemlich schnell; Maxx war ebenfalls am Keuchen. Er wischte sich den Regen aus dem Gesicht und rieb sich erst über den Kopf und dann über die sehnigen Arme. Ich hoffte so sehr, dass die anderen das Unwetter gut überstanden, dass sie Schutz fanden und unsere Sachen in Sicherheit bringen konnten. Das Herz rutschte mir in die Hose. Meine Bücher! Hoffentlich waren sie trocken! Nicht dass das meine erste Sorge war, aber meine Freunde waren ziemlich selbstständig und würden, wenn es hart auf hart kam, vermutlich in den Autos Schutz suchen. Meine Bücher aber waren wie kleine Vogelbabys, zerbrechlich und wertvoll, und mussten von ihrer Mutter beschützt werden!

»Alles in Ordnung?«, fragte ich und wandte mich Maxx zu. Er nickte und wischte sich ein letztes Mal über das Gesicht. Sein Blick wanderte besorgt über mich. Auf unseren Waden waren überall Matschspritzer, und unsere Füße waren nass und schlammig. Überall klebten braune Tannennadeln und kleine Zweige.

»Danke«, sagte Maxx heiser und blickte auf den See und den Regen hinaus, der unmittelbar vor unseren Nasen vom Gestein des Felsvorsprunges tropfte. Wie bei einer Regendusche. »Du ... Wenn du nicht gewesen wärst, hätte mich dieser Ast so was von erschlagen.« Er lachte auf, aber es klang nicht belustigt, sondern eher ungläubig.

Ich nutzte diesen überaus seltenen Moment – im Sinne von sehr, *sehr* selten –, um es mit einem coolen Schulterzucken abzutun. *Nein, nicht selten. Das war definitiv das erste Mal.* »Immer wieder gerne«, fügte ich hinzu, was in meinen Ohren so absurd klang, dass ich auflachen musste.

Maxx lächelte. Zumindest bis erneut ein Donnergrollen erklang.

»Alles in Ordnung?«, fragte ich schon wieder, diesmal noch besorgter.

Er kniff die Augen zusammen sowie auch seine Lippen. Sein Gesicht war blass geworden. »Ich ... Ich hasse dieses Geräusch. Donnergrollen. Keine Ahnung, wieso, aber mir wird jedes Mal eng in der Brust, und ich bekomme Herzrasen. Ich … Gott.« Er schnaubte. »Ich klinge wie die größte Memme überhaupt. Tut mir leid.«

»Hey, du klingst überhaupt nicht wie eine Memme!« Ich legte ihm eine Hand auf den Arm. »Du bist auch nur ein Mensch. Angst macht dich nicht schwach, sondern menschlich.«

Der Blick aus seinen durchdringenden Augen durchbohrte mich regelrecht, aber ich zwang mich standzuhalten.

Er lächelte traurig. »Das ist … Ich weiß auch nicht. Unerwartet, schätze ich. Und ich …«

Wieder ein Blitz, gefolgt von einem Donner, der so knackend und laut war, dass er mir in den Ohren schmerzte, und dessen Vibration sogar im Boden zu spüren war. Maxx zuckte heftig zusammen, und selbst ich schrie erschrocken auf. Er kniff wieder die Augen zu, zog eine so gequälte Miene, dass es mir im Herzen wehtat.

Ich handelte erneut, ohne nachzudenken. Impulsiv. Ich schlang meine Arme um ihn. »Es ist gleich vorbei«, versprach ich. »Sieh mal, da hinten wird der Himmel schon heller. In ein paar Minuten ist das Schlimmste überstanden, und das Unwetter ist weg.«

Erst rührte er sich nicht. Er war wie erstarrt, was mich so verängstigte, dass ich am liebsten sofort meine Arme zurückgezogen hätte. Dann aber erwiderte Maxx meine Umarmung. Nicht auf eine unbeholfene Art und Weise. Er zog mich richtig zu sich, bis ich an ihn gepresst wurde, und vergrub das Gesicht an meinem Hals. Ich schnappte sehr hörbar nach Luft. Doch … ich reagierte nicht vollkommen über, so wie ich es von mir gewohnt war. Sicher, die plötzliche Nähe verknotete mir den Bauch und ließ mich erschaudern, aber mein Hirn entschloss sich nicht dazu, augenblicklich zu einer matschigen unbrauchbaren Masse zu schmelzen.

Ich lehnte mich an Maxx, lehnte meinen Kopf an seinen und erlaubte es mir, mich in diesen Augenblick und seine Nähe fallen zu lassen.

So saßen wir eine ganze Weile da. Jedes Mal wenn ein weiteres Donnergrollen erklang, zuckte Maxx zusammen, und irgendwann begann ich damit, über seinen Kopf zu streicheln. Ich wusste nicht, ob ich es tat, um ihn zu beruhigen oder mich selbst, doch offenbar schien es uns beiden zu helfen. Die Geste sah mir noch viel weniger ähnlich als alles andere. Doch ich hörte nicht auf. Ich schloss die Augen und wartete gemeinsam mit Maxx darauf, dass die Wut der Welt wieder verrauchte.

Endlich wurde der Regen schwächer. Das Schlimmste schien überstanden zu sein, und die Wolken am Horizont wirkten schon um einiges heller. Mein Steißbein schmerzte, und mein Rücken pochte wegen der verkrümmten Position. Und doch erfüllte mich so was wie Bedauern, als Maxx sich von mir löste.

»Ist das ABBA?«, fragte er mit einem leisen, vorsichtigen Lächeln auf den Lippen.

Ich schloss den Mund. *Oh.* Ich hatte leise gesummt.

Meine Wangen wurden warm. »Ja. Ich … Als Kind hatte ich auch Angst vor Gewittern.«

»Was hat das mit dem Lied zu tun?«, fragte Maxx. Diesmal wurde sein Lächeln breiter.

Ich lachte auf und schlang meine mit Gänsehaut bedeckten Arme um mich. »Als Mitchell und ich klein waren, waren wir über die Sommerferien oft bei unseren Großeltern. Ich hatte ziemlich Angst vor Gewittern und habe mich immer unter dem Bett versteckt. Irgendwann hat meine Grandma versucht, mich abzulenken. Sie hat den Film *Mamma Mia!* auf DVD angeschmissen, und bis zu ihrem Tod ist es irgendwie unser Ritual gewesen, den Film zu schauen oder die Lieder von ABBA zu singen, wann immer ein Gewitter wütete und ich Angst bekam. Ein paarmal habe ich sie von zu Hause sogar angerufen, damit wir gemeinsam am Telefon singen konnten. Seither singe ich immer ›Mamma Mia‹, wenn ein Gewitter einsetzt. Es … Es ist seltsam, aber es beruhigt mich. Tut mir leid, wenn das schräg ist.«

Der Ausdruck in Maxx' Augen wurde zärtlich. Ein Ausdruck, der fremd und herzzerreißend zugleich war. »Ich finde es schön. Tut mir sehr leid, dass du deine Grandma verloren hast, Sav.«

»Sav?«, wiederholte ich lächelnd. »Das ist das erste Mal, dass du mich so nennst.«

»Ich kann auch wieder …«

»Nein! Ich mag es.« Ich berührte seine Hand mit meinen Fingerspitzen, was mich mehr Überwindung kostete, als man annehmen würde. Doch ich genoss das Gefühl. Ich genoss diesen Moment der Stärke. Und diesen Moment des Herzklopfens.

Ich lächelte traurig. »Meine Grandma fehlt mir schrecklich, aber ich habe ihr vor ihrem Tod versprochen, sie zu ehren, indem ich nicht allzu sehr trauere und dafür an all die schönen Erinnerungen denke, die uns für immer miteinander verbinden.« Das war eine Sache, die mir so schwerfiel, dass ich mich, vor allem in der Zeit nach ihrer Beerdigung, oft dafür gehasst hatte, dem nicht gerecht werden zu können. Ich erinnerte mich noch sehr gut daran, denn Dr. Dreyer und ich hatten sehr oft und sehr ausführlich über Grandma gesprochen. Und Dr. Dreyer war es auch gewesen, die mir in dieser schweren Zeit, neben Mitchell, die größte Stütze gewesen war.

Maxx starrte mich an. Er betrachtete erst meine Finger auf seiner Hand und dann mein Gesicht, auf eine ruhige und nachdenkliche Art und Weise, die mir den Bauch verknotete.

Unruhig rutschte ich in eine angenehmere Sitzposition, damit mein Steißbein nicht mehr so schmerzte.

»Was ist?«, fragte ich nervös und zog meine Hand zurück.

Ich sah, wie er schluckte. »Ich … Du bist ziemlich unglaublich.«

Mir wurde unerträglich heiß. Ich wusste nicht, was ich darauf erwidern sollte. Ein stumpfes »Selber«, »Dito«, »Ebenfalls«? Das alles klang unpassend, weshalb ich mich dazu entschloss, einfach gar nichts zu sagen. Stattdessen wiederholte ich seine Worte immer und immer wieder in meinem Kopf. *Du bist ziemlich unglaublich. Unglaublich.*

Ich sehnte mich plötzlich so sehr danach, Maxx wieder zu berühren, mehr zu berühren als nur seinen Handrücken, dass mein Kopf wie leer gefegt war.

»Tut mir leid.«

»Was tut dir leid?«, flüsterte ich.

Er lächelte schwach. »Ich will versuchen, ein Freund für dich zu sein. Ich sollte so was nicht zu dir sagen.«

Und all das, was ich eben so stark und so intensiv empfunden hatte, all das Knistern zwischen uns … es verpuffte einfach.

Nein.

Es zerbrach.

Maxx' Worte fühlten sich an wie eine Ladung Eiswasser, die mir geradewegs über den Kopf geschüttet worden war, und der Stich, der mir durch die Brust fuhr, raubte mir den Atem.

»Ein … Freund«, wiederholte ich wie betäubt.

Maxx schien gar nicht zu bemerken, was gerade in mir vorging. »Ist das okay? Wir müssen keine Freunde sein, wenn du das nicht möchtest.«

»Doch!« Ich rang mir ebenfalls ein Lächeln ab. »Doch, doch, Freunde klingt gut! Wir werden bestimmt richtig gute Freunde. Total gute Freunde. Wir …«

Blitzlicht zuckte weiß durch die Luft, und nur einen halben Herzschlag später brüllte der knackende Donner durch den Wald. Instinktiv schlang ich wieder meine Arme um Maxx, gerade als er mich mit einem Ruck zu sich zog. Ich schnappte nach Luft, als seine Hand meine Hüfte hinaufglitt, bis hoch zu meinen Rippen, und unsere Gesichter sich plötzlich unmittelbar voreinander befanden. Mit großen Augen starrten wir uns an. Plötzlich war ich mir so sicher. In diesem Augenblick war ich mir sicher, dass er mich küssen würde. Ich war mir so sicher, besonders als sich plötzlich unsere Nasenspitzen berührten und sich unser warmer Atem vermischte und auf meine kalten Lippen traf.

Doch … er tat es nicht. Maxx rührte sich nicht.

Er löste sich von mir, erschreckend ruckartig.

Wie betäubt saß ich da, als er sich in Bewegung setzte und unter dem Vorsprung hervorkroch. Dabei stieß er sich wieder den Kopf, was ihn laut fluchen ließ.

In meinem Kopf herrschte Chaos. Schlimmer noch, es war, als wäre das Unwetter auch durch *mich* gewütet und hätte alles durcheinandergebracht.

Hastig krabbelte ich ihm hinterher und rappelte mich neben dem Vorsprung auf. Es regnete noch immer, auch wenn wir das Schlimmste hinter uns gebracht hatten, und das ein oder andere Donnergrollen vibrierte noch immer durch die Luft. Jedes einzelne ließ Maxx zusammenzucken.

Bevor ich mich bremsen konnte oder überhaupt wusste, was ich damit ausdrücken wollte, kamen die Worte auch schon aus mir herausgesprudelt. »Was war das denn eben?«

»Was meinst du?«, fragte er erschrocken.

»Na ... *das*.« Mit bebender Hand deutete ich auf den Fels hinter mir. Ich wusste selbst nicht, was genau ich ihm damit sagen wollte.

Sein Blick wanderte von mir zu dem Vorsprung und wieder zurück, immer und immer wieder. Da ich keine Ahnung hatte, was ich wollte, konnte ich erst recht nicht wissen, welche Schlussfolgerung er zog. Deshalb erschütterte es mich umso mehr, als Maxx die nächsten Worte sprach.

Er sah mich fast schon herausfordernd an, während die letzten kalten Tropfen auf uns niederprasselten. »Meinst du meine Frage, oder willst du wissen, wieso ich dich gerade nicht geküsst habe?«

Der Atem blieb mir geradewegs im Hals stecken. Er ... *Was?* Wie konnte er wissen, dass ich ... dass er ...

Langsam kam Maxx näher.

»Ich habe es dir doch gesagt, Savannah«, sagte er leise. *Noch ein Schritt.* »Wir müssen keine Freunde sein, wenn du das nicht möchtest.«

Mein Puls beschleunigte sich, bis er mir in den Ohren dröhnte. Maxx war so nah, dass ich die Wärme, die er ausstrahlte, spüren konnte. So nah, dass ich das Bedürfnis verspürte, ihm noch näher zu sein. Ihn zu berühren. Mit meinen Fingern seine markante, glatte Wange entlangzustreichen. Kaum zu glauben, dass er sein Gesicht eben an meinem Hals vergraben hatte.

Ich blickte zu ihm hoch. *Komm schon, Moore! Sei mutig! Jetzt!*

Doch ich schaffte es einfach nicht. Ich brachte einfach kein Wort hervor.

Maxx betrachtete mich aufmerksam. Ihm schien keine Regung zu entgehen. Schließlich wurde der Ausdruck auf seinem Gesicht sanft. Er streckte die Hand aus, ließ sie auf halber Strecke jedoch wieder sinken und zog sie zurück. »Du musst nicht darauf antworten. Ich wollte nur, dass du weißt, dass ich gerne mit dir befreundet wäre. Und wenn du das nicht möchtest …« Seine Stimme versagte. Ich sah, wie er den Kiefer anspannte und dort ein Muskel zuckte. »Und wenn du das nicht möchtest, dann lass es mich wissen.«

Als wir uns diesmal zurück auf den Weg ins Lager machten, hielt Maxx nicht meine Hand. Das lag höchstwahrscheinlich jedoch daran, dass ich voranlief. Mehr noch als das. Ich floh vor dem, was unter dem Felsvorsprung geschehen war. Nein, ich floh vor mir selbst. Zumindest versuchte ich es. Denn erneut hatte ich es nicht geschafft, über meinen Schatten zu springen – obwohl ich doch gerade nichts lieber getan hätte als das.

KAPITEL 28

MAXX

*A*ls wir ins Lager zurückkehrten, war alles verwüstet. Nichts war mehr dort, wo es mal gewesen war. Handtücher hingen in den Büschen um den Campingplatz herum, die Zelte standen nicht mehr, sondern waren eingeknickt. Meinem fehlte sogar die wasserdichte blaue Plane. Auch ein Teil unserer Sachen lag verteilt herum.

Es war wortwörtlich das reine Chaos ausgebrochen.

Die anderen waren bereits dabei, das Lager aufzuräumen, und als sie Savannah und mich erblickten, schrie Ella erleichtert auf. »Da seid ihr ja!« Sie rannte auf uns zu. Genauer gesagt auf ihre Freundin. Sie fiel Savannah um den Hals. Savannah sah mich nicht einmal mehr an, seit wir uns auf den Weg zurück gemacht hatten. Und das nur, weil ich meine bescheuerte Klappe nicht hatte halten können. Wie hatte ich nur so selbstsüchtig werden können, ihr solche Sachen zu sagen? Das hatte ich nun davon. Ich hatte es verkackt. Wie hatte ich diesen Moment unter dem Felsvorsprung nur so falsch deuten können? Ich hätte meine Hand dafür ins Feuer gelegt, dass nicht nur mein Herz unerträglich laut geschlagen hatte.

Ellas Haare steckten in einem blauen Handtuchberg auf ihrem Kopf. Im Gegensatz zu Savannah in ihrem Bikini trug sie lange Jeans und einen dicken Fleecepullover – der, den Summer bereits die letzten Tage getragen hatte, wie ich feststellte. Wenn man es genau nahm, waren Savannah und ich die Letzten, die noch immer Badesachen trugen. Alle anderen hatten sich trockene Kleidung angezogen.

Ich bekam ein schlechtes Gewissen, auch wenn ich nicht wirklich sagen konnte, woher es kam. Mein Hirn entschied sich plötzlich einfach, dass ich nun so fühlte – und schickte mir gleich darauf eine Welle schwerer Gedanken durch den Kopf.

Ich war nicht hier gewesen. Mal wieder war *ich* nicht anwesend gewesen, während andere das Chaos ausbaden mussten.

Mir wurde mit einem Mal schwindelig. Es war kaum vergleichbar, doch es löste plötzlich so viele Gefühle, so viele Erinnerungen von … früher aus.

Fuck. *Ich habe sie im Stich gelassen. Ich lasse immer alle im Stich. Andere müssen meinen Scheiß ausbaden, und ich bekomme es nicht mit. Nie. Der einzige Grund, weshalb wir auf diesem Campingtrip sind, bin ich. Und ich habe sie im Stich gelassen, als das Chaos ausgebrochen ist.*

»Maxx!«

Ich hob den Kopf, gerade als Ella auch mir in die Arme sprang. »Ich hoffe, euch ist nichts zugestoßen. Das war ein ziemlich heftiges Unwetter. Zum Glück haben wir das überlebt!«

Unbeholfen tätschelte ich ihr den Rücken, während meine Gedanken immer finsterer wurden, wie eine Abwärtsspirale. Ein Strudel, der mich brutal mit sich riss, in die Tiefen meines Kopfes. *Nicht. Du bist stärker als deine Dämonen. Du kannst immer noch helfen. Lass dich nicht mitreißen. Es ist eine vollkommen andere Situation als die ganze Geschichte mit dem Gefängnis und dem Käfig.*

Ich sah, wie Carla ein Stück entfernt stand und mit der Zunge schnalzte. »Ay, jetzt beruhigt euch alle gefälligst mal, das war keine Windhose oder ein Taifun, sondern ein Wolkenbruch. Das passiert im Sommer ständig, das ist überhaupt nichts Besonderes.«

»Haha.« Ella löste sich wieder von mir und drehte sich zu Carla um, die gerade den Sack mit dem Müll, den wir die letzten Tage gesammelt hatten, wegtrug. Der Wind hatte ihn wohl geöffnet und den Inhalt überall verteilt.

»Es geht uns gut«, sagte Savannah und schlang die Arme um sich. Ihre Zähne klapperten vor Kälte, obwohl es schon wieder wärmer wurde – und stickiger. »Wir haben unter einem Felsvorsprung am Ufer darauf gewartet, dass der Regen nachlässt. Tut mir leid, dass wir so lange weg waren!«

»Geht es euch allen auch gut?«, fragte ich angespannt und ließ meinen Blick durchs Lager gleiten. Alles in mir verkrampfte sich, als ich dem Blick meines Bruders begegnete. Chester hatte einen Stapel Holz in der Hand und stand neben Creeds Jeep. *Du hast sie im Stich gelassen. Sie mussten das Chaos ohne dich überstehen. Aber ohne dich wären sie alle gar nicht erst hier gewesen und hätten es erlebt. Mal wieder bist du der Auslöser. Ches und Creed waren hier. Du nicht …*

Mir war schlecht. Ich wandte den Blick von meinem Bruder ab und ballte die Hände zu Fäusten. Am liebsten hätte ich einen Schalter in meinem Kopf umgelegt, der mir wieder Ruhe bescherte … aber ich konnte einfach nichts gegen den Sturm in mir ausrichten.

»Maxx? Ist alles in Ordnung?«

Ich schaffte es einfach nicht, mich zu Savannah umzudrehen und sie anzusehen, auch wenn es mir einen Stich im Herz verpasste. Das hatte sie nicht verdient. *Ich* hatte sie nicht verdient.

Ich nickte bloß.

Und dann begann ich damit, was schon lange nötig war. Etwas, was ich wohl mein ganzes restliches Leben tun musste.

Ich leistete Wiedergutmachung. In diesem Fall, indem ich damit begann, das Lager aufzuräumen.

Seufzend blies ich den Rauch meiner Zigarette aus und schnippte die Asche in eine Pfütze. Die leuchtend pinke Farbe des Sonnenuntergangs spiegelte sich im Farn Lake sowie die Bäume und die Silhouetten der Berge. Wir brauchten den ganzen Tag, um das Lager wiederherzurichten. Zuerst hatte ich versucht, allen die Arbeit abzunehmen, es allein wieder geradezubiegen, aber die anderen ließen mich nicht und hatten darauf bestanden, dass wir gemeinsam aufräumten. Nur widerwillig hatte ich schließlich nachgegeben. Die Stimmung war komisch. Oder vielleicht war ich es bloß, der komisch war. Ich wusste es nicht. Jedenfalls tat ich alles, was möglich war, um jedem so viel wie möglich abzunehmen. Mehr konnte ich schließlich nicht tun.

Und so zog ich mich an einen Ort in meinem Kopf zurück, der mir vertraut war. Die ersten Jahre hinter Gittern hatte ich ausschließlich dort verbracht. Ich kapselte mich ab. *Das hier sind nicht deine Freunde. Ich bin nur Chesters kleiner Bruder, der vor nicht einmal einer Woche nach Fletcher gekommen ist. Wir sind uns fremd. Sie sind mir fremd. Selbst Savannah, auch wenn wir ein paar Dinge miteinander geteilt haben.*

Ich wollte in mir selbst verschwinden. Die Verachtung, die ich mir gegenüber empfand, war stechend tief.

Ich blies wieder eine Rauchwolke in den rosafarbenen Himmel. Das war bereits meine dritte Zigarette. Drei hintereinander. Ich wusste, dass ich es übertrieb, aber das war gerade das Einzige, was mir wirklich half. Es tat mir in der Seele weh, wenn ich daran dachte, dass ich in den letzten Jahren tatsächlich abhängig geworden war. Ich hatte nie von irgendetwas abhängig werden wollen, erst recht nicht von Suchtmitteln. Und jetzt war ich hier. Zweiundzwanzig Jahre alt und Raucher. Scheiße, wer in meinem Alter fing überhaupt noch das Rauchen an? Es lohnte sich doch überhaupt nicht, war nicht angesagt, und teuer war es auch. Ich stank deshalb, würde irgendwann gelbe Zähne und vielleicht sogar Krebs bekommen. Und trotzdem konnte ich nicht damit aufhören.

Ich nahm sogar gleich noch einen tiefen Zug.

»Maxx?«

Ich ließ die Zigarette sinken und drehte mich um.

Ches kam zu mir geschlendert, die Hände tief in den Taschen seiner Jeans vergraben. Er wirkte … gehemmt. Angespannt und ein wenig nervös. »Können wir reden?«

»Worüber?« Ich löschte die Glut in der Pfütze und steckte den angebrannten Filter in die leere Verpackung, die ich mir zurück in die Hosentasche stopfte.

Ches kommentierte es nicht. Ich sah ihn jedoch auch nicht an, um nachzusehen, welcher Ausdruck sich auf seinem Gesicht befand. Ich wollte es … einfach nicht sehen.

Irgendwann starrten wir beide wortlos auf den See hinaus, der in das warme rosa Licht getränkt war.

»Maxx, es tut mir leid«, sagte mein Bruder leise neben mir. »Ich weiß nicht, was heute passiert ist, aber ich habe das Gefühl, dass es dir nicht gut geht. Und ich habe das Gefühl, dass du genau das gerade von mir hören solltest.«

Ich kickte mit der Schuhspitze einen Kiesel in Richtung Seeufer.

»*Du* bist nicht derjenige, der diese Worte in Dauerschleife sagen sollte«, murmelte ich.

»Maxx … Ich weiß, dass du dir die Schuld an dem gibst, was damals passiert ist. Das mit Rose und dem Auftrag und dem Unfall. Ich weiß, dass du uns beschützen wolltest und deshalb auf schuldig plädiert hast. Es … Es tut mir leid, dass keiner von uns den anderen beschützen konnte.«

Ich drehte mich zu ihm um, und meine Lippen formten sich zu einer freudlosen Linie. »Siehst du? Genau da ist das Problem. Wenn ich nicht gewesen wäre, wäre nichts davon passiert. Aber ich muss langsam meinen Frieden damit schließen. Reden wir einfach nie wieder darüber und lassen es auf sich beruhen. Neuanfang und so, schon vergessen?«

Ches seufzte schwer und nahm die Hände aus den Hosentaschen. »Aber genau das ist das Problem. Wir reden nicht miteinander, Maxx. Das tun wir schon nicht, seit wir in der Bar in Topsham gewesen sind. Wir müssen über das reden, was war, sonst werden wir niemals mit der Vergangenheit abschließen können. Und wir brauchen einen Abschluss. Wir alle. Wir müssen einen Punkt finden, von dem wir wirklich nach vorn blicken können, aber da sind wir noch nicht.«

Das Blut rauschte in meinen Ohren. *Fuck.* Er hatte die ganze Zeit geduldig gewartet, bis ich den ersten Schritt machte. Und ich war allein schon vor dem *Gedanken* geflohen, über damals zu sprechen.

Als Ches wieder sprach, hörte ich etwas in seiner Stimme, was ich zuletzt vor vielen, vielen Jahren gehört hatte. Etwas, was mir geradewegs das Herz zerriss.

Verzweiflung.

»Maxx, bitte. Wir müssen reden. Wir … Bitte. Ich brauche das. *Wir* brauchen das.«

Der Schmerz in seiner Stimme raubte mir den Atem. Ich war wie betäubt, als ich meinen Mund öffnete. »I-ich weiß nicht, worüber genau du reden willst.«

»Über alles. Fangen wir doch bei Rose an.«

Rose.

Allein der Klang ihres Namens wollte mich schon wieder in die Knie zwingen.

Ich zog die zerdrückte Zigarettenpackung aus meiner Hosentasche und öffnete sie. Erst dabei fiel mir wieder ein, dass sie ja leer war und nur ein Stummel drin lag. Frustriert stopfte ich mir das Päckchen wieder in die Tasche zurück.

Ich stieß hart den Atem aus und blickte zu Ches auf. »Es tut mir leid. Heute war ein seltsamer Tag. Ich verspreche dir, dass wir über alles reden können, wenn der Trip vorbei ist und so. Aber … gib mir noch etwas Zeit. Ich bin einfach noch nicht so weit.«

Auch wenn es nicht das war, was mein Bruder hören wollte, schienen meine Worte seine Anspannung endlich zu lösen. Er legte mir eine Hand auf die Schulter und drückte sie. »Okay. Ich bin da, wann immer du bereit bist.«

Damit drehte er sich um und ließ mich wieder allein. Mich und meine leere Packung Zigaretten, von welcher ich mir so sehr wünschte, dass sie es nicht wäre.

Rose. Nur der Gedanke, die klare Erinnerung an ihr Gesicht und die leuchtend dunkelrot gefärbten Haare, löste längst begrabenen Schmerz und Widerwillen in mir aus. Sie hatte mich kein einziges Mal im Gefängnis besucht. Und das, obwohl sie es nach meiner Gerichtsverhandlung hoch und heilig geschworen hatte, genauso wie ihre Liebe. Selbst da noch war ich blind gewesen. Ich hatte ihr geglaubt. Erst als ich schließlich hinter Gittern war und die Monate ins Land zogen, hatte ich einsehen müssen, dass Rose über alle Berge war. Und noch ein paar Monate später hatte ich endlich eingesehen, dass das wohl das Beste war, was mir passieren konnte: frei von ihr zu sein. Sie besaß kein bösartiges Wesen, sie war nicht verdorben oder niederträchtig. Doch jeder Mensch war in der Lage, für jemand anderen Gift zu sein. Und für mich war Rose genau das gewesen. Für meinen Kopf und mein Herz und mein Leben. Aber das war Vergangenheit. Ich war endlich frei, nicht nur körperlich, sondern auch von Rose, von den Leuten, mit denen ich mich wegen ihr damals abgegeben hatte, von *allem*. Von meinem alten Ich. Ich war selbstsüchtig gewesen, hatte zu viel gefeiert und war ein Arschloch gewesen, vielleicht auch weil Rose diese Art gefallen hatte. Dieser ganze Alpha-Scheiß. An diesen Punkt wollte ich nie mehr zurück und würde es auch nie. Deshalb sah ich auch keinen Sinn darin, all das erneut mit Chester durchzukauen. Geschichte war Geschichte. Die Dinge waren nun, wie sie waren. Der neue Maxx Williams war nur minimal besser als der alte, und es war schmerzhaft, zu dieser Erkenntnis zu kommen. *Außer du arbeitest an dir. Mach dir eine Liste. Wie Savannah. Gib nicht auf. Tu irgendetwas, aber hör endlich auf, in Selbsthass zu versinken, verdammt!*

Ein letztes Mal atmete ich tief durch. Ballte die Hände zu Fäusten. Dann drehte ich mich um und blickte im warmen Licht des Sonnenuntergangs hinüber zu unserem Lager.

Ich durfte mich nicht mitreißen lassen. Ich musste stark sein. Ich musste diesen Weg gehen, egal wie schmerzhaft er war, denn nur so würde ich es schaffen, meine Dämonen zu überwinden. *Sei wie Savannah.*

Langsam setzte ich mich in Bewegung. *Einen Schritt nach dem anderen.* Und ich nahm mir vor, exakt das Gleiche mit meinem Leben zu tun.

KAPITEL 29

SAVANNAH

*E*s war eiskalt und stockdunkel. Die Nacht war erfüllt vom stetigen Rascheln aus dem Unterholz, dem Quaken der Frösche am See und dem Rauschen des Windes, wann immer er das Zelt streifte oder zwischen Ästen und Baumkronen hindurchfuhr. Schon seit Stunden lag ich hellwach da. Lauschte in die Nacht hinaus und starrte ins Nichts. Summer schlief, und vermutlich auch sonst alle anderen. Der heutige Tag und der Sturm waren dermaßen aufwühlend gewesen, ebenso wie das Aufräumen unseres Lagers, sodass nach dem Grillen keiner mehr sonderlich lange durchgehalten hatte. Ich war davon ausgegangen, dass auch ich sofort hätte einschlafen müssen. Immerhin war ich total erledigt. Doch meine Gedanken gaben mir keine Ruhe und hielten mich wach. Ich dachte über so viel nach. Erst nur über den Urlaub, aber dann uferten meine Gedanken aus. Ich dachte nach über meine Eltern, über meine Freunde, die Vergangenheit, die Zukunft, meine Ängste. Einfach über alles. Teilweise dröhnte mir der Kopf so sehr, dass es sich fast anfühlte, als würde er Anstalten unternehmen, alles gleichzeitig zu zerdenken und mich in Bildern und Emotionen zu ertränken.

Mein Rücken schmerzte auf der dünnen Isomatte, und ich fühlte mich ausgelaugt von meinen Gedanken. Seufzend drehte ich mich herum. Am liebsten hätte ich noch ein wenig gelesen, aber ich wollte mit meiner hellen Taschenlampenfunktion am Handy Summer nicht wecken.

Ich schob meine Hand aus dem warmen Schlafsack und tippte das kalte Display in der Dunkelheit an. Es leuchtete sanft neben meinem Kopf auf – und verriet mir, dass es schon drei Uhr morgens war. *So spät! So früh!*

Es nützte nichts. Ich würde vermutlich noch bis Sonnenaufgang wach daliegen. Das wäre zumindest nicht das erste Mal. Als ich fünfzehn war, hatte ich sogar einmal ins Krankenhaus gemusst, weil ich drei Tage am Stück nicht hatte schlafen können.

Ich konnte genauso gut raus und irgendwo mein Buch lesen. Schlaf wäre zwar besser, aber lieber mit offenen Augen träumen als gar nicht.

Langsam und voller Bedacht, damit mein Schlafsack nicht zu sehr raschelte, kroch ich aus ihm heraus. Ich zog mir Mitchells Pullover der Fletcher University über, der mir viel zu groß, aber dafür schön warm war, nahm mir mein Buch und die riesige Wolldecke, die ich mir über den Schlafsack gelegt hatte. Zu guter Letzt schob ich mein Handy in die vordere Tasche des Pullovers. Ich hielt hörbar den Atem an, als Summer sich rührte. Doch sie drehte sich nur von der einen auf die andere Seite und machte dabei leise Schmatzgeräusche.

Ich hasste es, dass das Geräusch des Reißverschlusses so laut war, weshalb ich ihn praktisch in Zeitlupe aufziehen musste. Da ich zwei Paar Socken trug – normale und darüber flauschige –, schlüpfte ich geradewegs in Summers Badeschlappen, die mir nun perfekt passten.

Nachdem ich das kleine Zelt wieder geschlossen hatte, richtete ich mich auf. Ich drehte mich um – und entdeckte eine Gestalt auf einem der Baumstämme am nahezu toten Feuer sitzen. Verflixt, meine Brille lag noch im Zelt. Angestrengt kniff ich die Augen zusammen, was zumindest ein klein wenig half.

Es war Maxx.

Überrascht hob ich die Augenbrauen. Das Lagerfeuer war mehr rotorangene Glut als Flammen. Glühend – und *unscharf* –, hüllte es ihn in schwaches warmes Licht.

»Sav?«, fragte er flüsternd. »Wieso schläfst du nicht?« Seine überrascht klingende Stimme war beinahe tonlos, doch die Nacht war so still, dass ich sie mehr als deutlich hören konnte.

Langsam trat ich zu ihm. Hauptsächlich, damit ich mir nicht wie ein blinder Maulwurf vorkam.

Jetzt konnte ich ihn auch besser erkennen. Maxx trug eine Jogginghose und einen schwarzen Pullover sowie seine mittlerweile schmutzigen Sneaker, die er auch die letzten Tage getragen hatte. Er hatte weder sein Handy bei sich noch irgendetwas anderes. Offenbar saß er einfach nur da und starrte in das sterbende Feuer.

»Manchmal hab ich Probleme beim Einschlafen«, gab ich zu und senkte verlegen den Blick. »Heute ist wohl eine von den Nächten, in denen ich gar nicht schlafen kann.«

Er nickte, so als wüsste er tatsächlich genau, wovon ich sprach. »Geht mir genauso.«

Einen Moment lang herrschte Stille. Für ein paar Sekunden beschlich mich kribbelnde Unsicherheit, doch ich zwang mich, sie herunterzuschlucken, genauso wie die aufkeimende Aufregung, als mir klar wurde, wie ungestört wir waren. Ganz ohne Sturm. Nicht anonym in irgendeiner Rolle, in irgendeinem Hotel. Sondern hier und jetzt. »Darf ich mich zu dir setzen?«

Überrascht hob er die Augenbrauen. Dann klopfte er neben sich auf den Baumstamm.

Bevor ich es mir anders überlegen konnte, gab ich mir einen Ruck. Wenige Augenblicke später saß ich auch schon neben Maxx. Ich fragte mich, ob er es mir übel nahm, dass ich nach dem Sturm vor ihm geflohen war. Oder ob es jetzt seltsam zwischen uns sein würde. Aber Maxx machte nicht den Anschein, als stünde das für ihn zwischen uns. Es erleichterte mich ungemein.

Ich fühlte mich ein wenig beobachtet, als ich mir die Wolldecke um meine Schultern zog und das Buch auf meinen Knien ablegte.

»Was hast du da?«, fragte er und lehnte sich näher zu mir. Seine Mundwinkel zuckten verräterisch, als er den Buchtitel las. »*Zimtflockenblues. Hot-Christmas-Pudding*-Reihe, Band 7.« Er lachte leise auf. »Ernsthaft? Es ist Hochsommer, Sav.«

Mein Gesicht wurde glühend heiß, und mein Herz überschlug sich regelrecht. Entweder weil ich mich ertappt fühlte oder weil er mich erneut bei meinem Spitznamen genannt hatte, was sich privat und persönlich anfühlte.

Ein nervöses Lachen entfuhr mir, ehe ich mir hastig eine Hand vor den Mund schlug, um die anderen nicht zu wecken. »Die Reihe ist wirklich toll. Und gute Bücher sind zu jeder Jahreszeit gut.«

Maxx nahm mir das Buch aus der Hand und betrachtete das kitschige Cover, ehe er das Taschenbuch herumdrehte und den Buchrücken las. Er presste dabei die Lippen zusammen. Offenbar verkniff er sich das Lachen, doch ich sah, wie seine Schultern zu beben begannen. »Wow. Ich meine … Und dann dieses Cover. *Erotischer Weihnachtskitsch?*«

»Was hast du gegen das Cover?«, flüsterte ich und biss mir auf die Lippe, um nicht zu grinsen.

Er lachte leise und schien auf ungläubige Weise fasziniert und schockiert zugleich. »O Mann, dieses Muskelpaket trägt nur eine knappe Kochschürze und hält ein Tablett mit Keksen auf dem Arm. Und die Frau leckt sich Schokolade von den Fingern, die nicht wirklich gut gephotoshoppt aussieht. Ist das dieser Hot-Christmas-Pudding aus dem Titel?«

»Genau das ist er. Und er ist legendär. Hinten steht sogar das Rezept dafür im Buch.« Dass ich das sogar schon mal zubereitet und den Pudding geliebt hatte, musste ich ja nicht erwähnen.

»Komm schon, es ist doch so was von klar, wie das Buch enden wird.« Ich zuckte mit den Schultern. »Darum geht es gar nicht. Es ist kein Krimi, bei dem man bis zum Ende miträtselt, wer wohl der Mörder sein könnte. Manchmal geht es beim Lesen einfach nur darum, sich gemeinsam mit den Charakteren zu verlieben.«

Ich sprach leise, so leise, dass meine Stimme einem Wispern glich. Genau wie die von Maxx. Und es fühlte sich fast schon so an, als würde sich jedes gesprochene Wort augenblicklich in ein Geheimnis verwandeln, welches wir teilten.

Deshalb erfasste mich bei seinen nächsten geflüsterten Worten auch eine Gänsehaut. Er betrachtete erst das Buch, dann mein Gesicht. »Ich habe noch nie von *unwiderstehlich heißen Truckern* gehört. Und ich kann mir wirklich nicht vorstellen, dass eine stinkreiche weltweit erfolgreiche Popsängerin einen fremden Lkw-Fahrer auf einem Roadtrip begleitet, weil durch einen Schneesturm alle Flüge ausfallen. In den Büchern, die *ich* lese, würde es wohl eher um den Rechtsmediziner gehen, der die Leiche des Mädchens untersucht, die man irgendwo am Highway gefunden hat.«

Empört schnappte ich nach Luft. »Edgar ist der Leserliebling der Reihe! Und er fährt die Tour mit dem Lkw nur, weil sein Vater einen schweren Unfall hatte und niemanden sonst hat, der die Tour erledigen könnte. Eigentlich ist Edgar Tierarzt. Und Imogen Pear ist eine Ikone! Die Autorin hat ihr sogar eine eigene Instagramseite eingerichtet.« Hätte ich dieses Gespräch mit Ella oder meinen Freundinnen aus dem Buchclub geführt, hätte ich ihnen noch empfohlen, sich den vorherigen Band der Reihe anzusehen, da es dort um Imogens Bruder, ihren Songwriter, ging, der sich in ihre Anwältin verliebte – zur Weihnachtszeit natürlich. Ich liebte diesen Band der Reihe ganz besonders, und Bailey war der perfekteste Bookboyfriend, von dem ich jemals gelesen hatte. Nahezu. Den heißen Highlander-Brüdern und besonders Lord Dougen MacCallan aus *Feuer und Leidenschaft* konnte er noch nicht ganz das Wasser reichen.

»Ich bin noch nicht ganz überzeugt«, flüsterte Maxx mit einem neckenden Funkeln in den Augen. »Das klingt noch nicht vertrauenerweckend. Oder realistisch.«

Ich musste lächeln. »Nicht alles muss immer perfekt und realistisch sein. Manchmal darf man auch kurz aus der Realität fliehen und Geschichten lesen, die weder realistisch noch anspruchsvoll sind. Jeder verdient ab und an etwas Puderzucker für die Seele. Und wenn ich Semesterferien habe, brauche ich einen Zuckerschock.«

Das Grübchen kehrte zurück auf seine Wange, und er legte mir das Buch zurück auf meinen Schoß. »Du wirst ja ganz leidenschaftlich, Savannah.«

Die Art, wie er mit seiner tiefen rauen Stimme die Worte raunte, klang so intim, dass ich erschauderte. Mein Herz schlug plötzlich viel lauter. »I-ich, also … B-Bücher sind einfach mein Ding. Und ich lese diese Reihe wirklich gerne.«

Komm schon, reiß dich zusammen!

Ich straffte die Schultern und setzte mich aufrechter hin. »Ich mag es einfach nicht, wenn man vorschnell verurteilt, ob bei Büchern oder bei Menschen.«

Sein Blick wanderte nachdenklich über mein Gesicht, und er legte den Kopf schief. »Ich mag deine Einstellung. Vielleicht sollte ich mir eine Scheibe von dir abschneiden.«

»Schlechte Idee«, erwiderte ich scherzhaft. »Was wird wohl der Rechtsmediziner sagen, wenn ein Stück von mir fehlt?«

»Und mit nur wenigen Worten hast du meinen Satz in ein gruseliges Licht gerückt.«

»Ich glaube, das ist meine Spezialität.«

Er lachte leise, was seine Augen klein werden ließ, und ich erwiderte es.

Ich wusste nicht, was ich sagen sollte. Wir waren uns so nahe, dass mein Herz viel zu schnell zu schlagen begann. Die Art von Nervosität, die jede Faser von mir erfüllte, war die Art, die mich kichern lassen wollte, weshalb ich durchweg dagegen ankämpfte, es nicht zu tun. Wie ein Flummi, den man auf den Boden schlug und ihm dann befahl, nicht wie wild herumzuspringen.

Verlegen senkte ich den Blick. Dabei blieb er an Maxx' Unterarmen hängen. Erneut konnte ich einen Teil seiner Tattoos ausmachen.

»Was genau steht dort?«, fragte ich neugierig, bevor ich mich davon abhalten konnte.

Überrascht folgte er meinem Blick. Er schob den Ärmel ein wenig höher. Dort waren zwei überkreuzte Pfeile auf seinem sehnigen Unterarm. Darunter befanden sich altgriechische Buchstaben. ΜΟΛΩΝ ΛΑΒΕ. »Das hier? Da steht *molon labe*. Die Pfeile obendrüber stehen für Freundschaft. Ches und Creed wissen nichts davon, aber ich fand es cool, unsere Freundschaft irgendwie auf mir zu verewigen.«

Ich lächelte. »Es gefällt mir. Ich finde Freundschaftstattoos toll. Und was bedeutet *molon labe?«*

Er schmunzelte und schüttelte den Kopf. »Es steht für Standhaftigkeit und dass man nicht kampflos aufgibt. Aber ich wusste damals noch nicht, dass der Spruch mittlerweile in bestimmten Szenen verwendet wird. Kurz bevor ich … Vor ein paar Jahren, als meine Mutter es zum ersten Mal gesehen hat, hat sie mich gefragt, ob ich jetzt auch eine Waffe besitze und Motorrad fahren will.«

Überrascht lachte ich auf. »So schlimm?«

Verlegen schob er den Ärmel wieder nach unten. »Eigentlich nicht, der Spruch ist ja schon uralt. Aber ich wurde in den letzten Jahren öfter drauf angesprochen, meistens von ziemlichen Arschlöchern. Vielleicht hätte ich mich genauer informieren sollen, bevor ich es mir stechen ließ. Aber die wahre und ursprüngliche Bedeutung vom Tattoo gefällt mir immer noch. Kampfgeist und niemals aufzugeben.«

Er schob seinen anderen Ärmel nach oben, bis auf seinen Oberarm. Genau über seinem Ellbogen zog sich der schwarze dünne Ring aus Tinte, der mir schon im See aufgefallen war.

»Das hier hab ich mir bloß stechen lassen, weil ich es cool finde. Wenn ich wieder Geld verdiene, möchte ich mir noch ein paar Motive stechen lassen.«

Ein Seufzen entfuhr mir. »Das klingt toll. Ich wünschte, ich … Irgendwann lasse ich mich auch endlich tätowieren.«

Der wissende Ausdruck in seinen Augen verriet mir, dass er sich wohl genau daran erinnerte, wie ich ihm von meinem missglückten Termin im Tattoostudio per Textnachricht erzählt hatte. Die Erinnerung an diesen Tag war nicht gerade schön. Ich hatte es beinahe geschafft und dann im letzten Moment doch gekniffen.

»Wenn du möchtest, kann ich dich das nächste Mal ins Tattoostudio begleiten.«

»Das würdest du tun?«, fragte ich verblüfft.

Er zuckte mit den Schultern und lächelte. »Unser Ding. Schon vergessen? Wenn wir zurück in Fletcher sind, könnten wir uns gleich darum kümmern.«

Aufgeregt strich ich mir die Haare hinter die Ohren. »Gerne! Aber ich … Ich glaube, das ist kein guter Zeitpunkt. Das neue Semester steht an und mein Umzug ins neue Wohnheim. Ich habe noch nicht fertig gepackt und muss noch dieses Wochenende alles aus meinem alten Zimmer schaffen. Und die erste Semesterwoche wird bestimmt hart …«

»Ich helfe dir, wenn du möchtest.«

Mein Herz machte einen erschrockenen Sprung. Wieso wollte er das tun? Es hatte nicht einmal etwas mit der Liste zu tun. »Du musst dir keine Umstände machen, Maxx«, stieß ich leise hervor.

»Das sind keine Umstände, ich helfe gern. Wenn du mir morgen vor dem Aufbruch deine Nummer gibst, melde ich mich, sobald wir zurück in Fletcher sind.«

Meine Nummer. Er hatte mich nach meiner Nummer gefragt!

Hoffentlich merkte er durch das schwache Licht nicht, wie sehr meine Wangen schon wieder glühten. Ein breites Lächeln breitete sich auf meinem Gesicht aus, und ich konnte nichts dagegen tun. »Okay«, sagte ich schließlich und biss mir auf die Lippe. »Danke. Wirklich.«

Wieder schwiegen wir uns an. Irgendwie hatte ich das Gefühl, dass die Stille diesmal von anderer Natur war.

In mir herrschte ein wildes Durcheinander. Meine Gedanken verweilten in den Erinnerungen an den Sturm, daran, wie wir Hand in Hand durch den Regen gerannt waren, wie wir unter dem Felsvorsprung gesessen und Maxx sein Gesicht an meinem Hals vergraben hatte. *Wir müssen keine Freunde sein, wenn du das nicht willst.*

Je länger Maxx und ich uns anschwiegen, je länger wir uns einfach nur ansahen, desto schwerer fiel mir das Atmen. Mir wurde quälend heiß.

»Wieso kannst du nicht schlafen?«, fragte ich, um das Thema zu wechseln – und weil ich der elektrischen Spannung zwischen uns einfach nicht standhalten konnte. Es war ein ziemlich plumper Themenwechsel, aber Maxx schien es nicht zu stören. Oder vielleicht doch? Hatte ich etwas Falsches gesagt?

Er beugte sich im nächsten Moment vor und legte ein paar Stöcke auf das sterbende Feuer. So wie er es tat, machte es fast den Eindruck, als sei es für ihn von größter Wichtigkeit. Er blies auf die Glut, was sie aufleuchten ließ, und schob ein paar Blätter zwischen die Äste.

Als er sich wieder zurücklehnte und die Ellbogen auf den Knien abstützte, wich er meinem Blick aus. »Mir kreisen ziemlich viele Gedanken durch den Kopf.«

Das war alles, was er sagte. Ich wagte es nicht, nachzuhaken. Immerhin wollte ich ihn nicht bedrängen oder allzu neugierig wirken – abgesehen davon, dass ich mich nicht gerade traute, ihm auf die Pelle zu rücken. Ich hatte nicht mal eine Vermutung darüber, was Maxx beschäftigen könnte. Es führte mir einmal mehr vor Augen, wie fremd wir uns waren. Und doch fühlte es sich so vertraut an, hier neben ihm zu sitzen, fast so als würden wir uns schon eine Ewigkeit kennen.

Ich sah ihm zu, wie er in der Glut herumstocherte und sie immer wieder anblies, bis die kleinen Zweige und Stöcke Feuer fingen. Die

Flammen knackten so laut, dass ich zusammenfuhr. Es wunderte mich, dass niemand von dem Geräusch und dem heller werdenden Licht wach wurde. Aus den Zelten drangen vereinzelte leise Schnarchlaute. Vermutlich von Ella oder Mitchell. Alle schliefen tief und fest, eingelullt vom Rascheln in den hohen Baumkronen.

»Ich wollte mich noch mal bei dir bedanken.«

Meine Aufmerksamkeit tauchte blitzschnell aus den Tiefen meiner Gedanken auf und richtete sich wieder auf Maxx. Erst da bemerkte ich, mit welch warmem Ausdruck in den Augen er mich betrachtete.

»Oh. Wieso das?«, flüsterte ich verdutzt – während mein Herz einen kleinen Sprung vollführte.

»Du weißt schon, der Ast. Während des Sturms.«

»Ah. Das. D-das war nur ein Reflex. So was mache ich normalerweise nicht. Ich hab mich selbst überrascht.«

»Und trotzdem hast du es getan.«

Das Feuer ließ ein paar rot glühende Funken in die Dunkelheit hinaufsteigen. Es verbreitete allmählich ein wenig Wärme, und doch fröstelte ich. Ich blickte auf meine Hände und spielte mit der Ecke meines Buches herum. »Die anderen würden es mir vermutlich nicht mal glauben, wenn ich es ihnen erzähle.«

»Ach ja?« Er hob eine Augenbraue. »Aber wieso sollten sie dir nicht glauben?«

»Es klingt einfach nicht nach mir. *Savannah Moore* ist die, die gerettet werden muss, nicht andersherum.«

»Ich glaube, du kannst ziemlich gut auf dich selbst aufpassen.«

Seine Worte verblüfften mich so sehr, dass mir ein Schnauben entfuhr. »Würdest du mich kennen, würdest du das nicht glauben. Alle, die mich kennen, wissen, wie ich sein kann. Und deshalb wollen sie mich beschützen, glaube ich.«

Einen kurzen Moment schwieg er. »Was meinst du damit? Wie kannst du denn sein?«, fragte er schließlich leise.

Ich lächelte zerknirscht. Ein vertrautes, dumpfes Gewicht drückte mir auf die Brust, und ich zog die Decke enger um meine Schultern. Früher oder später würde er es sowieso herausfinden. Vermutlich sollte ich es ihm sagen. Ich *wollte* es ihm sagen.

»Depressiv«, flüsterte ich und starrte auf das Feuer. Aus irgendeinem Grund wollte ich plötzlich, dass Maxx mich verstand. Dass er mich nicht so sah wie Mom oder Dad oder selbst meine Freunde – auch wenn diese behaupteten, dass sie mich behandelten wie alle anderen auch. Ich wollte es Maxx mit einem Mal so unbedingt erklären, dass sich mein Herzschlag beschleunigte. »Ich … Es fing an, als ich in der Middleschool war. Meine Mom dachte erst, dass ich eine Essstörung hätte, weil ich plötzlich sehr viel Gewicht und meinen Appetit verlor. Dann kamen meine Panikattacken hinzu. Meine Eltern haben sich sehr viele Sorgen um mich gemacht und mich letztendlich zu Dr. Dreyer geschickt. Seit ich vierzehn war, ging ich also zur Therapie. Dr. Dreyer hat mir unglaublich geholfen. Mit allem. Ich habe mich selbst dadurch besser kennengelernt, auch in den wirklich schlimmen Phasen der Depression. Aber mit jedem Jahr, das verging, in dem ich immer noch nicht ›geheilt‹ war, verlor meine Mom den Glauben an die Therapie. Und sie begann, meine Krankheit immer weniger ernst zu nehmen. Das war eine zusätzliche Belastung.« Gedankenverloren strich ich mir eine wirre Haarsträhne hinter das Ohr und lächelte traurig. »Eine Zeit lang musste ich Schlaftabletten nehmen, bis meine Mutter dem einen Strich durch die Rechnung gemacht hat. Sie wollte so was nicht im Haus haben, damit ihre depressive Tochter nicht auf *falsche Gedanken* kam. Sie hat es einfach entschieden und zugelassen, dass meine Schlafprobleme sich auch körperlich auf mich auswirkten. Natürlich hat sie nicht gefragt, was ich davon hielt. Sie wusste schließlich immer, was das Richtige war. Im Nachhinein wundert es mich ein wenig, dass sie zugelassen hat, dass ich meinen Führerschein machen durfte und ein Auto bekam, dabei war ich in ihren Augen doch so unselbstständig und untauglich. Nicht dass sie diese Gedanken jemals laut ausgesprochen hat, aber ich kenne meine Mom. Ich weiß, was sie in mir sieht: ein kleines hilfloses Mädchen, das vor sich selbst und der Welt beschützt werden muss. Nur dank Dr. Dreyer hab ich schließlich wieder Schlaftabletten nehmen dürfen, bis es mir so weit besser ging, dass wir sie irgendwann wieder absetzen konnten. Kontrolliert. Unter Aufsicht. Ich kann mich noch genau an das Gesicht meiner Mutter erinnern, als Dr. Dreyer ihr und Dad das verkündet hat. Sie war wie versteinert. Meine Eltern und Mitchell haben mich viele Jahre so behandelt, als sei ich ein rohes Ei.« Allein die Erinnerung daran sorgte dafür, dass sich ein trüber, schwerer Schleier auf mich legte. Er ließ die ganze Welt träge und langsamer erscheinen, kälter und ungemütlicher, während mein Körper sich immer mehr zusammenzog und meine Gedanken schneller wurden.

Ich kniff die Augen zusammen und atmete tief durch. Nein. Heute nicht. Ich würde mich der Flut nicht hingeben. Ich würde stärker sein, würde widerstehen.

Langsam atmete ich aus, setzte mich aufrechter hin und öffnete die Augen wieder. »Ich glaube, Dr. Dreyer und ich haben mindestens hundert Stunden damit verbracht, über meine Eltern und meine Beziehung zu ihnen zu sprechen. Irgendwann ging es bergauf. Vor allem in den letzten zwei Jahren habe ich ziemlich große Fortschritte gemacht. Wir konnten die Antidepressiva absetzen und die Schlaftabletten, und seit diesem Jahr habe ich nur noch depressive Schübe. Sie kommen immer mal wieder, aber sie dauern nicht mehr ansatzweise so lange wie früher. Und dann …« Meine Stimme versagte. Der Gedanke daran, was dann geschehen war, sorgte noch immer dafür, dass mir schlecht wurde. Die Wunden waren zu frisch.

»Was dann?«, fragte Maxx leise. Er wirkte ernst. Geduldig. Mitfühlend. Nicht so, als würde er mich bedauern.

Und das fühlte sich ziemlich gut an.

Ich begann zu frösteln. »Meine Eltern haben beschlossen, dass ich nicht mehr krank bin, und meine Therapie beendet. Das haben sie mir vor ein paar Wochen mitgeteilt.«

Ungläubig blinzelte er mich an. »Mitgeteilt? Wow, ich dachte, das ist etwas, was man bespricht. Was sagt denn deine Therapeutin dazu? Doktor …«

»Dreyer. Ich weiß es nicht. Ich habe sie nicht mehr sprechen können, und vermutlich werde ich sie auch … Vermutlich werde ich sie auch nie wiedersehen, weil ich nicht mehr länger ihre Patientin bin.« Ich konnte genau spüren, wie meine Augen zu brennen begannen, doch ich wollte unter absolut allen Umständen vermeiden, deshalb vor Maxx zu heulen. Seit meine Eltern es mir mitgeteilt hatten, hatte ich bereits zu viele Tränen vergossen. Ich musste mich endlich zusammenreißen und stark sein. *Du kannst das.*

Hastig räusperte ich mich. »Du hast recht, normalerweise bespricht man etwas so Wichtiges, vor allem weil Dr. Dreyer mich schon so viele Jahre begleitet. Meine Eltern haben das aber nicht getan. Sie haben über meinen Kopf hinweg entschieden, so wie sie es immer tun, und ich … Ich habe es geschehen lassen.«

»Was? Aber wieso?«, flüsterte Maxx, was beinahe aufgebracht klang. Seine Stirn war sorgenvoll gerunzelt.

»Weil ich es noch nie geschafft habe, meinen Mund in ihrer Gegenwart aufzubekommen. Jedes Mal wenn ich ihnen gegenüberstehe und mit all den Dingen konfrontiert werde, die zwischen uns schiefgehen, mache ich einfach einen Rückzieher. Meistens fange ich vor Wut an zu weinen, wodurch sie mich dann sowieso nicht mehr ernst nehmen. Und dann …« In Gedanken beendete ich den Satz. *… steigere ich mich so sehr rein, bis ich eine Panikattacke bekomme oder ein depressiver Schub getriggert wird. Ein ewiger Teufelskreis.*

Ich wollte um jeden Preis verhindern, dass ich in Maxx' Augen ebenfalls zu dem zerbrechlichen Wesen wurde, das ich in so vielen anderen Augen war. Das durfte auf keinen Fall passieren, denn so wollte ich vor niemandem mehr wirken.

Deshalb sah ich ihm in die Augen und nahm all meinen Mut zusammen. »Ich möchte meinen Eltern Ende des Sommers endlich sagen, was ich wirklich denke. Das ist einer der Gründe, wieso ich meine Liste erstellt habe. Jetzt, wo ich Dr. Dreyer und die Therapie verloren habe, muss ich außerdem lernen, auf eigenen Beinen zu stehen. Hätte ich meine Liste nicht, wäre ich vermutlich so hoffnungslos und verängstigt, dass ich mich den ganzen Sommer über in meinem Wohnheimzimmer verkrochen hätte.«

Einen Moment sah er mich aus unergründlichen Augen an. Dann streckte er die Hand aus. Seine kühlen Finger berührten meine Hand. »Ich bewundere dich dafür, dass du dich aufgerafft hast. Es ist so ein starker Schritt, es überhaupt erst zu versuchen. Ich weiß nicht, ob ich das könnte. Ich glaube … Nein. Ich weiß, dass ich davon noch weit entfernt bin.«

Die Berührung seiner Hand drang mir durch Mark und Bein. Das trat jedoch in den Hintergrund, als seine Worte mich mit Mitgefühl und süßem Bedauern erfüllten. »Das tut mir leid«, murmelte ich. »Ella hat erwähnt, dass du eine schwere Zeit durchmachst. Was auch immer es ist, es tut mir leid, dass du es durchmachen musst. Wenn du drüber reden möchtest oder einfach jemanden zum Zuhören brauchst … Na ja. Du weißt schon. Ich höre dir zu. Wenn du möchtest.«

Er lächelte, doch es wirkte traurig und ein wenig verloren. Seine Hand verschwand von meiner. Etwas, was in mir ein Gefühl von Verlust auslöste. Ich sehnte mich augenblicklich danach, ihn wieder zu berühren. Ihm wieder näher zu sein. Doch Maxx machte den Anschein, als würde er einen unsichtbaren Wall um sich herum errichten. Er zog sich zurück, beugte sich im nächsten Moment vor und legte weitere Äste und Zweige auf das kleine Feuer, was einen Schwarm aus glühenden Funken hinauf zu den Sternen tanzen ließ.

»Danke«, sagte er schließlich leise. »Tut mir leid, Savannah. Es liegt nicht an dir. Ich kann noch nicht drüber sprechen. Noch nicht so richtig. Ella hat recht, ich mache gerade ziemlich viel Scheiß durch.« Er blickte zu mir auf, auch wenn es deutlich distanzierter wirkte als noch wenige Augenblicke zuvor. »Sobald ich aber bereit bin, werde ich es dir erzählen. Irgendwann … Okay?«

Obwohl ich nicht wusste, um was es eigentlich ging, spürte ich, dass es etwas Großes sein musste. Vielleicht hatte er einen schweren Verlust erlitten oder so was in der Art. Was es auch war, ich würde seine Worte akzeptieren. Und nicht weiter nachbohren.

Langsam nickte ich. »Kein Problem. *Cookie*.«

»*Cookie*?«

Ich lächelte verlegen. »Das haben Dr. Dreyer und ich erfunden. Damit ich einen Zugang finde, mich meinen Vertrauten gegenüber zu öffnen, ohne Angst vor Bedrängung haben zu müssen. Wenn wir über Themen sprechen, die uns schwerfallen und wir es auf sich beruhen lassen wollen, weil es zu viel wird, sagen wir *Cookie*. Das ist so was wie ein Safeword. Vielleicht kannst du ja auch etwas damit anfangen.«

Seine Miene wurde weicher. »Danke für den Tipp.« Er schien nachzudenken und starrte in die knisternden Flammen. Einen Moment lang machte es den Anschein, als würde er mit sich ringen. Ohne den Blick vom Feuer zu lösen, begann er ein paar Herzschläge später zu sprechen. »Okay. Ich … versuche es mal mit diesem *Cookie*. Also ich … Sie …« Ein Muskel in seinem Kiefer zuckte. »Ihr Name war Rose. Meine erste große Liebe. Sie hat mir nicht gutgetan, und ich glaube, ich habe ihr auch nicht gutgetan. Durch sie habe ich vor ein paar Jahren einige Dinge gemacht, auf die ich nicht stolz bin, und durch meine Verbindung zu ihr habe ich damals einen Weg eingeschlagen, auf den ich noch viel weniger stolz bin und den ich bis heute bereue. Alles, was ich die letzten vier Jahre durchgemacht habe, habe ich selbst zu verschulden, und ich habe auf meinem Weg viele Menschen verletzt. Ich …« Er hielt inne und rieb sich mit beiden Händen über das Gesicht. »Ich will all das hinter mir lassen, aber ich … weiß nicht, wie. Ich habe Schiss, dass ich es nicht schaffe. Dass mir niemand verzeihen wird und ich selbst es auch nicht auf die Reihe bekomme. Die … Die Zukunft jagt mir eine Scheißangst ein, und ehrlich gesagt weiß ich noch nicht so richtig, was aus mir werden soll. Oder werden kann, nach allem, was passiert ist.«

Stille. Er rührte sich nicht. Genauso wenig wie ich. *Ex-Freundin. Vier Jahre. Verzeihen.* Mein Herz zog sich zusammen. Was um alles in der Welt war passiert?

Erste große Liebe. Vermutlich sollten mich diese Worte nicht so treffen, wie sie es taten, aber sie trafen mich so ziemlich aus heiterem Himmel. Ich hatte noch immer absolut keine Ahnung, was Maxx durchmachen musste und bereits durchgemacht hatte, aber nun gab es ein paar wenige Puzzleteile, die die Idee eines Bildes erahnen ließen. Wie ein Traum, der immer dann außer Reichweite trat, wenn man versuchte, nach ihm zu greifen.

Maxx musste nicht *Cookie* sagen, damit ich darauf verzichtete, nachzubohren. Ich tat es einfach nicht. Ganz abgesehen davon, dass es mir nicht zustand. »Danke, Maxx«, flüsterte ich. »Du hättest mir das nicht anvertrauen müssen.«

Endlich sah er mich wieder an. Die Anspannung in seinen Schultern wich langsam wieder, und die Andeutung eines Lächelns huschte über sein Gesicht. »Ich weiß. Aber ich wollte es dir anvertrauen.«

Ich wusste nicht, wieso, aber ich erwiderte seine Andeutung mit einem richtigen Lächeln, ohne etwas dagegen tun zu können. Irgendwie erfüllte es mich mit Stolz, dass er mir etwas anvertraut hatte, über das er normalerweise nicht sprach. Nicht nur das, sondern auch, dass er seine Angst vor der Zukunft gebeichtet hatte. Er hatte seine Mauern gesenkt. Verletzlichkeit zugelassen. Und das vor mir.

»Wir schaffen das«, sagte ich leise. »Wir haben jetzt *unser Ding*. Die Liste. Wenn wir gemeinsam versuchen, keine Angst mehr zu haben, geht es bestimmt leichter.«

Seine Augen leuchteten auf, auf eine Art und Weise, die mich die Luft anhalten ließ. Jede Faser meiner selbst sehnte sich schmerzlich danach, ihn zu berühren. Ihm nahe zu sein.

Er lächelte. »Du hast recht. Der Traum von Freiheit ... *Unser Ding*.« Die Art und Weise, wie er die Worte flüsterte, klang so besonders, so hoffnungsvoll und zärtlich, als könnten wir Berge versetzen, wenn wir es nur gemeinsam versuchten. Allein die Vorstellung war unglaublich und absurd zugleich. Und doch erfüllte sie auch mich mit Leichtigkeit. Aufregung. Mut.

Der Abstand zwischen uns kam mir so unendlich groß vor. Dabei fühlte ich mich wie ein Magnet, der stark und unnachgiebig von ihm angezogen wurde. Ein Gefühl, dessen natürliche Reaktion verlangte, dieser Sehnsucht nachzugeben, und nicht, ihr zu widerstehen. Meine starken Gefühle überraschten mich so sehr, dass ich den Blick von Maxx abwenden musste. *Herz, bitte schlag ein wenig leiser!*

Ein kühler Wind kam in der Nacht auf, ließ erneut eine Ladung Funken in den sternenübersäten Himmel steigen und rauschte in den knorrigen Bäumen um uns herum. Ich erschauderte und zog die Decke enger um mich. Maxx schien die Kälte offenbar nicht zu stören. Er hielt nicht einmal seine Hände in Richtung des kleinen Feuers oder zog die Schultern hoch. Wie machte er das bloß?

Als hätte er meine Gedanken geradewegs gehört, sah er mich fragend an. »Ist dir kalt?«, flüsterte er.

Mit einem Mal war ich nervös. »Dir nicht?«

Einen langen Moment sagte er nichts, sondern legte nur den Kopf schief. Etwas, was weder meinem Herzklopfen half noch der anziehenden Spannung in der Luft. Es machte fast den Anschein, als würde er mit sich selbst ringen. Schließlich sackten seine Schultern nach unten. Ohne ein Wort zu sprechen, rückte er näher zu mir, griff nach der Decke und zog an einer Ecke, bis er sich einen Teil von ihr ebenfalls um die Schultern legen konnte. Er legte einen Arm um mich, zog mich an sich, bis unsere Körper aneinanderlagen und ich seine Körperwärme spüren konnte.

Mein Herz überschlug sich, und ich schnappte nach Luft. In der Stille klang es so unerträglich laut, dass es mir in Mark und Bein überging.

»Ist das in Ordnung?«, flüsterte Maxx mit tiefer, beinahe tonloser Stimme. Es klang so rau, dass sich mein Blut erhitzte. Er war so nah.

Ich schaffte es, mir ein Lächeln abzuringen, obwohl mein Herz so fest und laut schlug, dass es mir in den Ohren dröhnte. »Ja«, wisperte ich, was wie ein Geheimnis klang. *Mehr als ja. Mehr als nur in Ordnung.*

Er roch gut. So gut, dass mich das Bedürfnis überkam, mich noch näher an ihn zu schmiegen. Mich zu ihm zu beugen. *So gut,* dass es meine Kehle staubtrocken hinterließ, weil es ihn noch so viel anziehender machte. So wie wir hier saßen, so wie Maxx seinen Arm unter der Decke um mich gelegt hatte …

Es war ein unglaubliches Gefühl.

Er betrachtete mich, so wie ich ihn. Der Blick aus seinen grauen Augen wirkte verschleiert, die Lider wirkten schwer. Sein Gesicht war meinem so nahe, dass ich seinen warmen Atem auf meinen Lippen spüren konnte. Die Sehnsucht, die mich überkam, war heiß und überwältigend und erfüllte mich von den Haaren bis in die Fußspitzen.

Das Zittern, das mich durchlief, hatte nichts mit der kühlen Nacht zu tun. Ich blickte ziellos in die Schwärze des Waldes, die uns umgab, um mich zu beruhigen und …

»Oh«, flüsterte ich überrascht. Ich kniff die Augen zusammen. Bildete ich es mir nur ein, weil ich meine Brille nicht trug?

Nein. Ich bildete es mir nicht ein. »Maxx, sieh mal, da hinten!«, flüsterte ich aufgeregt. Im Gestrüpp um uns herum waren kleine, glühende Lichtpunkte zu erkennen. Die winzigen Leuchtpunkte schienen regelrecht zu tanzen, und sie schienen mit jedem Wimpernschlag mehr zu werden. Sie kamen nicht bis zum Feuer, aber tanzten um die Lichtung, als bewegten sie sich zu einer lautlosen Melodie.

Maxx folgte meinem Blick. Der erfreute Ausdruck auf seinem Gesicht wirkte wahrhaftig und beinahe wehmütig. »Es ist so viele Jahre her, dass ich Glühwürmchen gesehen habe. Ich habe fast vergessen, wie unwirklich das aussieht.«

Ich legte mein Buch auf dem Baumstamm ab und faltete meine Hände vor Ergriffenheit über dem Herzen zusammen – wohl wissend, dass Maxx und ich uns dabei noch immer so unendlich nahe waren. Die Glühwürmchen sahen aus wie geradewegs aus einem Märchenwald entsprungen.

Seufzend lächelte ich. Dieser Abend hier würde mir für immer in Erinnerung bleiben. Das wusste ich. Hier zu sitzen, zusammengekuschelt unter dieser Decke mit Maxx, am kleinen, schummrigen Feuer mit den Funken, die in den dunklen Himmel stiegen, und den Glühwürmchen um uns herum, während wir uns Geheimnisse zuflüsterten …

Ich wollte das Gefühl, genau diesen Moment, mit all dem lauten Herzklopfen und der verschlafenen Stille, in ein Einmachglas stecken und es immer mit mir herumtragen, wie einen Schatz. Ein Augenblick, randvoll gefüllt mit Magie.

Mein Herz blieb stehen, als Maxx mir plötzlich seine Hand auf die Wange legte.

Ungläubig und scheu blickte ich zu ihm auf. *Seine Hand. Auf meiner Wange.* Es war beinahe unwirklich.

»Sav …«, flüsterte er tonlos. Die Zeit schien stillzustehen. Ich entdeckte Verlangen in Maxx' Augen.

Wir schienen uns aufeinander zuzubewegen. Vielleicht half seine Hand an meiner Wange ein wenig nach, und wenn es so war, machte es mir überhaupt nichts aus. Unsere Nasenspitzen berührten sich.

Und dann, endlich, senkte Maxx den Kopf und legte seine Lippen auf meine.

Die Welt schrumpfte. Auf ihn und mich. Seine Hand zog meinen Kopf so vorsichtig näher, als sei ich etwas Kostbares. Nicht verletzlich, sondern wertvoll. Ich erwiderte den Kuss, schloss die Augen und gab mich dem Gefühl seiner Lippen auf meinen hin. Der Moment schien die Ewigkeit einzufangen. Schickte einen warmen Schauer durch mich hindurch und hinab in meinen Bauch, wo er sich in Dutzende aufgeregte Funken auflöste. Meine Hand legte sich so automatisch, so selbstverständlich um seinen Hals, als hätte sie noch nie etwas anderes getan. Er seufzte auf. Mutiger schob er seine Hand von meiner Wange in mein wirres Haar und küsste mich selbstsicherer. Sein Mund schmiegte sich an meinen, bis sich unser Atem vermischte und ich das Gefühl hatte, keine Luft mehr zu bekommen. Zu der unschuldigen Wärme in mir gesellte sich eine Hitze, die alles andere als vorsichtig und leise war.

Ich wollte mehr. Und das mit einer so einschneidenden Dringlichkeit, dass sich mein Puls beschleunigte. Der Moment, als unsere Zungenspitzen sich berührten, war wie ein Stromschlag, der meine Wirbelsäule hinabbrann. Ich rang nach Luft und küsste ihn drängender, bis ich das Gefühl hatte, in Hitze zu ertrinken.

Maxx beendete den Kuss, aber nur um im gleichen Moment mit seinen Lippen meinen Kiefer entlangzufahren. Er küsste meinen Hals, liebkoste ihn regelrecht, und das mit einem Hunger, der mich kraftlos und sehnsüchtig zugleich machte. Der kehlige, leise Klang, der ihm entwich, schickte ein heißes Ziehen durch meinen Bauch. Ich erzitterte.

Fast so als wollte er es nicht, löste Maxx sich wieder von mir. Wir sahen uns mit leuchtenden Augen an.

Langsam verzogen sich seine unendlich weichen Lippen zu einem schiefen, hinreißenden Lächeln. »Ich glaube, wir sollten schlafen gehen.«

»Wieso?«, flüsterte ich – und überraschte mich damit selbst. Maxx seufzte auf, ohne den Blick von meinem Mund zu lösen. »Weil ich nicht aufhören will. Und das sollten wir wohl.«

Nein! Ich hätte das Wort am liebsten laut ausgesprochen. Am liebsten wollte ich niemals aufhören, ihn hier und jetzt inmitten dieses Einmachglasmoments zu küssen.

Sein Daumen glitt über meine Unterlippe, und sein Blick verdunkelte sich. Offenbar konnte er mir von der Nasenspitze ablesen, was in mir vorging, denn der Laut, der ihm entwich, klang machtlos. Dann fluchte er leise, so als würde er sich eine Niederlage eingestehen.

Maxx küsste mich erneut. Diesmal jedoch alles andere als vorsichtig, sondern lustvoll und bestimmend. Mit Nachdruck. Ich schlang die Arme um ihn und erwiderte den Kuss so ungezügelt, wie ich es von mir selbst noch nie erlebt hatte. Die Hitze in meinem Bauch wurde gefährlicher und ziehender. Besonders als Maxx meine Unterlippe zwischen seine zog und an ihr knabberte. Ich keuchte. Seine Zunge drang in meinen Mund und ließ mich mit keiner Sekunde daran zweifeln, dass er genau wusste, was er tat.

Das, was zwischen uns entbrannte, war explosiv und gewaltig. Es war, als wären wir einzig und allein dafür geschaffen worden, um auf diese Art und Weise miteinander zu verschmelzen. Es war kaum mit den Küssen vergleichbar, die wir im Hotel miteinander geteilt hatten. Das hier war anders. Und es jagte mir fast schon Angst ein, wie leidenschaftlich es war.

Begierig glitten meine Hände seinen Nacken hinauf, und ich strich über seine kurzen dunklen Haare. Ich wagte es sogar, meine Hand über seine Brust wandern zu lassen, bis ich näher an ihn heranrückte und gegen ihn sank. Ich küsste Maxx fiebriger, weil die Lust, die meinen ganzen Körper erfüllte, von einer süßen, schmerzlichen Sehnsucht begleitet wurde. Und es schien ihm zu gefallen. Seine Hand an meinem Kopf grub sich in mein Haar und lenkte ihn besitzergreifend. Dann fuhr seine Hand unter meinen Pullover, glitt meine Rippen hinauf und hinunter, was mich verzweifelt nach Luft schnappen ließ, weil seine Hände endlich meine erhitzte Haut berührten, und …

Er löste sich von mir. Diesmal weitaus ruckartiger und atemloser. Hastig brachte Maxx Abstand zwischen uns. »Tut mir leid«, keuchte er atemlos. »Ich bin verdammt schlecht darin, vernünftig zu sein. Wir sollten jetzt wirklich schlafen gehen.«

Ungläubig starrte ich ihn an. Enttäuschung machte sich in mir breit, jedoch auch ein gespanntes, aufgeregtes Kitzeln.

Ich schluckte schwer und setzte mich aufrechter hin. Obwohl ich saß, fühlten sich meine Knie weich an, und ein Zittern lag in meinen Muskeln. Vielleicht hatte er recht. Ich hätte es nicht für möglich gehalten, aber ich verlor mich so sehr in dem Gefühl von ihm an mir, in dem Verlangen nach *mehr,* dass es vermutlich wirklich besser war, wenn jeder von uns nun in sein Zelt zurückkehrte. Auch wenn ich vermutlich nun erst recht nicht würde schlafen können. Aber es war nicht einmal mehr Nacht, sondern sehr früher Morgen. Unsere Freunde schliefen um uns herum in den Zelten.

In Maxx' Worten lag mehr Vernunft, als mein matschiges Hirn auch nur hätte formulieren können.

»Okay«, hauchte ich atemlos. Meine Augen folgten wie hypnotisiert seiner Zungenspitze, als er seine geröteten Lippen befeuchtete. »Ich ... Ich gehe dann mal.«

Langsam nahm ich mir mein Buch und rollte die Decke zusammen. Maxx sagte derweil nichts. Erst als ich mit bebenden Knien vor Summers und meinem Zelt in die Hocke ging, um den Reißverschluss zu öffnen, sprach er wieder. Er erhob sich selbst und rieb sich über die kurzen Haare. »Gute Nacht, Savannah.«

Ein hoffnungslos hingerissenes Lächeln breitete sich auf meinem Gesicht aus. »Gute Nacht, Maxx«, flüsterte ich.

Dann krabbelte ich zurück in mein Zelt.

Wie auch zu Beginn der Nacht lag ich wieder mit schwirrenden Gedanken hellwach in meinem Schlafsack. Diesmal jedoch fühlte ich mich so randvoll mit Schmetterlingen gefüllt, dass mir bis zum Morgengrauen das breiteste Lächeln der Welt auf dem erhitzten Gesicht lag.

KAPITEL 30

MAXX

*D*ie Fahrt zurück nach Fletcher kam viel zu schnell. Am liebsten wäre ich für immer auf dem Campingplatz geblieben. Ich wollte dorthin zurückkehren, irgendwann. Das versprach ich mir selbst. Dieser Ort ... er war der Inbegriff von Freiheit. Eine kleine Heile-Welt-Blase, in welcher nur Ruhe und Rückzug existierten. Ich freute mich zwar schon darauf, wieder in Fletcher zu sein, doch die Sehnsucht nach dem Farn Lake war beinahe stärker. Ich wollte noch eine Weile so tun, als würde mein neues Leben *dieses* Leben sein, dort. Nur bestehend aus dem Campingplatz, dem glitzernden See und der unglaublichen Kulisse aus Wald und Bergen.

Das, was vergangene Nacht zwischen Sav und mir passiert war ... Ich fand keine passenden Worte dafür, doch ich war mir ihrer Gegenwart am nächsten Morgen zu jeder Sekunde mehr als deutlich bewusst gewesen. Savannah und ich hatten kaum miteinander gesprochen, als wir die Zelte abgebaut und unsere Sachen gepackt hatten. Es waren nichts als kurze, vereinzelte Sätze zwischen uns gefallen, ein verstohlenes Lächeln hier und verweilende Blicke da. Sie war so nah und doch so fern, verlegen und voller Zurückhaltung, die mich in den Wahnsinn trieb. Doch ich genoss es in vollen Zügen. Ich konnte an nichts anderes mehr denken als daran, wie es sich angefühlt hatte, sie erneut zu küssen. Es hatte sich so anders angefühlt als im Hotel. Es war leiser und vorsichtiger gewesen, gewaltiger und um einiges explosiver. Ich konnte mich nicht erinnern, wann mein Herz zuletzt so laut gepocht hatte.

Sicher ... ich hatte nicht gerade geplant, sie wieder zu küssen. Nur der Moment war einfach so perfekt gewesen.

Durfte ich dieses Risiko eingehen? Steuerte ich wieder auf eine Katastrophe zu? Was, wenn ich sie verletzte und es gehörig schiefging? Meine Wünsche bedeuteten nichts, wenn es darum ging, andere nicht zu verletzen. Ich wollte Savannah nicht wehtun oder diese perfekte Freundesgruppe schädigen – was wohl oder übel passieren würde, wenn es nach hinten losging. Doch letzte Nacht war einfach … magisch gewesen. Außerdem hatte ich bei ihr zum ersten Mal das Gefühl, verstanden zu werden. Ernst genommen. Es hatte sich so gut angefühlt, dass das Gewicht auf meiner Brust in ihrer Nähe leichter geworden war.

Während wir zurück in die Stadt fuhren, tat ich nichts anderes, als geistesabwesend aus dem Beifahrerfenster in Creeds Jeep zu starren. Die Jungs unterhielten sich angeregt, mal über die Uni, über anstehende Events, wie das Mayflower Festival am Ende der ersten Semesterwoche, oder das Training, welches bald wieder starten würde. Vor allem Todrick und Mitchell konnten es offenbar kaum erwarten, sich wieder voll und ganz in ihre Routinen zu stürzen. Sie sprachen über Ernährungspläne, ihre Coaches und überlegten, wann sie zusammen ins Fitnessstudio gehen konnten. Creed und Ches luden mich ein, sie mal zu begleiten, was ich halbherzig, aber dankend annahm.

»Ist alles in Ordnung mit dir, Maxx?«, fragte Ches von der Rückbank aus, gerade als wir am hölzernen Ortsschild von Fletcher vorbeirauschten. Im Radio lief ein Elektromix, und die Klimaanlage blies eiskalte Luft ins Wageninnere.

»Wieso sollte nicht alles in Ordnung sein?«, fragte ich und warf ihm einen unschuldigen Blick zu.

»Du wirkst so nachdenklich.«

»Hab die Nacht kaum ein Auge zugetan.« Wenn das mal nicht die Untertreibung des Jahrhunderts war. Bis weit nach Morgengrauen hatte ich hellwach in meinem Schlafsack gelegen und mir nichts sehnlicher gewünscht, als dass ein gewisses sommersprossiges Mädchen mich erneut so unglaublich küsste wie am Lagerfeuer.

Ich seufzte schwer und blickte wieder nach draußen.

Creed lachte auf dem Fahrersitz auf. »Wieso werden denn deine Ohren so rot? Hast du irgendetwas angestellt, oder wieso bist du plötzlich so verlegen?«

»Ich hab nichts angestellt.«

»Aha.«

»Ich habe wirklich nichts angestellt«, wiederholte ich, diesmal nachdrücklicher. Immerhin entsprach es der Wahrheit – ich würde nicht lügen, das war meine Devise.

Wieso fühlte ich mich dann schuldig?

Weil du genau das vermeiden wolltest. Von allen Mädchen auf der Welt, wieso muss es eine Freundin von Ches sein?

Hastig schüttelte ich die nervige Stimme von mir, so als könnte sie dadurch tatsächlich einfach verschwinden.

Sie. Ist. Nicht. Rose.

»Hey, Maxx«, erklang es von Mitchell, auf der Mitte der Rückbank. »Darf ich dich etwas fragen?«

Ob ich auf deine Schwester stehe? Ja, verdammt.

»Klar«, stieß ich hervor. Ich musste mich dringend zusammenreißen.

»Weißt du schon, wo du wohnen wirst? Ich nehme an, dass du nicht ewig bei Ella und Ches schlafen willst.«

»Ich, äh, werde mich gleich drum kümmern. Sobald das Semester angefangen hat. In Maine haben wir uns online schon ein paar Wohnungen und Wohnheime angesehen, aber die waren entweder unbezahlbar, vergeben oder zu weit weg.«

»O Mann, Wohnungssuche«, brummte Todrick hinter mir. »So ein nerviger Scheiß. Was das angeht, ist Fletcher voller Halsabschneider.«

»Das haben Unistädte so an sich«, warf Mitchell ein. »Da sind Wohnungen einfach gefragt.«

»Ich werde mich am Communitycollege umhören, sobald ich dort bin. Irgendwas wird sich schon ergeben.« Das hoffte ich zumindest. Ich hatte zwar einen Plan, welche Schritte ich für mein neues Leben einleiten musste – wie das Arbeiten in dieser Autowerkstatt oder mein Platz am Communitycollege in Frayton –, aber ich hatte noch überhaupt keine Ahnung, wo ich hingehörte. Noch so ein Punkt, der mir alles andere als gefiel und mir Sorgen bereitete.

»Bis es so weit ist, gehört das Sofa dir«, sagte Ches mitfühlend und lehnte sich nach vorne, um mir eine Hand auf die Schulter zu legen.

»Setz dich also nicht zu sehr unter Druck. Wir finden schon etwas für dich.«

»Danke«, murmelte ich.

Wir. Ich war für jede Hilfe dankbar, aber … Ich wollte niemandem zur Last fallen und hasste es, dass das aktuell nicht zu vermeiden war. Letztendlich war es mein Problem, und ich sollte es nicht zu einem Problem von anderen machen.

Da fiel mir etwas ein.

Ich zog mein Handy aus der Jeanstasche und entsperrte es. Dann tippte ich auf das Notiz-Icon.

Suche dir eine Wohnung oder ein Zimmer.

Und da war er. Der Anfang meiner ganz eigenen Liste. Auch wenn es nicht viel war, nur ein paar Buchstaben auf einem viel zu großen Telefon, entlockte es mir ein Lächeln. Wenn ich meine Ziele vor mir sah, würde es vielleicht nicht allzu schwer werden, sie anzugehen, anstatt vom großen Ganzen vollauf überwältigt zu sein. *Unser Ding.* Ich musste plötzlich daran denken, wie Savannah diese Worte geflüstert hatte. Und wie ihre warmen braunen Augen dabei geleuchtet hatten.

Und das allein reichte, dass ich fleißig zu tippen begann.

Die restliche Fahrt bis zu Ellas Wohnung verbrachte ich damit, weitere Punkte auf meine Liste zu setzen. Es überraschte mich, wie schnell es ging, das Dokument zu füllen.

Suche dir eine Wohnung oder ein Zimmer.
Niemals lügen. Immer ehrlich sein.
Weniger Selbsthass, mehr Optimismus!
Skype mit Dad (und mit Mom).
Rede endlich mit Ches.
Suche dir Hobbys.
Sei immer pünktlich. Lass niemanden warten.
Hör auf zu rauchen.
Sei kein Arschloch.

Sieh dir den Käfig genauer an, um damit abzuschließen.

Kauf dir ein Hot-Christmas-Pudding-Buch.

Schön, den letzten Punkt hatte ich vielleicht nur wegen Savannah draufgesetzt. Ich war neugierig und wollte wissen, was für einen … was für *Geschichten* sie da las – und wie schlimm meine vorverurteilende Ader tatsächlich war. Ich wollte mich ja zusammenreißen und nicht voreingenommen sein, aber dieses Buchcover … und dann noch dieser Klappentext! Und überhaupt: *Hot-Christmas-Pudding?* Welcher Verlag winkte so einen Titel durch? Das konnte ich nicht mal mit Mühe ernst nehmen. Und wenn ich es las und anschließend immer noch albern fand, war meine Meinung wenigstens fundiert. Während meiner Zeit in der Gefängnisbibliothek waren mir ja schon so einige Bücher in die Hände gekommen, aber nichts auch nur im Entferntesten so Kitschiges.

Creed parkte seinen Jeep unter der Trauerweide, neben dem Wohnkomplex, in welchem Ella, Ches und Summer wohnten. Vom Auto der Mädchen war noch immer nichts zu sehen. Wenn ich aber ehrlich war, wunderte es mich nicht im Geringsten. Creed war mal wieder ziemlich über den Highway gebrettert.

Die Jungs streckten sich ausgiebig, als wir ausstiegen, und ich gähnte herzhaft. Die Luft war mit ihren dreißig Grad so warm, dass sie mich erst recht schläfrig machte. Außerdem schmerzte mein Steißbein, und ich hatte eine Verspannung in der Schulter. Ich machte mir aber nichts draus. Die Fahrt war endlich vorbei, und ich war nicht länger eingesperrt. Der herbe, süße Geruch der Büsche und Bäume und des Coldwater River, welcher ganz nah lag, verschafften mir ein Gefühl von Leichtigkeit; der warme Wind, das Zwitschern der Vögel und das Spiel des Lichts in den langen Flechten der Weide. Sie war so riesig und gefährlich schief, dass ich mich fragte, wie sie sich überhaupt halten konnte.

»Danke für die Fahrt, Creed«, sagte Mitchell und schulterte seine Taschen, die er gerade aus dem Kofferraum geholt hatte. Todrick tat es ihm gleich. »Wir sehen uns dann vermutlich beim nächsten Spieleabend, was?«

Ich riss mich zusammen und löste meinen Blick vom Baum – es war ja nicht so, dass wir fast eine Woche im Wald gewesen waren und ich dort Unmengen an Bäumen gesehen hatte. Ich lächelte die Jungs breit an, auch wenn ich Todrick lieber einen Stock an den Kopf geworfen hätte. »Danke für den coolen Trip, Jungs.« Ich wollte mich für mehr bedanken. Dafür, dass sie mich einfach in ihrer Runde aufgenommen hatten. Dafür, dass sie mich nicht mit Fragen bedrängt hatten. Doch ich sagte nichts mehr und holte stattdessen ebenfalls meinen Kram aus dem Kofferraum.

Todrick grinste und schnappte sich eine zusammengerollte Schlafmatte. »Jederzeit wieder. Das war cooler, als ich gedacht hätte.«

Mitchell schnaubte. »Wie konntest du je daran zweifeln?«

»Du weißt, wie ich zu Naturzeug stehe, Hollister. Gib mir ein ordentliches Hotel mit Pool, Gym, Pancake-Buffet und Sauna, und ich bin der glücklichste Kerl der Welt. Ich bin einfach überrascht, dass mir das Rustikale auch gefällt.«

»Seid ihr euch sicher, dass ihr bis zum Campus laufen wollt?«, fragte Ches und schob sich die langen Haare aus der Stirn.

Mitchell zuckte nur mit den Schultern. »Der kleine Spaziergang wird uns nach der langen Fahrt bestimmt guttun.«

»Na dann«, sagte Creed und warf den beiden eine Kusshand zu. »Ich vermisse euch jetzt schon.«

Mitchell lachte auf, und Todrick zeigte ihm grinsend den Mittelfinger, ehe sie sich umdrehten und gingen.

Einen Moment lang blickte ich ihnen hinterher. *Savannahs Bruder.* Es war nicht zu übersehen, dass sie Geschwister waren, und zugleich waren sie so verschieden …

Ich atmete tief durch, dann drehte ich mich zu Ches und Creed um. »Sav und ich haben uns geküsst.«

Da war es. Ich hatte es gesagt. War einfach mit der Wahrheit herausgerückt, ohne herumzudrucksen oder es zu zerdenken.

Creeds Mund klappte regelrecht auf. »Warte, was? Wann? Und wie? Was habe ich verpasst?«

Ches wirkte ebenfalls überrascht, doch nicht erschrocken wie Creed. »Aber das hast du mir doch schon erzählt.«

»Nein. Ich rede von gestern Nacht. Ich habe sie wieder geküsst.«
Verlegen senkte ich den Blick und knirschte mit den Zähnen. »Tut
mir leid.«

»Warte, du und unsere Savy?«, fragte Creed, noch immer ungläubig. »Wann ist das passiert? Ausgerechnet bei Sav, bei der das Eis Monate und Jahre braucht, um zu brechen.«

»Äh. Komplizierte Geschichte.« Ich fuhr mir mit einer Hand über
den Nacken und rang mir ein lässiges Lächeln ab. In Wahrheit aber
war ich überhaupt nicht lässig. In Wahrheit verknotete sich gerade
mein Magen, weil ich noch immer auf eine Reaktion meines Bruders
wartete.

Als ich einen Blick nach oben wagte, sah ich keine Regung auf Chesters Miene. Schließlich zuckte er bloß mit den Schultern. »Okay.«

»Okay?«, wiederholte ich verblüfft. »Bist du nicht … wütend?«

»Maxx, das hast du mich schon nach deiner Willkommensfeier gefragt. Wieso sollte ich wütend auf dich sein? Du bist Single, Savannah
ist Single, ihr seid zwei erwachsene Menschen. Es gibt absolut keinen
Grund, wieso jemand wütend sein sollte. Ich freue mich ehrlich gesagt. Auch wenn ich keine Ahnung habe, wie du es geschafft hast, so
schnell mit ihr warm zu werden.«

Ich blickte zu Creed, der noch immer ein wenig ungläubig wirkte.
Doch er grinste.

Verzweiflung stieg in mir auf. »Aber ich habe in Topsham doch versprochen, dass ich nichts mit Ellas Freundinnen anfange. Oder besser
gesagt, mit euren Freundinnen.« Es kostete mich alles an Kraft, diese
Worte auszuwürgen. Ich fühlte mich wie der größte Versager. Ich hatte
es verkackt und nun auch noch offen zugegeben. Ich fühlte mich beschämt und entblößt.

Creed lachte auf, trat zu mir und klopfte mir auf die Schulter.
»Gott, Maxx, entspann dich. Ernsthaft.«

»Das habe ich doch nur so dahergesagt«, sagte Ches und lächelte
schief. »Du kannst daten, wen auch immer du willst, das ist mein
voller Ernst.« Er holte die letzten Taschen aus dem Jeep und schloss
dann die Tür des Kofferraums.

Creed schien sich wirklich zu freuen. »Ich find's cool. Aber ihr wirkt auf mich irgendwie absolut gegensätzlich. Savannah ist so … verschlossen.«

»Nein, nicht verschlossen«, sagte Ches. »Nur schüchtern, wenn man sie noch nicht gut kennt. Wenn sie, Ella und Summer aufeinanderhängen, ist sie ein ganz anderer Mensch und taut total auf. Du hast sie ja auf der Verlobungsparty erlebt.«

»Stimmt«, sagte Creed und grinste. »Sie sah aus wie eine Elfe.«

»Passend zur Waldfee«, murmelte Ches, was mich verwirrt die Stirn runzeln ließ. »Waldfee?«

Er machte eine wegwerfende Handbewegung. »Vergiss es. Summer hat dir einen seltsamen Spitznamen verpasst. Das macht sie bei fast jedem.«

Creed lächelte. »Savy und du solltet miteinander ausgehen.«

Ich hob verteidigend die Hände und lachte auf, auch wenn mein Herz einen gewaltigen Satz machte. Meine Angst meldete sich wieder. »Ich will nichts verkomplizieren. Ich, na ja, hab sie gern. Irgendwie. Wir kennen uns noch nicht gut. Ich weiß nicht, ob es schlau wäre, wenn wir wirklich miteinander ausgehen.« Wenn ich wirklich ehrlich gewesen wäre, hätte ich ihnen vermutlich einfach erzählt, was für eine Angst ich hatte, es zu verkacken. Aber das behielt ich für mich. Es machte die Furcht weniger greifbar, wenn nur ich von ihr wusste.

Der Ausdruck auf Chesters Gesicht wurde plötzlich so finster, dass mir geradewegs das Lachen verging. »Maxx, wenn du nur ein wenig Spaß haben willst, solltest du dir ein Mädchen aussuchen, das nicht gerade zum engsten Kreis gehört.«

Ich zuckte zurück, so als hätte er mich geschlagen. Da war es wieder. Seine Worte, zusammen mit dem Ausdruck auf seinem Gesicht. Er sah mein altes Ich. Er … glaubte, dass es mir bei ihr nur um Spaß ging.

Wütend verzog ich das Gesicht, auch wenn ich wusste, dass die Gefühle vielleicht ein wenig zu heftig für die Situation waren, und auch ein wenig irrational. Aber ich konnte nichts dagegen tun. Ich wusste, dass nicht nur seine Worte meine Reaktion auslösten, sondern alles, was so unausgesprochen zwischen uns stand. *Tief durchatmen. Lass dich nicht aus der Ruhe bringen.*

»Ich wusste es«, stieß ich hervor.

»Was wusstest du?«, fragte Ches.

Ich packte meine Wut mit eiserner Faust und hielt sie in Schach, tief, tief in meinem Inneren.

»Ich wusste, dass du nicht an mich glaubst. Nicht daran glaubst, dass ich mich verändert habe«, sagte ich ruhig. »Ich fühle mich wie eine hängende Schallplatte, wenn ich dir sage, dass ich ein anderer Mensch geworden bin. Ich würde niemals mit ihren Gefühlen spielen, allein schon weil wir uns von nun an ständig sehen werden und sie eine Freundin von euch ist. Abgesehen davon mache ich so was nicht mehr. Ich will nie wieder jemanden verletzen. Komm schon, du bist auch nicht mehr der Chester, den ich kenne. Du bist auch ein anderer Mensch, aber dir spricht es wenigstens niemand ab. Jeder akzeptiert diesen stillen, nachdenklichen Grummeltyp, oder? Du darfst einfach jemand anderes sein, jemand Neues sein. Alle glauben dir, nicht wahr? Was ist mit mir, habe ich mir das nicht auch verdient? Früher waren wir alle andere Menschen, wir haben alle Scheiße noch mal viel durchgemacht, und es ist nur natürlich, dass sich das auf uns ausgewirkt hat.« Ich stieß hart den Atem aus und konnte mir trotz größter Bemühung die leichte Schärfe in meiner Stimme nicht verkneifen. »Wenn ich euch sage, dass ich nicht mehr bin wie früher, dann könnt ihr mir ruhig glauben, okay? Ich sagte doch schon, ich habe Savannah gern. Ich würde nie etwas vorsätzlich tun, was sie verletzen könnte, und ich reiße mich echt zusammen, kein Chaos heraufzubeschwören. Von allen Menschen auf der Welt kenne ich mich selbst am besten, und ich weiß, dass ich vorsichtig sein muss. Ich weiß aber auch, wer ich heute bin – und sein möchte.«

Das Herz schlug mir bis zum Hals.

Mein verkrampfter Magen tat fast schon weh, und ich wagte es letztendlich doch, aufzublicken.

Creed sah mitfühlend aus, schwieg jedoch. Ches stand neben dem Jeep und starrte ins Nichts. Seine Miene gab nichts preis. Er strich sich mit einer steifen Bewegung durch das wellige Haar und schien schwer zu schlucken. Dann sah er mich endlich an, und ich konnte … Schmerz in seinen Augen sehen. Ein wilder Kampf aus den verschiedensten Emotionen. »Tut mir leid«, krächzte er. »Wir … Du hast recht, Maxx. Es ist aber nicht so, dass ich dir nicht vertraue und auch nicht darauf vertrauen würde, dass du dich verändert hast. Es ist eher so, dass ich …« Er zögerte, so als würden ihm die Worte nur schwer über die Lippen kommen. »Ich kenne den neuen Maxx noch nicht. Das ist eine bittere Wahrheit, weil du mein Bruder bist und ich den Gedanken absurd finde, dich nicht zu kennen, weil ich dich schon mein ganzes Leben lang kenne. Aber es ist, wie es ist. Deswegen liegt es nicht daran, dass ich nicht an dich glauben würde, wenn ich Sorgen bekomme. Ich kann dich … einfach nicht einschätzen. Noch nicht. Und du mich auch nicht, schätze ich.«

Ich nickte mechanisch. Steif. Dem Ausdruck auf Creeds Gesicht nach zu urteilen hatte er so offene, ehrliche und ernste Worte schon lange nicht mehr von seinem besten Freund gehört.

Ich sehnte mich so sehr nach einer Zigarette, dass ich noch unruhiger wurde.

Hastig fuhr ich mir mit einer Hand über den Nacken. »*Fuck*. Ich weiß. Ich … Tut mir leid.« Ich sah ihn an, und meine Kehle schnürte sich zu. »Dann … sollten wir vielleicht damit anfangen, uns kennenzulernen, was?«

Er nickte und schien sich das traurige Lächeln abzuringen. »Wenn du bereit bist, über die Sache von damals zu sprechen, jederzeit. Ich warte nur auf dich.«

»Tut mir leid«, wiederholte ich heiser, auch wenn ich wusste, dass es im Grunde genommen nichts mit Schuld zu tun hatte.

Ich wollte nicht, dass Ches sich schlecht fühlte, und andererseits wollte ich auch nicht, dass ich wieder in alte Muster verfiel. Ich dachte an Savannah und unsere Gespräche und unsere Listen. Ich wollte sie nicht enttäuschen, und ich wollte mich nicht enttäuschen. Der Gedanke löste den Knoten in meiner Brust ein wenig. Es fühlte sich gut an, daran zu denken. An sie zu denken. Es war beinahe schon besorgniserregend, *wie* gut. Ich wollte bei ihr sein. Ich wollte nicht länger hier stehen und über diese Dinge sprechen, die dafür sorgten, dass ich mich so mies fühlte.

Erschöpft ließ ich meine Gelenke knacken. »Okay. Aber lass mich erst mal die nächsten Tage überleben, ja?«

»Okay«, sagte Ches mit einem schiefen Lächeln.

Creed lächelte mich ebenfalls an. »Mach dir keinen Druck, Maxx.«

Ches nickte zustimmend. Er trat zu mir und drückte meine Schulter. »Ich hoffe, dass du weißt, dass ich es nicht als Vorwurf gemeint habe, sondern es nur gesagt habe, weil du mein Bruder und mir wichtig bist und ich möchte, dass wir das hinbekommen. Ich … bin wirklich stolz auf dich, wie erwachsen du geworden bist.«

»Ich möchte auch, dass wir das hinbekommen«, sagte ich leise.

Chesters Miene wurde beinahe sanft. Und es sorgte dafür, dass mir regelrecht ein Stein vom Herzen fiel, auch wenn in meinem Kopf ein gigantisches Chaos herrschte.

»Ich fahre dann mal weiter«, sagte Creed mit einem entschuldigenden Lächeln und klimperte mit seinen Autoschlüsseln. »Ich muss noch wohin. Aber wir sehen uns spätestens morgen oder so. Und, Maxx, wehe, du hältst mich nicht auf dem Laufenden. Ich glaube, das mit dir und Sav könnte ziemlich gut werden.«

Ein Schnauben entfuhr mir, das beinahe einem Lachen gleichkam. Hastig nickte ich und rang mir ein Grinsen ab. »Klar. Danke noch mal für den Ausflug.«

Er hob die Hand zum Abschied und stieg dann wieder in seinen Jeep.

Mein Hals fühlte sich eng an, als Ches und ich damit begannen, das Gepäck nach oben zu tragen, und ich verfing mich derweil wieder in meinen Gedanken.

Von den Mädchen war noch immer keine Spur. Ich fragte mich, ob Ella und Summer wohl zuerst Carla und Savannah zu Hause absetzten.

Mein Bruder schloss die Wohnungstür auf, und ich folgte ihm hinein. »Darf ich dich etwas fragen?«, sagte ich und stellte die Taschen auf dem Fußboden neben der Tür ab.

»Klar, schieß los.«

Ich war mir nicht sicher, ob es klug war, diese Worte auszusprechen. Ich hasste es, all meine Mauern zu senken. Ich hasste es, verletzlich zu sein. Andererseits … Es war ein erster Schritt. Ich musste endlich lernen, wieder Menschen an mich heranzulassen. Ganz besonders Chester.

»Denkst du, ich tue das Richtige?«, fragte ich leise.

Die Frage ließ mein Herz schneller schlagen, und sie schien Ches sichtlich zu überraschen. Er stellte ebenfalls die Taschen ab. Seine Miene wurde verständnisvoll. »Maxx … Ich weiß, dass alles gerade ziemlich schwer für dich ist. Und ich rechne es dir hoch an, wie offen du bleibst und dich nicht in dich zurückziehst. Niemand erwartet von dir, dass du dein restliches Leben damit verbringst, immer das Richtige zu tun. Vielleicht tust du das Richtige, vielleicht auch nicht. Man weiß erst dann, ob es gut oder richtig war, wenn man es ausprobiert hat.«

Ich nickte. Stieß hart den Atem aus. Rieb mir mit den Händen über das Gesicht. Ich wusste, dass er recht hatte, allerdings fühlte ich mich nicht sonderlich schlauer als zuvor. »Danke«, murmelte ich und beließ es dabei.

Ich konnte doch nicht einfach zulassen, so ein Risiko einzugehen, oder? Und sobald Savannah herausfand, wo ich die letzten vier Jahre gesteckt hatte, würde sie mich dafür hassen, dass ich es ihr nicht gesagt hatte, bevor ich sie geküsst hatte. Oder? Vielleicht konnte ich es ja irgendwie schaffen, trotz des umwerfenden Kusses, ein Freund für Savannah zu sein. Natürlich wollte ich mehr. Natürlich war nichts einfacher und einladender, als sich vorzustellen, wie es wäre, mit ihr auszugehen, ihr wieder nahe zu sein und jeden Zentimeter von ihr mit meinen Lippen zu erkunden. Doch ich fürchtete mich, verdammt. Und zwar so sehr, dass es mir schwer auf die Brust drückte. Unser gemeinsamer Abend gestern am Lagerfeuer – oder wohl eher in den frühesten Stunden des heutigen Tages – war ein Ausrutscher gewesen. Zwar der beste Ausrutscher aller Zeiten, aber nichtsdestotrotz etwas, was ich zukünftig nicht wiederholen sollte. Es nicht zu tun wäre nämlich rational und vernünftig.

Wenn ich mir das nur lange genug einredete, würde ich mich vielleicht sogar an meinen Vorsatz halten.

KAPITEL 31

SAVANNAH

𝓔rschöpft ließ ich mich auf Summers blaues Sofa fallen und fächerte mir Luft zu – und das, obwohl ich gerade erst eine wohltuende kalte Dusche gehabt hatte. Ella war noch oben in ihrer Wohnung und nahm ebenfalls eine Dusche. Etwas, was vermutlich jeder von uns, auch die Jungs, gleich als Erstes nach unserer Ankunft getan hatte. »Hab ich schon erwähnt, wie sehr ich Shampoo liebe? Und Haarkuren? Ich will das Kokosnuss-Trockenshampoo von Roscoe's nie wieder auch nur riechen.« Ich schüttelte mich. »Igitt.«

Summer verließ ihr Badezimmer und schloss die Tür hinter sich. Sie zupfte die pinke Duschhaube auf ihrem Kopf zurecht, unter welcher sich ihr gesamtes langes blondes Haar befand. »Wem sagst du das? Meine Haare haben sich selbst nach dem Einshampoonieren eklig und trocken angefühlt, wie Stroh. Ich hoffe, dass diese Kur ihr Übriges tut. Wenigstens habe ich über die Tage am See eine ordentliche Brutzelbräune bekommen.«

»Kann man wohl so sagen. Du siehst kross aus«, erwiderte ich feixend.

Sie grinste. »In einem anderen Leben war ich ein golden panierter Shrimp, also passt das wohl ganz gut.« Demonstrativ hob sie ihr riesiges weißes Schlabbershirt und zog die knappen grauen Shorts an der Seite ganz ohne Scham nach unten, bis der leuchtend weiße Abdruck ihrer Bikinihose auf der Haut deutlich sichtbar war. Sie schien nur noch aus T-Shirt und ewig langen Beinen zu bestehen. Ein Anblick, der mich mit Neid erfüllte. Und das selbst jetzt, mit Duschhaube, ihrem liebsten Gammeloutfit und lippenstiftfreien Lippen, was wie immer ein ungewohnter Anblick war. Selbst in einem Kartoffelsack würde Summer noch elegant und wunderschön aussehen.

Erneut entfuhr mir ein Gähnen. Verflixt, war ich müde. Ich streckte mich auf dem Sofa und betrachtete meine nach wie vor ziemlich blassen Arme und Beine. Im Vergleich zu Summer sah ich vermutlich noch immer aus wie ein Geist, obwohl ich auch eine leichte Sommerbräune bekommen hatte. An den Schultern, dem Dekolleté und der Nase hatte ich einen kleinen Sonnenbrand, aber er war so minimal, dass er mich kaum störte. Trotzdem fühlte ich mich bei Minustemperaturen, in Kuschelsocken, Teddybär-Onesie und Strickpullover wohler als in Bikinis am Strand.

Ich dehnte meinen Hals und machte kreisende Bewegungen mit meinen Schultern. »Mir tut alles weh. Und ich will Winter haben. Wieso liegt noch kein Schnee?«

»Urgh, Winter. Sommer ist die beste Jahreszeit überhaupt. Wenn ich einen Garten oder wenigstens einen kleinen Balkon hätte, würde ich nichts anderes machen, als für immer Sonnenanbeterin zu spielen. Ich werde niemals verstehen, wie du die eklige Kälte der schönen Hitze vorziehen kannst.«

»Und ich werde nie verstehen können, wie man sich über Sonnenbrände freuen kann, so wie du jeden Sommer.«

»Hey, das ist aufregend! Darüber darf man sich doch wohl freuen.« Sie grinste, was mich lachen ließ, und hob stolz abwechselnd ihre geröteten Knie.

Summer stellte sich vor ihren Ventilator und streckte die Arme aus. »Du hast immer noch nicht erzählt, was mit dir los ist. Seit heute Morgen bist du ziemlich abwesend. Ist alles in Ordnung?«

»Oh. Natürlich!«, sagte ich hastig. »Mir geht es gut. Mach dir keine Sorgen. I-ich war nur ein wenig neben der Spur. Glaube ich.« Das war noch untertrieben. Der Grund, weshalb ich ewig wach gelegen hatte, nachdem ich viel zu lange wach gewesen war? Maxx. Der Grund, weshalb ich den ganzen Tag schon verträumt Löcher in die Luft gestarrt hatte? Bingo. Ebenfalls Maxx.

Ich konnte nichts dagegen tun, dass sich ein seliges Lächeln auf meinen Lippen ausbreitete. Letzte Nacht war vielleicht die magischste Nacht meines Lebens gewesen. Das lag nicht nur an den Küssen – auch wenn das der Teil war, der mir heute besonders vor meinem inneren Auge herumschwebte –, sondern auch an den Gesprächen. Die Glühwürmchen. Das winzige Feuer und die Stille der Nacht. Maxx' tiefe Stimme. Sein leises, raues Lachen, das mir eine Gänsehaut verursacht hatte. Es war einfach perfekt gewesen. Und dieser Kuss … ich sehnte mich so sehr danach, ihn erneut zu durchleben. Ich wollte nicht, dass es nur bei diesem Mal blieb. Ich wollte Maxx … Ich wollte wieder bei ihm sein. Ich wollte mit ihm reden, Geheimnisse und ein paar verstohlene Küsse teilen. Wenn ich es so ausdrückte, klang es wie geradewegs aus einem Roman herausgegriffen. Und wenn wir endlich Winter hätten, hätte ich mich fast schon gefühlt wie eine Protagonistin aus der *Hot-Christmas-Pudding*-Reihe. Ich fragte mich, wann Maxx mir schreiben würde. Ob er mir schreiben würde. Himmel. Ich war ein hoffnungsloser Fall.

Ein Schlüssel drehte sich im Schloss der Wohnungstür, ehe Ella die Wohnung betrat und Summers Ersatzschlüssel in der kleinen Holzschale am Eingangsbereich ablegte. Sie trug ein schwarzes Tanktop und Baumwollshorts sowie Hausschlappen. Ihre dunkelblonden Haare waren noch nass, und der frische, blumige Duft ihrer Duschlotion wehte zu mir herüber. Sie lächelte zufrieden und ließ sich neben mich auf das Sofa plumpsen. »Die kalte Dusche hat so was von gutgetan. Wer hätte gedacht, dass es so aufwendig ist, den ganzen Krempel nach dem Zelten wieder zu verstauen?«

Nachdem wir eine Ewigkeit gebraucht hatten, um vom Campingplatz zurück nach Fletcher zu fahren – was eventuell mit einer Tankstelle und zu viel Eiscreme zu tun hatte –, hatten wir die Zelte auf dem Parkplatz neben Ellas und Summers Wohnkomplex noch einmal auspacken müssen, um sie sauber zu machen und damit sie vollständig trocknen konnten. Ches hatte uns versichert, dass die Zelte schimmeln würden, sollten wir sie mit feuchten Böden verpacken.

Von Maxx war keine Spur gewesen, als wir mit den Zelten beschäftigt gewesen waren. Ich fragte mich, wo er gesteckt hatte. Wo er jetzt war. Und was er gerade machte. Und ich fragte mich, ob er mir morgen tatsächlich beim Umzug helfen wollte oder ob es nur so dahergesagt gewesen war. Ob ihn unser Gespräch in der Nacht dazu verleitet hatte.

Als Ella und Summer damit begannen, unseren kleinen Spa-Abend vorzubereiten – bestehend aus selbst gemachter Avocadomaske, Snacks,

Wein und Netflix –, konnte ich es nicht länger in mir behalten. Es platzte regelrecht aus mir heraus.

»Wir haben uns geküsst!«

Ich hielt die Luft an, griff in eine der Snackschüsseln auf dem Wohnzimmertisch und stopfte mir zu viele Erdnussflips in den Mund. Ella erschien in der offenen Küchentür, und Summer hörte auf, in der Schüssel mit der Avocado herumzumatschen. »Du und Maxx?«

Ich kaute angestrengt und schluckte die Flips hastig herunter, auch wenn ich das Gefühl hatte, dass sie mir im Hals stecken blieben. Meine Wangen brannten. »Ich konnte heute Nacht nicht schlafen und wollte draußen ein wenig lesen, da habe ich Maxx am Feuer entdeckt. Er konnte auch nicht schlafen. Wir haben geredet und uns meine Decke geteilt. Und dann ist es irgendwie passiert. Da ... waren sogar Glühwürmchen.« Meine Mundwinkel wanderten nach oben, und ich schlang die Arme um mich. »Es war wirklich magisch.«

Summer fasste sich vor Rührung an die Brust. »Gott, es klingt so kitschig, dass Hallmark Channel es, ohne mit der Wimper zu zucken, verfilmen würde. Ich liebe es.«

Ella strahlte über das ganze Gesicht. »Was bedeutet das jetzt? Geht ihr miteinander aus?«

»Wäre auch meine nächste Frage gewesen«, sagte Summer, griff in die Schüssel, die sie hielt, und drückte sich im nächsten Moment grünen Avocadomatsch ins Gesicht.

Ich biss mir auf die Lippe und spielte mit meinen noch immer feuchten Haaren. »Ich glaube nicht. Das wäre doch verrückt. Ich meine ... oder nicht? Er kommt morgen an den Campus und möchte mir beim Umzug nach Jefferson House helfen. Es ist kein Date oder so. Mitch ist auch dabei. Es ist einfach nur ... nett?«

Ella hob eine Augenbraue, ehe sie schmunzelte. »Nett?«

»Er hilft mir außerdem bei meiner Liste«, erklärte ich hastig. »Und ich helfe ihm bei seiner. Das ist unser ...« *Ding*. Unser Ding. Jedoch traute ich mich nicht, diese Worte auszusprechen, weshalb ich mich räusperte. »Das ist unsere Abmachung.«

Summer stoppte ihre Hand, die dabei gewesen war, die stückige grüne Masse auf ihrem Gesicht zu verteilen. Es sah urkomisch aus, doch ich konnte einen liebevollen Ausdruck in ihren blauen Augen ausmachen. »Ich wusste gar nicht, dass Maxx ebenfalls eine Liste hat. Und ich finde es wahnsinnig mutig von dir, dass du dich ihm gegenüber so schnell geöffnet und ihm sogar von Mission Selbstliebe erzählt hast.«

»Ich muss mir so viele Worte verkneifen!«, sagte Ella grinsend und klatschte in die Hände. »Ich liebe es! Und ich shippe es.«

»Maxannah, Saxx … Verflucht, mir fällt einfach keine ordentliche Mischung aus Sav und Waldfee ein. Waldannah?«

Ella runzelte die Stirn. »Will ich wissen, was es schon wieder mit dem seltsamen Spitznamen auf sich hat?«

»Seltsame Spitznamen sind meine Stärke.«

Ich lachte. »Du und Brigham seid euch so ähnlich.«

Summer verdrehte die Augen und trat vor den Spiegel im Flur, damit sie ihre Maske besser auftragen konnte. »Ihr redet dauernd von diesem Kerl. Wie kann es sein, dass ich ihn noch nicht kenne?«

»Absolut keine Ahnung«, gab ich zu, ohne mir anmerken zu lassen, wie erleichtert ich war. Ich liebte es, dass ich meinen Freundinnen etwas erzählen konnte, ohne dass sie allzu lange darauf rumritten, und zum nächsten Thema übergingen. Ich war so dankbar dafür, denn es hätte nur noch ein paar mehr Fragen gebraucht, und ich hätte damit begonnen, mich unwohl zu fühlen. El und Summer kannten mich mittlerweile so gut, dass sie wohl bereits intuitiv wussten, wann der richtige Zeitpunkt gekommen war, das Thema zu wechseln.

Ella ging wieder in Summers rosafarbene Küche und packte einen Faltbeutel Popcorn in die Mikrowelle. »Ich glaube, ihr würdet euch gut verstehen. Ihr seid beide heiß, habt gerne Sex, gebt anderen Leuten seltsame Spitznamen, seid selbstbewusst und feiert gerne. Wenn ihr euch erst mal kennenlernt, wird die Liste bestimmt nur länger.«

Summer wirbelte zu Ella und mir herum. »Wieso habt ihr mich nicht schon eher vorgestellt? Das ist gemein!«

»Er arbeitet im Leo's, und du hasst den Laden.«

»Den ganzen Stadtteil«, korrigierte ich und nahm mir noch eine Handvoll Erdnussflips. »Ihr lebt in zwei verschiedenen Universen.

Vielleicht kam deshalb noch keiner auf die Idee, euch einander vorzustellen. Außerdem hat Brigham einen Knall. Wirklich, er ist total neben der Spur.«

Summer wirkte betrübt. »Heiß und etwas durchgeknallt ist doch genau mein Typ.«

»Was nicht ist, kann ja noch werden«, sagte Ella grinsend und verschwand wieder in der Küche, um Weingläser aus den Schränken zu holen.

Die Luft wurde vom süßen Duft des Popcorns durchzogen, der mich sofort ans Kino denken ließ. Ich konnte es kaum erwarten, mir endlich wieder einen Film anzusehen. Ich fragte mich, ob …

Ich seufzte auf. Ob Maxx jemals mit mir ausgehen würde? Ob er Kinos mochte? Und ob er auch an letzte Nacht dachte? Ob er überhaupt noch Interesse daran hatte, mich wiederzusehen? Vielleicht hatte er mich ja bloß aus einer Laune heraus geküsst. Ich konnte nicht in seinen Kopf sehen, und ich kannte ihn so gut wie gar nicht. Wer wusste schon, was er wirklich wollte? Was seine Absichten waren?

Tief durchatmen. Der heutige Abend gehört dir, Ella und Summer. Zu Hause darfst du dir wieder den Kopf zerbrechen, jetzt ist Mädelsabend angesagt!

Ich nahm Ella die Gläser ab und füllte sie mit Roséwein – wobei ich natürlich viel zu viel eingoss und kleckerte. Während meine Freundinnen also die restlichen Snacks bereitstellten, hantierte ich mit dem Küchenhandtuch herum.

Schließlich stellten wir Summers Ventilator genau neben das Sofa auf, ließen uns auf das Polster und die vielen schicken Kissen fallen und prosteten uns zu.

»Auf uns«, sagte Summer und versuchte, trotz ihrer matschigen Maske zu lächeln.

»Auf Savannah und ihren Mut«, sagte Ella, was mich verlegen auflachen ließ.

Ich hob mein Glas höher. »Auf die besten Freundinnen der ganzen …«

Dumpfer, pulsierender Bass und Musik erklang plötzlich von nebenan, was die Snackschalen auf dem Tisch klirren ließ.

Summer grollte stinkwütend. Sie stieß ihr Glas an unsere und fauchte ein »Cheers«, ehe sie alles in einem Zug exte. Dann stand sie auf, stellte das Glas ab und stampfte zur Wohnungstür. »Jetzt reicht es! Ich habe endgültig die Nase voll!«

Ella und ich sahen uns erschrocken an. Dann standen wir auf und folgten Summer eilig zur Tür. Sie riss sie auf und machte einen Schritt nach vorne – mehr brauchte es nicht, um vor der Nachbartür zu stehen, da sie Eck an Eck lagen.

Inbrünstig hämmerte sie gegen das Holz, was ich fast so deutlich donnern spürte wie den schnellen Bass aus der Wohnung. Ella und ich lugten unauffällig um die Ecke, und ich biss mir auf die Unterlippe, einerseits weil ich etwas Angst hatte, andererseits weil ich kaum erwarten konnte, was als Nächstes geschah.

Endlich wurde die Musik abgestellt. Die Nachbartür schwang auf und …

»Heilige Scheiße«, sagte Ella, während mir die Kinnlade herunterklappte. Das war doch nahezu unmöglich.

Ich konnte nicht anders, als erschrocken aufzulachen, und schlug mir eine Hand vor den Mund. »Wenn man vom Teufel spricht«, flüsterte ich. Nur in Trainingsshorts gekleidet und überall nur so vor perfekten Muskeln strotzend, stand niemand anderes als Brigham Bugley an der Wohnungstür – *unser* Brig! Barkeeper im Leo's! Seine blonden, engelsgleichen Locken saßen wie immer perfekt, und sein symmetrisches, ebenso perfektes Gesicht bekam einen überraschten Ausdruck. Seine grünen Augen musterten Summer von oben bis unten, ehe sich seine Lippen zu einem Lächeln verzogen, das die Kraft hatte, jedem Menschen in einem Umkreis von einem Kilometer weiche Knie zu verpassen. Er stützte sich lässig mit dem Unterarm über sich am Türrahmen ab. Und selbst ich wurde dabei rot und musste verlegen den Blick senken. Er sah wirklich beängstigend gut aus.

»Kann ich dir weiterhelfen, Liebes?«

Summers Wut hatte keinen Dämpfer abbekommen. Sie bohrte Brig ihren Finger in die Brust. »Du. Treibst. Mich. In. Den. Wahnsinn! Wenn du dein gottverdammtes Bett nicht von der Wand wegschiebst, dir anständige Kopfhörer zum Musikhören besorgst und nicht augenblicklich damit anfängst, dein Handwerkszeug auf menschenwürdige Uhrzeiten zu verlegen, werde ich dir leider den Hals umdrehen müssen!«

Er blinzelte sie verblüfft an. Erst ihr grünes Gesicht, die pinke Duschhaube und ihr Schlabberoutfit, dann den Finger an seiner Brust. Langsam tropfte etwas von der Avocadopampe von Summers Kinn und fiel mit einem dumpfen Schmatzen auf den Boden des Hausflurs.

Ein strahlendes Lächeln trat auf Brigs Lippen. Er nahm Summers Finger und schob ihn langsam von seiner Brust. »Du hättest nur etwas sagen müssen, Kotzi. Ich dachte, dass die Wohnung neben mir kaum bis gar nicht bewohnt ist, weil ich noch nie etwas von drüben gesehen oder gehört habe.«

Summer schien kurz davor, zu explodieren. Ihr Auge zuckte, und sie ballte die Hände zu Fäusten. »*Kotzi?*«, presste sie hervor.

Er tippte sich an die Wange. »Es ist grün, matschig und sieht irgendwie eklig aus. Deshalb taufe ich dich hiermit Kotzi.« Er zwinkerte ihr arrogant zu. »Also. Tut mir leid, wenn ich zu laut bin, ich wusste nicht, dass ich damit jemanden störe. Ich rücke das Bett von der Wand weg und werde zukünftig leiser sein. Danke für den Hinweis, Kotzi. Oh, und hi, Elmo, hi, Savylein. Schönen Tag euch noch!« Und damit schlug er Summer die Tür einfach vor der Nase zu.

Sie keuchte. Langsam drehte sie sich zu uns herum. Wieder erklang die Musik durch die Tür, wurde kurz darauf aber so leise gestellt, dass man sie im Hausflur nur noch erahnen konnte. Summer trat wie in Zeitlupe zurück zu uns in ihre Wohnung. »Was zum Teufel war das gerade? Und woher kennt er euch, und wieso hat er dich Elmo und dich …« Sie schnappte nach Luft und funkelte uns erbost an. Sie schloss die Wohnungstür hinter uns. »Das ist dieser Kerl! Oder? Von dem ihr gesprochen habt!«

»Brig!«, sagte ich aufgeregt. Ich konnte mir das Lachen einfach nicht verkneifen. »Ich hatte keinen blassen Schimmer, dass ausgerechnet er dein Nachbar ist.«

»Ich auch nicht«, sagte Ella nachdrücklich und ernst. »Das schwöre ich, ich hatte keine Ahnung, dass wir alle im selben Haus wohnen. Irgendwie seltsam …«

»Ich kann nicht glauben, was für ein aufgeblasenes Arschloch er ist! Wir sind uns überhaupt nicht ähnlich! *Kotzi*. Meine Spitznamen haben wenigstens Stil. Ich gehe mir schnell die Maske und die Haarkur abwaschen.« Und damit rauschte sie ins Bad und schloss die Tür hinter sich.

Verdutzt tauschten Ella und ich einen Blick aus. Dann griff Ella in die Popcornschüssel, während durch die Badezimmertür das Rauschen der Duschbrause zu hören war. Ein seliges Lächeln trat auf ihr Gesicht. »Hach, ich mag das Schicksal. Und das Schicksal mag uns.«

Etwa eine Stunde später saßen wir wieder zu dritt auf dem Sofa und sahen uns zum bestimmt fünfzigsten Mal die erste Staffel von *Brooklyn Nine-Nine* an. Die Sonne ging mittlerweile unter, und goldene Lichtstreifen fielen durch die pinke Küche auf die abgenutzten Holzdielen. Seit wir uns bei Summer eingefunden hatten, kämpfte ich schon mit dem Verlangen, Maxx eine Nachricht zu schicken, ihn irgendwie zu kontaktieren, bis mir wieder einfiel, dass ich seine Nummer gar nicht besaß, sondern er nur meine. Es machte mich ganz kirre und ein wenig nervös. Was, wenn er sich nicht meldete? Ich hatte keine Ahnung, was ich tun sollte, wenn er mir niemals schreiben und fortan so tun würde, als hätte der Abend am Campingplatz nie stattgefunden – auch wenn ich ihm so ein Verhalten nicht zutraute. Wenn jedoch meine Angst und meine Nervosität mit mir durchgingen, so wie jetzt, konnte ich absolut nichts gegen die Worst-Case-Szenarien tun, die dann vor meinem inneren Auge abliefen.

Summer, Ella und ich sahen noch immer fern und griffen ab und zu nach den Snacks oder unseren Gläsern. Der Ventilator lief nach wie vor auf Hochtouren, und jetzt, wo meine Haare vollends getrocknet waren, bekam ich das drängende Bedürfnis, noch einmal unter die kalte Dusche zu springen. Wirklich, ich konnte den Winter kaum abwarten. Bei Kälte konnte man wenigstens Schicht für Schicht anziehen und sich mit Getränken oder am Feuer wärmen. Bei Hitze hatte man nur begrenzt Möglichkeiten, sich auszuziehen. Immerhin konnte man ja nicht gerade aus der eigenen Haut schlüpfen.

Gerade versuchte Jake Peralta mal wieder, Captain Holt den letzten

Nerv zu rauben, als mit einem Mal mein Handy neben mir vibrierte. Ich nahm es so hektisch in die Hand, dass es mir fast wieder aus den Fingern rutschte.

Die Nachricht war von Maxx. Er hatte mir geschrieben!

Am liebsten wäre ich aufgesprungen und hätte gejubelt. Mein ganzer Körper war augenblicklich von Aufregung erfüllt. Ich konnte nicht anders, als die Luft anzuhalten und mir auf die Lippe zu beißen, um ein breites Lächeln zu unterdrücken. Er hatte mir geschrieben!

Hey, Sav. Hier ist Maxx. :)
Ich hoffe, ihr seid gut angekommen. Und dass du einen schönen Abend hast. Steht unser morgiges Treffen? Ich helfe dir wirklich gern beim Umzug.
Maxx

Ich las die Nachricht immer wieder, saugte jeden Buchstaben und den Platz dazwischen in mich auf. Es war beinahe erschreckend, wie sehr mich diese eine kleine Nachricht in freudige Aufregung versetzte.

Hastig schrieb ich zurück.

Hi, Maxx!!
Hab ich. Und du? Ja, das Treffen steht!! Mitchell und ich fangen um acht Uhr an. Komm einfach, wenn es dir passt. Danke noch mal!!
Bis dann!!
Savannah

Und abgeschickt. Ich lächelte zufrieden. Da waren Infos, und ich war nett. Für mich las sich meine Nachricht total selbstbewusst …

Wären da nicht schon wieder die vielen Ausrufezeichen.

Ich verzog das Gesicht. Verflixt noch mal!!

»Igitt«, sagte Summer, als Hitchcock und Scully sich auf dem Fernseher mal wieder von ihrer schmackhaftesten Seite präsentierten. Meine Aufmerksamkeit währte jedoch nicht einmal lang genug, um ebenfalls Widerwillen zu verspüren.

Die blauen Häkchen erschienen sofort. Maxx war online. Wenige

Augenblicke später tippte er auch schon, was drei tanzende Punkte im Messenger erscheinen ließ. Es fühlte sich so … echt an, dass wir nun über meinen gewohnten Standardmessenger miteinander schrieben und nicht länger über *SuperCrush*. Sicher, nichts war realer und echter gewesen als die Tage im Nationalpark, aber hier, im echten Leben, fernab vom Campingplatz und umgeben vom gewohnten Leben, schien es mir nicht albern, dieses Gefühl als »real« zu beschreiben. Nicht dass Maxx und ich miteinander ausgingen, aber … ich hatte absolut überhaupt kein Interesse daran, mit einem anderen Typen auch nur Kontakt zu haben, geschweige denn einen One-Night-Stand. Es war erschreckend, dass es gerade mal eine Woche gebraucht hatte, um mich dazu zu bringen. Andererseits, wenn ich ehrlich zu mir selbst war, hatte ich schon kein Interesse daran gehabt, mit anderen Männern in Kontakt zu treten oder Dates zu haben, gleich nachdem Maxx und ich die ersten Nachrichten miteinander ausgetauscht hatten. In was manövrierte ich mich da nur hinein? Was, wenn ich mich lächerlich machte? Wenn mein kleines, hoffnungsloses Herz etwas ganz anderes wollte als Maxx? Denn ich wollte das, was wir in der Dunkelheit am Feuer geteilt hatten. Das, was wir jedes Mal zu teilen schienen, wenn wir uns nahekamen, wenn wir miteinander sprachen, und ganz besonders wenn wir uns berührten.

Ich stieß ein langes Seufzen aus, steckte das Handy weg und klemmte mir anschließend die Schale mit den scharfen Käsebällchen in die Armbeuge. Ich würde morgen wieder darüber nachdenken. Darüber und über all die anderen Dinge, die mir Kopfzerbrechen bereiteten. Ich hatte zum Beispiel noch kein Sterbenswort von meinen Eltern gehört, weder vor dem Trip noch danach, obwohl ich sie regelmäßig mit kurzen Nachrichten upgedatet hatte. *Wir fahren jetzt los; Wir sind sicher angekommen!; Ich bin zurück in Fletcher, alles okay bei mir. Bei euch auch?*

Das alles waren Dinge, die ich einfach warten lassen würde – immerhin liefen sie nicht weg, und niemand war mir böse, wenn ich meinem Kopf für eine kurze Weile eine Auszeit gönnte, um wieder Energie zu tanken – das hatte ich mit Dr. Dreyer x-mal besprochen. Gleich morgen früh würde ich meine Liste pflegen und updaten und vielleicht sogar meine Mom anrufen. Ich würde in den nächsten Tagen so viele Punkte wie möglich von meiner Liste abarbeiten und Mission Selbstliebe meisterhaft bestehen, sodass ich meinen Eltern schon bald die Stirn bieten und ihnen sagen konnte, was ich dachte und fühlte. Das alles würde ich tun, und irgendwie war ich auch guter Dinge, dass ich es schaffen konnte ... irgendwie. Bis dahin genoss ich den Abend mit meinen Freundinnen, stopfte scharfe Käsebällchen in mich hinein und vergaß die Welt für eine Weile, um mich in eine andere zu flüchten. Das war immerhin meine absolute Lieblings-beschäftigung.

KAPITEL 32

MAXX

*E*in Ächzen entfuhr mir, als ich die Umzugskiste etwas unsanfter als beabsichtigt auf zwei weiteren Kisten abstellte. »Verflucht noch mal«, sagte ich und streckte meinen Rücken durch, was diesen gehörig knacken ließ. Meine Finger waren heiß und pochten durch den Rand der schmalen Öffnungen im Karton. Drei Stockwerke hinab, quer über einen kleinen Platz und noch einmal zwei Stockwerke hinauf. Obwohl es noch so früh am Morgen war, war es bereits warm genug, um bei so einer körperlichen Arbeit wie einem Umzug ziemlich schnell ziemlich erledigt zu sein. Ich rieb mir die Hände an der Jeans und drehte mich zu Savannah um, die gerade mit einem gigantischen gelben Sitzsack in ihr neues Wohnheimzimmer getaumelt kam.

»Welcher Mensch hat so viele Bücher?«, fragte ich mit einem belustigten Schnauben und klopfte vorwurfsvoll auf die Kiste, die ich gerade abgestellt hatte.

»Tut mir leid«, sagte sie kurzatmig und ließ den Sitzsack neben das unbezogene schmale Bett fallen. Ihr sommersprossiges Gesicht und ihr Dekolleté waren vor Anstrengung ganz fleckig, und das weiße, luftige Sommerkleid wirkte zerknittert. Sie wischte sich mit dem Handrücken über die Stirn und rückte sich ihre goldene filigrane Brille zurecht. Dutzende Haarsträhnen waren ihr aus dem wirren Pferdeschwanz gerutscht, und es juckte mich in den Fingern, ihr jede einzelne hinter das Ohr zu stecken. Einfach nur, um sie zu berühren. Sie sah hinreißend aus, und ich musste an mich halten, zu bleiben, wo ich war. Ich fühlte mich nämlich von ihr angezogen wie ein Schiff von einem Meeresstrudel. Seit unserem Kuss am Lagerfeuer schien der Effekt noch stärker geworden zu sein, und ich musste einiges an Kraft aufbringen, um standhaft zu bleiben. »Danke für deine Hilfe, Maxx. Aber die letzte Kiste hätte ich auch tragen können. Wirklich, das hättest du nicht tun müssen.«

260

»Nicht der Rede wert«, erwiderte ich lächelnd und trat zum Fenster, um es aufzureißen. Leider hatte die Sonne die Morgenluft bereits ziemlich erwärmt, und ein weiterer Tag mit über dreißig Grad stand uns bevor. Der Himmel war blau, Vögel zwitscherten munter, und ein lauer Wind ließ die dichten Bäume in Fensternähe rauschen, was etwas Beruhigendes an sich hatte. Wir befanden uns in Savannahs neuem Wohnheimzimmer in Jefferson House auf dem Campus der Fletcher University. An diesem Morgen hatte ich die Universität zum ersten Mal gesehen, und ich konnte nun mehr als nachvollziehen, weshalb alle so begeistert von diesem Ort sprachen. Alles hier wirkte wie der wahr gewordene Traum. Das Gelände selbst war gigantisch. Wie eine kleine Stadt inmitten der Stadt. Alte mit Efeu überwucherte Steingebäude, große, ordentlich gemähte Rasenflächen, knorrige, majestätische Bäume und elitär wirkende Neubauten, wie Jefferson House, die Cafeteria, an welcher wir vorbeigekommen waren, und ein größeres Gebäude, das bei meiner Ankunft weiter hinten auf dem Campus zu sehen gewesen war. Die Anlage mit den Wohnheimen lag gleich neben dem weitläufigen Parkplatz. Es gab draußen viele Sitzgelegenheiten sowie eine beneidenswerte Ausstattung. Vor allem hier in diesem Wohnheim. Ich wollte mir gar nicht ausmalen, wie viel Geld Savannahs Eltern für das Zimmer bezahlten, beziehungsweise für *die* Zimmer. Mehrzahl. Es gehörte immerhin zu einer Wohneinheit. Neben einem gemeinschaftlichen Wohnraum gab es vier Schlafzimmer; zwei Einzelzimmer und zwei Doppelzimmer, wie dieses hier, welche jeweils über ein eigenes kleines Badezimmer verfügten. Auf jeder Etage von Jefferson House gab es zudem noch einen Freizeitbereich, inklusive Tischkicker und Fernseher. Es schmerzte mich beinahe, all das hier zu sehen. Es war dermaßen perfekt. Es erweckte in mir den schmerzlich-süßen Wunsch, ebenfalls an der Fletcher University zu studieren.

Ächzend trat Mitchell nun ebenfalls durch die offen stehende Tür des Doppelzimmers und stellte mit hochrotem Kopf und einem angestrengten Laut zwei große Kisten auf dem grauen Teppichboden ab. »Verflucht. Manchmal wünschte ich, dass du deine Bücher auf einem E-Reader lesen würdest.«

Empört schnappte Savannah nach Luft. »E-Reader sind grauenhaft. Ich muss Bücher riechen und anfassen und sie anschmachten können!«

»Aber du musst sie auch tragen, Hirni.«

Ich musste schmunzeln, als die Geschwister eine halbherzige Diskussion über Savs große Büchersammlung starteten.

Ich atmete tief durch, um meinen erschöpften Atem zu beruhigen. Die Muskeln in meinen Oberschenkeln pochten noch immer. »Sagt mal, mischt man nicht normalerweise Bücher mit Kleidung, damit Kisten nicht zu schwer werden?«

Savannah verschränkte die Arme vor der Brust. »Schön, ihr habt recht. Zumindest damit. Ich hätte die Kisten nicht so vollpacken dürfen. Ich wusste außerdem wirklich nicht, dass es doch so viele Bücher sind! Das kam mir gar nicht so vor, die Hälfte stand auch unter meinem Bett …«

»Jetzt ist es ja geschafft«, erwiderte Mitchell grinsend. Er war nicht einmal halb so sehr außer Atem wie ich, obwohl er soeben zwei Kisten gleichzeitig getragen hatte. Das lag wohl daran, dass er Leistungssportler und Nichtraucher war, ganz im Gegensatz zu mir. Er schob sich die hellbraunen Haare aus der Stirn und schüttelte sein T-Shirt am Kragen aus, um sich abzukühlen. Wir alle drei sahen uns im nahezu leeren Doppelzimmer um. Es war länglich geschnitten, schmal und besaß ein sehr großes Fenster. Neben Savannahs reichlichem Gepäck gab es noch zwei schmale unbezogene Betten, die schräg gegenüberlagen, mit festmontierten Nachttischen, inklusive Schubladen im Korpus. Auf jeder Seite des Zimmers befand sich noch ein schmaler, hoher Kleiderschrank, ein grauer Schreibtisch, der aus dem gleichen Kunststoff zu bestehen schien, inklusive festgeschraubter Lampe, sowie ein schmales Bücherregal.

»Ich habe absolut keine Ahnung, wie du deine ganzen Sachen hier unterbekommen willst«, verkündete ich.

Savannah lächelte. »Das ist kein Problem. Meine Freundin Julie und ich teilen uns das Zimmer, und wir wollen unsere Regale zusammenlegen. Vielleicht kaufen wir sogar noch eins dazu, um mehr Platz zu haben!«

Ich konnte nicht anders, als bei der Begeisterung in ihrer Stimme zu schmunzeln. Am liebsten hätte ich mich kurz nach draußen verdrückt, um eine Zigarette zu rauchen, die ich nach der Schlepperei dringend nötig hatte, aber ich verkniff es mir. Nicht nur weil ich versuchte, es zu reduzieren, sondern auch weil ich wusste, dass Savannah es nicht mochte. Ganz vielleicht wollte ich es darauf anlegen, in ihrer Gegenwart nicht zu stinken. Stattdessen ging ich also durch die weiße Tür, gegenüber von Savannahs Bett, in das winzige, aber moderne Badezimmer und beugte mich über das Waschbecken, um mir eiskaltes Wasser ins Gesicht zu spritzen.

Die letzten zwei Stunden hatten Mitchell und ich so ziemlich alles, was Savannah besaß, von Parcell House nach Jefferson House geschafft. Und es waren sage und schreibe acht Kisten voller Bücher. Wie um alles in der Welt hatte Savannah die in ihrem alten Zimmer unterbekommen? Es war nämlich noch kleiner als dieses hier und besaß zu allem Übel sogar eine Dachschräge. Wie ein Zauberer, der immer mehr vom unendlich scheinenden Tuch aus seinem Hut zieht, hatte Sav Bücher herbeigezaubert. Ein Teil war in ihrem Kleiderschrank gewesen, einige Stapel hatten als Möbelersatz gedient, wie zum Beispiel ein Tisch, auf welchem ihr Wasserkocher gestanden hatte, und dann hatte sie noch jede Menge Bücher auf ihren Schreibtisch, ins Regal und unter das Bett gequetscht. Es hätte mich nicht gewundert, wenn sie uns irgendwo noch ein Loch in der Wand gezeigt hätte, das mit Büchern gefüllt war. Es war ein wenig verrückt, aber irgendwie fand ich es auch faszinierend. Sie hatte aus ihrer Ecke des Wohnheims etwas ganz Eigenes gemacht. Überall hatten Poster, Theater- und Kinotickets, Lichterketten, Polaroids und Fotos gehangen. Alles war voller Leben und voller Erinnerungen an schöne Momente gewesen. Selbst ihre Kissen waren nicht einfach Kissen, sondern mit allen möglichen Zitaten bedruckt. Es war durch und durch überladen, aber es faszinierte mich. Sie faszinierte mich. Und das schien diesen Effekt nur zu verstärken.

Ich wischte mir das Wasser aus den Augen und rieb mir über die Haare, ehe ich mir die Hände am Shirt abwischte und zurück ins Zimmer ging. Mitchell trank gerade die letzten Reste Wasser aus einer

Plastikflasche. »Ich muss los«, sagte er. »Morgen fängt das Schwimmtraining wieder an, und unser Team trifft sich, damit unser Coach die Pläne verkünden und austeilen kann. Ist so was wie eine Tradition geworden.« Er zog sein Handy aus der Tasche seiner ausgewaschenen Jeans und warf einen Blick darauf. »Savy, holst du Austin und mich heute Abend ab? Mom will, dass wir zum Essen kommen.«

Ich konnte regelrecht beobachten, wie das Lächeln von Savannahs Gesicht gefegt wurde und ihre Schultern sich senkten. Fast so als würde plötzlich ein Gewicht auf diese drücken. Der Augenblick währte nur für eine Sekunde, denn im nächsten Moment schenkte sie ihrem Bruder ein mühevolles Lächeln. »Aber klar! Schreib mir einfach, wann ich da sein soll.«

Falls Mitchell den Wechsel in Savannahs Stimmung bemerkt hatte, so ließ er es sich zumindest nicht anmerken. Er drückte kurz ihre Schulter, ehe er mir mit dem Handy in der Hand flüchtig zuwinkte. »Danke, dass du geholfen hast, Maxx! Wir sehen uns bestimmt bald wieder. Im Leo's oder so.«

Ich grinste. »Aber unbedingt«, erwiderte ich, auch wenn ich nicht genau wusste, was er meinte. Vermutlich war das Leo's eine Bar. Es klang zumindest so.

Savannah und ich beobachteten, wie Mitchell erst das Zimmer und dann den Gemeinschaftsraum der WG verließ.

Ein seltsames Gefühl fuhr mir durch den Bauch, als ich mich wieder Savannah zuwandte. Unsere Blicke begegneten sich.

»Äh …«, entfuhr es mir, nicht besonders geistreich. »Wenn du möchtest, kann ich dir noch beim Auspacken helfen.«

O Mann. Wenn ich ehrlich war, suchte ich bloß Gründe, um nicht gehen zu müssen. Ich wollte noch ein klein wenig länger bei ihr sein. Auf diese Art und Weise konnte ich sogar zwei Fliegen mit einer Klappe schlagen: Zeit mit ihr verbringen und ihr helfen.

»Klar!«, erwiderte sie ein wenig zu schnell. Sie räusperte sich hastig und wich meinem Blick aus. »Danke, Maxx. Auch dass du heute gekommen bist und hilfst.«

Ich lächelte und trat zu ihr – natürlich nur, um die Kiste zu öffnen, die ich eben noch auf den anderen beiden Kisten abgestellt hatte. »Ich sagte dir doch, dass ich das gerne mache. Nicht der Rede wert.«

»Stört es dich, wenn ich … wenn ich Musik anmache, während wir die Kisten auspacken?«, fragte sie vorsichtig, beinahe zaghaft.

»Überhaupt nicht. Ich höre praktisch alles. Ich … Sag mal, hast du deine Bücher nach Farben sortiert?« Stirnrunzelnd holte ich ein vergilbtes Hardcover mit leuchtend blauem Schutzumschlag aus dem Karton und musterte es.

Sie nahm mir das Buch aus der Hand und legte es auf den Schreibtisch. Ein Lachen entfuhr ihr. »Ja … Ich dachte, ich probiere mal etwas Neues. Auch wenn ich in etwa einem Monat vermutlich die Krise bekommen und wieder alle Bücher nach Autor und Genre sortieren werde.«

Ein Lächeln schlich sich auf meine Lippen, und ich stapelte ebenfalls Buch für Buch auf dem Schreibtisch. Was das mit ihr und mir auch war, ich würde es einfach nur genießen. Auch wenn mir an diesem Morgen allmählich bewusst geworden war, dass es nicht gerade einfach werden würde, meine Vorsätze einzuhalten. Ich war voller Tatendrang hierhergekommen, um Savannah beim Umzug zu helfen, war fester Überzeugung, dass ich künftig einen Schritt zurück machen würde, um sie letztendlich nicht zu verletzen. Aber es hatte nur einen Blick gebraucht, und schon war mein Entschluss ins Wanken geraten. Ein Lächeln von ihr, und schon hatte sich etwas in meiner Brust heiß zusammengezogen, mir den Boden unter den Füßen weggerissen.

Ich versuchte, diese Gedanken zu ignorieren, und genoss es einfach nur, mit Savannah Kisten auszupacken. Sie hatte den Soundtrack vom Musical *Wicked* angeschmissen. Das stand zumindest auf ihrem kleinen Laptop, der eine beängstigend laute Lüftung besaß und aufgeklappt auf dem Schreibtischstuhl stand.

Wir leerten Kiste um Kiste und stapelten Bücher auf dem Schreibtisch. Wenn ich ganz ehrlich war, hatte ich wirklich keinen blassen Schimmer, wo sie die alle unterbekommen wollte, aber sie schien sich darüber keine Sorgen zu machen.

Einen kurzen Moment hielt ich mit einem Stapel roter Bücher in den Händen inne, um Savannah dabei zu beobachten, wie sie ihre

Bettdecke frisch bezog – natürlich mit einem schwarz-weiß gepunkteten Bezug, der blaue, fransenartige Bommel besaß. Ich war mir nicht sicher, ob ihr bewusst war, dass sie dabei leise zur Musik summte und ihr jeden Moment die Brille von der Nase zu rutschen drohte. Doch sie schien ganz dabei versunken, alle möglichen Kissen aus einer großen blauen Plastiktüte zu befreien und ihr Kopfkissen unter ihnen zu begraben.

Mehr zufällig als beabsichtigt streifte ihr Blick den meinen. Als sie bemerkte, dass ich sie beobachtete und die letzte Kiste bereits ausgepackt war, verharrte sie mit einem flauschigen weißen Kissen in der Hand.

Das Herz rutschte mir geradewegs in die Hose. Es war nun zu spät, um so zu tun, als hätte ich etwas anderes getan, als sie anzustarren.

Sie schob sich die Brille höher auf die Nase und sah mich fragend an. Unsicher hob sich einer ihrer Mundwinkel. »Was ist?«

Ich fühlte mich so ertappt, dass mir für eine Sekunde heiß wurde. »Darf ich dich etwas fragen?«, stieß ich hervor und räusperte mich verhalten. Und das, obwohl ich eigentlich nichts fragen wollte. Ich wusste mir bloß nicht anders zu helfen. Wie hätte ich sonst erklären sollen, dass sie mich gerade beim Starren erwischt hatte? *Sorry fürs Starren, aber du bist ziemlich umwerfend?*

»Sicher«, erwiderte sie, legte das Kissen ab und stellte sich aufrecht hin.

Suchend sah ich mich um, ehe ich die lahmste Frage stellte, die mir einfiel. »Hast du eigentlich schon alle Bücher gelesen, die hier herumstehen?«

So lächerlich ich mir auch vorkam, Savannah schien es offenbar überhaupt nicht lächerlich zu finden – ganz zu meinem Glück. Ihre Augen leuchteten auf, und sie lachte, was so entzückend klang, dass ich am liebsten mit zwei großen Schritten den Abstand zwischen uns geschlossen hätte, um ihre Lippen mit meinen zu verschließen.

»Natürlich nicht!«, sagte sie und machte eine wegwerfende Handbewegung. »Jedes *SuB*-Buch hat hinten auf dem Buchrücken einen kleinen grünen Sticker.«

Ich blinzelte sie an. »Was um alles in der Welt ist ein *SuB*-Buch?«

Ich hätte so was von meine Hand dafür ins Feuer gelegt, dass sie nie und nimmer eine sexuelle Anspielung machen würde. Andererseits las sie erotische Weihnachtsromane – alles war möglich.

Sie legte den Kopf schief und lächelte. »*SuB* steht für *Stapel ungelesener Bücher*. Dann weißt du bestimmt auch nicht, was ein *SuB*-Glas ist, oder?«

»Nope, absolut keinen blassen Schimmer.«

»Einen Moment.«

Ich unterdrückte ein Schmunzeln und sah zu, wie Savannah zwischen den Taschen, Büchern und übrigen Kisten zu wühlen begann, ehe sie einen Moment später auch schon »Da ist es!« sagte und ein Einmachglas mit Schraubdeckel aus einer Tüte zog. Darin befanden sich jede Menge kleiner gefalteter Zettel. Sie trat neben mich an den Schreibtisch und legte es mutigerweise auf den schiefen Stapel grüner Bücher.

»Das hier ist mein *SuB*-Glas. Ich dokumentiere jedes meiner Bücher, versehe sie mit dem grünen Sticker, wenn ich sie noch nicht gelesen habe, schreibe die Titel der ungelesenen Bücher auf Zettel und stecke sie in das Glas. Wenn ich mich von der nächsten Lektüre überraschen lassen möchte, ziehe ich einfach einen Zettel aus dem Glas und lese das Buch, das draufsteht.«

Überrascht hob ich die Augenbrauen. Damit hatte ich … nicht gerade gerechnet. »Das klingt irgendwie cool.«

Wieder leuchteten ihre Augen auf, diesmal nicht nur vor Begeisterung, sondern auch vor Freude. Sie wirkte, als hätte ich ihr soeben das größte Geschenk überhaupt gemacht. »Du findest es nicht bescheuert?«

Mit einem schiefen Lächeln lehnte ich mich zu ihr. »Nein, wirklich nicht«, erwiderte ich ehrlich. »Das System ist total schlau. Ich würde es auch machen, wenn ich irgendein Buch besitzen würde. Aber ich glaube, ich bin mehr der Typ, der sich Bücher leiht.«

Sie nickte. »Ich finde es toll, dass du überhaupt liest. Auch wenn wir nicht gerade einen ähnlichen Lesegeschmack haben.«

»Ach, *Hot-Christmas-Pudding* ist total mein Ding, echt«, erwiderte ich aufziehend und lachte. Verlegen stimmte sie mit ein.

Erneut nahm Savannah das Glas, so als hätte sie eingesehen, dass es auf dem wackeligen grünen Stapel nicht sonderlich sicher war. Sie stellte es stattdessen in das offene Fach ihres Nachttisches.

Ich mochte es, wie selbstsicher sie wurde, sobald sie über Bücher sprach. Deshalb wollte ich das Thema noch nicht fallen lassen. Wir begannen wieder damit, aufzuräumen. Sav trug ihre Bücher zum kleinen Bücherregal, weshalb ich damit begann, ihr Stapel für Stapel dorthin zu tragen. »Oh, die weißen bis braunen Bücher kannst du ruhig auf dem Schreibtisch stehen lassen. Ich staple sie an der Wand.«

»Sicher«, sagte ich und hinterfragte diese Entscheidung nicht weiter. Die Selbstverständlichkeit in ihrem Tonfall war bemerkenswert.

Anschließend widmete ich mich den Kartons und den bereits geleerten Taschen, faltete und stapelte sie, damit wieder etwas Ordnung zustande kam. »Gibt es noch irgendetwas, das ich über dein Leseverhalten wissen sollte?«, fragte ich.

Auf Knien schob sie vier gelbe Bücher in das Regal und warf mir ein Lächeln zu, das im Gegensatz zu ihren letzten Worten ein wenig verlegen wirkte. »I-ich weiß nicht so genau.« Sie schien zu überlegen und setzte sich in ihrem weißen Sommerkleid auf den grauen, neu aussehenden Teppich des Wohnheimzimmers. »Ich, äh, bin in einem Buchclub? Oh. Aber das hab ich dir schon mal erzählt. Im Hotel.«

»Ich erinnere mich«, sagte ich schmunzelnd und reichte ihr einen schwarzen Bücherstapel, bei dessen Anblick sie jedoch sofort den Kopf schüttelte. »Die Stapel kommen zwischen Schreibtisch und Bett. Der Wasserkocher auch, der kommt obendrauf.«

»Aye, aye, Sir.«

Sie lachte wieder auf, diesmal noch ein wenig nervöser. Dann sprudelten die Worte auch schon aus ihr heraus. »Ich bin seit dem ersten Semester im Buchclub. Meine Freundin Julie hat ihn gegründet, aber seit letztem Jahr führt sie ihn zusammen mit unserer Freundin Asha. Wir lesen viele Klassiker, aber auch diverse Literatur und viel Own Voice, vor allem seit Asha ebenfalls den Buchclub leitet. Meistens lesen wir zwei Bücher im Monat. Ein Wohlfühlbuch und ein etwas anspruchsvolleres Buch. Gleich morgen treffen wir uns im Campuscafé und stimmen für die nächsten beiden Bücher ab. So wie ich Asha kenne, hat sie bestimmt wieder super Vorschläge. Sie macht das wirklich toll. Jeder liebt sie. Ich kenne keinen Menschen, der sie nicht anhimmelt.« Sie räumte wieder Bücher ins Regal, Stapel für Stapel. »Sie ist so was wie das It-Girl, zumindest in den künstlerischen Studienkreisen. Bei uns *Nerds*. Es macht so viel Spaß, Ashas schlauen Gedanken zuzuhören, auch wenn es ganz schön beängstigend sein kann, mit ihr eine Debatte zu führen. Außerdem modelt sie und hat sogar schon Aufträge in New York gehabt. Ich denke ...« Sie hielt inne und warf mir wieder einen erschrockenen Blick über die Schulter zu. Ihr Gesicht wurde knallrot. »Tut mir leid, ich fangirle total, oder?«

Ich trank meine Wasserflasche aus und setzte mich auf ihre Bettkante. »Was soll's? Wenn du sie cool findest, lass es raus. Ich finde Vorbilder im direkten Umfeld sowieso besser als irgendwelche Promis, die Boulevardblätter füllen.«

Sie schien erleichtert, fast so als hätte sie sich tatsächlich geschämt, vor mir zugegeben zu haben, wie toll sie eine ihrer Freundinnen fand. Ich fand es irgendwie schön. Wie oft erlebte man so was schon? *Du vor allem?*, hallte eine höhnische Stimme in mir wider. *Die letzten Jahre warst du weggesperrt, und davor hattest du vorrangig mit Mädchen zu tun, für die es ganz normal war, sich gegenseitig schlechtzumachen und zu konkurrieren, anstatt sich gegenseitig zu unterstützen.*

Ich schüttelte die Gedanken von mir und konzentrierte mich ganz auf Savannah. Ein bittersüßes Gefühl breitete sich in mir aus. »Ich war noch nie in einem Buchclub. Wäre ich an der Fletcher University, würde ich eurem Club, ohne mit der Wimper zu zucken, beitreten.«

Freude machte sich auf ihrer Miene breit. Sie biss sich auf die Unterlippe – was meine Aufmerksamkeit ein wenig zu sehr weckte. »Das wäre schön. Meinst du, es gibt auf dem Communitycollege in Frayton auch einen Buchclub?«

»Keinen blassen Schimmer. Aber vielleicht rufe ich einfach einen ins Leben.«

»Oh!« Sie rappelte sich mit drei Büchern im Arm auf. »Das könnte ein Punkt auf deiner Liste werden!«

»Du hast recht«, erwiderte ich überrascht und zog das Handy aus meiner Hosentasche. Ein aufgeregtes Flattern fuhr mir durch die

Brust, und ich unterdrückte ein Lächeln. Ich öffnete meine Notiz-App und fügte einen Punkt hinzu, der mir vermutlich nicht einmal im Traum eingefallen wäre.

Gründe einen Buchclub.

Ich konnte nicht anders, als zu grinsen. »Danke für den Tipp.« Wenn ich es mir recht überlegte, war die Idee wirklich ziemlich cool. »Ich weiß nicht, wie viele Leute am Communitycollege Lust hätten, die Biografie von Caleb Russell zu lesen, aber wenn es auch nur ein anderer Mensch wird, wäre ich schon glücklich.«

Sie wirkte verblüfft. »Wow. So was liest du? Keine Belletristik?«

»Na ja, ich mag Geschichten mit einem wahren Kern lieber. Das kann auch ein Roman sein, aber Biografien und Geschichtsbücher finde ich einfach spannender und informativer.«

»Irgendwie finde ich toll, dass wir einen so grundverschiedenen Lesegeschmack haben.«

Seit meiner Freilassung hatte ich nicht mehr über die vielen Bücher nachgedacht, die ich tagtäglich in der Gefängnisbibliothek sortiert und bibliografiert hatte. Ich vermisste das letzte Buch, das ich gelesen hatte, beinahe schmerzlich. Und dann hatte ich auch noch an einer Stelle geendet, die ziemlich spannend gewesen war. Vielleicht würde ich mir ja sogar gleich morgen ein paar Bücher ausleihen und wieder damit anfangen, meine schlaflosen Nächte damit zu verbringen, die Nase in ein Buch zu stecken. Das war wesentlich besser, als mich von schweren Gedanken erdrücken zu lassen, durch die ich entweder Herzrasen bekam oder einfach nur in erschöpfende Schwärze fiel.

Savannah legte die drei Bücher auf dem Nachttisch ab und setzte sich neben mich auf die Bettkante. »Maxx, ist … alles in Ordnung?«

Ich nahm eine aufrechtere Haltung an und schenkte ihr ein Lächeln, das hoffentlich genauso gelassen aussah, wie es sollte. »Aber klar. Sag mal, was studierst du eigentlich? Ich glaube, das hast du noch gar nicht erwähnt.« Es war mir mehr als deutlich anzumerken, wie verrostet ich in Sachen Small Talk geworden war. Was war das nur bitte für ein lahmer Themenwechsel?

Ein überraschter Ausdruck huschte über ihr Gesicht. Offenbar war mein Themenwechsel nicht nur lahm, sondern auch viel zu abrupt gewesen. »Oh. Ich, äh, studiere Theaterwissenschaften.«

Meine Verblüffung war echt, genauso wie mein Interesse. »Klingt, als würde es zu dir passen, nach allem, was ich bei den Büchern, der Musik und den Kissen bisher von dir kennengelernt habe.« Ich musste an ihr kurzlebiges Profil auf *SuperCrush* denken. *Liebt Bücher und Musicals*. »*Defying Gravity*«. Wie passend, dass gerade exakt dieser Song aus ihrem surrenden Laptop erklang.

Savannah nickte. »In einem anderen Leben würde ich vermutlich selbst auf der Bühne stehen wollen, aber ich kann weder singen noch tanzen. Außerdem würde ich nicht eine einzige Aufnahmeprüfung bestehen. Dafür bin ich nicht hardcore genug. Aber ich würde nach dem Studium gerne an einem Theater oder so was arbeiten. Meine Eltern finden das nicht besonders toll, weil man mit einem Studienfach wie meinem nicht gerade schnell einen Job findet und vor allem keinen gut bezahlten. Aber was soll's. Vielleicht klappt es ja eines Tages mit dem Traum vom Broadway, wenn auch hinter den Kulissen und … Was ist?« Unsicherheit flackerte in ihren Augen auf, und sie rieb sich über den Arm. »Tut mir leid. Ich rede zu viel.«

»Nein, nein, überhaupt nicht!«, sagte ich hastig und lächelte. Ich konnte einfach nicht anders. »Ehrlich gesagt beeindruckst du mich nur jedes Mal aufs Neue«, fügte ich leise hinzu.

Diesmal runzelte sie die Stirn und wirkte alles andere als überzeugt. »Haha.«

»Das ist mein Ernst«, schwor ich und stieß leicht mit meiner Schulter gegen ihre. »Du weißt ganz genau, was du willst, und du gibst deinen Traum nicht auf, auch wenn er weit entfernt scheint und es vermutlich kein leichter Weg wird. Du ziehst das durch mit deinem Studium und bist immerhin nächstes Jahr schon fertig. Du folgst deinem Herzen, einfach so. Wer zum Teufel hat dir bloß jemals eingeredet, du seist nicht mutig?«

Diesmal lachte Savannah erschrocken auf. Doch sie wich meinem Blick nicht aus. Für einen kurzen Moment sagte keiner von uns ein Wort. Die Stille erfüllte die Luft mit einer so intensiven Anziehung, einem so süßen Knistern, dass mich eine Gänsehaut überlief und ich den Atem anhalten musste.

Ein nachdenklicher, vorsichtiger Ausdruck trat in ihre warmen Augen. »Maxx … Du … Ich …« Sie schloss den Mund und schien schwer zu schlucken. Nicht eine Nuance davon entging mir. Jede Sommersprosse auf ihrer zarten Haut, jede Strähne, die ihr Gesicht umrahmte.

»Danke«, flüsterte sie und schlug die Augen nieder. »Du … Niemand sieht mich so. Und ich habe es so noch nie betrachtet. Ich … Ich glaube, deine Worte …« Erneut rang sie nach Atem, was beinahe schon frustriert klang.

»*Cookie*«, sagte ich leise und schenkte ihr ein schiefes Lächeln. »Und gern geschehen.«

Sie erwiderte es, was so erleichtert und dankbar aussah, dass es mir das Herz stahl.

»Was ist mit dir?«, fragte sie. »Weißt du, was du nach dem Studium machen möchtest?«

Noch bevor ich es unterdrücken konnte, seufzte ich. »Na ja. Nicht wirklich.« Ich stützte mich mit den Ellbogen auf den Knien ab. »Soziale Arbeit … Ich glaube schon, dass das mein Ding ist, weil ich damit irgendwie anderen Menschen werde helfen können, aber einen wirklichen Plan habe ich noch nicht. Wer weiß, wie das Studium wird.« Ein Lachen entfuhr mir. »Du kannst dir nicht ansatzweise vorstellen, was ich für eine Scheißangst vor meinem ersten Tag morgen habe. Keine Ahnung, wie ich heute Nacht auch nur eine einzige Sekunde schlafen soll.«

Dann zwang ich mich, nicht einfach nur etwas zuzugeben, sondern meine Mauern, die ich mir über die letzten Jahre so mühsam aufgebaut hatte, zu senken. Die Wahrheit ein erstes Mal auszusprechen. »Ich … habe wirklich nicht den blassesten Schimmer, was aus mir werden soll. Um genau zu sein, meide ich Gedanken an die Zukunft. Die Gegenwart ist beängstigend genug. Ich hoffe einfach, das Richtige zu tun, indem ich Sozialarbeiter oder so was werde. Aber es ist nicht so, dass ich …« Wieder ein Seufzen. Diesmal schwerer. Ein altbekanntes drückendes Gefühl legte sich auf meine Schultern und wollte mich nach unten ziehen. »Ich glaube, für manche Menschen ist es einfach besser, das Richtige zu tun, anstatt dem Herzen zu folgen.«

»Aber wer sagt denn, dass das eine nicht auch das andere sein kann?« Ihre Miene wirkte ernst und aufmerksam. »Schon klar, es ist nicht immer Erfolg versprechend, Träumen hinterherzujagen und das anzustreben, was man wirklich will. Aber wäre es nicht viel schlimmer, es nicht zu versuchen?«

»Ich habe es versucht«, sagte ich mit rauer Stimme. »Und es ist so schiefgegangen, dass ich damit vielen Menschen wehgetan habe.« Und das war die Wahrheit. Immerhin hatte ich Rose geliebt. Ich hatte auf mein Herz gehört, war für sie da gewesen, hatte ihr helfen und sie beschützen wollen. Und dadurch hatte ich mich immer mehr auf die schiefe Bahn begeben. Chaos und Pech verfolgten mich schlichtweg, als sei ich verflucht. Vielleicht war ich das ja auch. Ich musste nur an Ches und Creed denken, an Chesters Narben, die ich auf dem Campingtrip gesehen hatte. Das Haus meiner Eltern. *Meine Eltern.*

Ich zuckte mit den Schultern, versuchte, dabei gelassen zu wirken, auch wenn mir ein Kloß im Hals saß. »Du hast recht. Ich glaube, die meisten Menschen finden ihr Glück, wenn sie versuchen, auf ihren Bauch und nicht auf ihren Kopf zu hören. Ich gehöre allerdings zu der Sorte Mensch, die bei diesem Versuch kein Glück, sondern eher Schmerz findet, wenn sie es auch nur versucht. Klingt dramatischer, als es ist. Ich habe mich aber schon seit ein paar Jahren damit abgefunden, dass Rationalität mir besser tut. Dass es das Richtige für mich ist.«

Was auch immer ich gesagt hatte, schien sie beinahe schon persönlich zu nehmen. Sie verschränkte die Arme vor der Brust und sah mich herausfordernd an. »War es rational, oder hast du auf deinen Bauch gehört, als du zu Ches nach Fletcher gekommen bist? Wäre es nicht vernünftiger gewesen, dir irgendwas in Maine zu suchen, anstatt in einem vollkommen anderen Staat, weit entfernt von zu Hause?«

»Na ja, ich …«

»Und wäre es nicht rationaler, wenn du anstrebst, Banker zu werden, oder ein Immobilienhai? Viel Geld zu verdienen, um die Rente und so was zu sichern? Um für wohltätige Zwecke zu spenden? Stattdessen bist du nach Fletcher gekommen und möchtest Sozialarbeiter werden. Maxx, wie kommst du nur auf die Idee, dass du nicht auf dein Herz hören würdest? Oder es nicht darfst?«

Woher auch immer diese Stärke in ihren Worten kam, die Sicherheit und die Zuversicht; sie vibrierten in der Luft um sie herum. Sie sprach mit so viel Überzeugung, dass sie ganz und gar nicht mehr zurückhaltend oder verlegen wirkte. Das hier war Savannah, die Seite von ihr, die sie zurückhielt, die sie verborgen hielt und die von ihrer Angst überschattet wurde wie eine dunkle Wolke. Aber nun sah ich diese Seite an ihr, und sie beeindruckte mich dermaßen, dass es mir regelrecht die Sprache verschlug. Deshalb brauchte ich ein paar Augenblicke, um meine Stimme wiederzufinden.

»Touché.«

Für eine Sekunde erstarrte sie, dann schüttelte sie bestimmt den Kopf. »Es gibt nur eine Sorte Mensch. Weder gut noch böse, schwarz oder weiß. Wir alle sind grau und bunt. Jeder trägt von allem etwas in sich. Was auch immer du dir selbst eingeredet hast, es ist nicht richtig.«

Mein Puls beschleunigte sich. »Würdest du mich kennen, würdest du das wohl anders sehen«, stieß ich hervor.

Ihr Lächeln wurde ein wenig traurig. »Aber, Maxx ... es spielt keine Rolle, wie ich dich sehe. Es geht um dich. Und darum, wie du dich selbst siehst. Das ist alles, was wirklich zählt. Du kannst dir gar nicht vorstellen, wie oft ich mir diese Worte von Dr. Dreyer hab anhören müssen. Dutzende Male. Tausende. Und ich kämpfe selber jeden Tag damit.« Sie lachte auf.

Ich war drauf und dran, einfach eine Diskussion vom Zaun zu brechen. Stattdessen echoten mir Worte durch den Kopf, aufgewühlt und aufbrausend, wie der erste kalte Luftzug eines herannahenden Gewitters. *Das ist totaler Unsinn. Siehst du denn nicht, wie unglaublich wichtig es ist, dass Mom und Dad und Chester und Creed mein neues Ich sehen? Dass sie den neuen Maxx sehen, und nicht das unvernünftige Arschloch, das ich vor vier Jahren gewesen war? Egoistisch und verliebt und dauernd high oder betrunken? Wütend und unsicher und ruhelos und unglücklich? Glaubst du wirklich, dass es okay ist, dass sie mich noch immer so sehen? Ist dir denn nicht klar, was das bedeutet? Egal wie oft ich meine löchrige verschmutzte Weste weiß bemale, damit sie einen reinen Anschein macht, sie werden für immer nichts weiter als billige Farbe auf abgenutztem Stoff sehen. Und solange sie das sehen, muss ich es auch.*

Mein Herz hatte sich dazu entschlossen, sich schmerzlich zu verkrampfen. Dieser Schmerz war erschreckend überwältigend, obwohl ich die letzten vier Jahre nichts anderes getan hatte, als mein gesamtes vorheriges Leben gänzlich zu zerdenken. *Es geht um dich. Und darum, wie du dich selbst siehst.* Savannahs Worte taten weh. Nicht weil sie absurd waren, sondern weil ich den wahren Kern in ihnen erkannte. Eine bittere, grässlich schmeckende Wahrheit. Ich rang mir ein leises, beinahe tonloses Lachen ab, obwohl mir eher danach zumute war, eine ganze Stange Kippen zu rauchen, bis ich von dem Qualm betäubt wurde. »Vielleicht ist es einfacher, auf die Stimmen um einen herum zu hören, anstatt sie wegzuignorieren und sich auf seine eigene zu konzentrieren.«

Einen langen Moment schwiegen wir.

Langsam, beinahe schon behutsam streckte Sav ihre Hand aus und berührte mich am Arm. Der traurige, wissende Ausdruck in ihren Augen sagte mir, dass sie ganz genau wusste, wie ich mich fühlte. Dass sie den Kampf sah. Meine Dämonen sah, so als könnte sie mir durch meine Augen geradewegs in die rissige Seele blicken.

»Niemand hat gesagt, dass es einfach ist. Oder schmerzfrei. Ich war beinahe meine ganze Jugend in Therapie, und sieh mich an; ich kämpfe immer noch damit, jeden einzelnen Tag. Ich bin ein gigantischer Feigling, weil ich Angst davor habe, was meine Eltern denken könnten, wenn ich irgendetwas sage oder mache, was ihnen nicht in den Kram passt. Aber ich … ich gebe die Hoffnung nicht auf, es weiterhin jeden Tag zu versuchen. Und ich glaube, das solltest du auch nicht tun.«

Chaos brach in mir aus. Zu sagen, ich war berührt oder beeindruckt, war noch eine Untertreibung. Jedes Mal wenn Savannah mich an ihren Gedanken teilhaben ließ, an ihrer Sicht der Dinge, fühlte es sich bedeutend an und so stark, dass mein Bild von ihr immer wertvoller wurde. »Verflucht, Sav«, murmelte ich mit belegter Stimme und legte meine Hand über ihre, bevor sie sie wegziehen konnte. »Du bist einfach unglaublich.«

»Oh. Ich … äh … selber?«, erwiderte sie, wobei ihre Stimme erstaunlich in die Höhe schnellte. Dann zog sie eine gequälte Miene und stöhnte genauso gequält auf, was so liebenswert wirkte, dass ich drauf und dran war, sie einfach zu mir zu ziehen und sie endlich zu küssen. Doch sie stand plötzlich auf, ruckartig und seltsam mechanisch. Sie glättete ihr Kleid, räusperte sich und drehte sich weg, gerade als sie vom Dekolleté aufwärts dunkelrot zu werden schien. »Willst du noch etwas trinken?! I-ich hole mir schnell etwas zu trinken. Willst du auch etwas trinken?« Ihr schien es gar nicht aufzufallen, dass sie mich gleich zwei Mal fragte, da war sie auch schon durch die offen stehende Tür des Zimmers gehuscht und schloss diese hinter sich.

KAPITEL 33

SAVANNAH

*W*ieso um alles in der Welt war ich einfach aus dem Zimmer gestürzt? Am liebsten wäre ich augenblicklich auf der Stelle gehüpft, um das peinliche Gefühl meiner Flucht einfach abzuschütteln. Ich fächerte mir mit den Händen Luft zu und verfluchte mich in Gedanken. Ich hätte nicht gehen sollen. Ich hätte einfach abwarten sollen. Vielleicht hätte Maxx mich ja sogar geküsst! Nein, ich war mir sicher, dass er drauf und dran gewesen war, genau das zu tun. Und dann hatte ich hohle Nuss *Äh, selber* sagen müssen. Ich hatte den ganzen Moment zerstört. Die Spannung in meinem neuen Zimmer war so stark gewesen, dass ich sie beinahe in der Luft hätte schmecken können. Ich wusste nicht, wann mein Herz zuletzt dermaßen geglüht hatte. Etwas wie das, was zwischen uns während unseres Gesprächs passiert war, hatte ich noch nie gefühlt. Wir … waren dermaßen unterschiedlich. Und dennoch waren wir so gleich! Diese Seite von Maxx, diese unsichere und hoffnungslose Seite machte mir Angst. Sie schockierte mich. Nicht nur weil ich es bei ihm nicht erwartet hatte – immerhin wirkte er selbstbewusst, hatte eine schalkhafte Leichtigkeit an sich, flirtete und lachte viel. Ich war auch schockiert … weil ich mich so sehr in diesen Gefühlen wiederfand. Ich wusste genau, wie kalt und dunkel sich Hoffnungslosigkeit anfühlen konnte. Es zerriss mir fast das Herz, diese schmerzlichen Gemeinsamkeiten zu sehen. Und dann dieser Sturm aus Gefühlen in seinen grauen Augen, als ich einfach geredet hatte, wie ein Schwall Wasser, den man nicht hatte aufhalten können. Da war so viel in seinen Augen gewesen, dass es mir den Atem geraubt hatte. Dieser ganze Moment war so … so intensiv gewesen. Und ich hatte es kaputt gemacht.

Schön. Ich würde einfach etwas zu trinken besorgen und mich dann wieder ins Zimmer begeben. Ich musste mich nur etwas abkühlen, besonders mein glühendes Gesicht. Wie sehr ich mir einfach nur wünschte, dass man mir nicht jede noch so kleine Gefühlsregung vom Gesicht ablesen könnte.

Wenige Minuten später kehrte ich mit zwei Wasserflaschen aus dem kleinen Kühlschrank im Gemeinschaftszimmer in mein neues Zimmer zurück.

»Hi«, sagte ich überflüssigerweise und lächelte gequält, ehe ich die beiden Flaschen hochhielt und sie demonstrativ wackeln ließ, wie Jazz-Hands, wenn mein Dad einen albernen Witz gerissen hatte. *Jetzt reiß dich verflixt noch mal zusammen, Savannah Moore!*

Offenbar war die Playlist auf Shuffle, denn es lief kein Song mehr aus *Wicked*, sondern »Not My Father's Son« aus *Kinky Boots*. Maxx saß noch immer auf meinem Bett, und er sah noch immer genauso anbetungswürdig aus wie vor ein paar Minuten. Durch seine riesige Gestalt wirkte mein neues Bett noch viel kleiner als davor. Obwohl er nur ein lockeres weißes Shirt trug, stand es ihm so gut, dass ich am liebsten aufgeseufzt hätte. Vor allem seine von der Sonne gebräunten drahtigen Arme mit den Tattoos an den Unterarmen.

Tattoos.

Das brachte mich auf einen Gedanken.

Ich reichte ihm verlegen eine Flasche und setzte mich wieder neben ihn, diesmal jedoch mit deutlich mehr Abstand. Wäre ich waghalsiger gewesen, hätte ich mich vermutlich geradewegs auf seinen Schoß geworfen. »Mir ist gerade etwas eingefallen«, sagte ich und räusperte mich noch mal. All das, ohne ihm in die Augen zu sehen. Stattdessen starrte ich auf die vielen Bücherstapel, die noch immer herumstanden. »Na ja, ich würde vielleicht doch auf dein Angebot zurückkommen wollen. Mit dem Tattoostudio. Vielleicht können wir es bald zusammen besuchen.«

Er wirkte überrascht. Dann hoben sich jedoch seine Mundwinkel. »Rufen wir dort an und machen einen Termin aus.«

Augenblicklich saß ich aufrechter. »W-was? Jetzt gleich?«

Er grinste mich herausfordernd an, was erneut das hinreißende Grübchen auf seiner Wange erscheinen ließ. »Nenn mir einen guten Grund, der dagegenspricht.«

Tatsächlich durchforstete ich in Blitzgeschwindigkeit meinen Kopf, auf der Suche nach Gründen. Aber ehrlich gesagt fand ich nicht einen einzigen. *Sei mutig! Vergiss die Gründe!* »Na schön. Dann rufen wir an. Also, nicht wir. Ich. Ich rufe an.«

Maxx wirkte nahezu stolz, was mein Herz zum Stolpern brachte und mich kurzerhand mit Aufregung erfüllte.

Deshalb gab ich mir einen Ruck.

Ich suchte die Nummer des Tattoostudios raus, rief sie an und hielt mir einen Moment später auch schon das Handy ans Ohr.

Es klingelte fünf Mal, bis endlich jemand abhob. »Hi«, sagte ich nach einem genuschelten »Hallo«. Gott, ich hasste es, Telefonate zu führen. Ich wusste nicht, wieso, aber es war so unangenehm!

»Hier spricht Savannah Moore. Ich, äh, bin eine Freundin von Lenny James. Sie hat mir euer Studio empfohlen. Vielleicht, äh, können Sie sich an mich erinnern.« Das erste Mal hatte ich bloß eine E-Mail geschrieben, da weder ein Besuch noch ein Anruf denkbar gewesen wären. »Ich würde gerne einen neuen Termin ausmachen, wenn das ginge.«

»Oh, ja richtig«, erwiderte die tiefe Stimme am anderen Ende der Leitung. »Ich erinnere mich. Willst du ein neues Motiv oder bloß einen neuen Termin für das Motiv, was wir per Mail besprochen hatten?«

Besprochen war vielleicht zu viel des Guten. Ich hatte drei Beispielbilder in den Anhang gepackt, die ich auf Pinterest gefunden hatte. »N-nur einen neuen Termin, es bleibt bei dem Semikolon als Motiv«, stieß ich hervor und warf Maxx einen unsicheren Blick zu. Doch er nickte bloß ermutigend. »Wann wäre denn der nächste Termin frei?«

Es rauschte und raschelte kurz am anderen Ende, dann hörte ich ein Brummen. »Mir hat vorhin jemand kurzfristig abgesagt. Entweder morgen gleich um vierzehn Uhr oder in etwa vier Wochen.«

»Morgen?«, wiederholte ich entgeistert.

»Oder in vier Wochen.«

Maxx grinste und formte mit den Lippen das Wort *morgen*.

Mein Puls beschleunigte sich, und mein Körper konnte nicht anders, als ein nervöses Kichern meine Kehle hinaufsteigen zu lassen. »Okay! Dann nehme ich den Termin morgen. Vierzehn Uhr.«

»Und falls du es wieder nicht schaffst, ruf vorher an, ja? Dann kann jemand anderes den Termin wahrnehmen.«

Schuldbewusst nickte ich, bis mir klar wurde, dass der Typ mich gar nicht sehen konnte. Ich verdrehte über mich selbst die Augen. »Klar. Kein Problem. Nicht nötig. Ich werde da sein. Gleich morgen. Vielen Dank für das Gespräch!«

Das Telefonat war beendet. Mit großen Augen sah ich Maxx an und ließ langsam das Handy von meinem Ohr sinken. »Ich … habe es getan.«

Er lächelte und stieß mich sanft mit der Schulter an. »Wusste ich doch, dass du das kannst.«

»Aber das war nur der Anfang. Durchgezogen habe ich es erst, wenn ich das Tattoo auch wirklich habe.«

»Wieso eigentlich ein Semikolon?«, fragte Maxx neugierig. »Hat das irgendwas mit Literatur oder so zu tun?«

»Nicht ganz«, gab ich zögerlich zu. Ich betrachtete mein blasses linkes Handgelenk und strich mit den Fingerspitzen über die Stelle, wo ich das Symbol gerne für immer auf der Haut tragen wollte. »Es gibt so was wie eine weltweite Bewegung, die nennt sich Semikolon-Projekt. Überlebende von Suizidgedanken und -versuchen, depressive Menschen sowie deren Freunde und Angehörige lassen sich ein Semikolon tätowieren, weil es dafür steht, dass man sich für das Leben entschieden hat. Es ist ein Zeichen der Hoffnung und des Lebenswillens. Wenn man einen Satz schreibt, führt das Semikolon diesen fort, auch wenn man ihn hätte beenden können. Man hat sich aber entschieden, ihn weiterzuführen. Der Satz steht für das Leben, und der Autor oder die Autorin ist man selbst.« Meine Stimme wurde leise. »Es gab eine Zeit in meinem Leben, über die ich nicht gerne spreche. Aber ich bin stolz darauf, dass sie in der Vergangenheit liegt. Und ich bin stolz darauf, in … meinem *Lebenssatz* ein Semikolon benutzt zu haben. Deshalb … Deshalb möchte ich es an meinem Handgelenk verewigen lassen.«

Maxx schwieg für einen langen Moment. Einen so langen Moment, dass mir mulmig wurde und ich unsicher den Blick hob. Die Art und Weise, wie er mich betrachtete, ließ mein Herz für einen langen Augenblick stillstehen. Mist. Hatte ich zu viel gesagt? Was, wenn ich ihm doch zu düster war? Wenn ich ihn damit nun voll und ganz abgeschreckt hatte?

Er streckte die Hand aus und berührte mein Handgelenk, dort, wo noch wenige Augenblicke zuvor meine eigenen Finger gelegen hatten. Im Gegensatz zu meinen Fingern sorgten die seinen dafür, dass ein knisterndes Brennen geradewegs bis unter meine Haut drang. Der Ausdruck in seinen Augen wurde überwältigend zärtlich. Und traurig. »Ich … Verflucht. Savannah, das tut mir so leid.« Er holte Luft, so als würde er noch viel mehr sagen wollen, doch stattdessen schloss er den Mund wieder. Eine Bewegung, die dafür sorgte, dass sich meine Augen auf seine Lippen hefteten.

Hauchzart bewegte er seine Fingerkuppen über die empfindliche Innenseite meines Handgelenks. Es ließ mich nach Luft schnappen.

»Danke«, murmelte er.

Ich schluckte schwer. »Wofür?«

»Dafür, dass du keinen Punkt gesetzt hast, als du vor der Wahl standest.«

Maxx' Worte rührten mich so sehr, dass mir Tränen in die Augen schossen. Erschrocken räusperte ich mich und senkte den Blick. »Wow, ich … Du bist der erste Mensch, der sich jemals dafür … Also der erste Mensch, der sich je … dafür *bedankt* hat.« Was geschah mit mir? Wieso brannten meine Augen? Wieso verknotete sich mein Magen so sehr?

Ich konnte nicht verhindern, dass sich eine Träne aus meinen Augenwinkeln löste. Erschrocken wischte ich sie weg, stand auf und lachte. »Gott, tut mir leid. I-ich bin echt eine Heulsuse!« Ich tat das Erstbeste, was mir einfiel: Ich widmete mich wieder meinen Buchstapeln und räumte sie ins Regal ein, während ich um Fassung rang. Doch die Bedeutung seiner Worte sickerte mir in Mark und Bein. Maxx hatte sich nicht dafür bedankt, dass ich ihm diese vertrauliche Sache von mir erzählt hatte. Er war der erste Mensch, der sich bei mir dafür bedankt hatte, dass ich das Leben gewählt hatte. *Bedankt.* Und diese Tatsache sorgte dafür, dass sich meine Brust zusammenschnürte, weil ich vor lauter Gefühlen einfach nicht wusste, wohin mit ihnen.

Auch wusste ich nicht, wie ich die Stille füllen sollte, als ich Buch für Buch einräumte. Ich hatte keine Ahnung, was Maxx durch den Kopf ging. Ich wagte es ja nicht einmal, zu ihm zu blicken. Doch ich behielt ihn im Augenwinkel. Er saß noch immer auf dem Bett und schien sich nicht zu rühren.

Deshalb erschreckte ich mich umso mehr, als ich wieder seine Stimme hörte, zuckte sogar zusammen.

»Hi. Guten Tag. Hier spricht Maxx Williams. Eine Freundin von mir, Savannah Moore, hat eben angerufen und sich einen Termin für morgen vierzehn Uhr geben lassen. Wäre es möglich, dass ich mitkomme und mir mit ihr zusammen ein Semikolon stechen lasse? Nur winzig klein, irgendwo auf den Arm.«

Ungläubig und wie in Zeitlupe drehte ich den Kopf zu ihm um. Ein hinreißendes Lächeln lag auf seinen Lippen, und er erwiderte meinen Blick, ohne mit der Wimper zu zucken oder das Handy von seinem Ohr zu nehmen. »Oh, nein klar. Absolut. Das klingt gut. Super«, sagte er in den Hörer. »Vielen Dank. Dann sehen wir uns morgen. Okay. Bye.«

»Das machst du nicht wirklich«, flüsterte ich. »Oder?«

Er zuckte mit den Schultern und tippte beschäftigt auf dem Smartphone herum. »Du hast gesagt, dass auch Freunde und Angehörige von Überlebenden bei dieser Bewegung mitmachen. Also habe ich die Gelegenheit beim Schopf gepackt. Und jetzt entschuldige mich, ich muss meine Liste aktualisieren.«

Trotz weicher Knie kämpfte ich mich auf die Beine, glättete den Rock meines Sommerkleides und knotete meine Finger ineinander. Mein Herz klopfte so schnell, dass mir beinahe schwindelig wurde. Die Hitze in meiner Brust war so überwältigend, dass sie unerträglich schien. Er musste scherzen. Das konnte unmöglich sein Ernst sein. Nie und nimmer … nicht meinetwegen. Nicht durch mich. Er war übergeschnappt!

Maxx blickte flüchtig auf, ehe er meinen Blick bemerkte, richtig aufblickte und das Handy zur Seite legte. Er schmunzelte. »Was ist?«

Ich machte drei Schritte auf ihn zu und setzte mich neben ihn. Dann sammelte ich meinen Mut zusammen und schob meine Hände in seine. Ich wollte nach Luft schnappen. *Ich habe meine Hände in seine geschoben.*

»Maxx, d-du bist absolut und vollkommen … Du … hättest das nicht tun müssen. Wirklich nicht. I-ich meine, so ein Tattoo hat man für immer! Bist du dir sicher, dass du das willst?«

Die Art und Weise, wie sich sein Blick verdunkelte, wie er jeden Millimeter meines Gesichts einzufangen schien und schließlich auf meinen Lippen verharrte, sorgte dafür, dass ich nicht mehr atmen konnte. Er zog seine Hände aus meinen, was mir kurzzeitig einen Stich der Zurückweisung verpasste, doch nur wenige Sekunden später schob er eine seiner Hände auch schon in meinen Nacken, bis seine Finger sich in mein Haar gruben.

Die ganze Welt blieb stehen. Nicht abrupt und plötzlich, als würde man einen Pauseknopf drücken. Eher so, als hätte sie jemand geradewegs in ein Meer aus Honig getaucht. Alles wurde langsamer, träge und süß, bis die Welt schließlich zum Stillstand kam, und das auf die schönstmögliche Art und Weise.

»Savannah«, sagte er leise, mit so tiefer Stimme, dass sie die Luft zwischen uns regelrecht vibrieren ließ. »Spätestens jetzt könnte ich mir nicht sicherer sein.«

Ich sah, wie er schwer schluckte. Wurde hypnotisiert von ihm. Verlernte das Denken. Das Atmen. Die Art und Weise, wie er die Worte sagte, ließ mich daran zweifeln, dass er noch immer vom Tattoo sprach.

»Was ist mit dir?«, raunte er. Seine Finger an meinem Hinterkopf bewegten sich. Eine Gänsehaut sickerte meinen Rücken hinunter. »Bist du dir sicher?«

Ich musste plötzlich daran denken, wie wir während des Sturms unter dem Felsvorsprung gekauert hatten. An den Beinahekuss. Und an seine Worte. *Ich wollte nur, dass du weißt, dass ich gerne mit dir befreundet wäre. Und wenn du das nicht möchtest, dann lass es mich auch wissen.*

Diesmal kniff ich nicht. Ich wollte nicht kneifen. »Ich … Ich bin mir sicher.«

Ich erwiderte seinen durchdringenden Blick, auch wenn mir die plötzliche Intensität und die süße Sehnsucht nach ihm das Herz in die Hose rutschen ließ. Mein Atem wurde flach. Wie ferngesteuert lehnte ich mich näher zu ihm, hörte kaum mehr etwas anderes außer das Rauschen in meinen Ohren. *Komm schon, sag es, spring über deinen Schatten!*

»Ich will nicht mit dir befreundet sein, Maxx«, flüsterte ich. Ich kam mir bei diesen Worten entblößt vor, aufgeregt und nervös … doch all das verrauchte.

Denn Maxx lächelte mich an.

Dieses Lächeln nahm mir meine Angst. Einfach so. Denn es wirkte erleichtert. Und unglaublich sexy. »Ein Glück, verdammt«, sagte er und schlang seinen freien Arm um meine Mitte. Ich rechnete damit, dass er mich nun küssen würde, denn er zog mich so nah zu sich, bis unsere Nasenspitzen sich berührten und ich geradewegs seinen heißen Atem einatmete, als ich hörbar nach Luft schnappte. Himmel noch mal!

Ich hob das Kinn, schloss den Abstand zwischen uns und küsste ihn. *Ich* küsste *ihn!* Nicht andersherum!

Ein winziger, tiefer Laut entwich seiner Kehle, als er seufzend den Kuss erwiderte. Das und das Gefühl der zärtlichsten Lippen der Welt auf meinen sorgten dafür, dass ich mit einem Mal von Verlangen erfüllt war. Von den Haarspitzen bis in die Fußzehen. Ich schlang die Arme um seinen Hals und ließ mich fallen. In diesen Kuss, in das Gefühl von ihm an mir, in die Sehnsucht, die mich erfüllte, und in den Mut, der mich durchströmte.

Meine Brille gab ein protestierendes Quietschen von sich und drückte mir geradewegs das Glas ans Augenlid, als ich den Kopf zur Seite neigte. Erschrocken unterbrach ich den Kuss, blickte Maxx durch den Fleck auf meiner Brille an und lächelte atemlos. Wortlos zog er mir die Brille von der Nase und legte sie behutsam auf dem Nachttisch ab. Dann, als wäre es selbstverständlich, als wäre es das Vertrauteste auf der Welt, zog er mich zu sich und küsste mich erneut. Diesmal war er weniger vorsichtig, dafür jedoch um einiges genüsslicher. Ich erwiderte den Kuss augenblicklich, vergaß alles andere um mich herum, bis nur noch Maxx und ich existierten. Er ließ seine

Hände sanft über meinen Rücken wandern, über meine Taille und die Rippen, bis ich das Gefühl hatte, in seinen Armen wie Wachs zu schmelzen. Seine Zunge strich quälend langsam an meiner entlang, drang in meinen Mund und sorgte dafür, dass jegliche Synapsen in meinem Hirn versagten. Besonders als seine Hand mein Knie umfasste. *Haut auf Haut.* Verflixt, ich wollte nichts anderes mehr. Nur noch das. Haut auf Haut. Die Sehnsucht danach schickte ein schmerzlich schönes Ziehen durch mein Blut, geradewegs in meinen Unterleib.

Ich rang nach Atem, wofür ich regelrecht belohnt wurde. Mit einer fließenden Bewegung zog Maxx mich auf seinen Schoß und schlang seine Arme so fest um mich, bis ich ihn am ganzen Körper spüren konnte. Er küsste mich sicherer, begieriger und lustvoller. Mein Herz geriet ins Stolpern, und für einen winzigen Augenblick empfand ich Scham darüber, auf Maxx' Schoß zu sitzen. Doch das Gefühl fiel einfach von mir ab. Nein, ich stieß es von mir. Denn ich küsste ihn mindestens genauso fiebrig wie er mich. Ich erwiderte jede Bewegung seines verführerischen Mundes in perfektem Einklang. Es fühlte sich so unglaublich gut an. Seine Hand in meinen Haaren, welche die Überreste meines Pferdeschwanzes in eine zerzauste Katastrophe verwandelte. Das Gefühl seiner rauen Jeans an der empfindlichen Innenseite meiner Oberschenkel. Mein Kleid umschloss nun unser beider Beine und sorgte zugleich jedoch dafür, dass ich genau genommen nur in Unterwäsche auf seinem Schoß saß. Doch es ließ mich nicht schreiend davonlaufen. Es berauschte mich. Beflügelte mich. Haltlos glitten meine Hände über Maxx' Rücken, seine Schultern und die warme, glatte Haut seiner Oberarme. Ich wollte mehr. So dringlich und plötzlich, dass mir ein Wimmern entfuhr.

Beinahe hätte ich gejubelt, als er seine Hände unter mein Kleid wandern ließ und meine Hüfte umfasste. Meine Hände gruben sich verzweifelt in sein Shirt, und ich verlor mich darin, wie die rhythmische Bewegung unseres Kusses kaum merklich auf unsere Körper überging.

Er legte seine Hände auf meinen Po. Presste mich enger an sich. So eng, bis ich seine raue Jeans genau zwischen meinen Beinen spüren konnte. Mir wurde schwindelig. Ich stöhnte an seinen Lippen auf und erzitterte unter dem elektrisierenden Gefühl. Es war nicht nur der Stoff, den ich durch meine Unterwäsche hindurch spüren konnte.

Und als seine Hände in einem unerträglich langsamen, vorsichtigen Rhythmus meine Hüfte bewegten, dafür sorgten, dass wir uns sehr *eindeutig* bewegten …

Öffnete sich plötzlich schwungvoll die Zimmertür neben uns.

Ein Schrei entfuhr mir. Aus Reflex wollte ich aufspringen, was mich allerdings geradewegs zu Boden plumpsen ließ. Unsanft landete ich mit dem Hintern voraus auf dem grauen Teppich und blickte erschrocken und atemlos auf.

»Ugh. Großartig, noch ein Pärchen. Wieso sind in dieser Wohnung nur Pärchen? Erst Julie und ihr Freund, dann Charlotte und Zara und jetzt auch noch ihr? Ich warne euch alle, wehe, ihr habt Tag und Nacht Sex.«

In meinem Kopf wurde es erschreckend still, während ich dabei zusah, wie ein atemberaubend schönes Mädchen mit dunkler Haut und ewig langen braunen Locken zwei schwer aussehende Taschen zu Boden fallen ließ. Dann folgte mein Herz, krachte geradewegs durch den Boden des Zimmers die zwei Stockwerke hinab bis ins Erdgeschoss. Ich brauchte meine Brille nicht, um zu erkennen, wer da vor mir im Eingang des Wohnheimzimmers stand. Ich blickte ungläubig zu ihr auf.

»Asha?«, stieß ich entgeistert hervor. »Was m-machst du denn hier?« Hastig rappelte ich mich auf und strich mir fiebrig die Haare hinter die Ohren. Mein Herz schien wie an einem gespannten Gummiband zurück in meine Brust zu klatschen, nur um dort in Rekordgeschwindigkeit zu schlagen und mir glühende Hitze ins Gesicht zu befördern. Panisch glitt mein Blick zu Maxx, dann wieder zu ihr. Asha. Buchclub-Asha. Das Kunst-It-Girl der Fletcher University. *O nein, nein, nein!*

»E-es tut mir so leid, Asha!«, stieß ich hervor und hätte mich am liebsten vor Scham zu einer Kugel zusammengerollt, wie ein Gürteltier.

Von allen Menschen auf der Welt, die in diesem Augenblick hätten reinplatzen können … Wieso nur musste es ausgerechnet sie sein?

»Hi«, sagte Maxx, vollkommen gelassen, so als hätte sie uns bloß beim Small Talk unterbrochen. Er schenkte der Schönheit in hautengen schwarzen Radlershorts, weißen Sneakern und bauchfreiem Top aus schwarzer Spitze ein höfliches Lächeln. »Du bist also Asha? Sav hat schon viel von dir erzählt.«

Das Ganze konnte vermutlich nicht peinlicher werden. Doch das Schicksal bewies mir das Gegenteil.

Ein spöttisches Funkeln trat in Ashas Augen. Sie schenkte Maxx nicht mehr als ein ebenso höfliches Nicken. Dann musterte sie wieder mich, und ich wünschte mir nichts sehnlicher, als mich schleunigst in Luft aufzulösen.

Sie stützte die grazilen Hände mit den langen eleganten Fingern in den Hüften ab und lächelte wissend, was ihre weißen, perfekten Zähne strahlen ließ. »Nur zur Erklärung: Julie hat ihren Antrag heute Morgen auf den letzten Drücker durchbekommen und erhält jetzt eines von den Einzelzimmern. Deshalb werden wir zwei uns das Wohnheimzimmer teilen. Überraschung.« Erneut zuckte der Blick aus ihren riesigen dunklen Augen in den langen Wimpern erst zu Maxx und dann zu mir. Wieder blitzten sie auf, ehe Asha sich umdrehte und gegen den weißen Türrahmen klopfte. »Ich bin in fünf Minuten wieder da. Aber seid gewarnt, mein Dad, meine Schwester und meine Cousine sind auch hier irgendwo und schneien früher oder später vermutlich auch ins Zimmer.« Und damit verschwand sie, ohne uns einen weiteren Blick zuzuwerfen. Sie zog einfach nur die Tür hinter sich zu.

Fassungslos starrte ich zur Tür. Mein Magen schrumpfte auf die Größe einer Rosine zusammen, und ich erschauderte vor Scham, wollte regelrecht in Tränen ausbrechen, was ich jedoch gerade noch verhindern konnte. Dennoch stieß ich ein gequältes Stöhnen aus und vergrub das Gesicht in den Händen.

»Hey, es ist alles gut«, sagte Maxx und lachte leise auf. Seine Hände schlossen sich um meine Oberarme. Er zog mich sanft zu sich, bis ich mich wieder neben ihn auf meine Bettkante fallen ließ. Tröstlich umarmte er mich, was mich halb lachen und schluchzen ließ. Ein Klassiker: Ich schämte mich und brach deshalb fast schon in Tränen aus.

»Shhh. Na komm, so grauenhaft war der Kuss nun auch wieder nicht.«

Ich konnte nicht anders. Ich nahm die Hände vom Gesicht und prustete los. Maxx stimmte mit ein, und wir lachten, bis ich deshalb nun doch feuchte Augen bekam. Verflixt noch mal, ich war noch nie in meinem ganzen Leben beim Knutschen erwischt worden. Und dann musste es auch noch eine Person sein, vor der ich stets gut dastehen wollte, weil ich sie so toll fand!

Ich tupfte mir kichernd die Augenwinkel ab, schnappte mir meine Brille und rieb die Gläser hastig mit dem Saum meines Kleides ab. »Tut mir leid«, sagte ich verlegen. »Ich wusste nicht, dass Asha kommt.« Selbst wenn es nicht Asha, sondern Julie gewesen wäre, hätte es mich kalt erwischt. Maxx zu küssen hatte mich einfach alles um mich herum vergessen lassen.

Er schob mir eine der vielen wirren Haarsträhnen hinter das Ohr. Die Geste war so sanft, dass mir geradewegs ein ganzer Schwarm Glühwürmchen durch den Bauch jagte. »Dir muss überhaupt nichts leidtun, Sav. Ich sollte jetzt aber, glaube ich, gehen. Das war so was wie mein Stichwort.«

»Okay«, sagte ich zögerlich. Hoffentlich konnte er mir die Enttäuschung nicht vom Gesicht ablesen. Am liebsten hätte ich auch den gesamten restlichen Tag mit ihm verbracht. Am liebsten hätte ich herausgefunden, wohin das, was wir eben getan hatten, noch geführt hätte. Und am liebsten hätte ich noch den gesamten Tag bis spät in die Nacht hinein mit ihm verbracht, um über alles und nichts zu sprechen. Ich wollte einfach nur bei ihm sein, in seiner Nähe. *Ich will nicht mit dir befreundet sein.* Großer Gott, hatte ich ihm diese Worte wirklich gesagt? Ins Gesicht?

»Dann sehen wir uns morgen«, sagte ich und nahm eine aufrechtere Haltung an. Ich zwang mich, entspannt zu lächeln, auch wenn ich seinem Blick nicht allzu lange standhalten konnte.

»Ja«, sagte er leise. »Morgen.«

Mir fiel wieder ein, was er über seinen ersten Tag gesagt hatte. Darüber, dass ihm die Vorstellung von seinem allerersten Tag eine riesige Angst einjagte.

Zaghaft legte ich meine Hand auf seine. Erst vorsichtig, dann bestimmter drückte ich sie und blickte zu ihm auf. »Du wirst das rocken, okay? Dein erster Tag am Communitycollege wird großartig.«

Etwas, was ich nicht benennen konnte, blitzte in seinen grauen Augen auf. Dann lächelte er schief. »Das hoffe ich doch. Treffen wir uns morgen vor dem Tattoostudio?«

»Klar. Ich werde vermutlich ein wenig überpünktlich sein. Das bin ich meistens, wenn ich aufgeregt bin«, gestand ich.

Seine Miene wurde so sanft, dass sich mein Herz zusammenzog. Er stand auf und zog mich ebenfalls auf die Füße. »Wir schaffen das. Gemeinsam. *Unser Ding,* schon vergessen?«

Das ließ mich lächeln. *Unser Ding.* Es klang so schön. Als seien wir ein Team. Und diese Vorstellung schien so unglaublich, dass es mir fast schon Sorgen bereitete. Deshalb verdrängte ich den Gedanken schnell wieder.

Hastig nickte ich. »Unser Ding. Dann … Dann, äh, bis morgen?«

Ich wusste nicht, was ich jetzt tun sollte. Wie verabschiedeten wir uns? Gaben wir uns die Hand? Faust an Faust? Highfive? Eine Umarmung, ein Kuss? Was zum Teufel sollte ich jetzt tun?

Glücklicherweise nahm Maxx mir die Entscheidung ab. Bedachtsam strich er mit den Fingerknöcheln meinen Kiefer entlang. Unerträglich langsam ließ er seinen Daumen über meine Unterlippe gleiten, was er aufmerksam und mit begierigem Blick verfolgte. Das umwerfende Lächeln kehrte zurück, was so anziehend und sündhaft wirkte, als gehörte es verboten. »Dann bis morgen, Savannah. Ich kann es kaum erwarten, dich wiederzusehen.«

Ich erwartete, nein, sehnte mich danach, dass er mich an sich zog und mir einen leidenschaftlichen Abschiedskuss gab. Stattdessen beugte er sich nach unten und streifte hauchzart mit den Lippen über meine Stirn.

Die unerwartete Geste ließ mich den Atem anhalten. Sie war viel schlimmer als ein leidenschaftlicher Kuss.

Sie ließ mich dahinschmelzen.

Er trat zurück. Ein letztes Lächeln. Dann drehte er sich um und verließ das Zimmer.

KAPITEL 34

MAXX

*M*ein erster Tag am Communitycollege in Frayton war nicht halb so erschreckend, wie ich befürchtet hatte. Vermutlich war das nun der Zeitpunkt, an dem man für gewöhnlich etwas zu hören bekam wie: »Das war doch klar! Hätte ich dir gleich sagen können!« Aufzuwachen, hinzufahren, das Gelände mit den Achtzigerjahre-Bauten und die vielen Leute zum ersten Mal zu sehen war um einiges schlimmer gewesen, als letztendlich diesen ersten Tag durchzuziehen. Willkommensrede, Kennenlernen der anderen Studenten und Studentinnen und Mittagspause in der muffigen Cafeteria mit den vielen Fenstern, die den Raum in eine Art Treibhaus verwandelten, da noch immer knappe dreißig Grad herrschten. Ich hatte wirklich mit Schlimmerem gerechnet. Weitaus Schlimmerem. Die Angst hatte mich erdrückt. Es hatte sich angefühlt, als würde sie mich zerquetschen. Ich hatte noch viel schlechter geschlafen als sonst. Wenn ich es genau nahm, waren es nur etwa zwei Stunden gewesen. Zwei Stunden, in denen ich mich im dunklen, stillen Wohnzimmer auf dem etwas zu kurzen Sofa hin und her gedreht hatte, während Chester und Ella im Schlafzimmer geschlafen hatten. Die silbrigen Lichtstrahlen des Mondes hatten lange, blasse Flecken an die Wand geworfen, und durch die offenen Fenster hatte ich die abkühlende Sommernacht gerochen, weit entferntes Blätterrauschen und Grillen zirpen hören. Ich hatte mich so sehr zurück auf den Campingplatz gewünscht. Mich so danach gesehnt, wenigstens noch eine weitere Woche vor dem großen Tag fliehen zu können. Und am allermeisten hatte ich mich danach gesehnt, bei Savannah zu sein. Ich ärgerte mich über mich selbst. Wieso hatte ich ihr nicht einfach geschrieben? Wieso hatte ich ihr nicht mitgeteilt, dass ich nichts lieber getan hätte, als neben ihr zu liegen, mit ihr gemeinsam die silbrigen Lichtstreifen des Mondes anzustarren? Allein die Vorstellung, mit ihr auf diesem Sofa zu liegen, oder bei ihr in ihrem neuen Wohnheimzimmer, sorgte dafür, dass meine Brust unerträglich eng wurde und mich ein seltsames Gefühl durchströmte. O Mann. Ich vermisste sie. Und das, obwohl wir uns kaum kannten. *Kaum.* Es war nicht nichts, es war einiges. Genug, um dafür zu sorgen, dass ich mich nicht nur nach ihrem Körper sehnte, sondern auch nach ihrer klaren Stimme, die mir unter die Haut drang, und nach ihren klugen, faszinierenden Gedanken. Ob es naiv war, dass ich so empfand? Ja, vielleicht. Gut möglich. Das sah mir immerhin ähnlich. Aber ich konnte und wollte nichts dagegen tun. Die Aussicht, zusammen mit Sav ins Tattoostudio zu gehen, sorgte dafür, dass der große Tag nicht mehr nur erschreckend wirkte, sondern ich ihn auch herbeisehnte, weil ich *sie* herbeisehnte. Es machte es erträglicher.

Durch meinen Schlafentzug war ich glücklicherweise nicht müde, sondern hellwach und überdreht. Ich war mit Ellas Auto nach Frayton gefahren und hatte mein Handy als Navigationsgerät benutzt. Es war eine simple Sache, aber es war so viele Jahre her, dass ich das getan hatte, dass es sich wie etwas unglaublich Besonderes anfühlte. Es war nur eine winzige Nuance, und doch ein Teil des überwältigenden Gefühls der Freiheit. *Ich war frei.* Ich konnte wieder Auto fahren. Es fühlte sich so gut an. Unabhängigkeit fühlte sich so gut an. Und dann auch noch mein Rucksack mit dem linierten Block und den paar Stiften, die ich ebenfalls von Ella bekommen hatte. So simpel und doch etwas … so Besonderes. Auch wenn ich mich wie ein Schnorrer fühlte, da ich mir all das nicht selbst gekauft hatte. Aber Ella hatte darauf bestanden, dass ich die Sachen annahm. Sie hatte fürs neue Jahr an der Fletcher University eingekauft und mir diese Sachen mitgebracht. Ich hatte ihr Geld geben wollen, aber auch das hatte sie nicht akzeptiert. Ich hatte also erneut mein schlechtes Gewissen herunterschlucken müssen. Obwohl ich das in letzter Zeit öfter tat, schien es mit der Zeit keinesfalls leichter zu werden.

Ich schulterte meinen Rucksack und verließ das Verwaltungsgebäude des Frayton Communitycollege – oder auch FCC, wie es die Dozenten und Dozentinnen genannt hatten. Die Sonne brannte heiß und trocken auf meinem Kopf, und es rührte sich kein Wind. Auf dem Gelände befanden sich kaum Bäume, und die Wege bestanden aus aufgesprungenen Betonplatten. Der Campus sah ganz anders aus als der Campus der Fletcher University. Es waren einige Studierende unterwegs, und viele wirkten, wie auch ich, ziemlich orientierungslos. Ehrlich gesagt hatte ich mit mehr älteren Personen gerechnet, aber es waren auch überraschend viele junge Leute hier. In meinen Einführungskursen hatte ich Declan und Toby kennengelernt. Sie waren achtzehn und waren zuvor auf die Highschool in Coldwater gegangen. Dieser Ort sagte mir nur etwas, weil ich mir während der Wohnungssuche jedes einzelne freie Zimmer und jede freie Wohnung online angesehen hatte, ob innerhalb meines Budgets oder darüber. In Coldwater lag außerdem das Tattoostudio, in welchem ich Savannah bereits in einer halben Stunde treffen würde.

Allein der Gedanke sorgte schon dafür, dass mich Vorfreude durchströmte.

Ich blieb auf dem Weg stehen und faltete den Campusplan auseinander. Zwei Studentinnen liefen an mir vorbei und ein gehetzt wirkender Dozent, der bei dem brühend warmen Wetter ernsthaft ein Tweedjackett trug.

Ich fand, was ich auf dem Plan gesucht hatte – ein Schwarzes Brett. Mrs. Welsh hatte uns im Einführungskurs für Wirtschaft I erklärt, wo es war, und uns alle zweihundert des ersten Semesters dazu animiert, die Angebote für Studierende darauf unter die Lupe zu nehmen. Ich allerdings hatte ganz andere Pläne – immerhin gab es da eine Liste, die ich abarbeiten musste. Und ich suchte ein Zimmer. Ich hatte mir ganze zwanzig Minuten lang Zettel zusammengekritzelt und war bereit, Taten folgen zu lassen.

Das Schwarze Brett lag in einem kleinen Gebäude mit quadratischen, schmutzigen Fenstern. Dort befanden sich einige abgenutzt wirkende Holztische mit Stühlen, Bücherregale, ein Tischkicker und zwei abgenutzte Sofas. Es wirkte wie die heruntergekommene Version eines der Gemeinschaftszimmer in Jefferson House. Aber es trübte meine Freude über dieses Häuschen nicht im Geringsten. Es versetzte mich in richtige Aufregung. Ich war am Communitycollege. Ich studierte von heute an. Ich war nicht länger ein Häftling, sondern ein Student. Und es gab einen verdammten Freizeitbereich mit Sitzgelegenheiten und einem verfluchten Tischkicker!

Es war weniger los, als ich gedacht hätte, vielleicht weil es noch recht früh und heute der erste Tag war.

Ich steuerte das Schwarze Brett an, an welchem Dutzende Flyer, Plakate und Zettel hingen.

Motiviert zog ich meine beiden vorbereiteten Anzeigen aus meinem Rucksack, schnappte mir zwei Reißnadeln und pinnte sie an leere Stellen auf dem schwarzen Stoff. Zufrieden betrachtete ich mein Ergebnis. Zwei einfache weiße Zettel, beschriftet mit einem schwarzen Filzstift und meiner krakeligen Handschrift. Einmal eine Suchanzeige für ein Zimmer. Ich brauchte ein verfluchtes WG-Zimmer oder eine kleine bezahlbare Wohnung. Daran meine Nummer auf Zetteln zum Abreißen. Und dann noch eine andere Anzeige. Der Buchclub. Genauso wie ich es mit Savannah beschlossen hatte. Ich würde einen Buchclub eröffnen. Ich hatte aufgeschrieben, wer ich war, was ich gerne las und was ich gerne lesen wollte. Es wirkte fast schon ein wenig blauäugig und so gutmütig, dass mein zynisches Herz am liebsten aufgelacht hätte. Die optimistischen, freundlich lockeren Worte auf dem Zettel klangen wirklich nicht nach mir. Sie klangen viel zu … nett. Aber ich las gerne. Dort stand einfach nur das, was ich mir wünschte und wofür ich mich interessierte. Was sollte daran schon verkehrt sein? Jetzt brauchte es nur noch Leute, die auch tatsächlich meine Nummer abrissen und sich bei mir meldeten. Ich konnte mir noch nicht so ganz vorstellen, dass das auch wirklich geschah, aber …

Ich musste mich zwingen und mir mit voller Kraft antrainieren, das bloße Gefühl, den bloßen Gedanken von Hoffnung zuzulassen.

Dann würde bestimmt alles gut werden.

Bevor ich mich abwenden konnte, um endlich nach Coldwater zu fahren, blieb mein Blick an einem grellblauen Zettel hängen. Ich hielt inne.

Ehrenamtliche Pflegekräfte für das
Warden-Hill-Altenpflegeheim gesucht.

Langsam, so als würde sich mein Körper selbstständig machen, streckte ich die Hand aus und nahm mir den Zettel. Ich blinzelte. *Ehrenamtlich. Pflegekraft.*

Das klang gut. Ehrenamtliche Arbeit? Menschen helfen? Das war genau das, was ich brauchte. Ich hatte immerhin den starken Drang, Menschen zu helfen und etwas Gutes zu tun. Es ... klang wie für mich gemacht.

Aufregung breitete sich in mir aus, gefolgt von einem durchdringenden Gefühl von Leichtigkeit. Vielleicht würde ... doch alles gut werden. Vielleicht war das hier eine Chance. Wiedergutmachung. Ehrenamtlich.

Das hier konnte meine zweite Chance sein, alles besser zu machen.

Mit federnden Schritten verließ ich das Gebäude, schlängelte mich an anderen Studierenden vorbei, die von überallher zu kommen schienen, und steuerte den Parkplatz an. Das Grinsen konnte ich mir dabei kaum verkneifen.

KAPITEL 35

SAVANNAH

Ich trat von einem Fuß auf den anderen und sah mich um. Hibbelig war schon gar kein Ausdruck mehr. Ich war wie von der Tarantel gestochen und wäre am liebsten lauthals davongerannt. Aber ich zwang mich, an Ort und Stelle stehen zu bleiben, in der prallen Nachmittagssonne, neben der Eingangstür des Tattoostudios. Immer wieder tippte ich mein Handy an und überprüfte die Uhrzeit. Nicht dass Maxx zu spät gewesen wäre, aber ich war so nervös, dass ich viel zu früh gekommen war. Ich stand nun schon seit sage und schreibe zwanzig Minuten hier. Es würde mich nicht wundern, wenn ich einen Sonnenbrand davontrug, und das, obwohl ich mich entsprechend schützte.

Wieder drückte ich auf die Powertaste am Handy, um auf die Uhrzeit zu starren. Der Screen der Tastensperre hatte den Mediaplayer offen, der anzeigte, dass ich schon wieder das *Chromatica*-Album von Lady Gaga über meine Bluetoothkopfhörer hörte.

Noch zehn Minuten, dann war es zwei Uhr. Dann würde unser Termin beginnen. *Unser Termin.* Heiliger Mist, ich konnte immer noch nicht fassen, dass Maxx sich ebenfalls tätowieren lassen wollte! Er würde das Semikolon sein gesamtes restliches Leben tragen. Was, wenn er es in ein paar Wochen schon bereute? Wenn ich es nicht wert war? Ich hoffte so sehr, dass es nichts mit mir zu tun hatte. Dass es vielleicht noch irgendwen anders gab, einen Angehörigen, der oder die betroffen war. Eine Person, die nicht ich war. Denn wenn sich unsere Wege trennten, würde er es bereuen, sich ein Tattoo gestochen zu haben, zu dem er irgendwann keinen Bezug mehr herstellen konnte.

Mein Herzschlag beschleunigte sich. *Halt den Ball flach, mein Gott. Maxx ist alt genug, um eigene Entscheidungen zu treffen. Und wenn er irgendwann keine Lust mehr auf dich hat, dann ist das sein Problem und nicht deins!*

Ich wiederholte die Worte in meinem Kopf, bis sie zu einer Art Mantra wurden. Aber es waren Gedanken, auf die ich keine Macht ausüben konnte. Was ich nicht kontrollieren konnte, was nicht in meiner Macht lag, sollte nichts sein, was mich nächtelang wach hielt. Es war verschwendete Energie. Genauso wie Weltschmerz. Leid war nicht produktiv, und wenn ich mich besser fühlen wollte, wenn ich etwas ändern wollte, musste ich mich einem Problem widmen, welches sich auch tatsächlich von mir selbst lösen ließ. Eines, welches ich aktiv ändern konnte, was in *meiner Macht* lag.

Mein Herz rutschte mir in die Hose, als ich Maxx auf dem Gehweg entdeckte, ehe es in doppelter Geschwindigkeit weiterschlug. Ich stoppte hastig die Musik und packte die Kopfhörer zusammen mit dem Smartphone in meinen Rucksack, ehe ich mir die bebenden Hände an meinem senfgelben Latzhosenkleid abwischte.

Bei seinem Anblick geriet alles in mir in Aufruhr. Ich presste die Lippen zusammen, um nicht über das ganze Gesicht zu grinsen wie ein Kind auf dem Jahrmarkt.

»Hi!«, stieß ich mit seltsam hoher Stimme hervor, als Maxx mich erreichte. Obwohl ich ihn erst gestern gesehen hatte, schien mein Hirn vergessen zu haben, wie unglaublich einnehmend seine Gestalt war. Maxx trug ein graues Shirt und verwaschene Bluejeans. Seine Haltung wirkte gelassen, und seine Augen blitzten auf, als er vor mir stehen blieb. Er lächelte auf diese unwiderstehliche Art und Weise, was sogar das Grübchen auf seiner Wange erscheinen ließ. »Selber hi. Bist du bereit?«

Ich war so durch den Wind, so überwältigt von seiner Nähe, dass ich am liebsten gekichert hätte, doch ich verkniff es mir und räusperte mich stattdessen. »Ich, äh, glaube schon. Wir haben noch etwa fünf Minuten, du kommst genau richtig.«

»Na, ein Glück«, erwiderte er grinsend. Langsam streckte er die Hand aus und berührte meinen unteren Rücken. Die Geste wäre beinahe beiläufig gewesen, so als würde er mich vorwärtsschieben wollen. Doch dafür verdunkelte sich sein Blick zu sehr. Und dafür verweilte seine Hand ein wenig zu lange. Ich sah, wie er schluckte, während mir zeitgleich die Kehle vertrocknete.

»Gehen wir rein«, raunte er verschwörerisch.

Bevor ich mich mit meinen Reaktionen lächerlich machen konnte, setzte ich mich in Bewegung und öffnete, aufgeregt und vorfreudig zugleich, die Tür des Tattoostudios.

Ich konnte nicht anders, als mir die Hand auf den Mund zu pressen, selbst als Maxx und ich das Studio wieder verließen. Mein Handgelenk schmerzte noch immer – aber es war nichts im Vergleich zu den höllischen Schmerzen, die ich während des Stechens erlebt hatte. Ich verspürte das dringende Bedürfnis, Eis auf mein Handgelenk zu drücken. Die transparente Folie klebte so fest auf dem Tattoo, dass nicht einmal das kleinste bisschen Luft durchdringen konnte. Nicht einmal Wasser.

»O Gott. *O Gott!*«, stieß ich hervor, blieb stehen und wirbelte zu Maxx herum. Ganz anders als ich war er vollkommen entspannt. Er grinste mich an, als ich auf dem Gehweg vor dem Studio langsam die Hand von meinem Mund weichen ließ. Ich konnte nicht anders, als ebenfalls zu grinsen. Mein Herz klopfte so fest gegen meine Brust, als könnte es jeden Moment herausspringen. »Ich fasse es nicht, dass wir das wirklich durchgezogen haben.« Erstaunt betrachtete ich mein linkes Handgelenk, die gerötete Haut unter der engen Folie und das schwarze, kleine Semikolon. Es war so schlicht, schön und fein gestochen! Meine Kehle wurde eng, und ich lachte auf. »Ich habe es getan. Ich hab nicht gekniffen.«

»Du weißt, was das bedeutet.«

Fragend sah ich Maxx an. Kurz hatte er ebenfalls sein Handgelenk betrachtet, jedoch nicht das linke, sondern sein rechtes. Mit einem verschmitzten Grinsen zog er sein Handy aus der Jeanstasche. »Es wird Zeit, einen Haken zu setzen.«

Adrenalin schoss mir in den Bauch. Verflixt noch mal, ich hatte ein Tattoo. Ich hatte endlich das Tattoo, das ich schon seit Ewigkeiten haben wollte!

Ich zückte ebenfalls mein Handy und öffnete die Liste. Ich schwamm so glückselig und überdreht auf meinem Hoch, dass ich am liebsten auf der Stelle gehopst wäre, um die überschüssige Energie loszuwerden, aber ich verkniff es mir und biss mir stattdessen auf die Unterlippe.

Lass dich tätowieren – Check.

Strahlend blickte ich zu Maxx auf. »Machen wir ein Foto und schicken es den anderen!«

Er stellte sich neben mich, als ich die Kamera-App öffnete und das Handy mit meinen kurzen Armen so weit wie möglich von mir fernhielt. Durch die Kamera sah ich, dass Maxx die Knie beugte, damit wir beide aufs Foto passten. Außerdem spürte ich die Wärme seines Körpers dicht hinter mir. Sein fast schon vertrauter, sauberer Duft sorgte dafür, dass mich eine Gänsehaut erfasste. Er war so nah. Und zugleich viel zu fern. Seine Hand legte sich auf meine Hüfte, und seine Brust streifte meinen Rücken.

Diese Hitze hatte nichts mit den drückenden Temperaturen zu tun. Ich konnte nicht anders, als zu lachen, als ich mein Handgelenk vor mich ins Selfie hielt und über das ganze Gesicht strahlte. Maxx hielt sein Handgelenk neben meines, und ich sah im Display, wie er so breit grinste, dass seine grauen Augen zu leuchten schienen.

Ich klickte mit dem Daumen ein paarmal auf Aufnahme und fühlte mich dabei wie in einem fernen Traum. Unsere Nähe auf dem Foto wirkte so selbstverständlich. So intim. Lehnten Freunde ihre Köpfe auf Fotos auf die gleiche Weise aneinander? Ich konnte mich plötzlich nicht mehr daran erinnern. Mein Kopf war ziemlich leer gefegt, und ich nahm kaum etwas anderes wahr als Maxx.

Schnell schickte ich eines der Fotos in die Mädelsgruppe sowie an Ches und Mitchell. Außerdem kommentierte ich es mit:

WIR HABEN ES GETAN !!!!!!!!!!!!

Und diesmal schämte ich mich kein bisschen für die vielen Ausrufezeichen. Ich hätte am liebsten noch hundert weitere hinzugefügt.

Maxx ließ seine Hand von meiner Hüfte gleiten, und augenblicklich wünschte ich mir, dass er sie wieder dorthin legte.

»Wohin geht es jetzt?«, fragte er. So als sei es das Selbstverständlichste der Welt, ergriff er meine Hand, verschränkte unsere Finger miteinander und zog mich mit sich, links von uns die Straße hinunter.

Verblüfft starrte ich auf unsere Hände, ehe ich mich sammelte. Ich versuchte, cool zu bleiben. Keine große Sache. Ganz bestimmt nicht, und erst recht nicht für mich. Auch wenn das enge Gefühl in meiner Brust bei dieser zärtlichen Geste beinahe dafür sorgte, dass ich wie Schokoeis in der Sonne schmolz und blubbernd auf dem warmen Asphalt zu kochen begann.

»Zurück nach Hause?«, schlug ich vor und räusperte mich.

Maxx drückte meine Hand und warf mir einen unübersehbar amüsierten Blick zu. »Wie wäre es mit einem kleinen Spaziergang?«

Es erleichterte mich, dass er noch ein wenig mehr Zeit mit mir verbringen wollte. Ich lächelte ihn an und nickte. »Klingt gut! Wir können am Coldwater River spazieren. Der Weg am Fluss zieht sich ganze fünf Kilometer, bis ins kleine Naturreservat zwischen hier und Frayton. A-also nicht, dass wir den ganzen Weg laufen müssen, aber es ist eine ziemlich schöne Strecke für Spaziergänge. Auf dem Rückweg kommen wir praktisch direkt am Wohnkomplex heraus.«

»Dann auf zum Fluss.«

Wir wechselten die Straßenseite und traten in den Schatten der Häuser, während wir durch Coldwater in Richtung Fluss spazierten.

Wir erreichten den Coldwater River, dessen glitzernde grünbraune Ufer beinahe auf gleicher Höhe waren wie der Streifen trockener Gräser und der breite Gehweg daneben. Es wurde spaziert, Fahrrad gefahren und gejoggt – auch wenn ich mir das bei der Hitze nicht ganz erklären konnte.

Ich wagte immer wieder verstohlene Blicke zu Maxx, wie er mit seiner über eins neunzig großen drahtigen und aufrechten Gestalt neben mir lief. *Mit* mir lief. Mein Herz blieb beinahe stehen, als er mich geradewegs beim Starren erwischte und meinen Blick arglos erwiderte.

Nicht ausweichen. Komm schon, Savannah!

Ich hielt die Luft an und tat genau das: Ich wich seinem Blick nicht aus.

Nachdenklich betrachtete Maxx mich. Er tat es auf eine so zärtliche Art und Weise, dass mir heiß wurde.

»Darf ich dich etwas fragen?«, sagte er vorsichtig. »Du musst auch nicht drauf antworten. *Cookie* und so. Ich bin einfach nur neugierig.«

Überrascht hob ich die Augenbrauen. Das kam unerwartet. »Klar«, sagte ich sofort. »Was willst du wissen?«

Er rieb sich mit einer Hand über das kurze dunkle Haar und blickte sich suchend um, als wir den Weg am Fluss betraten und immer wieder in die sanften Schatten der Bäume zu unserer Rechten gehüllt wurden, wann immer wir sie passierten.

»Wie war das für dich?«, fragte er vorsichtig. »Also … die Depression … Wie fühlt es sich an? Dass man nicht einfach nur den lieben langen Tag traurig ist, weiß ich, aber ich kann es mir irgendwie nicht so ganz vorstellen. Ich würde es gerne verstehen, um … na ja, um auch dich besser zu verstehen.«

Ich verlangsamte meine Schritte und sah verblüfft zu ihm hoch.

Sein Blick wurde unsicher. »Tut mir leid. Ich werde es einfach googeln, ich hätte nicht fragen sollen.«

»Nein!«, sagte ich sofort und schenkte ihm ein kleines Lächeln. »Nein, nein, ich freue mich, dass du fragst, ganz ehrlich. Die meisten fragen nie – weil sie sich nicht trauen, schätze ich. Aber wenn ich ehrlich bin, habe ich mir diese Frage praktisch meine ganze Teenagerzeit von meinen Eltern gewünscht.« Ein trauriges Lachen entfuhr mir.

Ich zog meine Hand aus seiner, um erneut mein kleines Semikolontattoo zu betrachten. Aber auch, weil es mich allmählich zu nervös machte, ihn durchweg auf so eine intime Art und Weise zu berühren – auch wenn Händchen halten für viele wohl nicht als sonderlich intim angesehen wurde. Für mich war es das. Und zwar sehr.

Falls es Maxx störte, ließ er es sich zumindest nicht anmerken. Er quittierte es mit überhaupt keiner sichtbaren Reaktion, was mich ziemlich erleichterte – nicht dass meine Unsicherheit wieder aus einer Mücke einen Elefanten zauberte.

»Wie sich Depressionen anfühlen …«, überlegte ich schließlich laut. »Es ist nicht einfach, es in Worte zu fassen. Ich glaube, jeder empfindet es ein klein wenig anders. Bei mir war es nie nur die Depression. Eine

Zeit lang hatte ich Schlafstörungen, die mit der Depression zusammenhingen. Außerdem habe ich eine Angststörung. Manchmal fühlt sich meine Depression einfach nur wie eine schwere, muffige Decke an. Ich bin müde und stehe neben mir, würde am liebsten den ganzen Tag nur schlafen und mich nicht bewegen. Jedes Fingerkrümmen kostet dann Unmengen an Energie – und vom Umgang mit anderen Menschen will ich gar nicht erst anfangen. Jede Kleinigkeit wird ein Kraftakt, manchmal so groß, dass ich ihn gar nicht erst angehe. Ein paarmal schon war ich total dehydriert, einfach weil ich keine Energie hatte, um auch nur aufzustehen und mir die Flasche am anderen Ende meines Zimmers zu holen. Alles wirkt schwer und aufwendig, selbst Atmen. Wenn ich ehrlich bin, ist das sogar noch die erträglichste Form für mich. Viel schlimmer ist es, wenn ich morgens aufwache und mein Körper einfach beschließt, dass es eine gigantische Bürde ist, zu existieren. Es ist, als wäre mein Geist eine Art Fremdkörper, den mein Körper abstoßen will. Ganz schlimm wird das, wenn … wenn ich das Gefühl bekomme, ich könnte mich selbst von außen betrachten, oder als wäre alles ein Film und ich selbst wäre irgendwie nicht länger … real.« Ich verstummte und schluckte schwer. Ich wagte es nicht, Maxx anzusehen, und schlang stattdessen die Arme um mich. Meine Augen waren fest auf den Weg vor uns gerichtet, den wir entlangschlenderten. Ich gab mir einen Ruck und sprach weiter. »Meistens versuche ich dann, einfach so viel wie möglich zu schlafen, um es nicht fühlen zu müssen. Wenn ich in solchen Phasen überhaupt schlafen kann.« Wieder schluckte ich schwer. Ich konnte mich mehr als lebhaft an all die Momente der letzten Jahre erinnern, wenn ich regungslos auf meinem Bett gelegen hatte. Wenn ich zum hundertsten Mal *Gilmore Girls* auf meinem Laptop laufen ließ, um irgendwie von vertrauten, angenehmen Stimmen umgeben zu sein, die niemals mit mir sprechen wollten, aber immer für mich da waren. Wenn ich gegen das Gefühl ankämpfte, mich einfach aus meiner Haut schälen zu wollen, weil ich das ätzende und durchdringende Gefühl hatte, als sei sie mir zu klein, zu falsch und kribbelig und beengend für mich. Es war ein irrationales und hilfloses Gefühl. So hilflos, dass es oft in Trauer umgeschlagen war, bis das bloße Existieren zur Last wurde. Ich hatte mich so oft danach gesehnt, bis in alle Ewigkeit allein zu sein, um nie wieder die Kraft aufbringen zu müssen, mit anderen Menschen zu sprechen. Und gleichzeitig hatte mir die Einsamkeit beinahe das Herz zerrissen, weil ich nichts anderes wollte, als bei meinen Liebsten zu sein.

Ich schüttelte die Erinnerungen bestimmt von mir und lächelte. »Seit einem Jahr hat sich mein Zustand echt gebessert – deshalb haben meine Eltern auch entschieden, dass ich Dr. Dreyer nicht mehr brauche. Ich hatte schon lange keine längere und schwere Phase mehr.«

Ich spürte Maxx' Blick auf mir. Er zögerte, bevor er sprach. »Das hört sich ziemlich krass an. Irgendwie abgefahren, dass der eigene Kopf so was mit einem anstellen kann. Einfach so.«

»Viele verstehen nicht, dass Depressionen eine Krankheit sind, oft sogar wegen körperlicher Ursachen. Zum Beispiel durch ein Ungleichgewicht im Hirnstoffwechsel oder so. Jedes Jahr sterben Tausende Menschen daran. Weil man es Leuten nicht ansehen kann, wird es weniger ernst genommen als eine sichtbare Verletzung oder eine sichtbare Krankheit.«

»Wow«, sagte Maxx und rieb sich mit einer Hand über den Nacken. »Ja. Total. Es ist wirklich abgefahren.«

»Aber heute haben wir etwas Gutes getan.« Ich hielt meine Hand mit dem Tattoo hoch. »Wir haben dazu beigetragen, mit dem Schweigen bei einem sehr wichtigen Thema zu brechen!«

Maxx blickte auf sein eigenes Handgelenk. Erneut wurde sein Blick nachdenklich. »Weißt du, ich habe nie so genau darüber nachgedacht. Was du da beschrieben hast, wie sich das anfühlt. Es … ist gut möglich, dass ich in den letzten Jahren auch mal … depressiv war. Keine Ahnung. Aber deine Beschreibung passt wie die Faust aufs Auge. Ich …« Er schien mit sich zu ringen. Derweil versuchte ich, mir mein Mitgefühl nicht allzu sehr anmerken zu lassen – nicht dass er es noch für Mitleid hielt.

Maxx stieß hart den Atem aus und sah mich offen an. Seine Stimme war leise und rau. »Die letzten Jahre waren ziemlich scheiße und ziemlich hart. Es … ist das ein oder andere Mal schon vorgekommen, dass ich mir gewünscht habe, einfach nicht mehr zu leben.« Ein Lachen entfuhr ihm, was heiser klang. *Fuck*. Ich kann nicht glauben, dass ich die Worte grade ernsthaft ausgesprochen habe. Ich habe das noch niemandem erzählt. Aber es war eine Zeit lang wirklich ... sehr hart. Ich wollte nicht wirklich sterben, aber ich wollte eben einfach nicht mehr leben.«

Ich war stehen geblieben, ohne es gemerkt zu haben. Doch seine Worte erfüllten mein Herz mit einem stechenden Schmerz. Ich ergriff seine Hand, so wie er zuvor bei mir, und drückte sie. »Oh, Maxx. Das tut mir so leid. Ich hasse es, dass du diese Hölle durchmachen musstest. Aber ich ... ich bin stolz auf dich, dass du trotzdem durchgehalten hast.« Ich hob unsere Hände an und biss mir verlegen auf die Unterlippe. Beinahe zeitgleich blickten wir auf unsere Handgelenke. Auf die Semikolons. »Du weißt schon ... Danke, dass du den Satz fortgeführt hast.«

Er lachte auf und schenkte mir ein so hinreißendes Lächeln, dass mir beinahe die Knie nachgegeben hätten.

»Danke«, sagte er nach einem Moment leise und drückte sanft meine Hand.

»Darf ich dich auch etwas fragen?«, fragte nun ich.

»Schieß los.«

»Hast du schon mal über eine Therapie nachgedacht? Ich weiß nicht, womit du dich jetzt so herumschlägst, aber vielleicht wäre das gar keine schlechte Idee. Oder?« Ich fühlte mich so aufdringlich, diese Frage zu stellen, dass ich gleich darauf zurückruderte. »A-also ich meine, ich weiß, dass Therapeuten und Psychologen bei vielen Leuten keinen guten Ruf haben und es irgendwie als Schwäche angesehen wird, wenn man in Behandlung geht, aber es ist letztendlich einfach jemand, der dafür sorgt, dass du gesund bleibst. Wenn man mich fragen würde, würde ich eine jährliche Sprechstunde genauso normalisieren wie den jährlichen Zahnarztbesuch. A-also, falls ich dir mit der Frage aber zu nahe getreten sein sollte, tut es mir leid! Du musst darauf auch nicht antworten, wenn du das nicht möchtest, ich wollte das Thema bloß ansprechen, weil mir Dr. Dreyer so sehr geholfen hat und ich jedem diese Art von Hilfe wünsche, der sie eventuell gebrauchen könnte, weißt du, was ich meine?« Atemlos schnappte ich nach

Luft und senkte den hochroten Kopf. Verflixt noch mal, ich hatte mich wieder um Kopf und Kragen geredet.

»Sav, keine Sorge«, sagte Maxx schnell. »Du bist mir überhaupt nicht zu nahe getreten. Ich mag es, deine Gedanken dazu zu hören. Du hast recht. Eigentlich sollte man ab und an eine Art Check-up machen. Und zu deiner Frage: Na ja, ich kann's mir schlichtweg nicht leisten. Und momentan steht so viel an … Es ist einfach nicht drin. Aber ich habe selbst schon mit dem Gedanken gespielt. Mehr als einmal.«

»Ich weiß genau, was du meinst. Am liebsten würde ich mir die Therapiestunden selbst finanzieren. Aber Dr. Dreyer ist teuer. Vermutlich würde ich bei keinem Nebenjob der Welt genug verdienen.«

»Ich finde es immer noch unmöglich, dass deine Eltern einfach die Therapie beendet haben. Das ist so was von daneben.«

»Ich weiß«, murmelte ich. Das vertraute drückende Gefühl legte sich wieder auf meine Brust, während wir weiter am Coldwater River entlangspazierten. Es roch feucht und süß durch den Fluss und die Gräser und Bäume um uns herum. Und doch fühlte sich jede Brise trocken an, beinahe wohltuend, obwohl es so warm war.

»Am Wochenende ist das Mayflower Festival«, sagte ich und rang mir ein Lächeln ab. »Bis zum Festival will ich mit meiner Liste halbwegs fertig sein, damit ich genug Mumm habe, um mit meinen Eltern *das Gespräch* zu führen.«

»Ach so?« Maxx wirkte überrascht. »Dann sollten wir schleunigst noch ein paar Punkte von unseren Listen streichen. Willst du zuerst?«

Ich lachte erschrocken – erleichtert darüber, dass wir das bedrückende Thema um meine Eltern und Dr. Dreyer nicht vertieften. »Ich habe eben erst einen ziemlich riesigen Punkt abgehakt! Du bist dran. Was können wir von deiner Liste streichen? Und was steht überhaupt drauf?«

Maxx holte sein Handy hervor und studierte es stirnrunzelnd. Ich traute mich nicht, mich zu ihm zu lehnen und einfach mitzulesen. Es stand mir nicht zu. Deshalb wartete ich, bis er sich offenbar entschieden hatte. Neben einer Parkbank blieb er stehen und sah mich mit durchdringendem Blick an. »Ich habe einen Punkt gefunden.« Er griff in die hintere Tasche seiner Jeans und zog ein Päckchen Zigaretten heraus. Bevor ich selbst herausfinden konnte, was er damit vorhatte, trat er mit nur einem Schritt neben den metallenen Mülleimer – und beförderte das Päckchen geradewegs hinein.

Mein Mund klappte auf. »D-du hast sie einfach …«

»Weggeschmissen«, beendete er meinen Satz und lachte auf, was jedoch ein wenig aufgekratzt klang. Er fuhr sich mit einer Hand über den Hinterkopf und blickte noch einmal zum Mülleimer, so als würde er kurz an seiner Entscheidung zweifeln. Da sah er jedoch wieder mich an, ergriff erneut meine Hand und zog mich weiter, mit verdächtig zügigen Schritten. »Ich höre auf. Das war's, ich bin ab sofort Nichtraucher.«

»Wirklich?«, fragte ich, noch immer ungläubig. »Geht das so einfach? Kann man einfach aufhören?«

Er zuckte mit den Schultern. »Ich halte nichts von Pflastern und Co. Wenn man schon aufhört, kann man es gleich sein lassen, bevor man sich irgendwelche Pläne ausdenkt. So oder so wird es nicht einfach, und wieso nicht direkt aufhören, wenn es eh hart wird?«

Ich konnte nicht anders und drückte grinsend seine Hand. »Maxx! Du kannst stolz auf dich sein.«

Er lachte auf. »Na ja. Erst dann, wenn ich es wirklich geschafft habe.«

»Du hast es schon geschafft. Und du wirst nicht mehr rückfällig«, sagte ich zuversichtlich.

Seine Augen funkelten amüsiert. Er zog sein Handy aus der Tasche, während wir weiterschlenderten. »So. Erledigt. Ist abgehakt. Vielleicht schaue ich mir irgendwann noch den Käfig an, wegen Ches. Er ist oft dort gewesen, und ich will wissen, was es damit auf sich hat. Heute Abend werde ich noch meine Eltern anrufen … das wäre dann ein weiterer Punkt. Ich werde Ches fragen, ob er mit in den Call kommen möchte.«

»Das ist eine schöne Idee«, sagte ich lächelnd. Ich hatte keine Ahnung, welches Verhältnis Maxx zu seinen Eltern hatte. Am liebsten hätte ich nachgefragt, aber ich traute mich nicht. Vielleicht würde er es mir irgendwann von selbst erzählen.

»Was machen wir jetzt?«, fragte Maxx. »Wechseln wir uns ab. Wie sieht es bei dir aus?«

Ich zuckte mit den Schultern und dachte nach. »Ich weiß nicht … Ich glaube nicht, dass meine anderen Punkte so einfach umzusetzen sind.«

»Zeig mal her. Ich meine, wenn ich deine Liste noch mal sehen darf.«

Nickend holte ich das Handy aus meiner Kleidtasche und entsperrte es. Glücklicherweise hatte ich alle peinlichen Punkte schon von der Liste gestrichen. Mit anderen Worten, alle Punkte, die mit Maxx zu tun hatten. Oder den One-Night-Stand. Falls er bemerkte, dass dieser nicht mehr da war, ließ er es sich glücklicherweise zumindest nicht anmerken.

Er nahm das Telefon entgegen und studierte es.

Einen Moment später sah ich, vollkommen nervös, wie einer seiner Mundwinkel zuckte. »Ich habe was gefunden.«

»Ach ja?«, erwiderte ich argwöhnisch. Mein Gefühl verstärkte sich, als Maxx stehen blieb und mich ein wenig zur Seite zog, um den Weg für drei Jogger frei zu machen. Während ich mich noch fragte, wie diese Leute bei der Mörderhitze joggen gehen konnten, tippte Maxx auch schon auf meinem Telefon herum. »Welches Lied hast du zuletzt auf deiner Playlist gehört?«

Ich bekam einen Verdacht, weshalb er das wissen wollte, und nahm eine aufrechtere Haltung an. »Ich … habe zuletzt Lady Gaga gehört. Was hast du vor?«

Ein verschwörerisches Grinsen machte sich auf seinem Gesicht breit. »Ich glaube, du weißt ganz genau, was ich vorhabe.«

Hitze schoss mir ins Gesicht. Oh, oh. Er hatte recht, ich wusste ganz genau, welchen Punkt er angehen wollte. Denn nur einer meiner noch offenen Punkte verlangte nach Musik.

Tanze in der Öffentlichkeit.

Ich holte tief Luft, als mir geradewegs das Herz in die Hose rutschte. »Maxx, ich denke nicht, dass das eine so gute Idee ist! Hier sind überall Leute!« Ich zischte die letzten Worte halb, so als sei es ein Geheimnis.

»Savannah, in der Öffentlichkeit tanzen bedeutet in der *Öffentlichkeit* tanzen. Hier, wir machen das zusammen.« Er gab mir mein Handy zurück und sah mich aufmunternd an. »Du machst die Musik an, und ich fange an. Dann steigst du mit ein.«

Ich konnte nicht anders, als zu lachen. »O mein Gott! Du meinst das wirklich ernst, oder?«

»Natürlich meine ich das ernst. Und jetzt dreh schon die Musik auf, Savannah Moore.«

Es waren nicht allzu viele Leute unterwegs, und in diesem Moment waren Maxx und ich ziemlich alleine. In der Ferne waren Spaziergänger zu sehen, doch sie waren noch so klein, dass es noch eine Weile dauern würde, bis sie uns erreichten. Bis auf die sich wiegenden Gräser zwischen uns und dem Coldwater River rührte sich nichts.

Mein Puls beschleunigte sich, als ich meine Playlist öffnete und den letzten Song startete. Ich wäre beinahe zusammengezuckt, als die ersten Töne von »Stupid Love« von Lady Gaga aus den kleinen Lautsprechern drangen. Am liebsten wäre ich schon dabei in Scham versunken!

Maxx ließ meine Hand los, sah mich herausfordernd an – und begann plötzlich im Takt der Musik seine Schultern abwechselnd zu heben und zu senken.

Ich hätte beinahe einen Schrei ausgestoßen, beließ es aber bei einem atemlosen Lachen.

You're the one that I've been waiting for

»Komm schon!«, sagte er grinsend und nickte dabei nun auch noch mit dem Kopf und steppte von links nach rechts. Den steifen Bewegungen nach ging ich stark davon aus, dass er ein genauso grauenhafter Tänzer war wie ich.

Mein ganzer Körper brannte, als würden nicht nur mein Gesicht und meine Ohren rot glühen, sondern auch jeder andere Zentimeter von mir. Und trotzdem begann ich langsam im Takt zu wippen.

Freak out, freak out
Look at me now

»O ja, Baby! Schwing deine Hüften!« Er drehte sich im Kreis und machte so alberne Moves, dass ich nicht anders konnte, als mich ein wenig mehr zu bewegen, noch immer mit dem laut plärrenden Handy in der Hand. Gott, ich liebte diesen Song so sehr und hatte schon unendlich viele Male dazu in meinem Zimmer getanzt, oder mit Ella, während wir Pyjamas trugen, Popcorn aßen und auf Summers Sofa herumsprangen.

Hey yeah yeah
All I ever wanted was love
»Whoo!«, rief Maxx unerträglich laut, was mich lachen ließ.
Dann konnte ich nicht anders. Die beste Stelle kam.
Hey yeah, hey yeah
I want your stupid love […]
Ich schloss die Augen und tanzte los, versuchte zu vergessen, wo ich war, und konzentrierte mich nur auf die Musik. Ich sprang wild auf der Stelle und hob die Arme über den Kopf. Gemeinsam hüpften wir am Rande des Weges wie wild umher, ungelenk und nicht besonders elegant, was mich jedoch so explosionsartig mit Glück erfüllte, dass ich lachen musste. Ich fühlte mich wie bei einer *Grey's-Anatomy*-Tanzparty und war so von Adrenalin und den euphorischen Beats von Lady Gaga erfüllt, dass es mich geradezu beflügelte.

Ich öffnete die Augen – und sah, dass eine Radfahrerin nicht weit von uns war und sich immer schneller näherte.

»Nicht langsamer werden!«, sagte Maxx, noch immer tanzend, und lachte. »Mach lauter!«

Ich schluckte meine Scham hinunter, schob das brennende, kribbelnde Gefühl in meinem Nacken mit aller Kraft, die ich hatte, fort und drückte so lange auf die obere Lautstärketaste, bis das Maximum erreicht war.

Albern und ausgelassen tanzten wir weiter, und ich widerstand dem heftigen Drang, mich schnell hinter Maxx zu verstecken, als die Frau schmunzelnd an uns vorbeifuhr. Doch ihr Gesichtsausdruck schrie mir nicht entgegen: *Ihr seid total peinlich!*, sondern wirkte eher … erheitert.

Obwohl jede Faser meines Körpers mir sagte, dass ich mich absolut lächerlich machte, während ich meinen sich auflösenden Pferdeschwanz im Takt zur Musik hin und her warf, hörte ich nicht auf. Und es war das beste Gefühl überhaupt, ganz besonders als ich hüpfend und atemlos Maxx' Blick erwiderte, der mich voller Freude anstrahlte.

Und während wir das Lied lachend und albernd hüpfend durchtanzten, wurde mir eine Sache klar: Das hier war der Augenblick. Dieser eine berühmte Augenblick, von dem alle immer sagten: *Von da an wusste ich es.*

Ich wollte genau das hier. Die Freude. Das Herzklopfen. Das pure unglaubliche Gefühl von Glück. Und uns. Maxx und mich im Team. Denn wir waren zusammen nicht einfach nur unglaublich, sondern viel mehr als das.

Es war kaum mehr zu leugnen, dass ich mich gerade Hals über Kopf in ihn verliebte.

KAPITEL 36

MAXX

*E*twa eine Stunde später erreichten wir Ches' und Ellas Wohnkomplex. Wir hatten irgendwann eine Brücke überquert und waren auf der anderen Seite des Flusses zurück in Richtung Fletcher gelaufen. Die Strecke gefiel mir unheimlich gut. Ich nahm mir fest vor, gleich heute Abend diese große Runde zu joggen – immerhin stand Ellas Auto noch immer drüben in Coldwater, und ich war nun offiziell Nichtraucher und musste dringend etwas gegen die Ruhelosigkeit unternehmen.

Ich hatte das Gefühl, dass unsere kleine Tanzeinheit das letzte bisschen Eis zwischen Savannah und mir gebrochen hatte. So gelöst wie jetzt war sie bisher mir gegenüber noch nie gewesen. Sie lachte ausgelassener, wurde nicht verlegen, während wir uns unterhielten, und machte den Anschein, als würde sie sich wohlfühlen. All das zusammen löste so starke Glücksgefühle in mir aus, dass mir schwindelig wurde.

Als wir den Parkplatz mit der Trauerweide erreichten, lachte ich schallend und legte den Kopf in den Nacken.

»Wirklich!«, beharrte Savannah. »Ich glaube, die Bücher würden dir gefallen. Es ist wie eine Mischung aus *Game of Thrones* und *Outlander!*«

»Und *Fifty Shades of Grey?*«, fragte ich aufziehend.

Sie verschränkte die Arme vor der Brust und blieb zwischen den tief hängenden Weidengeflechten der Trauerweide stehen, die sanft in einer Brise schaukelten. »Natürlich nicht«, sagte sie nachdrücklich. »*Feuer und Leidenschaft geliebt von zwei Highlanderbrüdern* besitzt wirklich Tiefe!«

»Tiefe«, wiederholte ich lang gezogen und wackelte mit den Augenbrauen. »Ich kann mir schon denken, was du mir damit sagen willst, wenn das Buch auch nur halb so versaut ist wie *Hot-Christmas-Pudding.*«

Sie lachte empört auf und stieß mich mit dem Ellbogen an.

»Was war das denn?«, fragte ich grinsend. »Hätte das wehtun sollen?«

»Hey, ich kann ziemlich fies austeilen, und ich bezweifle, dass dein hübsches Gesicht Bekanntschaft mit meiner Rechten machen möchte.«

Herausfordernd trat ich vor sie, so dicht, bis sie den Kopf in den Nacken legen musste, um meinen Blick mit diesem unwiderstehlichen spielerischen Funkeln erwidern zu können.

»Ich wusste es«, raunte ich leise und strich ihr eine Haarsträhne hinter das Ohr. »Du findest mich hübsch. Ich fühle mich so was von geschmeichelt, Savannah.«

Und da war es wieder. Sie schnappte nach Luft, und ihre sommersprossigen Wangen erröteten. »Das ist nicht fair. Wenn ich dir drohe, solltest du das lieber ernst nehmen und dir keine Rosinen rauspicken.«

»Ich mag keine Rosinen«, sagte ich. »Diese wertvolle Information würde ich eher mit Marshmallows gleichstellen.«

»Du bist ein Spinner, Maxx Williams«, murmelte sie und verkniff sich sichtlich ein Lächeln.

Ich lachte leise. Und ich konnte nicht anders, als mich nach unten zu beugen und hauchzart mit den Lippen über ihre zu streichen. Ein Seufzen entfuhr mir.

Verflucht. Das hier war perfekt.

Ich konnte kaum beschreiben, wie perfekt.

Ich hatte nicht geplant, den Kuss in die Länge zu ziehen. Es war Savannah, die das Kinn hob und den Kuss sehr bereitwillig erwiderte. Sie legte ihre Hände auf meine Brust und lehnte sich an mich, was sich so überwältigend anfühlte, dass mein Herz sich erst zusammenzog und dann glühend und in doppelter Geschwindigkeit weiterschlug.

Für einen Moment existierte nichts anderes mehr. Nur sie und ich und dieser Kuss, der süßer und sehnsuchtsvoller nicht hätte sein können. Zärtlich ließ ich meine Hände über ihre Schultern fahren, bis ich vorsichtig ihren Kopf umfasste und mit den Daumen ihren Kiefer entlangstrich. Sie seufzte lautlos.

Ich konnte nicht anders, als zu lächeln.

Langsam zog ich mich zurück. Ich lehnte meine Stirn an ihre und strich mit meiner Nasenspitze an ihrer entlang. Dabei stieß ich gegen ihre Brille. Sie erwiderte mein Lächeln, rührte sich aber sonst nicht. Keiner von uns wich zurück: Ihre Hände lagen noch immer auf meiner Brust, und die meinen verweilten noch immer an ihrem Kopf. Ich strich mit den Fingerspitzen über ihren Haaransatz im Nacken und wurde dafür mit einem Schaudern belohnt.

»Danke«, flüsterte ich.

»Wofür?«

»Für heute. Für den Nachmittag.«

»Ich bin es, die zu danken hat. Ohne dich hätte ich mir niemals das Tattoo stechen lassen. Oder einfach in aller Öffentlichkeit zu Lady Gaga getanzt.«

Ich lachte leise und wich ein Stück zurück. Ich legte meine Hände über ihre, damit sie sie nicht von meiner Brust zog. Ich wollte sie noch ein klein wenig länger spüren, also klemmte ich sie zwischen meinen Händen und meinem fest klopfenden Herzen ein.

»Ohne dich hätte ich die Zigaretten nicht weggeworfen«, sagte ich mit einem trägen Grinsen. Ich konnte noch immer nicht glauben, dass ich das wirklich getan hatte. Dass ich von jetzt an Nichtraucher war. Der Gedanke war großartig und gleichzeitig irgendwie absurd. Als würde mein Körper mit Trotz reagieren, löste der Gedanke, nie wieder eine zu rauchen, das brutale und heftige Verlangen aus, augenblicklich an einem Filter zu ziehen und tief den Rauch zu inhalieren. *So ein Scheiß.* Aber ich meinte es ernst. Ich wollte das hier durchziehen. Auch wenn meine Entscheidung auf dem Spaziergang sehr spontan gewesen war. Ich hätte gerne mit diesem Wissen eine allerletzte Zigarette geraucht, einfach um zu wissen, dass es die letzte war. Vielleicht würde ich diese dann ein wenig mehr genießen. Aber es war besser so. Ich fühlte mich nicht gerade bereit dazu, aber vermutlich fühlte man sich nie bereit, etwas sein zu lassen, wonach man süchtig war. Wenn ich auf den perfekten Zeitpunkt zum Aufhören warten wollte, würde ich vermutlich niemals aufhören.

Ich betrachtete Savannahs Gesicht. Das zerzauste braune Haar, die vielen Sommersprossen, ihre geröteten Lippen und die schief sitzende goldene Nerdbrille. Unser Kuss hatte die Gläser erneut verschmiert, weshalb sie das Gestell von der Nase nahm und mit dem Saum ihres senfgelben Latzhosenkleides die Flecken beseitigte. »Ich fühle mich irgendwie, als könnten wir alles schaffen«, sagte sie lächelnd, fast schon vorsichtig. »Wir sind echt ein gutes Team.«

»Wir sind unbesiegbar«, sagte ich leise. Und wie erhofft, strahlte sie mich daraufhin mit so viel Wärme und Freude an, dass ich geradewegs in dem Gefühl ertrank.

Es machte den Anschein, als würde sie noch etwas sagen wollen, da erklang plötzlich Musik. Savannah zuckte erschrocken zusammen und zog ihr Handy aus der Tasche ihres Kleides.

Ihre Miene wurde blank. Sie starrte auf den Bildschirm, während weiter das verhängnisvolle orchestrale Stück lief. Ich meinte, dass es aus dem Musical *Wicked* stammte. Zumindest klang es so wie das, was Sav gestern in ihrem neuen Zimmer auf dem Laptop abgespielt hatte.

War das wirklich erst einen Tag her? Wie konnte das sein?

»Oh, oh«, sagte sie und starrte auf das Telefon. »Das ist meine Mom.«

Mitgefühl stieg in mir auf. Doch ich konnte nichts anderes tun, als einen möglichst zuversichtlichen Eindruck zu machen. Ich nickte ihr aufmunternd zu. Was auch immer sie tun wollte, ob wegdrücken oder abheben, sie würde das schon schaffen.

Sie straffte die Schultern, atmete tief durch und nahm den Anruf entgegen. »Hi, Mom!«, sagte sie überschwänglich.

Angespannt beobachtete ich sie, während sie offenbar der Stimme am anderen Ende lauschte. Mit starrer Miene blickte sie geradewegs durch mich hindurch. Sie gab ab und an zustimmende Laute von sich. »Natürlich«, sagte sie und nickte kaum merklich. Ihr Blick wanderte zu ihrem Handgelenk und zum frisch gestochenen Tattoo. Was auch immer gerade in ihr vorging, sie wurde so blass, dass ich fast schon befürchtete, dass sie gleich einfach umkippte.

»Okay«, hauchte sie. »Bis dann, Mom.«

»Was ist los?«, fragte ich sofort, als sie aufgelegt hatte.

»O Gott«, flüsterte sie und steckte ihr Telefon wieder ein. Wie betäubt bedeckte sie ihren Mund mit einer Hand. »Sie wird mich umbringen. Dad auch. Sie beide werden mich umbringen!«

Sie starrte auf ihr Tattoo und atmete scharf ein. »Was habe ich getan? Wenn sie das Tattoo sehen, werden sie vollkommen ausrasten!«

»Hey, tief durchatmen, Savannah.« Ich legte ihr meine Hände auf die Schultern und drückte sie sanft. »Du bist volljährig und kannst machen, was du möchtest, hörst du?«

»Ja, schon klar«, sagte sie und lachte nervös. »Aber du kennst meine Mutter nicht. Sie ist … ein wenig speziell. Wenn Mitchell sich ein Tattoo stechen lassen würde, wäre das vermutlich überhaupt kein Problem. Aber wenn ich das mache?« Sie zog eine Grimasse. »Wie ich schon sagte, sie wird mich umbringen.«

»Wieso hat sie angerufen?«, fragte ich und zog die Augenbrauen zusammen. Ich hatte keine Ahnung, wer Savs Mutter war, und ich versuchte, mir dringlichst abzugewöhnen, ein Urteil über Menschen zu fällen, die ich nicht kannte. Aber ohne sie zu kennen, hatte ich bereits ein ungeheuerlich schlechtes Bild von ihr. Alles, was Sav bisher über sie erzählt hatte, klang ziemlich grauenhaft. Und es erinnerte mich schmerzlich an meine eigene Mom. Nur, dass es bei mir fast schon gegenteilig war. Während meine Mutter mich im Stich gelassen hatte, als ich sie gebraucht hätte, bestimmte Savs Mom einfach über sie, war *zu* präsent. Deshalb verspürte ich tiefes Mitgefühl, als Savannah fast schon panisch zu mir aufblickte.

»Sie möchte, dass ich heute Abend zum Essen komme!«

»Du willst nicht wirklich hingehen, oder?«

Sie wirkte niedergeschlagen und schüttelte den Kopf. »Aber welche Wahl habe ich schon?«

»Sav, du hast die Wahl. Es handelt sich um ein Abendessen. Wie lange steht fest, dass du kommen sollst?«

»Na ja, sie hat eben gerade erst Bescheid gesagt. Vorher stand nichts fest, es ist spontan.«

Ich schnaubte und hob missbilligend die Augenbrauen. »Sie kann doch nicht davon ausgehen, dass du springst, wenn sie Hopp sagt. Wenn du nicht hingehen willst … Sag ab.«

So wie sie mich ansah, wirkte sie, als sei diese Vorstellung fernab von jeder möglichen Option, die ihr zur Auswahl stand. Dabei war es so naheliegend. Es war so erschreckend, wie konditioniert sie darauf war, zu gehorchen. »Absagen?«

»Absagen«, wiederholte ich und nickte. »Du bist einundzwanzig Jahre alt. Sie hat spontan gefragt, ob du zum Abendessen kommst. Wenn du nicht hingehen möchtest, dann geh nicht hin.«

Lange sah sie mich an. »Du … hast recht. Ich sollte absagen. Ich sollte es …« Sie ließ den Satz in der Luft hängen. Dann holte sie erneut ihr Handy hervor und tippte darauf herum. »Jetzt steht es auf der Liste. Ich rufe sie an!«

Im nächsten Moment hielt sie sich auch schon das Telefon ans Ohr und verlagerte unruhig das Gewicht von einem auf das andere Bein, was sie hin und her wippen ließ. Offenbar wollte sie es so schnell wie möglich hinter sich bringen, bevor sie es sich anders überlegen konnte.

»Hi! Mom? Ja, ich bin es noch mal. M-mir ist gerade eingefallen, d-dass ich heute Abend gar keine Zeit habe! Tut mir leid.«

Ihre Wangen wurden leuchtend rot, und sie hatte besorgt und angespannt die Augenbrauen zusammengeschoben. »Okay. Bis dann«, sagte sie leise. Dann legte sie auf und ließ langsam ihr Handy sinken.

Besorgt musterte ich sie. Ich zwang mich, sie nicht gleich mit der Frage zu überfallen, was ihre Mutter gesagt hatte. Ich befürchtete fast schon, dass ihre Mutter darauf bestanden hatte, dass Savannah trotzdem kam, und sie daraufhin nachgegeben hatte. Doch da breitete sich auch schon langsam, aber sicher ein Lächeln auf ihren Lippen aus. »Ich hab's getan«, sagte sie so ungläubig, dass es fast schon hölzern klang. »Ich habe abgesagt. Und sie war nicht mal böse deshalb. Sie war ganz normal.«

»Wie fühlt es sich an?«, fragte ich und erwiderte erleichtert ihr Lächeln.

»Unglaublich! Vielleicht … Na ja, vielleicht wird das Gespräch nach dem Mayflower Festival auch nicht so schlimm wie befürchtet! Ich hoffe es.«

»Das wird super«, sagte ich sanft. »Du wirst das toll machen. Außerdem haben wir doch schon einige Punkte auf der Liste abgehakt.«

»Das stimmt. Du hast recht. Es ist nur …« Ihre Miene wurde besorgt. »Ich möchte nichts falsch machen. Ich möchte meine Eltern nicht verletzen und ich möchte nicht, dass sie wütend auf mich sind. Ich glaube, das würde ich nicht ertragen, wenn es einen Streit gäbe. Dann würde ich …« Sie überlegte lange. Dann seufzte sie. »Keine Ahnung, was ich dann tun würde, aber ich hasse Streit. Und ich möchte mich nicht mit meinen Eltern streiten, wirklich nicht. Das mag bestimmt kindisch oder schwach wirken, aber ich habe manchmal so große Angst davor, sie zu enttäuschen, dass ich mich in ihrer Gegenwart wieder in ein verhuschtes Mädchen verwandle, obwohl ich genau weiß, was ich eigentlich will und auch weiß, was ich nicht will. Ihre bloße Gegenwart lässt mich wieder zum Kind werden … Vermutlich findest du das bescheuert.«

»Nein«, murmelte ich. »Ich weiß ganz genau, was du meinst.« Am liebsten hätte ich ihr in diesem Moment davon erzählt. Ich wollte Savannah erzählen, wie es war, nach vier Jahren Knast nach Hause zurückzukehren. Ich wollte ihr von meinen Eltern erzählen und wie verletzend es gewesen war, als meine Mutter mich bei ihrem ersten und letzten Besuch einfach verlassen hatte. Wie sie einfach gegangen und anschließend keinen einzigen Anruf von mir entgegengenommen hatte, so als würde ich nicht mehr für sie existieren. Als würde sie es nicht ertragen, mir in die Augen zu sehen, oder auch nur an mich zu denken. Auch wenn sie bei meiner Rückkehr so getan hatte, als sei sie wieder ganz die Alte, als sei nichts von alledem passiert, fühlte ich mich noch immer betrogen. Im Stich gelassen. Und dann waren da noch die Schuldgefühle, weil ich ihr Leben zerstört hatte …

Doch ich sagte nichts. Ich konnte nicht. Keines der Worte, die ich so gerne mit Savannah geteilt hätte, kamen mir über die Lippen. Es war, als befände sich eine Blockade in meinem Kopf. Die Vorstellung, Savannah endlich die ganze Wahrheit über mich zu sagen, versetzte mich gleichermaßen in Panik wie in Sehnsucht. Es fühlte sich fast schon an, als würde ich lügen, wenn ich ihr nichts davon sagte. Sie war so ehrlich zu mir. Und ich? Ich ließ ein großes, verdammt wichtiges Stück Wahrheit weg, und das glich Unehrlichkeit ziemlich heftig. Mit jedem weiteren Augenblick, den wir teilten, fühlte ich mich stärker zu ihr hingezogen, wurde stärker von ihr eingenommen und verfing mich immer tiefer in Gedanken an sie, wenn wir nicht zusammen waren. Ich war nicht von gestern, ich wusste, was dieses Gefühl, dieses heiße Ziehen in meiner Brust und in meinen Knochen zu bedeuten hatte.

Mein Hals war staubtrocken, als ich Savannah betrachtete. Ich ... wollte sie. Auf jede erdenkliche Art und Weise. Ich wägte nicht mehr nur ab, das Risiko einzugehen, ich war es längst eingegangen. Ich riskierte es, sie zu verletzen. Ich riskierte es, alles kaputt zu machen. Und doch änderte es nichts an der Tatsache, dass ich hier war. Mit ihr. Und nichts auf der Welt konnte mich davon abbringen, es weiterhin zu wollen.

Fragend sah sie mich an, was mich, peinlich berührt, wieder aus meinen Gedanken katapultierte.

»Ist alles okay?«, fragte sie vorsichtig.

Sanft zog ich sie an mich, senkte den Kopf und küsste sie lange und zärtlich auf die Lippen. Die Art und Weise, wie sie sich in meinen Armen entspannte, wie sie den Kuss erwiderte und gegen mich sank, sorgte dafür, dass mein Puls sich beschleunigte. Mit jedem Kuss wollte ich sie mehr.

Aber war es nicht falsch, solange ich ihr nicht von meiner Vergangenheit erzählte? Die Sorge wurde immer lauter in meinem Kopf, mit jeder weiteren Sekunde, in welcher ich sie mit zunehmendem Verlangen küsste. Savannah im Dunkeln zu lassen war nicht fair. Und ich wollte nicht mehr so sein. Ich wollte nicht vorgeben, jemand zu sein, der ich nicht war. Aber solange ich meine Vergangenheit verschwieg, solange ich einen so wichtigen, großen Teil von mir selbst verschwieg und unter den Teppich kehrte, tat ich genau das. Deshalb kühlte sich mein Blut allmählich auch wieder ab, je mehr diese Gedanken mein Bewusstsein fluteten.

Ich löste mich von ihr und taumelte zurück. Mit einem Mal fühlte sich meine Kehle wie zugeschnürt an. Einfach so. Ich konnte nicht einmal sagen, wieso.

Doch. Ich konnte es sehr wohl sagen.

Ich hatte Angst. Ich hatte so eine gigantische Angst vor der Wahrheit und davor, was passieren würde, wenn ich Savannah diese Wahrheit ins Gesicht sagte. Ich hatte Angst vor dem Ausdruck in ihren Augen, wenn sie das vollständige Bild von mir sah. Und was anschließend wohl geschehen würde.

Du bist ein Hochstapler. Du führst sie hinters Licht. Und du bist ein verdammter Egoist, wenn du sie noch länger im Dunkeln lässt.

Ich rang nach Atem.

Nein. *Fuck.* Ich war es so leid, in diesen schwarzen Gedankenspiralen zu versinken.

Mein Blick fing mehr zufällig als gewollt meinen Arm ein. Die Folie. Das Semikolon.

;

Reiß dich verdammt noch mal zusammen. Nicht aufgeben. Nicht nachgeben.

Lächelnd trat ich einen weiteren Schritt zurück und atmete tief durch, um meinen Körper dazu zu zwingen, sich zu entspannen. Sie durfte mir meinen Stimmungswechsel, das wilde und brodelnde Chaos in mir, nicht anmerken. Wenn ich ihr von meiner Vergangenheit, vom Gefängnis, erzählen würde, würde ich nichts auslassen. Ich würde alles auf eine Karte setzen.

Aber jetzt war nicht der richtige Zeitpunkt. Ich war einfach noch nicht so weit. Und ich wollte mir die richtigen Worte vorher gut überlegen.

»Ich schätze, ich sollte Ellas Auto holen gehen«, sagte ich und hoffte dabei inständig, dass Savannah mir nicht anbot, mich zu begleiten. Ich wollte sie unter keinen Umständen verletzen oder in Verlegenheit bringen, was definitiv zustande kommen würde, wenn ich mit Ausreden um mich schmiss, um auch wirklich alleine gehen zu können. Doch glücklicherweise nickte sie nur.

»Okay. Ich habe hier drüben geparkt, soll ich dich schnell rüber nach Coldwater fahren?«

»Mach dir keine Umstände. Das Wetter ist schön, ich habe nichts dagegen, noch ein wenig zu laufen.«

Ein Lächeln umspielte ihre Lippen. Ein Anblick, der mich verflucht noch mal fast aufseufzen ließ. »Danke noch mal für heute, Maxx. Für alles. Wirklich.«

»Jederzeit wieder«, erwiderte ich ehrlich. »Und ich habe auch zu danken. Ohne dich hätte ich vermutlich noch keinen einzigen Punkt auf meiner Liste abgehakt.«

Diesmal umspielte das Lächeln ihre Lippen nicht nur, sondern ließ ihr ganzes sommersprossiges Gesicht erstrahlen. »Dann … sehen wir uns.«

»Wir sehen uns«, wiederholte ich grinsend und widerstand dem magnetischen Drang, sie ein letztes Mal zu küssen. Vermutlich hätte sie absolut nichts dagegen gehabt, doch das schwere Gefühl, das mir auf die Schultern drückte, hinderte mich daran. *Lass dir nichts anmerken. Nur noch wenige Augenblicke, dann kannst du loslassen.*

Nur langsam setzte ich mich in Bewegung. Rückwärts, um sie so lange wie möglich im Blick zu behalten und das Bild in mir einzubrennen. Es ließ sie verlegen auflachen, was mich wiederum ebenfalls lachen ließ. Dann drehte ich mich um und lief durch die tief herunterhängenden Weidengeflechte zurück zum Coldwater River.

In der Sekunde, als ich Gewissheit darüber hatte, dass Savannah mein Gesicht nicht mehr sehen konnte, fiel das Lächeln schlagartig von mir ab.

Ich fuhr mir mit beiden Händen über den Kopf und biss die Zähne zusammen. Am liebsten hätte ich meine Zigaretten zurückgehabt, denn das heftige Verlangen, eine zu rauchen, zerriss mich fast.

Fuck. Ich musste Savannah irgendwie die Wahrheit sagen, auch wenn ich noch keine Ahnung hatte, wie ich das anstellen sollte. Es war nämlich nicht nur ihr gegenüber unfair, sondern auch mir selbst.

Denn ich verliebte mich in sie.

Ich durfte es nicht versauen. Ich wollte alles richtig machen, wollte der sein, den sie in mir sah. Ich wollte es wert sein, und das konnte ich nur, wenn ich ehrlich war.

KAPITEL 37

SAVANNAH

*D*ie erste Woche des neuen Semesters laugte mich stärker aus, als ich geglaubt hatte. Es waren nicht nur die allmählich wieder greifende tägliche Routine oder der Lernstoff und die Ankündigungen diverser Arbeiten und Hausarbeiten. Es war die Reizüberflutung, das ständige Unter-Menschen-Sein, die langen Konzentrationsphasen, das Mitschreiben, Lesen, Nachbereiten, und die Anstrengung, die damit einherging. In meiner neuen Wohnheim-WG war ständig Trubel, es war immer jemand da, ob im Gemeinschaftszimmer oder bei Asha und mir im Zimmer. Die vielen neuen Gesichter der Freshmen auf dem Campus und die anhaltende Geräuschkulisse der überfüllten Cafeteria – es war zu viel. Meine Batterien fühlten sich leer an. Ich sehnte mich danach, einfach nur allein zu sein und die Ruhe zu genießen, welche ich während der Semesterferien so zu schätzen gelernt hatte. Ich fühlte mich überfordert. Jedes Jahr war es das Gleiche. Das war es schon in der Middle- und Highschool gewesen, wann immer ich aus den dreimonatigen Sommerferien zurück in den Alltag gewechselt war. Ich wusste, dass es heutzutage nicht halb so schwer war wie noch vor ein paar Jahren. Nein, sogar noch letztes Jahr. Im Vergleich zu den letzten Jahren steckte ich diese erste Woche sogar recht gut weg. Aber nichtsdestotrotz.

Besonders traurig machte es mich, dass ich seit dem Besuch im Tattoostudio und diesem perfekten Nachmittag Maxx nicht mehr gesehen hatte. Es fiel mir sogar schwer, auf jede Nachricht zu antworten oder gar welche zu schreiben, wenn er noch nicht geschrieben hatte. Es lag auf keinen Fall daran, dass ich nicht mit ihm sprechen wollte. Ganz im Gegenteil, meine Sehnsucht danach, bei ihm zu sein, war so heftig, dass ich während meiner langen Stunden, in denen ich nachts versuchte einzuschlafen, mich erst recht hin und her wälzte. Ich hatte einfach keine Kraft zum Chatten. Dafür war ich zu überwältigt. Wenigstens hatte ich mich dazu überwunden, ihm davon zu erzählen. Ich hatte ihm eine Nachricht geschrieben und mich dafür entschuldigt, mich nicht so schnell und oft oder lang zu melden. Er hatte so viel Verständnis, dass es meine Brust eng werden ließ. Und dennoch pochte mir das schlechte Gewissen im Hinterkopf.

Dafür hatte ich es geschafft, meinen Eltern ein weiteres Mal abzusagen. Mein Dad hatte mich angerufen, hatte mich gefragt, ob ich zum Abendessen kommen wolle. Ich hatte ihn vertröstet, hatte es verschoben. Und es hatte mich mit Stolz erfüllt. Ich war so stolz darauf, diese Stärke an den Tag zu legen, dass meine Zuversicht immer größer wurde. Heute begann das Mayflower Festival hier in Fletcher. Nach diesem Wochenende würde ich das Gespräch mit ihnen führen, vor dem ich mich schon den halben Sommer fürchtete. Aber ich hatte Hoffnung. Ich schöpfte so viel Hoffnung aus meinem Mut. Aus der Liste. Aus dem, was ich zusammen mit Maxx erreicht hatte.

Müde schlurfte ich neben Ella aus dem Hörsaal. Das einzige Modul, welches ich zusammen mit ihr belegte, war Vergleichende Kulturwissenschaft. Etwas anderes ließen unsere unterschiedlichen Studiengänge nicht zu.

Es war zu warm in Dakota Hall, der riesigen uralten Schönheit von einem Gebäude, in welchem sich die Räumlichkeiten für Literatur, Sprache und Künste befanden. Es waren viel zu viele Studierende, die an uns vorbei in Richtung der großen offen stehenden Holztüren strömten. Und ich war zu erschöpft, um alles so richtig in mich aufzunehmen. Kaum zu glauben, wie lang sich der Tag streckte – aber das hatten Freitage wohl so an sich. Man sehnte sich das Wochenende so sehr herbei, dass sie beschlossen, so zäh wie alte Kaugummis zu werden.

Ich fragte mich, ob Maxx ebenfalls noch an seinem Campus war. Und ob sein Freitag auch ein Kaugummitag war. Hätte ich noch einen letzten Rest Energie gehabt, hätte ich ihm einfach eine Textnachricht geschickt. Aber solange es noch nicht möglich war, per Gedankenübertragung miteinander zu kommunizieren, würde ich mich wohl damit abfinden müssen, auch heute so gut wie kaum mit ihm in Kontakt zu stehen. In solchen Dingen war ich grauenhaft!

»Wieso noch mal haben wir uns für Vergleichende Kulturwissenschaft entschieden?«, brummte Ella und trank den letzten Schluck aus ihrer Wasserflasche.

Ich zuckte mit den Schultern und klemmte meine Hände unter die Träger meines *Minnie*-Rucksacks. Hoffentlich reichte ihr das als Antwort, denn ich war viel zu erledigt, um tatsächlich noch so was wie Worte mit meinem Mund zu bilden.

»Siebzehn Uhr!«, beschwerte sich Ella weiter. »Der Tag ist praktisch vorbei. Ich kann es kaum erwarten, unter die Dusche zu springen. Keine Ahnung, wie ich VeKu in Zukunft überleben soll. Jeden Freitag von jetzt an bis siebzehn Uhr Vorlesung. Das ist so was von hart.«

Ich sah sie fragend an. »Fährst du nach Hause? Ich dachte, ihr wolltet bei Carly und Lenny ein Barbecue veranstalten?«

Anstatt zu antworten, runzelte sie die Stirn und fragte: »Ihr? Wolltest du nicht auch mit? Ich wollte nur schnell duschen, bevor ich hinfahre.«

Wir liefen die Steinstufen von Dakota Hall hinunter und traten auf den schattigen Weg zwischen den alten Magnolienbäumen. Der vertraute Marsch über den riesigen begrünten Campus in Richtung Wohnheimanlage dauerte eigentlich nur fünf Minuten. Doch mir kam es heute vor wie eine Ewigkeit. Ich rang mir ein schwaches Lächeln ab. »Ich fürchte, das wird heute nichts mehr. Ich möchte einfach nur ein wenig allein sein.«

Der Ausdruck auf dem Gesicht meiner Freundin wurde verständnisvoll. Sie wusste genau, was das bedeutete. »Kein Problem, Savy. Ich sage den anderen Bescheid, dann musst du es nicht tun oder erklären.«

Diesmal musste ich mir das Lächeln nicht abringen. Ich hakte mich an ihrem linken Arm ein und schlang die Arme um ihn. »Danke, Elmo.«

Der uralte Spitzname aus unseren Kindertagen ließ sie auflachen. Sie lehnte während des Gehens kurz ihren Kopf an meinen. Dann tippte sie mir ans linke Handgelenk, wo sich noch immer die Folie um das Tattoo befand. »Tut es noch weh?«

»Die Folie ist total nervig«, sagte ich frustriert. »Besonders bei dieser Hitze. Am liebsten würde ich am Tattoo kratzen. Es fühlt sich an wie ein kleiner Sonnenbrand, den man in Frischhaltefolie gewickelt hat.«

»Wie lange musst du das Ding noch tragen?«

»Der Kerl vom Tattoostudio hat gesagt, dass es eine Woche dranbleiben soll. Es ist zwar nervig, aber besser als eine offene Wunde. Falls man ein frisch gestochenes Tattoo überhaupt als Wunde bezeichnen kann. Wie, verflixt, halten Menschen mit Ganzkörpertattoos das bloß aus? Vor allem mit den bunten?«

Ella grinste. »*Verflixt*. Der Fluchbär und seine derben Flüche schlagen wieder zu.«

Ich streckte ihr die Zunge raus, aber sie lachte bloß.

»Ich kann mir nicht vorstellen, dass Menschen, die am ganzen Körper tätowiert sind, sich alles auf einmal stechen lassen. Sonst bräuchten sie entweder eine Badewanne voller Wundsalbe oder ein Ganzkörperkondom, damit jeder Zentimeter geschützt ist. Oh, und einen Sechser im Lotto.«

Ich strich über das kleine, schwarze Semikolon, das ich bereits jetzt schon so liebte. Das stimmte wohl. Selbst das kleine Zeichen hatte mich schon sechzig Dollar gekostet. Aber das war es mir absolut wert. Jedes Mal wenn ich es ansah, erfüllte es mich mit Stolz und Zuversicht. Und ich verband es unwiderruflich mit Maxx. Ohne ihn hätte ich es schließlich nie durchgezogen – außerdem besaß er nun das gleiche Tattoo.

Es war, als hätte Ella gespürt, dass ich schon wieder an ihn dachte – es war ja auch nicht so, dass ich ein Geheimnis daraus machte. Vor Ella und auch Summer war das immerhin kaum möglich. Und doch erfüllte es mich mit Verlegenheit, dass sie es mir regelrecht von der Nase ablesen konnte.

»Ist alles in Ordnung?«

»Wieso sollte nicht alles in Ordnung sein?«, fragte ich und fächerte mir ein wenig Luft zu, um nicht zu schmelzen.

»Irgendwie habe ich das Gefühl, dass du dich wieder etwas zurückziehst – wenn du nicht drüber reden möchtest, musst du es nur sagen. Es ist mir bloß aufgefallen, und ich dachte, ich frage mal nach.«

Weil ich mir Sorgen um dich mache. Es hätte bestimmt nicht viel gefehlt, bis diese Worte ebenfalls gefallen wären. Nicht dass es schlimm gewesen wäre. Ich wusste, Ella meinte es gut – aber es frustrierte mich so sehr. Ich wollte nicht umsorgt werden! Deshalb verkniff ich mir das frustrierte Seufzen auch nicht. »Du und Summer habt mir doch versprochen, mich nicht mehr mit Samthandschuhen anzufassen.«

Sofort ruderte sie zurück. »Tut mir leid! Ich wollte nicht, dass … Also ich wollte damit nicht sagen, dass … Ich habe mir einfach Sorgen gemacht. Keine Ahnung, wie ich das abstellen soll. Soll ich dich in Zukunft nicht mehr fragen?«

Meine Instinkte sagten mir, dass ich schnell den Kopf schütteln sollte, um ihr zu versichern, dass sie natürlich nichts falsch gemacht hatte und dass es nur an mir lag, dass ich müde und erschöpft und natürlich dankbar war, so gute Freundinnen zu haben, die sich so sehr dafür interessierten, wie es mir ging. Doch ich dachte ein wenig genauer über ihre Worte nach und entschied mich dann anders. »Das wäre schön«, sagte ich leise. Die Worte allein erfüllten mich mit Schuld, weshalb ich hastig versuchte, mich zu erklären. »I-ich meine, ich schätze deine Sorge, El. Wirklich, das tue ich. Aber es … belastet mich auch. Du kannst mir vertrauen: Wenn ich Hilfe brauche oder jemanden zum Reden, seid du und Summer die Ersten, an die ich mich wende. Aber jetzt grade schaffe ich das allein. Ich möchte einfach wie alle anderen behandelt werden, und nicht so vorsichtig. Dazu gehört auch, dass du nicht auf jede meiner Gefühlsregungen reagieren musst. Du weißt, wie dankbar ich um dich bin, und es tut mir auch leid, ich will dir damit nicht auf die Füße treten.«

»Schon okay«, sagte sie schnell und lächelte. Es wirkte aufrichtig. »Du musst dich nicht rechtfertigen. Wieso sollte ich dir dafür böse sein? Es ist so schön, zu sehen, wie du immer mehr für dich einstehst.«

Ich musste lächeln, einerseits aus Erleichterung, andererseits aus Stolz. »Ich glaube, es liegt an der Liste«, sagte ich langsam. »Aber es ist nicht nur das, was auf der Liste steht. Es ist auch meine Einstellung dazu, glaube ich. Und die Tatsache, dass ich so tolle Unterstützung habe.«

Wir erreichten den kleinen runden Platz mit dem plätschernden Brunnen und den steinernen Bänken, von welchem vier Wege wegführten. Unbeirrt liefen wir weiter geradeaus.

Bei meinen Worten wackelte Ella mit den Augenbrauen. »Tolle Unterstützung also. Sie muss ja ziemlich fabelhaft sein, so gut, wie du kürzlich vorangekommen bist.«

Ich lachte und stieß ihr meinen Ellbogen in die Seite, auch wenn es nicht gerade den Anschein machte, als würde es sie auch nur ansatzweise stören. »Du weißt, dass ich damit auch dich und Summer meine! Die Autowracks und so. Du weißt schon!«

»Ich weiß«, erwiderte sie frech. »Aber du musst zugeben, dass mein Themenwechsel zu Maxx ziemlich elegant und cool war.«

»Semi. Das war höchstens stümperhaft.«

»Was soll's. Aber jetzt haben wir den Themenwechsel. Wann seht ihr euch wieder?«

Ich war versucht, *Cookie* zu sagen, nur um sie zu ärgern und ihre investigative Arbeit zu behindern. Stattdessen sagte ich: »Du wohnst mit ihm zusammen! Wieso fragst du ihn nicht einfach selbst?«

»Weil du eine meiner besten Freundinnen bist und nicht er. Außerdem reden Maxx und ich bereits genug.«

Erschrocken blieb ich auf dem Weg stehen, und weil ich noch immer Ellas Arm festhielt, musste sie es mir gleichtun. »Über was habt ihr gesprochen? Was weiß er von mir? Was hast du ihm erzählt?«

Sie hob verteidigend die Hände. »Mach dir keine Sorgen! Ich habe nichts gesagt, was ein schlechtes Licht auf dich wirft, und du weißt, dass ich keine Geheimnisse ausplaudere. Ich glaube auch nicht, dass Maxx so was jemals fragen würde. Außerdem habe ich gesagt, dass Maxx und ich genug reden, aber ich habe nie behauptet, dass es dabei um dich geht. Er ist ziemlich verschlossen, weißt du? Nicht mal Ches dringt so richtig zu ihm durch. Ehrlich gesagt ist das genau die Sache, die uns so Sorgen bereitet.«

Ich runzelte die Stirn. »Wieso Sorgen? Ist irgendwas passiert?«

Sie zögerte. Langsam liefen wir wieder weiter. Ich konnte sehen, dass sie mit sich haderte. »Hat Maxx mal von seiner Vergangenheit gesprochen? Dir gegenüber?«

Ich dachte nach. Dann zuckte ich mit den Schultern. »Nein«, murmelte ich. »Nicht so richtig. Er hat uns allen am Lagerfeuer auf dem Trip nur erzählt, dass er die letzten Jahre eine schwierige Zeit durchgemacht hat. Na ja, und er hat erwähnt, dass er eine Ex-Freundin hat. Es klang so, als würde beides zusammenhängen.«

Ella nickte und schob sich die dunkelblonden Haare hinter das Ohr. Mir entging dabei der betrübte Ausdruck in ihren blauen Augen nicht.

Was auch immer der Grund dafür war: Ich war mir sicher, dass sie weit mehr über Maxx wusste als ich. Immerhin war dessen Bruder ihr Freund. Sie wohnten zusammen, und Ella war schon einige Male mit Ches zusammen in Maine gewesen. Das allein war Grund genug, weshalb es absolut nachvollziehbar schien, dass sie mehr über ihn wusste, aber auf gewisse Art und Weise … störte es mich. Es war mir zuvor gar nicht so bewusst gewesen. Ich hatte das Gefühl gehabt, dass Maxx mir ziemlich viel von sich anvertraute. Er sprach über seine Ängste und seine Wünsche und Träume. War das nicht weitaus intimer, als über die Vergangenheit zu sprechen?

Doch die Unsicherheit hatte mich bereits gepackt und ließ sich nicht mehr abschütteln. »Ich kenne ihn noch nicht so lange«, sagte ich verteidigend. »Vielleicht braucht er einfach eine Weile, um noch etwas aufzutauen. Ich habe ihm auch noch nicht alles von mir erzählt.«

Ella lächelte verständnisvoll. Gleich darauf bekam ich jedoch ein schlechtes Gewissen, weil meine Worte nicht wirklich der Wahrheit entsprachen. Ich hatte Maxx sogar sehr viel von mir erzählt, von meiner Vergangenheit, vom Grund für das Semikolontattoo, von meinen Eltern. Ja sogar von meiner verstorbenen Grandma und der Musik von ABBA bei Gewittern. Ich hatte ihm so viel über mich erzählt, und das in so kurzer Zeit. Was natürlich daran lag, dass ich mich so wohl in seiner Gegenwart fühlte, wie es sonst nur bei meinem Bruder und bei meinen engsten Freunden der Fall war. Ich hatte *oversharing* betrieben, und zwar im großen Stil.

»Und selbst wenn«, sagte ich hastig. »Selbst wenn ich ihm meine Lebensgeschichte erzählt hätte, wäre das ja kein Grund, dass er es mir gleichtun muss. Das würde ich niemals von irgendwem verlangen.«

»Ich weiß doch.«

Auf der gepflasterten Weggabelung, die rechts zu den Wohnheimen führte und links zum großen Campusparkplatz, blieben wir stehen.

»Viel Spaß«, sagte ich und schenkte Ella ein müdes Lächeln. »Das nächste Mal bin ich bestimmt wieder dabei.«

»Mach dir keine Sorgen, niemand wird es dir übel nehmen. Ich schicke dir Bilder, ja? Und wenn du möchtest, könnten Mitch oder Todrick dir heute Abend ein wenig gegrilltes Essen mitbringen.«

»Oh, ja! Das klingt gut.«

Ella zögerte kurz, dann drückte sie sanft meine Hand. »Ich soll dir übrigens noch liebe Grüße von Dr. Dreyer ausrichten. Ich hatte gestern eine Sitzung mit ihr. Sie findet es auch nicht schön, dass das Ende eurer Stunden so gekommen ist, und ich soll dir sagen, dass du sie jederzeit anrufen kannst, wenn du mal nicht weiterwissen solltest.«

Mein Herz zog sich schmerzlich zusammen. Zugleich erfüllte jedoch auch Wärme meine Brust. Dr. Dreyer hatte an mich gedacht und mir sogar etwas ausrichten lassen. Es war ein traurig-schönes Gefühl.

Ich umarmte Ella fest, was mich in den leichten, süßen Duft ihres Parfums hüllte. »Danke«, sagte ich leise. »Danke, dass du mir das gesagt hast. Das bedeutet mir so viel.«

»Ich hätte es dir schon eher gesagt, aber zwischen Tür und Angel fand ich es irgendwie unpassend. Ich hatte aber das Gefühl, dass du das gerade gebrauchen kannst.«

»Hab dich lieb«, sagte ich und lächelte meine Freundin an. Sie erwiderte es, was ihre blauen Augen klein werden ließ. Dann verabschiedeten wir uns, drehten uns nahezu zeitgleich um und liefen beide unserer Wege.

Die Luft in Jefferson House war glücklicherweise nicht halb so drückend, staubig und stickig wie in Parcell House. Das Gebäude war moderner – was bei den anderen heruntergerockten Wohnheimen wohl auch nicht schwer war – und verfügte auf jeder Etage über eine Klimaanlage, die zwar nicht besonders kraftvoll war, dafür aber wenigstens für ein klein wenig Erleichterung sorgte. Jefferson House war zwar moderner, aber es wirkte … seelenlos. Es gab keine alten hölzernen Treppengeländer, die nur so vor Geschichte strotzten. In den Türrahmen der Wohneinheiten waren keine Namen hineingeritzt worden, und die Deckenbeleuchtung sandte kein warmes Licht aus, sondern taghelle, kühle Strahlen aus LED-Spots. Dieses Fehlen von Erinnerungen betrübte mich fast schon. Doch es war auch spannend, dass wir alle jetzt gerade in diesem Moment dabei waren, neue Geschichten zu schreiben, die irgendwann mal in Treppengeländern und Türrahmen zu finden sein würden.

Ein Gähnen entwich mir, und ich schlurfte hoch ins zweite Stockwerk. Ich wollte nichts als Ruhe. Einsamkeit. Eine Abkühlung und mein Bett. Der sicherste und schönste Ort auf der Welt.

Ich wurde jedoch enttäuscht, als ich die Tür zu meiner WG öffnete. Im Gemeinschaftszimmer erwartete mich Jazzmusik, die vom Plattenspieler erklang, welcher zwischen Dutzenden selten aussehenden Topfpflanzen auf einem der Schreibtische stand. Das waren auch nicht die einzigen Pflanzen. Innerhalb von nur einer Woche, dieser allerersten Woche, hatte sich das Gemeinschaftszimmer von Grund auf verändert. Überall waren Pflanzen. In Hängetöpfen, die an den Gardinenstangen befestigt waren, auf dem Boden, auf Bücherstapeln, auf Regalen und der Kommode. Das war jedoch nicht alles. Auf der einzigen großen, einst leeren weißen Wandfläche neben der Eingangstür hing ein eindrucksvoll großer, gerahmter Druck von Henri Matisse. Außerdem lag unter dem bereits da gewesenen Sofa nun ein abgenutzt wirkender, aber wunderschöner blauer Perserteppich. Überall drum herum und dem gestern noch nicht da gewesenen Couchtisch lagen Poufs, Sitzkissen und gepolsterte Hocker. Und wie auch schon an allen vergangenen Tagen dieser Woche war wieder volles Haus. Neben Julie, ihrem Freund Noah und meinen anderen beiden neuen Mitbewohnerinnen, Charlotte und Dilara, saßen dort weitere Mitglieder aus dem Buchclub. Erst seit ich mit Asha, Charlotte und Dilara zusammenwohnte, wusste ich, dass sie Teil einer eingeschworenen Freundesgruppe waren. Vorher war es mir gar nicht so bewusst gewesen. Auch Ashas Cousine Khadra war hier sowie Charlottes Freundin Zara, welche ich Gott sei Dank mit der Begeisterung für die Highlander-Brüder hatte anstecken können.

»Savy!«, rief Asha erfreut und winkte mich strahlend zu sich. »Setz dich zu uns, wir brainstormen gerade, welches Buch wir als Nächstes im Buchclub lesen wollen.«

»Ich finde, wir sollten mit einem Wohlfühlbuch starten«, sagte Charlotte entschieden. Sie zwinkerte mir zu, als sie sich neben Asha ins Sofa sinken ließ und die Knie übereinanderschlug. »Zara hat die letzten Wochen dauernd von *Feuer & Leidenschaft* geschwärmt. Wieso lesen wir das nicht?«

»O ja«, sagte ich zwar müde, aber nun auch begeistert. »Ich wollte die Reihe sowieso bald wieder *rereaden*.«

»Auf keinen Fall, Leute.« Dilara verschränkte entschieden die Arme vor der Brust. Auf den Fingern, den Nägeln und den Handrücken meiner Buchclubfreundin waren kunstvolle braun-orangefarbene Henna-Tattoos zu sehen, die sie wohl noch von der Hochzeit ihrer Großcousine hatte, auf der sie kürzlich gewesen war.

»Wieso nicht?«, fragte ich und trat widerwillig näher, auch wenn ich viel lieber in mein Zimmer verschwinden wollte.

»Vermutlich will Didi lieber wieder ein Sachbuch lesen«, sagte Zara neckend und schob sich die teuer aussehende Hornbrille höher auf die Nase, welche mit einer silbernen Kette um ihren Hals befestigt war.

Dilaras große Augen, die von schwarzem Eyeliner umrahmt waren, verengten sich fast schon, und sie spitzte säuerlich die Lippen. »Nein. Ich will es nur nicht lesen, weil du mich schon für die gesamte Trilogie gespoilert hast! Der Anfang hat mir so gut gefallen, aber dann musstest du mir ja sagen, was mit Roycer am Ende von Band …«

»Nicht!«, sagte Charlotte und hielt sich die Ohren zu. »Wehe, du spoilerst jetzt auch!«

»Na, jedenfalls hat sie mir alles Wichtige verraten! Und sie wusste, dass ich diesen Highlander von allen Figuren am meisten mochte.«

»Tut mir leid«, sagte Zara und lächelte schief.

»Ich hab noch einen Vorschlag!«, sagte Julie aufgeregt. »Diese eine Buchbloggerin auf Twitch hat gestern Abend eine queere romantische Thrill-Reihe empfohlen, die verdammt gut klang. Es sind vier Bände, und es geht um eine Feuerwache in Albuquerque.«

Asha nickte und kritzelte mit einem Stift auf ihrem iPad herum. »Okay, ist aufgeschrieben. Ich schicke später alle Vorschläge in die Gruppe, und dann stimmen wir einfach ab.«

»Savy, wenn du möchtest, kannst du auf mein Sitzkissen«, sagte Zara lächelnd und rutschte in einer fließenden Bewegung auf den Boden.

»Danke«, sagte ich und erwiderte ihr Lächeln müde. »Aber der Tag heute war lang. Ich glaube, ich lege mich kurz hin.«

»Sollen wir die Musik ausmachen?«

»Nein, schon gut«, log ich. Ich wollte ihnen wirklich keine Umstände machen oder noch langweiliger wirken, als ich es vielleicht ohnehin schon tat. Sie konnten überhaupt nichts dafür, aber in ihrer Gegenwart fühlte ich mich manchmal wie ein Loser. Ich hatte nicht wirklich etwas für Modedesign übrig und war nicht gerade bewandert, was Kunst und Jazzmusik anging. Mein Herz schlug für Musicals, Disney und verspielte, bunte Details. Nicht für seltene Pflanzen, Sneaker, Platten und Architektur. Ich war nicht elitär und auch nicht *Szene* genug. Ich war nicht so wie sie. Daran war nichts auszusetzen, und trotzdem sorgte es dafür, dass ich mich seltsam unwohl fühlte. Ich mochte sie alle so sehr, und sobald ich inmitten ihrer liebevollen eingeschweißten Truppe war, hatte ich das automatische Bedürfnis, dazuzugehören. Das wiederum sorgte jedoch dafür, dass ich mich ungenügend fühlte. Neidisch. Wie eine Außenseiterin.

Und das war ein grauenhaftes Gefühl.

»Wir sehen uns vielleicht später. Viel Spaß noch und bis dann«, sagte ich und rang mir ein letztes Lächeln ab, das hoffentlich fröhlich wirkte. Zum Abschied hob ich die Hand, was Julie, ihr Freund Noah und die Mädchen herzlich erwiderten und mich verabschiedeten.

Ich schloss die Zimmertür hinter mir, legte meinen Rucksack auf meinem Schreibtisch neben der schmalen Badezimmertür ab und ließ mich aufs Bett fallen. Ein erleichtertes Seufzen entfuhr mir, ich zog meine Brille ab und schloss die Augen. Mein Körper fühlte sich so schwer an, als sei er aus Zement gegossen. Am liebsten wollte ich in meinen vielen Kissen versinken – auch wenn es schon nicht mehr halb so viele waren wie gewöhnlich. Ich war so müde und gleichzeitig so aufgewühlt von der vergangenen ersten Woche. Es war ein großes Triumphgefühl, endlich ein paar Tage Pause zu haben. Besonders wegen des Mayflower Festival war ich aufgeregt. Ich sehnte mich nach Zuckerwatte und gerösteten Nüssen, nach Livemusik, Feuerwerk und der Geisterbahn. Selbst auf das Riesenrad freute ich mich, auch wenn ich vor ein paar Jahren am höchsten Punkt mal Mitchell angereiht hatte.

Vielleicht war es die Erschöpfung. Vielleicht war auch heute einfach kein guter Tag. Ein Tag von denen, an welchen mir alles schwerer fiel, alles mehr Energie benötigte und alles zäher und schmerzhafter war. Ich hätte es gerne ignoriert, aber allein die Tatsache, dass mir vor Erleichterung darüber, endlich allein zu sein, fast schon Tränen in die Augen schossen, sagte eigentlich schon genug aus. Mein Herz zog sich zusammen, als ich an Dr. Dreyer dachte. Vor einem Jahr noch war ich zum Ende der ersten Semesterwoche zu ihr gegangen. Wir hatten uns in dieser Zeit sogar wöchentlich gesehen, weil die Zeit nach Semesterferien und Schulferien nie einfach für mich gewesen war. Heute fehlte sie mir schmerzlich. Denn heute war einer der Tage, an denen ich normalerweise bei ihr gewesen wäre. Es fühlte sich so falsch an, so ungerecht und gemein. Ich wünschte, ich hätte genug Geld gehabt, um die Stunden bei ihr selbst zu bezahlen.

Ich schnappte mir mein Handy, entsperrte es und öffnete meine Liste.

Such dir einen Job.

Der Punkt war sogar einer meiner ersten gewesen. Vielleicht könnte es der nächste sein, den ich anging. Was hatte ich schon zu verlieren außer einer Absage? Ich hatte das Tattoostudio abhaken können, da sollte ein Job doch kein Problem sein.

Ich öffnete auf meinem Handy die Internetseite vom Kino der Fletcher Mall. Als ich auf »Karriere« klickte, hätte ich beinahe Schnappatmung bekommen.

Studentische Aushilfen gesucht.

»Ja!«, zischte ich leise und hielt ein Grinsen zurück. Sie suchten noch. Ich hatte schon immer davon geträumt, im Kino zu arbeiten, und das hier war meine Chance!

Gleich morgen würde ich mich bewerben. Ich würde einfach hingehen und es durchziehen. Würde meine Bewerbungsunterlagen mitnehmen und selbstbewusst auftreten. Viele der studentischen Aushilfen dort kannten mich. Immerhin kam ich fast wöchentlich ins Kino. Es war zwar nun schon über drei Wochen her, dass ich dort gewesen war, aber nach den letzten Jahren als Stammgast befand sich das Glück vielleicht noch immer auf meiner Seite! Ich hoffte es. So sehr.

Ich legte mein Handy auf dem Nachttisch ab, wo auch meine Brille lag, schaltete den kleinen Ventilator ein und schloss die Augen. Ich würde einfach ein wenig schlafen. Es war immerhin schon nach fünf. Vielleicht sogar schon halb sechs. Wenn ich Glück hatte, würde ich einfach bis morgen früh durchschlafen. Dann würde ich mich um die Bewerbung kümmern.

Erschöpft sank ich tiefer mit dem Kopf in die bedruckten Zierkissen und ließ mich von der ermattenden Dunkelheit verschlucken.

Es klingelte. Erst wusste ich nicht, wieso mein Wohnheimzimmer plötzlich einen Balkon hatte, der die Aussicht auf unseren Campingplatz am Farn Lake besaß. Und warum um alles in der Welt Viola Davis mit mir ein Puzzle machte, aus welchem ständig kleine Marienkäfer krabbelten. Da klingelte es wieder. Ich hob die wiehernde Katze mit den Hörnern von meinem Schoß. Seltsam, wieso war ich auf einmal nackt? Und was war das für ein Geräusch …?

Das nächste Klingeln ließ mich die Augen aufreißen.

Ich lag in meinem Bett. Die Katze, das Puzzle, die Marienkäfer und Viola Davis waren nirgendwo zu sehen, aber noch immer so präsent, als wäre der Augenblick real gewesen.

Erschrocken setzte ich mich auf, als meinem schlaftrunkenen Hirn dämmerte, dass es mein Handy war, welches da lärmte. Müde und blind griff ich danach, hob ab und hielt es mir ans Ohr.

»Mom?«

Doch als nicht die Stimme meiner Mutter erklang, sondern ein tiefes, vertrautes Lachen, war ich mit einem Mal hellwach.

»Nicht ganz«, sagte Maxx mit belustigter, unwiderstehlicher Stimme.

Mein Herz stolperte gefährlich in meiner Brust und schlug anschließend aufgeregter und schneller weiter. Hastig setzte ich meine Brille auf. »Hi!«, stieß ich hervor. »T-tut mir leid, ich habe ein wenig gedöst.«

»Oh. Habe ich dich geweckt?«

»Schon gut, ich glaube, ich sollte allmählich sowieso mal aufstehen.« Ich lachte nervös auf. Ich war noch immer matschig, mein Hirn in Watte und Schlaf gepackt, und ich fühlte mich irgendwie ertappt, als hätte er mich bei etwas Verbotenerem erwischt als das.

Ich riss mir das Handy vom Ohr, bis der kleine Bildschirm wieder aufleuchtete und ich die Uhrzeit sehen konnte. Halb neun! Ich hatte mindestens drei Stunden geschlafen!

»Tut mir leid, dass ich dich einfach so mit einem Anruf überfalle, aber ich dachte, dass ich dich vielleicht besser erwische, wenn ich einfach anrufe. Ist das in Ordnung?«

»Total in Ordnung!«, erwiderte ich, was sich hoffentlich nicht so lächerlich anhörte, wie es in meinen Ohren klang. Es war schön, endlich wieder seine Stimme zu hören.

»Okay, cool«, sagte er, und ich hörte das Lächeln aus seiner Stimme heraus. »Ich wollte dich fragen, ob du heute schon etwas vorhast. Ich würde dich gerne sehen.«

Ich würde dich gerne sehen. Die Worte hallten immer und immer wieder in meinem Kopf nach und sorgten dafür, dass ich beinahe lauthals gekichert hätte. Himmel noch mal, ich musste mich unbedingt zusammenreißen! Ich wollte ihn auch wiedersehen. Mehr als alles andere. Auch wenn der Tag anstrengend gewesen war – bei Maxx hatte ich nie das Gefühl, Energie einzubüßen. Ganz im Gegenteil.

»Heute Abend«, wiederholte ich also und räusperte mich, um nicht länger so schläfrig zu klingen. »Heute Abend klingt gut. Ich habe noch nichts vor.«

»Cool«, sagte er erneut. Ich hörte ihn auflachen. »Vielleicht können wir wieder unser Ding machen.«

»Unser Ding«, wiederholte ich leise und biss mir auf die Lippe.

»Wir könnten ein paar Punkte von unseren Listen streichen, wenn du Lust hast«, erklärte er überflüssigerweise. Als könnte mir jemals entfallen, was unser Ding war.

Ich war kurz davor, vorzuschlagen, ins Kino zu gehen, wegen meiner Bewerbung, dann fiel mir jedoch wieder ein, dass es bereits halb neun war. Draußen war es zwar noch hell, aber es dämmerte bereits. Und wer brachte um diese Uhrzeit an einem Freitag auch schon eine Bewerbung ins Kino? Vermutlich war es gerade rappelvoll, und alle Angestellten hatten Unmengen zu tun, wegen all der Besucher.

»Wir könnten ja mit deiner Liste anfangen«, schlug ich ausweichend vor. Vor allem auch weil ich nicht wusste, was von meiner Liste allzu schnell auf die Beine zu stellen war. »Wir, äh, könnten in den Käfig gehen. Das steht doch auf deiner Liste, wenn ich mich richtig erinnere«, sagte ich. Nicht dass mir sonderlich danach war, erneut unter Menschen zu gehen, wo ich die gesamte Woche bereits unter ihnen gewesen war. Ich wollte mehr Ruhe. Aber ich wollte auch Maxx sehen. Und ihn nicht nur sehen, sondern ihm mit seiner Liste helfen. Irgendwo hinzugehen war immer ein Aufwand. Aber er war am Montag erst mit mir ins Tattoostudio gekommen. Es war nur fair, wenn ich ihn nun zum Käfig begleitete. Er wollte ihn sich schließlich nur ansehen und nicht die ganze Nacht feiern. Und selbst wenn, stünde es mir doch jederzeit frei, zu gehen, oder nicht? Ich war nicht gezwungen, zu bleiben.

»Der Käfig«, wiederholte Maxx mit seltsamer Stimme. Er schwieg einen langen Moment. »Savannah, bist du dir sicher? Also, dass du dort wirklich hinwillst? Ich weiß nicht, ob das so eine gute Idee ist. Vielleicht sollte ich das allein machen.«

»Schon okay«, sagte ich mit einer wegwerfenden Handbewegung – die er natürlich nicht sehen konnte. »Ich war letztes Jahr schon mal dort, mit Ella und Summer.«

»Warte, *du* warst im Käfig?«

Verwirrt runzelte ich die Stirn. Der Club war nicht ganz unser Fall gewesen, aber wir hatten zu dritt trotzdem Spaß gehabt – zumindest bis irgendein Arsch Ella etwas ins Getränk getan hatte. »Ja«, sagte ich langsam. »Findest du das so überraschend?«

Wieder schwieg er. »Und du verarschst mich auch nicht?«

»Wieso sollte ich das tun?«

Ich fragte mich, wieso Maxx so erschrocken war. Immerhin war der Käfig nur ein winzig kleiner Club auf einem verlassenen Fabrikgelände im Osten von Fletcher.

»Okay«, sagte Maxx langsam. »Gott, das ist total irre. Aber tun wir's. Treffen wir uns dort? In einer halben Stunde?«

»Klingt gut. Ich schicke dir gleich den Standort.«

Wieder erklang Wärme in seiner Stimme, die mir bis in die Brust sickerte. »Okay, dann bis gleich, Savannah. Ich freue mich schon auf dich.«

Das Lächeln auf meinen Lippen war alles andere als erschöpft, als wir auflegten. Aufregung erfüllte mich. Meine Laune war mit einem Mal gehoben. Wie von der Tarantel gestochen stand ich auf und blickte mich im dämmrigen Zimmer um.

Dann riss ich auch schon meinen Kleiderschrank auf und wühlte mich durch meine Klamotten.

KAPITEL 38

MAXX

Der Käfig war alles andere als das, was ich erwartet hatte. Ich hatte ihn mir auffälliger vorgestellt und nicht so unscheinbar, dass es möglich war, sage und schreibe vier Mal dran vorbeizulaufen. Von außen war nicht mehr zu sehen als ein riesiges, verlassenes Fabrikgelände. Der Eingang war nichts weiter als ein Loch in einem rostigen Zaun.

Ich versuchte wirklich, mir vorzustellen, wie Chester und Creed hier Jahre lang täglich ein und aus gegangen waren. Ich versuchte, mir auszumalen, wie mein Bruder diese abgefahrenen illegalen Nahkämpfe durchzog, auf die alle möglichen schäbigen Leute wetteten.

Ich beobachtete die Menschen, die durch das Loch im Zaun auf das Gelände traten und zielstrebig auf einen rostigen Container zusteuerten, welcher beleuchtet war. Ich versuchte, mir vorzustellen, wie Chester von den Kämpfen diese Narben auf dem Oberkörper davongetragen hatte. Wie er kampfunfähig seine Verletzungen verheilen lassen musste, während Creed die Kämpfe für ihn übernahm.

Wie um alles in der Welt hatte Sav am Telefon so entspannt klingen können? Sie war also mit Ella und Summer hier gewesen. Ob Ches sie damals mitgenommen hatte? Nein, das sah ihm doch gar nicht ähnlich. Wieso hätte er Ella einer solchen Gefahr aussetzen sollen? Vielleicht waren sie von selbst hergekommen. Vielleicht hatte Ella wissen wollen, womit sie es bei Ches zu tun hatte, und hatte ihre Freundinnen als Unterstützung mitgebracht. Ich wusste es nicht. Aber die Tatsache, dass es Savannah offenbar nicht viel ausmachte, dass sie so entspannt vom Käfig hatte sprechen können, beruhigte mich ein wenig. Wenn sie es weggesteckt hatte, vielleicht würde es mir dann auch gelingen. Sie schien ihrer Umwelt gegenüber recht sensibel zu sein. Hätten die Kämpfe sie verstört, hätte sie doch nie von sich aus angeboten, mit mir zum Käfig zu kommen.

Mir war schwindelig, und mir wurde ziemlich schlecht, je länger ich hier stand und all diese Vorstellungen zuließ, die ich seit dem Abend in der Bar in Topsham sehr erfolgreich verdrängt hatte. Ich hatte das Gefühl zu ersticken. Und dabei hatte ich den Käfig bisher weder betreten noch irgendetwas gesichtet, was auch nur ansatzweise auf diese Kämpfe hindeuten konnte.

Wie gerne ich jetzt eine geraucht hätte. Ich war so nervös. Die Angst sorgte für kühlen Schweiß auf meinen Handflächen, weshalb ich mir immer wieder über die Jeanshose wischte.

Endlich entdeckte ich Savannahs silberfarbenes Auto. Sie fuhr langsam am Eingang des Käfigs vorbei und bog in eine Seitenstraße ab. Die Erleichterung darüber, sie zu sehen, ließ mich aufatmen. Ich musste mich zurückhalten, dem Auto nicht geradewegs hinterherzujoggen, um sie sofort in die Arme zu schließen. Ich wollte einfach nur so schnell wie möglich bei ihr sein. Doch ich tat es nicht. Ich fühlte mich schon schlecht genug, dass ich sie mit meinem Anruf überfallen hatte.

Dann endlich spazierte sie um die Ecke – und mir klappte geradewegs die Kinnlade herunter. Sie sah umwerfend aus. Savannah trug ein apricotfarbenes Kleid mit hauchdünnen Trägern, einem weiten, luftigen Rock und floralem Muster. Außerdem trug sie keine Brille, hatte sich einen rosigen Ton, sowohl auf die Lippen wie auch auf die Wange, aufgetragen und trug ihr hübsches hellbraunes Haar offen. Sie lächelte strahlend, als sie näher kam.

Dicht voreinander blieben wir stehen. Jede Faser in mir sehnte sich brennend vor Sehnsucht danach, sie endlich wieder in meine Arme zu schließen. Doch ich hatte mir selbst ein Versprechen gegeben. Ich würde mir erst dann wieder erlauben, sie zu berühren, sie zu küssen, wenn ich ihr die Wahrheit gesagt hatte. Vorausgesetzt sie wollte mich dann noch immer.

Ich konnte sehen, wie auch sie hin- und hergerissen war. Denn auch sie machte den Anschein, als wüsste sie nicht ganz genau, wie wir uns begrüßen sollten. Doch als sie bemerkte, dass ich mich nicht rührte, rührte sie sich ebenfalls nicht und bekam unter dem rosigen Rouge eine tiefe Röte auf den Wangen.

»Hi«, sagte sie leise und lächelte mich schüchtern an.

Es zerriss mir beinahe das Herz, und am liebsten hätte ich meine Arme fest um sie geschlungen. Ich fühlte mich aus irgendeinem Grund wie ein Arschloch. Doch ich versuchte, es mir nicht anmerken zu lassen. Auch versuchte ich, mir nicht anmerken zu lassen, wie flau mir im Magen war, weil wir überhaupt erst hier waren. Deshalb setzte ich die Maske auf, die ich mir im Knast so mühevoll antrainiert hatte, und schenkte ihr ein entspanntes, fröhliches Lächeln. »Selber hi. Wollen wir los?«

Sie nickte und schlang die Arme um sich.

Ich versuchte, alles gleichzeitig wahrzunehmen, als wir gemeinsam zum Loch im Zaun liefen. Mein Blick war wachsam. Ein Flugzeug zog über den dämmrigen lilablauen Himmel. Eine halbe Mondsichel und die ersten vereinzelten Sterne waren zu sehen. Da waren wellige und rissige Plakate am rostigen Zaun, welcher das alte Fabrikgelände umschloss. Viel roter Backstein, welcher bei den Fabrikbauten verbaut wurde. Müll. Graffitis. Mit Holzbrettern zugenagelte Fenster. Menschen, die mit uns zum beleuchteten kleinen Wagen liefen. Es sah aus wie ein Foodtruck, aber offenbar diente es als Kassenhäuschen. Je näher wir kamen, desto besser konnte ich sehen, dass die Leute Geld an eine stark tätowierte Frau hinter dem Tresen reichten und im Gegenzug einen Stempel auf dem Handrücken erhielten.

Mittlerweile rauschte mir das Blut in den Ohren. Ich öffnete und schloss die Hände, immer wieder. Sie waren eiskalt und fühlten sich steif an. *Komm schon. Du kannst das. Ches und Creed mussten es jahrelang schaffen.*

»Maxx?«

Ich zuckte bei dem Klang von Savannahs Stimme zusammen. Wir standen in der Schlange zum Kassenhäuschen, und sie hob den Kopf an, um mich besorgt anzusehen. »Ist alles in Ordnung? Du bist ganz schön blass geworden. Ist dir schlecht?«

Wieder rang ich mir ein Lächeln ab. »Mir geht's gut, ich …« Meine Stimme versagte.

Du verdammtes Arschloch. Lüg sie ja nicht an. Der neue Maxx lügt nicht!

Statt weiterzureden, lachte ich heiser auf. »Und du bist wirklich schon einmal hier gewesen? Hat es dir nichts ausgemacht?«

Nachdenklich legte sie den Kopf schief, dann nickte sie zögernd. Ich beobachtete, wie sie sich aus Gewohnheit die Brille höher auf die Nase schieben wollte, bis ihr wohl selbst auffiel, dass sie heute Abend keine trug. »Wieso hätte es mir etwas ausmachen sollen?«, fragte sie und lächelte vorsichtig. »Der Käfig ist doch nur ein kleiner Club. Ein Szeneschuppen. Die Musik ist nicht gerade mein Geschmack. Ella und Summer waren auch nicht wirklich Fans, aber es war okay. Auch wenn Ella viel durchmachen musste, wegen diesem einen Kerl. Aber dafür kann ja der Club nichts.«

Mein Herz blieb einen Moment stehen. Ich musste an die vielen Schlösser an Ellas Wohnungstür denken. An ihr mehrfaches zwanghaftes Überprüfen, ob sie auch wirklich abgeschlossen hatte, wenn sie die Wohnung verließ. Oder wie sie immer wieder über die Schulter blickte, wann immer wir gemeinsam zu ihrem Auto liefen, fast so als erwartete sie, dass etwas Bestimmtes jeden Moment passieren müsste. Ich konnte sehen, dass es ihr nicht gut ging. Was auch immer letztes Jahr geschehen war, es hatte so deutliche Spuren an ihr hinterlassen, dass diese nicht zu übersehen waren. Und ich hatte es noch nicht gewagt, nach den Details zu fragen.

Mir war elend zumute. Verflucht noch mal, das alles war meine beschissene Schuld. Wenn ich nicht gewesen wäre …

Savannahs Stimme hielt mich davon ab, den Gedanken weiterzuführen. »Hat Ches dir nicht erzählt, wie er und Ella sich kennengelernt haben?«

»Nur … nur grob«, gab ich zu. Und es war nicht einmal gelogen. Es zerriss mich beinahe, die nächste Frage zu stellen. Ich wusste gar nicht, ob ich sie wirklich stellen sollte. Ob es mein Recht war.

»Savannah, was ist damals passiert, als ihr hier im Club gewesen seid?«

Sav wirkte bedrückt und senkte den Blick. »Na ja. So ein schmieriger Typ hat El etwas in den Drink getan. Ches und Creed haben uns da rausgeboxt, aber der Kerl hat sich zu so was wie einem Stalker entwickelt und ist sogar bei Ella eingebrochen. Ein paar Wochen später gab es noch mal einen Zwischenfall, und Ella war sogar im Krankenhaus … Es war wirklich schlimm. El hat mir nie erzählt, was genau vorgefallen ist. Es muss sie aber traumatisiert haben. Sie hat sich nach dieser Sache verändert. Ich weiß nicht, was genau damals passiert ist, es ist ein *Cookie*-Thema. Aber sowohl Ella wie auch Ches sind beide in Therapie – übrigens auch bei Dr. Dreyer. Ich hoffe so sehr, dass es nicht *das* ist, was ich denke. Ella hat zwar geschworen, dass es nicht so ist, aber sie hat ganz furchtbare Narben davongetragen.«

Ich konnte mich nicht rühren. Mir war so elend zumute, dass sich mein Magen zusammenkrampfte. Ich hatte nie irgendwelche Narben bei Ella entdeckt. Allerdings hatte ich mir ihren Körper auch nicht zu ausschweifend angesehen, immerhin war sie die Freundin meines Bruders und meine Gastgeberin. Vom Zwischenfall im Käfig wusste ich, zumindest dass es einen gegeben hatte. Ich wusste auch vom Einbruch, wegen der vielen Schlösser. Ich hatte allerdings keine Ahnung davon gehabt, dass Ella sogar im Krankenhaus gewesen war.

Fuck, fuck, fuck.

Wir traten in der Schlange nach vorne. Ich konnte nicht sprechen. Wagte es nicht, zu sprechen. Meine Zunge war bleischwer, und mein Kopf war brechend voll und leer zugleich.

Was auch immer Savannah in mein Schweigen hineininterpretierte, sie fragte nicht und hakte auch nicht nach.

Endlich waren wir beim Kassenhäuschen an der Reihe. Dort saß eine Frau mit beeindruckenden Tattoos, die beinahe jeden Zentimeter ihrer Haut bedeckten. Ich wollte gerade nach den Preisen fragen, als ich eine Bewegung im Augenwinkel ausmachte. An der Schlange vorbei, hinter dem Wagen entlang und in Richtung Straße, lief ein Mann. Er wurde von einem anderen gestützt, der sich einen seiner Arme um die Schultern geworfen hatte, und er … humpelte.

Zwei Herzschläge. Dann rutschte es mir in die Hose. Mir wurde eiskalt. Dann heiß. Dann wieder kalt.

»Zwölf Dollar«, sagte die tätowierte Frau im Wagen, doch ich beachtete sie gar nicht. Mit starrem Blick beobachtete ich die beiden Männer. Vielleicht bildete ich es mir nur ein, doch ich glaubte, kleine dunkle Flecken auf dem Boden zu sehen, die sie hinterließen. Die der Verletzte hinterließ.

»Tut ... Tut mir leid«, murmelte ich, ohne den Blick von den Männern zu lösen, und setzte mich in Bewegung. Ich lief ihnen hinterher, in Richtung Zaun. Ich war wie ferngesteuert.

»Maxx?«

Schnelle Schritte erklangen, ehe Savannah neben mir herlief. »Was ist los? Was ist passiert?«

»Ich muss ... etwas überprüfen«, sagte ich mit roboterhafter Stimme. Dann beschleunigte ich meine Schritte. »Hey! Entschuldigt!«, rief ich den beiden Männern hinterher. Sie blieben stehen. Der unverletzte Kerl, der den anderen stützte, warf einen Blick über die Schulter, der nicht gerade freundlich wirkte.

Als ich sie schließlich erreichte und vor sie trat, hörte mein Herz einfach auf zu schlagen.

»*Fuck*«, entwich es mir, und ich starrte den Verletzten an. Sein langes Haar war zerzaust, ebenso wie sein ergrauter Bart.

Und überall auf seinem geschwollenen, malträtierten Gesicht war Blut.

Savannah erreichte mich erneut und stieß einen hohen, erschrockenen Laut aus. Sie schlug sich bei dem Anblick des verprügelten Gesichts die Hände vor den Mund.

»Was glotzt ihr so?«, blaffte der unverletzte Mann und funkelte erst mich und dann Savannah wütend an.

»Tut ... mir leid«, stieß ich hervor, nicht ganz sicher, wofür ich mich eigentlich entschuldigte.

»Krankenwagen«, stieß Savannah hervor. »G-geht es Ihnen gut? Sollen wir ...«

»Nein«, grollte der Mann wütend. »Verzieht euch!« Er zog seinen Kumpan weiter, der ein Stöhnen ausstieß. Er wirkte teilnahmslos, als sein Begleiter ihn weiterzog, in Richtung des Lochs im Zaun. Doch in meinen Augen waren die beiden nicht länger Fremde. In meinen Augen verwandelten sie sich geradewegs in Chester und Creed. Creed, der seinen besten Freund stützte, der kaum noch laufen konnte, weil er so brutal zusammengeschlagen worden war.

Alles drehte sich.

Ich konnte nicht einmal mehr blinzeln, als ich ihnen hinterherstarrte. Ich rührte mich nicht, war wie zur Salzsäule erstarrt, während das Pulsieren meines Herzschlages immer lauter wurde.

»Meine Güte!«, sagte Savannah panisch. »E-er sieht schlimm aus! Wieso wollen sie nicht, dass wir Hilfe rufen? Glaubst du, sie fahren selbst ins Krankenhaus? Wie schrecklich, hier muss es eine Schlägerei gegeben haben!«

»Schlägerei«, wiederholte ich mit hohler Stimme. Ich schaffte es kaum, einen Zusammenhang aus ihren Worten herzustellen. Doch dann …

Dann fiel der Groschen. Mehr noch, er traf mich geradewegs wie ein eiserner Schlag, mitten auf den Schädel.

Ein entsetztes Lachen entfuhr mir. Sie hatte keine Ahnung. Savannah hatte keine Ahnung, was den Käfig anging. Natürlich nicht. Sonst hätte sie nie im Leben so entspannt reagiert oder vorgeschlagen, mit mir herzukommen. Ich hätte doch bloß Ella oder Ches fragen müssen, und sie hätten es mir sagen können!

Savannah wusste überhaupt nichts von den Kämpfen.

Und ich hatte sie hierhergebracht.

An den vermutlich schlimmsten Ort in der ganzen verdammten Stadt.

Die Bestürzung darüber traf mich beinahe noch härter als der Anblick der Kerle, die in meinen Augen noch immer aussahen wie Ches und Creed.

Was zum Teufel machte ich hier? Wieso war ich ausgerechnet mit Savannah an diesen Ort gekommen? Selbst wenn sie schon einmal hier gewesen war, ob im Club oder bei den tatsächlichen Kämpfen, wie hatte ich nicht nachdenken können? Wieso war ich so ein Mistkerl?

Saure Panik wallte in mir auf. Ich setzte mich in Bewegung, doch es war mehr ein Taumeln als Laufen. »Gehen … Gehen wir«, stieß ich hervor.

»Maxx! Was ist los? Was hast du?«

Ich spürte, dass Savannah meine Hand ergriff. Meine Brust war so eng, dass ich das Gefühl hatte, keine Luft mehr zu bekommen.

Wir liefen weg von der Schlange, liefen in Richtung Straße, weg vom Käfig, weg von diesem hässlichen Ort voller Gewalt. Wir gehörten nicht hierher, weder Savannah Moore noch der neue Maxx Williams. Es war zu düster und zu illegal, und ich hätte das hier niemals auch nur auf meine Liste setzen sollen.

»Maxx.« Savannah stellte sich vor mich, was mich ebenfalls dazu zwang, stehen zu bleiben. Erst jetzt bemerkte ich, dass wir den Zaun bereits erreicht hatten. Sie ergriff auch meine andere Hand und drückte sie fest. Im schwindenden blauen Zwielicht sah ich das Flehen und die Angst auf ihrem Gesicht. »Atme langsamer. Tief durchatmen.«

»Sie waren hier«, ächzte ich atemlos. Ich wollte ihren Blick erwidern, doch in meiner dröhnenden, schwankenden Welt kam es mir eher so vor, als würde ich geradewegs durch sie hindurchblicken.

»Wer war hier?«, fragte sie sanft.

»Ches. Creed.«

»Aber wieso sollte das ...«

Ihre Worte drangen kaum noch zu mir durch, und ein altbekanntes, erstickendes Gefühl erfasste mich. Ganz offensichtlich hatte ich das, was ich meinem Bruder angetan hatte, nicht einmal halb so gut weggesteckt, wie ich geglaubt hatte.

Als ich diesmal erneut in das angsterfüllte schöne Gesicht vor mir blickte, auf das Mädchen, das noch immer sanft meine Hände hielt, wusste ich, dass ich ihr die Wahrheit sagen musste. *Jetzt.* Ich musste Savannah sagen, was ich ihr die letzten Wochen verschwiegen hatte.

Dass es hinter meinen Augen zu brennen begann, machte die Angelegenheit nicht gerade einfacher.

Ich zwang mich, tief durchzuatmen, so wie Savannah es mir immer wieder sagte. Mein schneller Atem musste wohl auch der Grund dafür sein, weshalb mir so schwindelig war und weshalb ich weiße kleine Punkte vor mir tanzen sah.

Ich entzog ihr meine Hände, hielt es kaum aus, sie zu berühren, und begann hin und her zu tigern. »Es ist meine Schuld«, keuchte ich und fuhr mir mit beiden Händen über den Kopf, über das Gesicht und über den Nacken. »Er hat hier gekämpft. Der Club ist nicht der richtige Käfig, Sav. Hier passiert total die abgefuckte Scheiße, ohne dass es der Rest der Stadt mitbekommt. Irgendwelche miesen Typen wetten auf Leute, die sich grün und blau schlagen, und behandeln sie wie Tiere. Und ... I-ich ... *Fuck.*« Ich blieb stehen. Mein Hals schnürte sich so sehr zusammen, dass ich schwer schlucken musste, aber auch das brachte nichts. »Ches und Creed waren meinetwegen hier, wegen mir haben sie diese ganze Scheiße jahrelang mitgemacht, weil ich sie ... *fuck,* alles ist meine gottverdammte Schuld!«

Keuchend kniff ich die Augen zusammen. Mein Magen war steinhart, mein Blut kochend heiß. Wie eine Horde Ameisen jagte mir dieses unerträgliche Gefühl von blanker Beunruhigung über den ganzen Körper.

Savannah sagte nichts, und das jagte mir eine so große Angst ein, dass ich am liebsten auf die Knie gesunken wäre. Sie stand einfach nur mit blanker Miene vor mir.

»Was ...«, hauchte sie und blinzelte mich an. »Was meinst du? Von was sprichst du?«

Ich wusste nichts zu erwidern. Es fehlte mir die Kraft, um meine Worte zu wiederholen, um erneut zu sagen, was ich Chester und Creed angetan hatte. Stattdessen biss ich schmerzlich fest die Zähne zusammen und gab ihr Zeit, während ich noch immer krampfhaft damit beschäftigt war, zu Atem zu kommen und die Panik zu unterdrücken. Ich versuchte, mir jegliche Schutzmechanismen ins Gedächtnis zu rufen, die ich mir während meiner Zeit im Maine State Prison antrainiert hatte. *Eiserne Maske. Eine undurchdringliche, steinharte Mauer. Niemand soll sehen, wie verdammt schwach ich bin.*

Savannah soll es nicht sehen.

Ihr Blick glitt an mir vorbei, ganz sicher, um das Gelände des Käfigs anzustarren. Sie wurde unruhiger. Wieder sah sie mich an und klemmte sich nervös die Haare hinter die Ohren. »Kämpfe?«, flüsterte sie. »So was gibt es im echten Leben? Hier, in Fletcher?«

Ich konnte nicht mehr als nicken. »Creed ... Creed ist nur eingesprungen, wenn Ches kaum noch laufen konnte.« Ein hohles Lachen entfuhr mir. Diese Dinge hatte ich all die letzten Monate gewusst, doch nun, wo ich tatsächlich hier war, unmittelbar an dem Ort, an dem die Scheiße passiert war, fühlte es sich an, als hätte ich eine rohe, nässende Wunde in der Brust, und jedes meiner Worte, all die Worte, die ich doch schon längst kannte, brannten nun darin wie Salzsäure. Es war vielleicht sogar noch schlimmer als in der Bar in Topsham, als Ches und Creed mir mehr vom Käfig erzählt hatten. Denn Worte zu hören und etwas mit eigenen Augen zu sehen ... *fuck,* das war ein riesiger Unterschied. Besonders weil es mir in diesem Fall einmal mehr bewusst machte ... dass die Jungs in den letzten Jahren eine viel größere Hölle hatten durchmachen müssen als ich im Knast. Erst nachdem ich den Kerl gesehen hatte, so geschwollen, blutig und zusammengeschlagen, war das volle Ausmaß gänzlich zu mir durchgedrungen. Erst in diesem Moment war es mir unwiderruflich ins Bewusstsein gedrungen, weil ich in Fleisch und Blut vor mir gesehen hatte, was ich getan hatte.

Savannah schlang die Arme um sich. »A-aber Ella hat nie auch nur ein Wort gesagt! Es ist schon fast ein Jahr her, dass sie Ches kennengelernt hat, und wir sind sogar hier im Club gewesen, und sie hat nicht ein Wort darüber verloren, obwohl wir beste Freundinnen sind. Wieso hat niemand irgendwas gesagt? Wer weiß noch davon?«

Ich zuckte mit den Schultern. Denn ihre Worte lösten die nächste Welle an Schuldgefühlen in mir aus. Was hatte ich jetzt wieder getan? Ich hatte kein Recht gehabt, ihr etwas darüber zu sagen. Ich hätte die Klappe halten sollen, verdammt. Aber andererseits ... musste sie doch wissen, was ich getan hatte. Was ich verschuldet hatte. Wessen Leben ich so in Mitleidenschaft gezogen, welche ich nahezu zerstört hatte.

»Ich ... Ich bin mir sicher, dass das nicht in böser Absicht geschehen ist. Es war ...« Ich lachte trocken auf. »Es war einfach ein kranker Mist, und je weniger Leuten man davon erzählt, desto besser kann man es hinter sich lassen und so tun, als sei nichts davon jemals geschehen.« Noch während ich die Worte sprach, wurde mir klar, dass ich nicht nur unbedingt vom Käfig sprach. Ich sprach von mir. Es fühlte sich an, als würden meine Schutzmauern, die ich so lange, so eisern gehalten hatte, nun wie ein Kartenhaus zusammenbrechen.

Meine Augen brannten erneut, was ich jedoch hastig und erschrocken fortblinzelte. Ich wollte fliehen. Vor mir selbst, vor ihrem Urteil, vor den kochenden Gefühlen in meiner Brust und diesem Ort. Ich brauchte eine verdammte Zigarette und Alkohol. Ich wollte einfach nur die Welt für eine Weile ausknipsen, weil es sich so grässlich, so brennend anfühlte, in diesem Augenblick einfach nur zu sein.

Langsam trat Savannah zu mir. Ich erwartete, Ablehnung auf ihrem Gesicht zu sehen. Groll. Betrübnis. Doch sie überraschte mich, wie so oft, denn da war nur Mitgefühl in ihren Augen. Erneut ergriff sie meine Hände, und ich wagte es nicht, mich ihr erneut zu entziehen. »*Cookie*«, sagte sie leise. »Komm mit. Lass uns woanders reden.«

Ich brachte nicht mehr als ein Nicken zustande, ehe ich ihr auch schon hinterherstolperte, während wir zu ihrem Auto liefen.

Ich war wie betäubt, als wir es erreichten und ich mit steifen Fingern die Tür der Beifahrerseite öffnete. Zwei Mal fuhr ich zusammen, einmal als Sav die Fahrertür schloss, nachdem sie sich gesetzt hatte, und dann noch mal, als ich selbst die Tür schloss. Die Stille im Wageninneren war drückend. Es roch nach süßer, chemischer Erdbeere, was wohl vom kleinen Anhänger stammen musste, der vom Rückspiegel baumelte.

Ich atmete tief durch die Nase ein, hielt den Atem kurz an und stieß ihn dann leise und langsam aus.

»Tut mir leid, dass du das gerade miterleben musstest«, flüsterte ich, ohne sie anzusehen. Ich sah starr geradeaus durch die Windschutzscheibe. Die Straßenlaternen waren mittlerweile angesprungen und tauchten die Straße mit dem aufgesprungenen Asphalt in warmes Licht. Dutzende Motten und kleine andere fliegende Insekten schwirrten um die Laternen.

Allmählich beruhigte sich mein Herzschlag. Jedoch nicht weil ich mich besser fühlte, sondern weil mir schlichtweg so schwer ums Herz wurde, dass es kaum eine andere Chance hatte, als sich von der Enge und der Zähigkeit verlangsamen zu lassen. Ein erstickter Laut entfuhr mir. »Ich sagte ja, dass ich in der Vergangenheit viel Scheiße durchgemacht habe, ich …«

»Ist schon gut«, sagte Savannah. »Maxx, du bist mir nichts schuldig, und du bist es mir auch nicht schuldig, mir Dinge zu erzählen, über die du nicht sprechen willst.«

Ein Schnauben entfuhr mir, was beinahe wie ein Lachen klang. Wieder schwiegen wir. Ich versuchte, aus ihren Worten schlau zu werden. *Du bist es mir nicht schuldig, mir Dinge zu erzählen, über die du nicht sprechen willst.* Ihre Worte klangen viel zu ... gut. Sie war zu gut für mich. Und wenn sie wüsste, was ich getan hatte, würde sie es vermutlich ähnlich sehen. Doch da war eine leise, schwache Stimme in meinem Hinterkopf. Was, wenn sie recht hatte? Wenn ich es ihr nicht schuldig war? Was dann? Und wenn alles gut werden würde, sollte ich es ihr erzählen? Wenn mein Leben nicht erneut in Flammen aufging, sondern ich trotz meiner Vergangenheit irgendwie die Kurve kriegte?

Es war zu schmerzhaft, diese Hoffnung zuzulassen. Und dabei wurde mir auch erst bewusst, dass ich mir selbst etwas vorgemacht hatte. Ich hatte wirklich geglaubt, dass ich den alten Maxx hinter mir gelassen hatte, doch je mehr ich versuchte, tatsächlich mit den Dingen abzuschließen, je mehr Regeln und Verbote ich mir aufsetzte und je krampfhafter ich versuchte, alles richtig zu machen, desto klarer wurde mir ... dass ich noch lange nicht abgeschlossen hatte. Dass ich noch nicht der neue Maxx war, der ich unbedingt sein wollte. Ich war vielleicht auf dem Weg dorthin, aber ich war noch nicht dort. Noch lange nicht.

Diese Erkenntnis war nicht gerade heilsam. Sie war eher wie ein Schlag in den Magen, denn mir war in den letzten Wochen nicht bewusst gewesen, dass ich mir etwas vormachte.

Ich drehte den Kopf zur Seite und schenkte Savannah ein trauriges Lächeln. Verflucht, ich war vor ihr vollkommen durchgedreht. Sie hatte es mit angesehen. »Tut mir leid«, flüsterte ich erneut. Ich zwang mich, meine Hände zu entspannen. Gelenk für Gelenk. Darauf konzentrierte ich mich, bis ich tief durchatmen konnte. »Das war vermutlich das grauenhafteste und kürzeste Date, auf dem du je gewesen bist, was?«, fragte ich leise und lachte kurz auf.

»Date?« Sie sah mich mit großen Augen an, und trotz der Dunkelheit sah ich im warmen Licht der Straßenlaterne, wie rot ihr Gesicht wurde.

Oh, verdammt.

Ich fühlte mich so ertappt, dass mir geradewegs ein heißer Schauer über den Nacken den Rücken hinunterkroch. Ich konnte nicht anders und lächelte sie schief an.

Zu meiner absoluten Verblüffung erwiderte sie es – und es verknotete mir den Hals. »Mir war sowieso nicht danach, unter Menschen zu gehen. Der Abend ist noch jung. Wir … na ja, wir könnten auch woanders hingehen. Es gibt viel schönere Orte in Fletcher als den Käfig und das öde Industriegebiet.«

»Was schwebt dir vor?«, fragte ich heiser. Ich konnte nicht anders, als erleichtert aufzuatmen. Wie schaffte sie es nur, mir dermaßen den Wind aus den Segeln zu nehmen?

Vorsichtig strich ich mit dem Daumen über ihren Handrücken. Mit einem Mal wollte ich nichts anderes, als unsere Finger zu verschränken, sie an mich zu ziehen und einfach nur zu halten. Das plötzliche Verlangen nach ihrer Nähe war so stark, dass es mich regelrecht umhaute.

»Wir könnten zum Campus fahren und Pizza bestellen«, schlug sie vor. Verlegen lächelte sie und strich sich eine Haarsträhne hinter das Ohr. »Eigentlich hatte ich vorgehabt, das Wohnheim heute nicht mehr zu verlassen, bis du angerufen hast. Wir könnten ja einen Film schauen und einfach nur ein wenig reden.«

Ich atmete auf. »Danke, Savannah. Das meine ich ernst.«

Sie entzog mir ihre Hand und startete den Motor. »Die Pizza geht auf mich. Wenn du möchtest, können wir über das reden, was letztes Jahr mit dem Käfig war, aber wenn du dafür nicht bereit bist, musst du es nicht. Wirklich nicht. Ich will nur … Dass du weißt, dass du mit mir über alles reden kannst. Ich höre dir zu. Egal um was es geht. Versprochen.«

Ich brachte keinen Ton heraus. *Sie weiß bestimmt nicht, was sie da sagt. Wenn ich ihr erst mal erzählt habe, was ich getan habe, wird sie ihre Meinung ändern. Ich weiß es einfach.*

Die gesamte Autofahrt zur Fletcher University kämpfte ich mit mir. Ich war hin- und hergerissen. Ich hatte es nicht verdient, so viel von Savannah zu bekommen. Und ich hatte es nicht verdient, diesen Abend mit ihr zu verbringen, nicht wenn ich mir nicht endlich selbst in den verdammten Arsch trat.

Erst als sie geparkt hatte und der Motor erstarb, hatte ich die Entscheidung gefällt.

Ich setzte mich aufrecht hin und sah sie an. Mein Herz trommelte wie wild. »Sav«, sagte ich beinahe erstickt.

Fragend sah sie mich an.

Ihre Zuversicht gab mir Kraft. Mut. Sie war in letzter Zeit so oft über ihren Schatten gesprungen, egal wie schwer es ihr gefallen war.

Komm schon! Du kannst das auch. Sei wie Savannah.

Ich gab mir einen Ruck und atmete tief durch.

»Ich war im Gefängnis.«

KAPITEL 39

SAVANNAH

*J*ch starrte Maxx an. Ich war zu verwirrt, um tatsächlich einen klaren Gedanken zu fassen. Fast schien es so, als würde Maxx spüren, dass ich nicht wirklich verstand, denn er wiederholte die Worte und sah mir dabei fest in die Augen.

»Savannah, ich war im Gefängnis.«

Gefängnis.

Ich öffnete den Mund und schloss ihn wieder. »Du ... Also ... Was?«, stieß ich hervor. Mein Hirn war regelrecht überrumpelt.

»Vier Jahre«, sagte er heiser. Und die Art und Weise, wie gequält und verzweifelt der Ausdruck in seinen durchdringenden grauen Augen wurde ... sorgte dafür, dass die Information zu mir durchsickerte.

O mein Gott. Gefängnis. Maxx war im Gefängnis gewesen.

Maxx. War. Im. Gefängnis. Gewesen!

Mit geweiteten Augen starrte ich ihn an. »D-du warst im Gefängnis.« Ich musste die Worte noch einmal aussprechen, um sie zu schmecken, um zu verstehen, was das eigentlich bedeutete. Die Ungläubigkeit in mir glich einer Unendlichkeit. »Vier Jahre?«, wiederholte ich wispernd.

Verbrechen.

Schiefe Bahn.

Schlimme Dinge.

Hatte er jemandem wehgetan? Hatte er jemandem was weggenommen? Drogen verkauft? Oder sogar jemanden umgebracht?! Mein Herz stolperte zunächst, ehe es jedoch halsbrecherisch schnell schlug.

»Ich saß unschuldig«, sagte Maxx leise. »Ich habe zwar früher viel Scheiße gebaut, aber nichts, was mich für so eine lange Zeit hinter Gitter befördert hätte. Ich wurde zu fünfzehn Jahren verurteilt, für ein Verbrechen, das ich nicht begangen habe. Aber ich habe auf schuldig plädiert, um meine Familie zu schützen, ich hatte eine Scheiß-angst, dass irgendwem etwas passiert, hätte ich es nicht getan.«

Und dann schien Maxx gar nicht aufhören zu können zu reden. Nicht dass ich auch nur ansatzweise hinterherkam, aber er erzählte mir alles, von Anfang an. Es war mehr wie ein Damm, der brach, als eine Erzählung, die dazu diente, dass man ihr sehr einfach und schnell folgen konnte. Deshalb fühlte ich mich wie eine Wackelkopffigur, weil ich die ganze Zeit nur nickte, um ihm zu signalisieren, dass ich verstand – obwohl ich absolut und rein gar nichts verstand! Er erzählte von Rose, seiner ersten großen Liebe, wie sie sich kennengelernt und verliebt hatten, er erzählte, wie er immer mehr auf die schiefe Bahn abgedriftet war und schließlich dann und wann für Roses Vater gedealt hatte, ohne zu wissen, worauf er sich da eigentlich einließ. Ich saß einfach nur da. Stocksteif. Konnte nichts anderes tun, als einfach nur wortlos und bewegungsunfähig jedes seiner Worte einzusaugen, die so absurd klangen, so fern von meinem Leben, dass es sich eher anhörte wie der Plot zu einem Thriller. Gefängnis! Ich hatte heute Abend nicht mit vielem gerechnet. Am wenigsten jedoch hiermit. Ich war kurz davor, einfach aus Verzweiflung laut zu lachen, ihm auf die Schulter zu klopfen und zu fragen, wo die Kameras waren. Doch bei seinen nächsten Worten veränderten sich meine Gefühle.

»Ich wurde damals zusammengeschlagen, bevor alles so schieflief«, flüsterte Maxx. Er sah mich nicht an, während er sprach, sondern starrte aus dem Fenster. Seine Hände waren so fest zu Fäusten geballt, dass allein der Anblick Schmerzen verursachte. »Es war absolut meine eigene Schuld, weil ich betrunken und verdammt eifersüchtig ge-wesen bin. Ich habe die Schlägerei angefangen, weil ich wusste, dass Rose total darauf stand, wenn sich Männer um sie prügelten. Aber diesmal ging es schief. Und es war ein Desaster, weil ich am nächsten Tag die größte Lieferung für ihren Vater machen sollte, die er mir je-mals anvertraut hat. Aber ich konnte kaum laufen, weil die Kerle, mit denen ich mich geprügelt hatte, echt keine Rücksicht genommen ha-ben. Chester hat mitbekommen, worin ich verstrickt war. Wir hingen uns dauernd in den Haaren und kamen eine ziemlich lange Zeit nicht gut miteinander klar. Er konnte Rose nicht ausstehen und hat behauptet, dass sie mich kaputt macht. Ich habe ihn dafür gehasst, dass er so was über sie sagt. An dem Tag, an welchem ich die Auslieferung machen sollte, hat er mich zur Rede gestellt. Er wollte, dass ich zur Polizei gehe, wollte mich davon abhalten, diese Lieferung zu machen, aber ich war verzweifelt. Rose hat mich unter Druck gesetzt, und ich hatte verdammten Schiss vor ihrem Vater und den Leuten, die für ihn arbeiten. Ich musste das durchstehen, auch wenn ich mich kaum auf den Beinen halten konnte.«

Ich hielt den Atem an. Das hier … war kein Scherz, oder einfach eine wilde Geschichte. Da war Qual in Maxx' Augen zu erkennen. Eine Qual, die so stark war, mich so sehr ergriff, dass ich mir eine Hand aufs schmerzende Herz legen musste. Ob diese Geschichte nun unglaublich war oder nicht, der Schmerz auf seinem schönen Gesicht tat sein Übriges.

Maxx sprach weiter. »Deshalb hat Ches mir einen Deal vorgeschlagen. Wenn ich versprach, nie wieder so eine Scheiße zu machen, das Dealen und die Schlägereien, würde er diese eine Lieferung übernehmen, um mir den Arsch zu retten. Ich … Ich bin diesen Deal eingegangen. Er ist zusammen mit Rose losgefahren, um eine volle Autoladung Stoff zu einem Lieferanten zu bringen. Aber sie hatten auf einer Brücke einen Autounfall, bei dem sie mit dem Wagen im Wasser gelandet sind. Dabei wäre Rose beinahe ertrunken, und Koks im Wert von fast einer halben Million Dollar ist im Fluss zerstört worden.« Maxx blickte mit verschleiertem Blick in die Ferne, fast als sähe er die Bilder von damals noch immer ganz klar vor Augen. »Rose war so panisch. Sie hat immer wieder gesagt, dass wir tote Männer wären, was mir eine Scheißangst eingejagt hat. Und dann ging alles so schnell. Ches hat sich bei mir entschuldigt und ging pitschnass und humpelnd zurück ins Haus. Es war das letzte Mal, dass ich ihn gesehen habe. Ich versuchte, Rose zu beruhigen, die so eine Angst davor hatte, was wohl als Nächstes geschehen würde. Ich versuchte, für sie stark zu sein, und schwor ihr, dass wir schon eine Lösung finden würden. Ich hatte keine halbe Million Dollar, ich konnte unmöglich für das zerstörte Koks aufkommen. Deshalb kam es zum Deal. Ich bekannte mich für irgendein Verbrechen schuldig, das ich nicht begangen hatte. Ich ging für Malcom, ihren Vater, in den Knast, um die Menschen, die ich liebe, zu beschützen. Ohne zu wissen, dass auch Chester sich aufopferte. Er ist in den Käfig gegangen, aus dem gleichen Grund, aus dem ich auf schuldig plädiert habe. Ich weiß nicht, ob Rose sich dessen bewusst war, aber falls ja, ließ sie es einfach zu. Vielleicht war es ihr auch einfach egal. Ches hätte nie nach Fletcher und in den Käfig kommen sollen, aber ihm wurde versprochen, dass er damit wiedergutmachen könnte, was er mit dem Unfall angerichtet hat. Er hat sich die Schuld gegeben an dem, was passiert ist, weil er bei dem Unfall am Steuer saß, aber ... in Wahrheit war ich schuld. An allem. Wenn ich nicht gewesen wäre, wenn ich in diesen ganzen Scheiß nicht involviert gewesen wäre, wäre nichts davon jemals passiert. Gar nichts. Ich wusste nicht, dass Ches im Käfig war, und er wusste nicht, dass ich ins Gefängnis gewandert bin. Unsere Eltern ...« Seine Stimme versagte, und er schluckte schwer. »Unsere Eltern hatten auch keine Ahnung. Für sie war es einfach so, dass beide ihrer Söhne einfach von heute auf morgen vom Erdboden verschluckt worden sind. Ich habe Rose zwar gebeten, es meinen Eltern zu erklären, ihnen irgendetwas zu erzählen, aber sie hat es nie getan. Meine Eltern haben nichts von ihr gehört. Und nach meiner Anhörung, bei welcher Rose mir noch geschworen hatte, wie sehr sie mich liebt ... Sie war über alle Berge, und ich war zu naiv, um zu merken, dass ich ihr nicht halb so viel bedeutet hatte wie sie mir.«

Er sah mich an. Seit Beginn seiner Erzählung das erste Mal. Der Schmerz in seinen Augen brach mir das Herz. So als würde sein Leid einfach auf mich übergehen.

Oh, Maxx ...

Ein Muskel an seinem Kiefer zuckte. »Und das ist die ganze Geschichte. Wenn Ches nicht Ella kennengelernt hätte, hätte sich die Tragödie um uns vielleicht nie geklärt, und ich würde noch immer im Maine State Prison sitzen. Deshalb bin ich ihr so unendlich dankbar. Aber ich ... Ich hasse mich für das, was ihnen allen meinetwegen widerfahren ist. Chester und Creed hatten damals studiert, sie wussten genau, was sie aus ihrem Leben machen wollten, und von heute auf morgen waren sie in irgendwelche abgefuckten illegalen Untergrundkämpfe verwickelt und mussten in einer Autowerkstatt jobben, um sich einigermaßen über Wasser zu halten. Sie … haben alles verloren und mussten so viel Schmerz erdulden. Und Ella, sie …« Er kniff die Augen zusammen. »Du hast ja ihre Tür gesehen. Sie ist immer noch in Therapie. Sie ist meinetwegen im Krankenhaus gelandet, meinetwegen wurde bei ihr eingebrochen. Ich fühle mich einfach so … *schuldig*.« Das letzte Wort war nicht mehr als ein ersticktes Flüstern.

Verzweifelt presste ich die Lippen zusammen und sah ihn an. Was sollte ich sagen? Ich starrte ihn einfach nur an und konnte kaum atmen. Das war zu viel. Zu viele Informationen auf einmal. Ich wusste nicht, was ich denken sollte. Doch es war nicht mein Kopf, der entschied, was ich tun wollte. Ich sehnte mich danach, ihn einfach in den Arm zu nehmen und ihn so fest zu drücken, dass alles … erträglicher wurde. Ich wollte so dringend, so unbedingt irgendwas tun! Doch es schien mir unmöglich. Da war nichts, was in meiner Macht stand.

Meine Augen begannen zu brennen. Wenigstens das ließ ich zu, denn der Schmerz, den seine Stimme durch das gesamte Wageninnere gegossen hatte, hatte mich hart erwischt.

»Maxx, es tut mir so leid«, flüsterte ich und schluchzte auf. »I-ich hatte keine Ahnung. Es klingt so unglaublich und so schrecklich, dass es fast schon …« Ich suchte nach einem passenden Wort, fand jedoch keines. »Es klingt wie aus einem … Es ist, als wäre es … Ich kann einfach nicht glauben, dass du all das durchgemacht hast. Es tut mir so … so unendlich leid.«

Wortlos starrte er mich an. Er wirkte ungläubig. Fast schon schockiert, so als hätte ich ihm ein Brett vor den Kopf gestoßen. Womit auch immer er gerechnet hatte – ganz offenbar nicht damit. Die Stille, die sich zwischen uns ausbreitete, war voller Spannung, voller wirrer Gefühle und so viel Schmerz. In meinem Kopf war es dafür laut. Sehr laut sogar.

Langsam senkten sich Maxx' Schultern, so als würde er endlich aufatmen. »Du … hasst mich nicht?«, wisperte er mit belegter, rauer Stimme.

Verwirrt zog ich die Augenbrauen zusammen. »Hassen?«, flüsterte ich. »Maxx, wie könnte ich … dich jemals hassen?«

»Ich war im Gefängnis«, ächzte er mit brüchiger Stimme. »Ich habe so viele Menschen verletzt, ich habe ihre Leben so kaputt gemacht. Ich allein trage Schuld. Wenn ich nicht wäre …«

»Stopp«, sagte ich und legte ihm eine Hand auf den Arm. »Du kannst dir nicht für *alles* die Schuld geben.«

Ich sah den Sturm in seinen Augen, als wollte er mir widersprechen. Doch er sagte nichts. Er saß einfach nur da und schien mit sich selbst zu kämpfen. Ihn so zu sehen zerriss mir das Herz.

»Bitte tu das nicht«, flüsterte ich.

»Wie kannst du das sagen?«, fragte Maxx heiser. Er klang beinahe aufgebracht. Langsam hob er den Blick und durchbohrte mich mit seinen aufgewühlten, traurigen Augen. »Nach allem, was ich dir gerade erzählt habe?«

Ich nahm meinen Mut zusammen. Mein Verstand war noch nicht wieder zu etwas zu gebrauchen, deshalb sprach ich aus dem Herzen. »Du sagtest doch selbst, dass es ein Unfall war, u-und du bist sogar freiwillig unschuldig ins Gefängnis gegangen! Ich meine …! Meine Güte, das ist absolut … Glaubst du nicht, dass du genug gelitten hast, wenn du dich sogar vier Jahre lang *aufgeopfert* hast? Vier Jahre ohne Freiheit!« Ich schüttelte langsam den Kopf. »Ich kann mir nicht mal im Traum vorstellen, was du durchgemacht hast, Maxx. Und das alles hast du nur getan, um die Menschen, die du liebst, zu schützen. Wie … Wie kannst du dir nur so viel Schuld aufhalsen?«

»Du weißt nicht, was du da redest«, wisperte er. Normalerweise hätten mich diese Worte verletzt, doch ich sah, wie sehr er sich sträubte. Wie sehr er litt.

»Vielleicht nicht«, gab ich zu. »Aber du …« Ich wollte noch so viel sagen, aber meine Stimme verstummte. Ich wusste nicht recht, was ich sagen *konnte,* damit er sich besser fühlte. Ob es überhaupt irgendetwas gab, was dafür sorgen konnte. Ich wünschte mir so sehr, ihm etwas von dieser Last abzunehmen. Sicher, ich sollte mir Zeit nehmen, sollte noch einmal genauer darüber nachdenken, sobald sich der Schreck gelegt hatte. Denn dieser sorgte mit Sicherheit dafür, dass ich ein wenig betäubt war, wie meistens, wenn mich etwas erschreckte. Bis ich die Informationen verdaut hatte, würde es wohl noch eine Weile dauern – aber das musste mich nicht davon abhalten, für ihn da zu sein. Abstand nehmen kam für mich nicht infrage. Nicht nur weil ich die Qual in seinen Augen sah, sondern auch weil er ... unschuldig war. Diese ganze Geschichte klang nach einer gigantischen Tragödie. Wer würde so herzlos sein, Maxx nach diesem Geständnis fortzuschicken?

Nach einem langen Moment im stillen dunklen Auto hörte ich ihn seufzen. »Du willst bestimmt, dass ich jetzt gehe, oder?«

»Nein«, sagte ich ruhig. Es fühlte sich fast schon albern an, als ich meinen Mund dazu zwang, ein kleines Lächeln hervorzuzaubern. »Ich sagte doch, dass die Pizza auf mich geht.«

Weder nahm er das Angebot an, noch schlug er es aus. Er legte einfach nur den Kopf schief und sah mich in der Dunkelheit nachdenklich an. Dieser Blick allein sorgte dafür, dass sich mein Puls beschleunigte.

Einer Sache war ich mir sicher, und daran würde auch ein abklingender Schreck nichts ändern: Ich wollte Maxx. Ich wollte für ihn da sein, mehr als noch zuvor. Ich wollte mehr über ihn wissen, jetzt, wo er dieses eine große Geheimnis mit mir geteilt und mir seinen Schmerz offenbart hatte. Es tat mir so weh, ihn so zu sehen. Und keineswegs machte ihn die Qual in den Augen irgendwie schwach. Nein, ganz im Gegenteil. Ich hatte das Gefühl, dass es ihn noch stärker machte. Ich bewunderte ihn so sehr, dass er es schaffte, mir all das zu sagen, ohne zusammenzubrechen. Wenn mir bereits vom Zuhören das Herz brach, wie sollte es dann erst sein, wenn man all das am eigenen Leib erfuhr? Er war verflixt noch mal im Gefängnis gewesen. Wie schlimm musste *das* erst gewesen sein? Ich konnte es mir nicht mal vorstellen. Dazu reichte meine Vorstellungskraft nicht aus. Und dann noch zu wissen, dass es irgendwie umsonst gewesen war, weil man ihm und Ches solches Unrecht angetan hatte.

Wie unglaublich war das alles?

Sie beide hatten für etwas gesessen, was nichts weiter als ein Unfall gewesen war. Sie beide waren Opfer. Und die Opfer trugen keine

Schuld, sondern nur die Täter. Das war schon immer meine Devise gewesen. Jeder machte Fehler. Und vermutlich würde ich noch eine Weile brauchen, um zu begreifen, welche Fehler Maxx in der Vergangenheit so gemacht hatte. Aber was zählte, war die Gegenwart, und nicht das, was einmal gewesen war. Auch wenn mich ein heißer Stich von Eifersucht durchfuhr, wenn ich versuchte, mir vorzustellen, was Rose wohl für ein Mädchen gewesen war. Und wie es wohl war, so sehr von Maxx geliebt zu werden. Vermutlich war es ein überwältigendes Gefühl, und es stimmte mich fast schon traurig, dass er schon einmal eine solch große Liebe empfunden hatte, ganz im Gegensatz zu mir.

Was auch immer nun war, ich hatte meine Entscheidung getroffen. Ich würde ihn nicht im Stich lassen. Ich würde so sehr für ihn da sein, wie ich konnte. Und wie ich glaubte, dass er es brauchte. Ich wollte alles richtig machen. Ich wollte ihm zeigen, wie unglaublich er war. Wie mutig es von ihm war, in den letzten Wochen so sehr an sich gearbeitet zu haben. Ich musste an unsere Semikolontattoos denken. Er hatte keinen Punkt gesetzt, sondern sich dazu entschieden, weiterzumachen. Er war nach Fletcher gekommen, um ein neues Leben anzufangen. Er wollte ein anderer, besserer Mensch werden, die beste Version seiner selbst. Das hatte er gesagt, und er hatte sich so sehr bemüht. Das tat er noch immer. Ich hatte die Hoffnung in seiner Miene gesehen, die Freude in seiner Stimme gehört. Ich wusste, dass es ihm etwas bedeutete, diese Liste anzugehen.

Nur hatte ich während dieser ganzen Zeit keine Ahnung gehabt, dass derweil ein solcher Sturm in ihm gewütet hatte.

Plötzlich legte Maxx seine Hand an meine Wange. Die Berührung war so unerwartet, dass ich kaum merklich dabei zusammenzuckte.

Er lehnte sich zu mir. Schob seinen Daumen unter mein Kinn, um meinen Kopf anzuheben. Mit einem Mal wurde mir glühend heiß. Die Sehnsucht, die in der dunklen Stille zwischen uns herrschte, verwandelte sich in ein elektrisches, warmes Vibrieren. Nichts hatte sich daran geändert.

Er lächelte, auch wenn es nur ein sehr kleines war. Langsam schüttelte er den Kopf. »Ich habe keine Ahnung, womit ich dich verdient habe, Savannah Moore. Bist du wirklich … Bist du wirklich einhundertprozentig sicher, dass du den Rest des Abends mit mir verbringen willst? Du stehst in keiner Pflicht. Wenn du Zeit zum Denken brauchst, kann ich auch gehen.«

Noch bevor ich darüber nachdenken konnte, schnaubte ich. »Ich bin mir einhundert Prozent sicher, Maxx. Ich fühle mich in keiner Weise dazu verpflichtet, den Abend mit dir zu verbringen, oder sonst etwas. Und wenn du jetzt nicht mitkommst, bekommst du nur die Pizzaränder ab, weil ich den Rest allein verputzen werde.«

Die Anspannung wich kaum merklich aus seinen Schultern. »Schlechte Drohung«, murmelte er. »Der Rand ist das Beste an der ganzen Pizza.«

Mein Herz machte einen kleinen Hüpfer. Wir waren die perfekte Kombination. Die Oliventheorie aus *How I Met Your Mother* wurde geradewegs zur Pizzarand-Theorie unserer ganz eigenen Geschichte.

Ich wollte ihn so dringend küssen, wünschte es mir so sehr. Doch er … küsste mich nicht. Und ich ihn auch nicht.

Ich stöhnte leise auf. Und bevor Maxx es kommentieren konnte – sofern er es denn bemerkt hatte –, schnallte ich mich auch schon ab und stieg aus dem Auto.

KAPITEL 40

SAVANNAH

Langsam schlenderten wir vom zugeparkten Campusparkplatz zur Wohnheimanlage.

Der Eingang zu Jefferson House war beleuchtet. Ich kramte meinen Studierendenausweis aus meiner Tasche und hielt ihn vor den Scanner, ehe die Tür auch schon summte und Maxx und ich eintraten.

Ich wurde seltsam nervös, als wir uns auf den Weg in den zweiten Stock machten. Maxx hatte die Hände in den Taschen seiner Jeans vergraben und folgte mir. Ich ließ ihn ein Stück vor mir laufen. Vielleicht auch nur, um ihn gedankenverloren anzustarren. Groß, mit diesem unverwechselbaren markanten Gesicht, von der Sonne gebräunten tätowierten Unterarmen, den kurzen dunklen Haaren und einem Sturm in den schönen grauen Augen.

Mein Herz schlug schneller. Besonders als ich die Tür zu meiner WG öffnete und nichts als verlassene Dunkelheit vorfand.

Ich schaltete das Licht an und sah mich um. Alle Zimmertüren standen wie jeden Abend offen, und jegliche Fenster waren geöffnet – damit es so kühl wie möglich in der WG wurde, bevor wir alle ins Bett gingen.

»Keiner da?«, fragte Maxx.

Ich setzte mich auf das butterweiche Sofa und versank regelrecht darin, besonders als Maxx sich neben mich setzte. »Asha und die anderen sind auf einer Rooftop-Party über einem Künstleratelier downtown. Und Julie und ihr Freund sind heute Abend mit ihren Freunden auf einer von Austins Hauspartys.«

»Wer ist Austin?«

»Das ist ein alter Freund der Familie. Ich habe mir mit seiner Schwester Arden das Wohnheimzimmer geteilt, bevor ich hergezogen bin. Unsere Eltern kennen sich schon seit dem Studium. Austin wohnt in einem Verbindungshaus. Er und seine Mitbewohner sind für ziemlich wilde Partys bekannt, und gerade zu Semesterbeginn ist bei ihnen jede Menge los. Er ist zusammen mit Mitchell im Schwimmteam.«

Maxx nickte und ließ den Blick nachdenklich in die Leere schweifen. Ich war gleich darauf von mir selbst genervt. Wieso plapperte ich so viel unwichtiges Zeug? Er hatte mir etwas so Großes, etwas so Wichtiges anvertraut, wie konnte ich ihn da nur so zuquatschen?

Ich biss mir auf die Unterlippe, sofort von Schuldgefühlen geplagt. »Tut mir leid«, sagte ich leise. »Manchmal rede ich einfach und finde kaum ein Ende.«

Er hob eine Augenbraue. »Du hast doch nur meine Frage beantwortet.«

Ich zuckte mit den Schultern, nicht sicher, was ich jetzt erwidern sollte.

Um meine Hände zu beschäftigen, schnappte ich mir mein Handy und bestellte Pizza. Erst nachdem ich per App die Bestellung abgeschlossen hatte, dämmerte es mir, dass ich Maxx gar nicht gefragt hatte, was er überhaupt haben wollte! Ich holte tief Luft, um mich zu entschuldigen. Erneut.

»*Tut mir leid.*«

Überrascht schloss ich den Mund. Wir hatten die Worte so zeitgleich ausgesprochen, als wären sie aus einem Mund gekommen. Ich unterdrückte ein verlegenes Lächeln, bevor ich mich gleich wieder entschuldigen konnte.

Maxx lächelte, was das Grübchen auf seine Wange zurückbeförderte. »Du zuerst. Was tut dir leid?«

»Ich … habe vergessen, dich zu fragen, was du auf deiner Pizza haben möchtest. Ich habe nicht nachgedacht und einfach zweimal Käsepizza bestellt!«

Trotz der erschütternden Dinge, die er mir eben noch im Auto erzählt hatte, trotz seiner Panik auf dem Gelände des Käfigs lachte er jetzt auf. Es wirkte echt, besonders als seine Augen dabei klein wurden. »Weißt du eigentlich, wie lange es her ist, dass ich Pizza gegessen habe?«

Erschrocken starrte ich ihn an, dann schüttelte ich den Kopf.

»Vier Jahre«, sagte er. »Na ja, wenn man das eklige labbrige Ding

nicht mit dazuzählt, was es alle paar Monate mal bei der Essensaus-
gabe im Knast gab.«

Ich wäre beinahe bei dem Klang zusammengezuckt. *Knast*. Wenn
Maxx das sagte, klang es so … alltäglich. Als wäre es nichts Besonderes. Was mir bewusst machte, dass es das für ihn vermutlich auch
nicht war, wenn man bedachte, dass er *vier Jahre* in einem Gefängnis gewesen war. Worte wie Knast, Zelle und Gefängnis waren für
ihn keine Anomalie, so wie für mich. Und das war etwas, was mir zu
knabbern gab. Knast. Zelle. Häftling. Wärter. Wenn ich diese Worte
hörte, dachte ich höchstens an *Prison Break* und *Orange Is The New
Black*. Aber nicht an das echte Leben!

Deshalb schluckte ich das Gefühl einfach herunter. Ich würde später genug Zeit haben, um darüber nachzudenken. Ich wollte nicht
jedes Mal zusammenzucken, wenn Maxx etwas von seiner schmerzlichen Vergangenheit erzählte. Für ihn war es Realität, für mich nicht.
Ich würde es für den Moment also einfach abhaken und akzeptieren,
und sobald ich ein wenig für mich war … hatte ich genug Zeit, um
die Worte zu verkraften. Den Schock. Es ging mir nicht darum, dass
ich vor ihm keine Schwäche zulassen wollte. Es ging darum, dass ich
für ihn stark sein wollte.

»Du kannst also gar nichts falsch machen, wenn du Käsepizza be-
stellst«, fuhr er sanft fort. »Vorausgesetzt sie ist gut.«

»Es ist die beste Pizza der ganzen Stadt!«, schwor ich und lächelte.
»Abgesehen davon ist heute Freitag, und da kostet für Studierende
eine große Käsepizza nur drei Dollar.«

»Okay, jetzt bin ich gespannt. Ich habe große Hoffnungen, was diese Pizza angeht.«

Ein Kichern entfuhr mir. Ich entspannte mich ein klein wenig mehr
und sank tiefer neben Maxx in das Polster des weichen Sofas. *Später
ist noch Zeit. Jetzt musst du es einfach akzeptieren. Entspann dich.*

»Was ist mit dir?«, fragte ich leise. »Wieso hast du dich entschuldigt?«

»Na ja. Ich wollte den Abend nicht versauen. Und es tut mir leid,
dass ich dich mit dem ganzen Mist erschlagen habe. Und … dass ich
es dir nicht schon eher gesagt habe.«

»Dir muss nichts leidtun, das sagte ich doch schon. Und du bist mir keine Erklärungen schuldig.« Ich blickte zu ihm auf. »Außerdem ist es an der Zeit für dich, einen Punkt von deiner Liste zu streichen.«

»Einen Punkt?«

»Du warst heute schließlich im Käfig, oder nicht?«

Er runzelte die Stirn. Dann sah ich, wie er sich wieder verspannte. Seine Miene verfinsterte sich. »Ich weiß nicht, ob das zählt.«

»O doch, das zählt. Du wolltest den Käfig sehen, und du hast ihn gesehen. Streich es von der Liste, Maxx. Du musst nie wieder dort hingehen, und es würde dir auch überhaupt keinen Mehrwert bieten. Höchstens blanke Nerven.«

»Schön, du hast gewonnen.« Er seufzte schwer. Erst hatte ich ein schlechtes Gewissen, als er mit dem Finger über seine Liste auf dem Handy scrollte und den entsprechenden Punkt abhakte. Doch als er es tat, entspannte er sich wieder, was mich mehr als erleichterte. Er hob den Kopf und sah mich an. Sein Blick war zwar ernst, aber ich entdeckte auch Wärme darin. Zärtlichkeit. »Danke, Savannah«, sagte er leise. »Nicht nur dafür. Auch dafür, dass du mich nicht … rausschmeißt.«

»Das würde ich niemals tun«, sagte ich mindestens genauso ernst.

Er steckte sein Handy weg und ließ sich tiefer ins Sofa sinken. »Also. Wenn du willst, erzähle ich dir alles, was du wissen willst. Vorausgesetzt ich weiß es selber.«

Ich wollte mir nicht anmerken lassen, wie sehr mich diese Worte freuten. Immerhin war das Thema nicht gerade schön, sondern eher erschreckend und grausam. Deshalb nickte ich bloß und setzte mich seitlich hin. »Wieso ist der Käfig hier? Ausgerechnet in Fletcher? Und was sind da für Leute? Ich wusste nicht, dass es hier so viel Kriminalität gibt! Das ist doch verrückt. Ich lebe schon immer in Fletcher, und es gibt kaum große Zwischenfälle. Wie lange gibt es den Käfig schon? Und ist es jetzt gefährlicher in der Stadt? Wir sind so ab vom Schlag. Allein von der Infrastruktur ergibt es doch eigentlich keinen Sinn, oder?«

Maxx lachte auf und sah mich mit großen Augen an, was mir augenblicklich die Röte ins Gesicht schießen ließ. »Äh, okay, tut mir leid, ich habe ehrlich gesagt keine Ahnung. So viel weiß ich gar nicht über den Käfig. Ich weiß nur, dass dort anscheinend so was wie … neutraler Boden ist.«

»Neutraler Boden?«

»Na ja. Gangs und Dealer haben doch immer so was wie Reviere.« Er zuckte mit den Schultern. »Ich stelle es mir vermutlich zu einfach vor, weil ich immer Kinder vor Augen habe, die Fangen spielen und einen Bereich haben, in dem sie nicht gefangen werden können. Ich bin mir auch nicht sicher, was es damit auf sich hat. Aber wenn man sich überlegt, wie viel Geld im Käfig mit den Wetten auf die Kämpfe gemacht wird, ergibt es zumindest Sinn. Aber, wirklich, ich habe keine Ahnung, wieso der Käfig ausgerechnet hier in Fletcher ist. Vielleicht wissen es Ches und Creed.«

Ich nickte, als wäre es sonnenklar, was er da sagte. Als wäre es nicht absolut absurd und würde nicht klingen, als entspränge es geradewegs einer fünfteiligen True-Crime-Miniserie auf Netflix. Wenn solche Dinge geschahen – großspurige Verbrechen, Aufdeckungen von Methlaboren oder Menschenhandel und Mord und Entführungen –, dann war es immer so weit weg. So weit! Etwas, was man im Newsticker auf dem Smartphone las, in den Radionachrichten hörte – oder eben in Dokumentationen sah. Es spielte sich in Filmen ab und Serien und Büchern. Ich hatte schon einige Dark-Romance-Romane gelesen, die nichts für schwache Nerven waren und sich um Bikergangs, Clans und Drogenringe drehten. Aber es waren Bücher. Wenn es mir zu viel wurde, konnte ich sie einfach zuklappen und beiseitelegen, das Hörbuch pausieren oder es verschenken und einfach vergessen, dass ich die Geschichte jemals begonnen hatte. Sie würde nicht mehr sein als ein DNF – ein *Did Not Finish* – auf meiner Bücher-App, in der ich meine Leselisten sortierte. Aber das hier war echt. Maxx und Ches, aber auch Creed und Ella und alle, die noch beteiligt waren, hatten nicht den Luxus besessen, einfach aus einer absurden Geschichte zu fliehen, weil sie ihnen zu naheging oder sie herunterzog. Weil es nicht fiktiv war. Es war ihnen tatsächlich und wahrhaftig widerfahren. Ich wusste nicht, wie ich damit umgehen sollte. Ich hatte so was noch nie miterlebt – oder offensichtlich schon, und ich hatte nur nichts davon gewusst, weil Ella mir nie etwas erzählt hatte.

»Woran denkst du?«, fragte Maxx leise. »Du wirkst bedrückt.«

»Es ist nichts«, begann ich. Verstummte dann jedoch und überlegte es mir anders. »Nein, das stimmt nicht. Ich habe mich bloß gefragt, wieso Ella nichts gesagt hat. Und ich frage mich, ob sie es nur mir nicht gesagt hat, weil sie mich für zerbrechlich hält. Ich weiß nicht, wie ich damit umgehen sollte, wenn alle es wissen, nur ich nicht.« *Wie die Scheidung meiner Eltern.* Ich schüttelte den Gedanken von mir. »Bestimmt hat sie mit Summer und Carla und Lenny und Mitchell darüber gesprochen, und ich bin mal wieder diejenige, auf die *Rücksicht genommen* wird.« Ich lachte auf und glitt mit meinem Finger über die Nase, bis mir einfiel, dass ich meine Brille gar nicht trug. »Tut mir leid, meine Gedanken sind total selbstsüchtig. Ich will gar nicht so sein. So … So selbstzentriert. Aber ich mache mir Gedanken, und du hast gefragt, woran ich denke, und daran dachte ich eben …«

Seine Hand auf meinem Knie ließ mich verstummen. So schlagartig, dass mir augenblicklich alles an Luft aus der Lunge wich.

Sanft drückte er mein Knie. Mein Knie, welches nur halb von meinem geblümten Kleid bedeckt wurde. Seine Haut berührte die meine, sanft und zart. Warm. Und es schickte eine elektrische Gänsehaut mein Bein hinauf.

»Du bist nicht selbstzentriert«, sagte er sanft. »Wäre ich an deiner Stelle, würde ich mir auch Sorgen machen. Ich glaube übrigens nicht, dass Ella mit Summer darüber gesprochen hat. Todrick und Mitchell wissen auch nichts davon.«

»Und Lenny und Carla?«, fragte ich nervös. Er zuckte jedoch nur mit den Schultern. Und mir entging nicht eine Sekunde, dass er dabei seine Hand nicht von meinem Knie nahm. Mehr noch, sein Daumen strich hauchzart, nur mit der Kuppe des Fingers, Kreise über meine plötzlich hochempfindliche Haut.

»Ich glaube, sie wissen vom Käfig«, sagte Maxx schließlich. »Aber nicht durch Ella oder Ches. Sie haben … es davor schon gewusst. Ich möchte aber nicht noch mehr ausplaudern, irgendwie fühlt sich das nicht richtig an.«

Ich schnappte nach Luft. »Oh! Tut mir leid! Ich wollte nicht, dass du meinetwegen … Du weißt schon, das Gefühl hast, etwas auszuplaudern!«

Er lächelte. »Es ist irgendwie auch Teil meiner Geschichte, und die wollte ich dir erzählen. Aber vermutlich hätte ich das geschickter machen können, ohne den anderen irgendwas vorwegzunehmen oder dir ein schlechtes Gewissen zu bereiten.«

Ich versuchte, sein Lächeln zu erwidern, auch wenn ich zunehmend nervöser wurde.

»Ich schätze, ich bin nicht gerade ein Profi, wenn es darum geht, Geschichten zu erzählen. Tut mir leid.« Sein Daumen auf meinem Knie stoppte in der Bewegung. Er schloss den Mund, ehe einer seiner Mundwinkel verdächtig zuckte. »Ich habe einen Vorschlag. Keine Entschuldigungen mehr. Von keinem von uns. Zumindest heute Abend.«

»Okay«, sagte ich sofort. »Deal.«

»Hast du noch Fragen?«

Mein Kopf war so randvoll mit all den Dingen, die er mir erzählt hatte, und bereits so malträtiert von der nun vergangenen ersten Semesterwoche, dass mir nicht eine einzige Frage einfallen wollte, auch wenn es vermutlich noch Dutzende gab. Deswegen antwortete ich: »Bestimmt. Aber gerade fällt mir keine mehr ein. Vielleicht können wir das Gespräch ja auf einen anderen Tag legen.«

Erst befürchtete ich, dass ich ihn mit der Antwort enttäuschte, aber tatsächlich wirkte er fast schon erleichtert. »Und es ist auch wirklich okay für dich, das Thema fallen zu lassen? Und all das … na ja, du weißt schon. Hinzunehmen?«

Ich sah die Unsicherheit in seinen Augen.

»Maxx«, sagte ich sanft, vermutlich weitaus zärtlicher als beabsichtigt – aber ich konnte meine Gefühle einfach nicht unterdrücken. »Ich glaube an dich. Und ich möchte dich nicht für deine Vergangenheit verurteilen. Jeder hat zweite, dritte, vierte oder zehnte Chancen verdient, und jeder hat das Recht verdient, aus Fehlern zu lernen. Du hast so lange leiden müssen, und du gibst dir hier in Fletcher so viel Mühe. Ich glaube fest daran, dass jeder Mensch genau die Person sein kann, die er oder sie sein will, und ich bin davon überzeugt, dass man alles erreichen kann, wenn man dafür arbeitet und daran glaubt. Deshalb würde ich dich niemals …«

Ich konnte nicht weitersprechen, denn plötzlich befand sich mein Kopf in seinen Händen, und mein Mund wurde geradewegs von seinem verschlossen. Er küsste mich so innig, dass es mir den Atem raubte.

Mein Herz machte einen schwindelerregenden Sprung, ehe es begriff, was passierte. Mein Hirn begriff es nicht und schaltete sich dementsprechend einfach aus. Doch noch bevor ich den Kuss angemessen erwidern konnte, löste Maxx seine Lippen wieder von meinen. Er wich jedoch kaum zurück und lehnte seine Stirn an meine. »Danke, Sav.« Seine Stimme klang vor Ergriffenheit ganz brüchig. Sie war so voller Emotionen, dass es mir das Herz zerriss. »Danke«, wiederholte er leise.

Diesmal war ich es, die ihn küsste. Ich schlang die Hände um seinen Hals und neigte den Kopf, schloss die Augen und presste meinen Mund gierig auf seinen. Verlangen schoss mir durch den Bauch. Nein, nicht nur durch den Bauch. Auch in tiefere Regionen.

Ein tiefes Stöhnen entwich Maxx' Kehle, und ich hatte das Gefühl, mich geradewegs an seinem Atem zwischen meinen Lippen zu verbrennen, als er den Kuss leidenschaftlich erwiderte. Er schob seine Hand an meinen Hinterkopf und grub sie in mein Haar. Die andere erkundete beinahe schon ehrfurchtsvoll meinen Körper. Sie glitt meine Wirbelsäule hinab, über meine Hüfte, dann meine Taille hinauf, über meine Rippen.

Mutig zog ich ihn näher zu mir und ließ mich längs auf das weiche Sofa gleiten. Er folgte jeder meiner Bewegungen mehr als bereitwillig und lag einen Moment später auf mir. Dieses Gefühl war so fremd, so erregend, so richtig und perfekt, dass ich nicht anders konnte, als nach Luft zu schnappen. Meine Fingernägel waren kurz und rund, und trotzdem reagierte er heftig darauf, als ich haltlos von seinem Hinterkopf über seinen Hals fuhr und die Hände in dem Shirt auf seinem Rücken vergrub. Maxx küsste mich, wie ich noch nie zuvor geküsst worden war. Zugleich packte er mit einer Hand mein Knie und zog es hoch, bis er halb zwischen meinen Beinen lag – sofern das auf dem Sofa möglich war.

Ich schmolz unter ihm dahin. Ich verbrannte am lebendigen Leibe und wurde immer verzweifelter, immer fiebriger. Etwas, was ich von mir selbst nicht kannte. Es war so neu und schien doch so vertraut. Als seien Maxx und ich füreinander geschaffen. Dafür gemacht, uns dermaßen nahe zu sein.

Meine Gefühle waren so roh und stark und überwältigend, dass ich vollkommen davon überschwemmt wurde. Auch wenn ich zuvor nie so gehalten, so berührt und nie so geküsst worden war, wusste ich, dass ich nicht genug davon bekommen konnte.

Keuchend stemmte Maxx sich auf einen Ellbogen, um mich atemlos anzusehen. Ich starrte mindestens genauso kurzatmig zurück. Sein Lächeln war so verführerisch ... Es hätte mich in einem alten Schwarz-Weiß-Film geradewegs in Ohnmacht fallen lassen.

»Wollen wir in dein Zimmer gehen?«, flüsterte er.

Ich blinzelte. Als mir dämmerte, was genau er mich da fragte und was es zu bedeuten hatte, hielt ich die Luft an. *Ins Zimmer gehen.* Maxx wollte ... mit mir *in mein Zimmer gehen.* Allein die Vorstellung, was passieren würde, wenn wir die Tür schlossen, sorgte für ein unerträgliches Ziehen in meinem Bauch. Nervosität überkam mich, Unsicherheit, jedoch auch Sehnsucht und ein so brennendes Verlangen, dass ich am liebsten gleich aufgesprungen wäre. Ich hatte erst einmal mit einem Jungen geschlafen. Aber das war nun schon einige Jahre her, hatte nur wenige Augenblicke gedauert und wirklich wehgetan. Es war befremdlich gewesen und nicht vertraut. Ich hatte mich dazu verpflichtet gefühlt, weil ich mein erstes Mal bei der Gelegenheit hatte hinter mich bringen wollen. Aber das hier ... Das hier mit Maxx war etwas vollkommen anderes. Er drängte mich nicht. Er ließ mir die Wahl. Anstatt mich einfach mit sich in mein Zimmer zu ziehen, fragte er mich.

Es wäre vielleicht zu viel des Guten gewesen, wenn ich behauptet hätte, er würde geduldig warten. Er gab sich Mühe, aber ich konnte genau sehen, wie dunkel seine Augen vor Verlangen waren.

Zwischen seiner Frage und meinem Gedankenstrom waren gerade

mal wenige Sekunden vergangen. »Okay«, flüsterte ich. »Gehen wir rüber.«

Das ließ Maxx sich nicht zweimal sagen. In einer fließenden Bewegung erhob er sich, dann zog er mich auch schon auf die Beine. Ich ergriff seine Hand und zog ihn zur offen stehenden Tür meines Zimmers, in welchem uns die Dunkelheit der Nacht begrüßte.

Mein Herz klopfte so laut, dass ich neben ihm und meinem flachen Atem kaum etwas anderes hören konnte. Mit ungeschickten Fingern verriegelte ich die Zimmertür.

Als ich mich schließlich zu Maxx umdrehte, konnte ich kaum noch denken vor Aufregung. Langsam trat ich zu ihm. Er legte mir die Hände auf die Hüften und beugte sich nach unten. Erst küsste er meinen Hals, was mich aufseufzen ließ. Dann vergrub er das Gesicht in meinem Haar. Meine Kehle war staubtrocken, und mir wurde heiß. Seine Finger fanden den Reißverschluss meines Kleides. Ich konnte spüren, wie sie vor Zurückhaltung bebten. Erneut senkte er den Kopf und strich mit seinen Lippen über die empfindliche Stelle an meinem Hals, genau über meinem rasenden Puls. Ich konnte nicht anders, als den Kopf zur Seite zu lehnen, mich ihm hinzugeben. Ihm und der Gänsehaut, die über meinen Körper jagte.

Sein Mund glitt weiter nach unten über die Kurve zwischen Hals und Schulter. Immer weiter, bis zum dünnen Träger meines Kleides. Seine Berührung versengte mich, hinterließ ein unglaubliches Knistern, mindestens so glühend und Funken schlagend wie trockene Tannennadeln in einem Lagerfeuer. Spielerisch zog er den Träger mit den Zähnen über meine Schulter, fast in der gleichen Sekunde, als er den Reißverschluss vollständig öffnete.

Ich konnte nicht länger untätig herumstehen. Fiebrig und mutiger, als ich mich fühlte, ließ ich meine Hände unter den Saum seines Shirts gleiten. Seine Haut war unglaublich glatt und warm. Die Muskeln unter meinen Fingern spannten sich durch die Berührung an. Maxx biss mir sanft in die Schulter, so vorsichtig und gleichzeitig so überraschend, dass meine Gefühle die Kontrolle über meinen Körper und meine Nervosität gewannen. Ich hielt es kaum mehr aus. Ich packte den Stoff seines Shirts und zog es hoch. Für den Bruchteil eines Augenblicks löste Maxx sich von mir, jedoch nur, um sich das Shirt über den Kopf zu ziehen. Einen Moment später war ich auch schon wieder in seinen Armen. Er küsste mich beinahe schon besitzergreifend, so ausgehungert und voller Lust, dass ich darin ertrank. Ich war es, nicht er, die auch den anderen Träger meines Kleides über meine Schulter schob. Dann rutschte es auch schon zu Boden – und ich stand in nichts weiter da als einem langweiligen trägerlosen BH und einem ganz gewöhnlichen Slip, an dem sogar eine Schleife fehlte und die übrige nur noch an einem Faden hing. *Peinlich.* Doch ich hatte kaum Zeit, so was wie Scham über meine unerotische Unterwäsche zu entwickeln, denn Maxx werkelte einen Moment später auch schon am Verschluss an meinem Rücken herum, brauchte einen kurzen Moment, weil dieser BH-Verschluss nicht gerade nachgiebig war – aber dann war er weg. Ich spürte, wie die Luft sachte über meine nackte, erhitzte Haut strich.

Für einen Moment konnte ich nichts anderes tun, als seinen Blick wie hypnotisiert zu erwidern. Ich war entblößt. Vor Maxx. Und er sah mich an!

Sanft dirigierte er mich auf mein schmales Bett und legte sich neben mich, sodass ich von einer Wand und einer Wand aus Maxx eingeschlossen wurde. In der Dunkelheit betrachtete er mich, auch wenn vermutlich kaum etwas zu erkennen war. Das Mondlicht tränkte jegliche Konturen in weiches Silber und Tintenblau.

Vorsichtig, so als wäre ich unendlich kostbar, berührte seine große, warme Hand meinen Bauch. Scharf sog ich den Atem ein und erwiderte mit großen Augen seinen Blick.

Er ließ seine Hand höher gleiten, ohne den Blick von meinem zu lösen. Seine Hand umschloss meine Brust.

Atemlos drückte ich den Rücken durch und versuchte, mich in die Berührung hineinzulehnen, um mehr zu spüren. Mehr von dieser brodelnden Lust, die sich immer dichter, immer stärker in mir sammelte. *Mehr.* Ich brauchte mehr.

Langsam, noch immer ohne den dunklen, verschleierten Blick von meinem zu lösen, senkte Maxx den Kopf und verteilte Küsse auf meinen Brüsten.

Plötzlich spürte ich, wie sich seine Lippen um die Spitze meiner Brust schlossen. In der Sekunde, als er meine Brustwarze zwischen Daumen und Zeigefinger nahm, glitt er mit der Zunge über die andere. Ein kurzer Schrei entfuhr mir. Ich bäumte mich unter ihm auf. Süßer Schmerz gesellte sich zu meiner Lust, beflügelte sie, als er mich immer weiter und unglaublich geschickt liebkoste. Er wusste genau, was er tat. Und er schien genau zu wissen, was ich wollte.

Seine Hand glitt meinen Bauch hinunter, bis zu meinen Knien. Quälend langsam streichelte er über die empfindliche Haut auf der Innenseite meines linken Beines. Ich rechnete nicht damit, dass er mein stilles Flehen nach mehr so ernst nahm, doch er hielt sich nicht mehr zurück, er hörte wirklich nicht auf. Hauchzart strichen seine Fingerkuppen zwischen meine Beine. Strichen federleicht über den Stoff meines Slips.

Stöhnend fuhr ich zusammen. Es war, als würde mich ein Blitz durchzucken. Grollend und voller Energie, die sich heiß in jeder Faser meines Körpers ausbreitete.

Er wiederholte die Berührung, genauso federleicht wie zuvor. Und sie war genauso explosiv, genauso intensiv.

Ich wusste nicht, wo mir der Kopf stand. Alles, was ich wusste, war, dass Maxx mich wieder küsste und jedes Keuchen mit seinen Lippen einfing. Bestimmend, hart und leidenschaftlich bewegte er seinen Mund auf meinem. Die Hand zwischen meinen Beinen machte immer weiter, bis ich das glühende Kribbeln sogar in meinen Fußsohlen spüren konnte. Fiebrig nestelte ich am Verschluss seiner Jeans. Er kam mir mehr als bereitwillig zu Hilfe, und einen Moment später war sie fort. Aber nicht nur seine Jeans. Auch die Boxershorts wurde er los.

Ich konnte nicht anders, als die Augen zu öffnen und Maxx anzustarren. Er … war vollkommen nackt. Und er sah unglaublich aus.

Maxx zog sein Portemonnaie aus der Tasche seiner Jeans, aus welchem er wiederum eine kleine knisternde Packung holte.

Ich wartete nicht darauf, bis er dazu kam, mich auszuziehen. Mutiger, als ich es von mir erwartet hatte, hob ich die Hüfte an und zog mir meinen Slip selber aus. Das ließ ihn lächeln. Ein Lächeln, das absolut hinreißend war.

Doch anstatt sich neben mich oder auf mich zu legen, tat er etwas anderes. Er drückte meine Knie mit seinen Händen sanft auseinander und legte sich halb aufs Bett. Jedoch zu tief. So tief, dass ...

Ich zog scharf die Luft ein. Mein Herz machte einen schwindelerregenden Satz, als er sich auf die Ellbogen stützte und meine Beine auf seine Schultern schob, bis sich mein Becken hob und er ...

»Gott«, stieß ich atemlos hervor und krallte meine Hände haltlos neben mich in die Bettdecke. Er küsste mich. Langsam und ausgiebig.

Ein tiefes Stöhnen entfuhr mir, und Maxx glitt mit seiner Zunge so hungrig über genau die richtige Stelle, dass mir schwindelig wurde. Ich verlor mich in Lust. Verlor mich in ihm. In jeder Empfindung und dem schmerzlichen Verlangen nach Erlösung. Seine Hände strichen meine Beine auf und ab, und ein tiefer, kehliger Laut entfuhr ihm. Das, was er mit seinem Mund machte, mit seiner Zunge, zwischen meinen Beinen ... Kurz bevor ich das Gefühl hatte, zum Höhepunkt zu kommen, hörte er auf.

Er hörte einfach auf.

»Bitte«, wisperte ich verzweifelt. Doch ich spürte bereits, wie Maxx sich erhob. Er kniete sich zwischen meine Beine, und ich hörte Folie rascheln. Wenige Augenblicke später legte er sich auch schon auf mich. Jeder Zentimeter meines Körpers war so hochgradig empfindlich, dass ich das Gefühl hatte, allein schon vom Gefühl seines Körpers auf meinem mein Ende zu finden. Wieder küssten wir uns. So als könnten wir nicht anders. Eine so wilde, leidenschaftliche Art und Weise, als seien wir für nichts anderes erschaffen worden, außer so perfekt zusammenzupassen.

Maxx beendete den Kuss. Er lehnte sich auf einen Unterarm, bis sich nur noch unsere Nasenspitzen berührten. Als sich unsere Blicke begegneten, schien die Welt stehen zu bleiben. Ich konnte ihn zwischen meinen Beinen spüren. Konnte spüren, wie hart er war und wie sehr es meine Ungeduld befeuerte. Und dann, langsam, drang er in mich ein.

»Oh«, flüsterte ich mit einem atemlosen Keuchen. Ich hatte das Gefühl, beinahe zu zerreißen. Und dieses Gefühl war ... unglaublich.

Ein süßer, schmerzlich schöner Druck, so als würde er mich vollkommen ausfüllen.

»*Fuck.*« Seine Stimme war so heiser, so atemlos, dass sie mir geradewegs in Mark und Bein überging. Maxx stöhnte tief auf und schloss die Augen. Und dann, mit einem Stoß, drang er vollends in mich.

Ich vergrub das Gesicht an seinem Hals. Haltlos strichen meine Hände über seinen Rücken. Wir bewegten uns im Einklang, voll rohem Verlangen. Jeder Stoß schickte eine Flut aus elektrischer Lust durch meinen Körper. Seine Hand grub sich wieder in mein Haar, packte es plötzlich und zog leicht daran, während er mich atemlos und mit überwältigender Wildheit küsste. Maxx' Stöße in mich wurden fiebriger. Mit jedem von ihnen stöhnte ich, was nur durch seine Lippen gedämpft wurde, die jeden Laut geradewegs einfingen. Maxx' Körper auf meinem, ihn *in* mir zu spüren war wie ein Rausch. Von ihm gehalten zu werden, wie ein süßer Traum. Und die Welle aus Lust, die sich in mir aufbaute, war vielleicht das Schönste und Schrecklichste, was ich je gefühlt hatte.

Und dann, als ich das Gefühl hatte, in seinen Armen zu zerreißen, als es sich anfühlte, als könnte ich der sich aufbauenden Woge keine Sekunde länger standhalten … explodierte das Gefühl in mir, wie ein Feuerwerk am Nachthimmel. Ich wurde in purer Erlösung ertränkt.

Maxx küsste mich, drängend und atemlos. Was auch immer es mit ihm machte, dass sich jeder Muskel in mir um ihn herum zusammenzog, sein Atem wurde keuchender, schneller und flacher. Seine Stöße wurden gröber und härter, was mir mehr gefiel, als ich gedacht hätte, und dann … erstarrte er. Er drang tief in mich hinein und stöhnte an meinen Lippen auf, ehe er sein Gesicht an meinem Hals vergrub.

Sein Gewicht erdrückte mich. Doch es fühlte sich gut an. Mir war glühend heiß.

Und ich nahm nichts anderes wahr außer Maxx und mich.

KAPITEL 41

MAXX

Ich fühlte mich benommen. Mein Herz raste wie verrückt und klopfte so fest gegen meine Rippen, als würde es jeden Moment ausbrechen wollen. Schwer atmend stützte ich mich auf die Unterarme und blickte auf Savannahs Gesicht in der Dunkelheit hinab. Sie sagte kein Wort, genauso wenig wie ich. Deshalb beugte ich mich noch einmal nach unten und gab ihr einen Kuss, der so sanft war, dass ich gleich wieder aufseufzen musste.

Und dann erneut, als ich mich aufrichtete und mit weichen Knien ins kleine Badezimmer lief.

Ich machte mir nicht einmal die Mühe, das Licht anzuschalten, wollte die Magie der Dunkelheit noch nicht durchbrechen und tastete mich voran. Meine Beine fühlten sich kraftlos und kribbelig an.

Ich nahm mir einen Moment und entsorgte das Kondom.

Dann spritzte ich mir kaltes Wasser ins Gesicht und stützte mich mit beiden Händen am Waschbecken ab. Am liebsten wäre ich geradewegs unter die Dusche gestiegen, überlegte es mir jedoch anders. Ich wollte so schnell wie möglich wieder bei Sav sein. Deshalb trocknete ich mir hastig das Gesicht ab und kehrte zu ihr zurück.

Sie lag noch immer ausgestreckt auf ihrem Bett. Ich konnte nicht anders, als zu lächeln, als ich sie so sah. Ihr Haar war zerzaust, und ihre Hände lagen entspannt auf ihrem Bauch. Ein silberner Streifen Mondlicht fiel auf ihre blasse, sommersprossige Haut. Wie ein Spotlight, das ein Kunstwerk ins richtige Licht tauchte. Ich hätte eine Ewigkeit so dastehen und sie betrachten können. Doch sie erwiderte meinen Blick und schenkte mir ein unsicheres, fragendes Lächeln. Langsam setzte ich mich in Bewegung. Sie machte mir Platz, und ich legte mich zu ihr, drehte mich auf dem schmalen Bett auf die Seite, um nicht mit halbem Körper auf der Kante zu liegen.

»Hi«, flüsterte ich und zog sie zu mir.

»Selber hi«, erwiderte sie im gleichen Flüsterton und berührte mit den Fingerspitzen vorsichtig meine Wange. Ich drehte den Kopf zur Seite und strich mit den Lippen über ihre Handfläche. Der leichte Schauder, der darauf folgte, entging mir ganz und gar nicht, und ich konnte nicht anders, als meinen Kopf zu senken und sie hingebungs-voll zu küssen.

Eine Weile taten wir nichts anderes, als so dazuliegen. Zu kuscheln und uns immer wieder zu küssen. Ich konnte mich nicht erinnern, wann ich zuletzt gekuschelt hatte. Und ich konnte mich nicht erin-nern, wann ich mich zuletzt so gefühlt hatte. Vielleicht noch nie. Mit Savannah zusammen zu sein war vollkommen anders als alles, was ich bisher gefühlt hatte. Ich fühlte mich … nicht mehr verloren. Bei ihr fühlte ich mich, als wäre ich nach einer langen, anstrengenden Reise endlich angekommen.

Sanft küsste ich ihre Schläfe und lehnte meinen Kopf an ihren. »Wie fühlst du dich?«, murmelte ich.

»Ziemlich gut«, erwiderte sie lächelnd.

Ich ließ die Spitze meines Zeigefingers ihre Taille entlang wandern. »Ich auch. Besser als je zuvor trifft es vermutlich eher.«

»Maxx?«

»Hm?«

»I-ich muss dich etwas fragen.«

Erwartungsvoll sah ich sie an. Savannah wich ein Stück zurück, was ihr Gesicht in Mondlicht tränkte. Ihre Augen nahmen jede Regung auf meinem Gesicht sehr deutlich unter die Lupe. Sie wirkte angespannt und sogar ein wenig nervös. »Möchtest du … mit mir ausgehen?«

»Du bittest mich um ein Date?«, fragte ich und konnte nicht an-ders, als breit zu lächeln. »Verdammt, und dabei war das mein Text.«

»Dann frag lieber du!«

»Aber du hast schon gefragt.«

»Aber du wolltest fragen!«

»Na gut, na gut«, gab ich lachend nach. Ich ergriff ihre Hand und küsste jeden ihrer Fingerknöchel einzeln. »Willst du mit mir auf ein Date gehen, Savannah Moore? Und wehe, du sagst Nein, sonst wäre dein Spiel wirklich grausam.«

Sie kicherte, drehte sich ebenfalls auf die Seite und schob sich ganz nah an mich heran. Die Vertrautheit, mit welcher sich ihre Hand auf meine Brust legte, erfüllte mich mit Stolz. »Natürlich möchte ich mit dir ausgehen«, flüsterte sie und lächelte so hinreißend, dass es mir geradezu das Herz zerriss.

Ich schlang meine Arme um sie und zog sie noch näher an mich heran. So nah, bis sich unsere Körper erneut aneinanderpressten und sich ein heißes ziehendes Gefühl in meinen Eingeweiden ausbreitete. Das Gefühl von nackter Haut auf nackter Haut berauschte mich geradezu. Wenn sie nur wüsste, wie sehr sie mich verzauberte.

»Wie wäre es mit morgen?«, fragte ich flüsternd.

Sie nickte begeistert. »O ja. Wir könnten aufs Mayflower Festival gehen! Dort gibt es Schießstände, ein Riesenrad, Imbissbuden und eine Geisterbahn. Außerdem gibt es jeden Abend des Festivals auch ein Feuerwerk. Ich weiß aber nicht, ob es diesmal auch so sein wird, wegen der Unwetterwarnung für das Wochenende. Wir könnten aber tagsüber hin!«

»Dann haben wir ein offizielles erstes Date.« Ich küsste sie erneut. Dann wieder und wieder, bis mich das Gefühl ihrer weichen Lippen und ihrem Körper an meinem mit geborgener süßer Lust erfüllte.

»Wie viel Uhr?«, nuschelte sie an meinem Mund.

Ich grinste. Mit einer schnellen Bewegung rollte ich mich auf sie und küsste ihren Hals. »Das klären wir, wenn wir nicht mehr beschäftigt sind und die Pizza da ist. Es sei denn natürlich, du willst die Wartezeit anders verbringen.«

Sie schnappte hörbar nach Luft, als ich an ihrem Hals knabberte. Mehr als ein sehr klares Kopfschütteln brachte sie nicht hervor. Aber mir langte es, um mich anschließend voller Eifer der wichtigen Aufgabe zu widmen, ihren gesamten Körper von oben bis unten mit meinen Lippen zu erkunden.

Und ich gab mir große Mühe, dieser Aufgabe mit größter Sorgfalt nachzugehen.

KAPITEL 42

MAXX

*E*in sanfter Wind kam auf, und die Sonne verschwand hinter einer großen weißen Wolke am blauen Himmel. Mit den Händen in den Taschen vergraben spazierte ich durch Fletcher in Richtung Cadfan-Hill-Park. Erst hatte ich das Navi auf meinem Smartphone dafür verwendet, dann jedoch ganz auf meinen Orientierungssinn und mein Erinnerungsvermögen gebaut. Das Mayflower Festival fand im Park statt, und Savannah und ich hatten verabredet, uns vor dem Eingang zu treffen. Vermutlich war ich viel zu früh dran, aber immerhin war ich zu Fuß unterwegs. Obwohl Sav und ich fast die ganze Nacht zusammen verbracht hatten, spürte ich ein nervöses Flattern in meiner Brust. Schwer zu glauben, aber je näher ich dem Park kam, desto stärker schien es zu werden. Ich konnte es kaum erwarten, sie wiederzusehen. Eine so starke Anziehung, eine so heftige Sehnsucht nach einer anderen Person hatte ich noch nie zuvor empfunden. Eine Sehnsucht, die dafür sorgte, dass nichts auf der Welt mich von ihr fernhalten konnte. Verflucht noch mal, mich hatte es dermaßen heftig erwischt. Kein Wunder, dass ich mir erst darüber bewusst wurde, schief zu grinsen, als mir ein Mann mit Labrador einen seltsamen Blick zuwarf und die Stirn runzelte.

Ich war verliebt. So richtig Hals über Kopf. Verliebt in Savannah Moore. Und nichts hatte sich je besser angefühlt.

Um dem Ganzen noch eine Schippe draufzusetzen, begann ich die restlichen fünfzehn Minuten des Weges ein Lied zu pfeifen.

Noch bevor ich den Park erreichte, konnte ich das Mayflower Festival auch schon hören – und riechen. Der süße Geruch von frischem Popcorn und gebrannten Mandeln wehte mir in die Nase. Stimmengewirr von Menschen und Musik drang ebenfalls bis hierher.

Ich konnte mir nicht erklären, wieso. Vielleicht lag es an meinem Hochgefühl, oder an meinem Verliebtsein. Doch mit einem Mal fühlte ich mich so … frei. Ich fühlte mich nicht nur frei, sondern federleicht. Als würde mich der starke Wind, der heute schon den ganzen Tag durch die Straßen von Fletcher wehte, geradezu davontragen. Ich hätte nicht gedacht, dass ich irgendwann mal so kitschig werden würde. Andererseits hatte ich diese Ader schon immer besessen, vor allem wenn ich verliebt gewesen war. Mit Rose war es anders gewesen. Sie war kein romantischer Mensch. Bei Savannah jedoch hatte ich nicht das Gefühl, mich verstellen zu müssen oder mich anzupassen. Und jetzt, wo ich endlich alle Karten auf den Tisch gelegt hatte … konnte ich endlich ganz ich selbst sein. Es bestand zwar noch immer die Gefahr, dass sie früher oder später den Schock über meine Enthüllung und meine Vergangenheit verkraftete und dann schreiend davonlief, aber sie machte noch nicht den Anschein, als würde das heute geschehen. Ich hatte das Bedürfnis, ihr jedes noch so kleine Detail, jede noch so beschissene Entscheidung und Tat meines Lebens zu erzählen, damit ich endlich dieses nagende Gefühl loswurde, das mir sagte, dass sie mich nur nicht von sich stieß, weil ich sie noch nicht über den vollen Umfang meiner Vergangenheit aufgeklärt hatte. Ich fühlte mich fast schon wie ein Betrüger. Und das, obwohl der rationale Teil in mir wusste, dass ich ihr alle wichtigen Fakten gestern Abend erzählt hatte. Himmelherrgott, ich war vor ihr zusammengebrochen! Ich hatte ihr alles erzählt, und sie … hatte mich trotz allem akzeptiert.

Deshalb versuchte ich, die Sorgen fortzuwischen, sie für einen späteren Moment in die hinterste und dunkelste Ecke meines Bewusstseins zu drängen. Jetzt war kein guter Zeitpunkt. Denn ich hatte ein Date.

Mit Savannah.

Zusammen mit einer Großfamilie, einem jungen Pärchen und einer älteren Frau überquerte ich die Straße und visierte den Cadfan-Hill-Park an. Die dichten Büsche und hohen, alten Bäume des Parks wirkten einladend und wie ein kleiner Wald inmitten der Stadt. Jedes Mal wenn ich durch Fletcher spazierte, fielen mir neue Plätze auf, die mir gefielen. Die Wege am Coldwater River, die belebten Straßen in der Innenstadt mit den Läden, Restaurants und Cafés, die Fletcher University und nun auch der Park. Ich konnte es kaum erwarten, in den nächsten Wochen und Monaten noch mehr Ecken zu Fuß zu erkunden. Mein Bauchgefühl sagte mir, dass es die beste Entscheidung gewesen war, nach Fletcher gekommen zu sein. Es fühlte sich richtig an. Als würde ich … hierhergehören.

Suchend sah ich mich um, ließ meinen Blick über die Menschen gleiten, die durch das große offene Tor in den Park zum Fest strömten. Wieder zückte ich mein Handy, um die Uhrzeit zu checken. Dauernd musste ich sichergehen, nicht zu spät dran zu sein.

Um nicht im Weg zu stehen, lehnte ich mich gegen die Steinmauer, die den Park umgab. Ich stand unter einer großen knorrigen Eiche, deren Äste dank des drückenden, warmen Windes schaukelten.

Ein heftiges, unbarmherziges Verlangen nach einer Zigarette durchströmte mich. Und es wurde nicht gerade besser, weil nicht weit von mir auf einer Parkbank eine telefonierende Frau rauchte und ihr Rauch zu mir geweht wurde.

Ich biss die Zähne zusammen. *Fuck.* Was taten wartende Menschen, wenn nicht rauchen? Das war die Art von Zeitfenster, in der man doch quasi gar keine andere Wahl hatte. Mein Hirn quälte mich nun sogar so sehr, dass ich mir genau vorstellen konnte, wie es wäre, jetzt gerade einen Filter zwischen den Lippen zu haben und tief zu inhalieren. Wie es sich anfühlte, wenn der Rauch meine Lunge füllte …

»Verflucht«, flüsterte ich und atmete tief durch, auch wenn die kaum spürbare Luft in meiner Lunge eher ein frustrierendes Gefühl hinterließ, weil sie eben kein Rauch war. Ich hatte nicht geglaubt, dass es sich so beschissen anfühlen würde, es sein zu lassen. Nicht dass ich jede einzelne Sekunde ans Rauchen dachte, das nicht. Aber morgens nach dem Aufstehen, nach dem Essen oder wie gestern nach dem Sex … diese Momente schrien förmlich nach Nikotin.

Aber ich hatte aufgehört. Ich würde dabei bleiben, würde durchhalten und nicht wieder schwach werden. Ich würde es schaffen. Das würde ich nicht nur Savannah oder Chester oder Creed beweisen, sondern vor allem mir selbst.

»Maxx!«

Ich blickte auf und sah mich hektisch um. Da trat Savannah auch schon in mein Blickfeld. Mit leuchtenden Augen und einem strahlenden Lächeln auf dem Gesicht kam sie auf mich zugelaufen. Sie hatte sich die hellbraunen Haare zu einem Knoten gebunden, der vom Wind bereits ganz zerzaust worden war. Sie trug ein dunkelblaues knielanges Hemdkleid mit großen weißen Punkten und hatte sich wieder Kontaktlinsen eingesetzt. Nicht nur das, sie hatte sich auch geschminkt. Auf ihren lächelnden Lippen lag ein leichtes glänzendes Rot, und ihre Augen wirkten größer und leuchtender.

Ich konnte nicht anders, als ebenfalls zu lächeln. Sie sah aus wie eine Figur aus einem alten Film, vor allem auch mit der kleinen Ledertasche, die sie sich umgelegt hatte. Damit konnte ich nicht unbedingt dienen, denn mit der verwaschenen Jeans, meinen mittlerweile schmutzigen Sneakern, dem offenen, etwas zu großen Cordhemd, das ich mir von Ches geborgt hatte, und dem weißen Shirt sah ich einfach nur aus wie ein absolut gewöhnlicher, unauffälliger Typ. Einfach nur ich.

Ich fragte mich, ob ich Blumen hätte mitbringen sollen. Hatte sie das gehofft? Verflucht, vielleicht hätte ich das tun sollen. Daten war schon lange keine Stärke mehr von mir.

Ich löste mich von der Mauer und lief ihr entgegen. Ich würde es einfach auf dem Mayflower Festival nachholen. Ihr irgendwas kaufen. Ich hatte zwar gerade mal fünfzig Dollar bei mir, was auf einem Fest für zwei Personen nicht sonderlich viel war, aber es war immerhin besser als nichts. Ich wollte ihr mehr bieten, aber ich würde mir das wohl für ein anderes Date aufheben müssen. Das Tattoo war mit seinen sechzig Dollar bereits so teuer gewesen, dass es meine Finanzen gesprengt hatte.

»Hi«, sagte Savannah fröhlich, ehe wir voreinander stehen blieben. Ohne darüber nachzudenken, beugte ich mich nach unten und küsste sie geradewegs auf den Mund. Es fühlte sich so gut an, dass wir wieder zusammen waren.

Ich bemerkte meinen Fehler erst, als ich spürte, wie Savannah erschrocken Luft holte.

Hastig trat ich zurück und fuhr mir verlegen mit einer Hand über den Nacken. »Hi. Tut mir leid. Ich wollte dich nicht überrumpeln.«

Sie wirkte ebenfalls verlegen, doch sie erwiderte meinen Blick recht unerschrocken. Ein Lächeln erschien auf ihren Lippen. »Hast du nicht. Wollen wir los?« Bevor ich antworten konnte, ergriff sie auch schon meine Hand und zog mich mit sich.

Ich konnte nicht anders, als zu grinsen, und verschränkte unsere Finger miteinander. Der Anfang des Weges war mit Pflastersteinen versehen, welche jedoch in einen staubigen breiten Weg übergingen, je weiter wir kamen. Ich hatte geglaubt, dass der Park eher einem Wald gliche, da es von außen so gewirkt hatte, jedoch sah ich nun, dass vor uns eine riesige Wiese lag, die sich zur Mitte hin zu einem sanften Hügel erhob. Am höchsten Punkt befand sich das Riesenrad, welches ich bereits erblickt hatte. Auf der ganzen Wiese vor dem Hügel befanden sich Wagen, Trucks und Stände, die schmale Gassen bildeten. Überall waren Menschen, die spazierten, aßen oder in Schlangen standen.

»Wow«, sagte ich begeistert. »Ich kann mich nicht erinnern, wann ich zuletzt auf einem Jahrmarkt war, oder einem Fest wie dem hier. Es ist … schön.« Und überwältigend. Es verpasste mir einen süßen Schmerz, fast als sei all das nur ein Traum. Es war so anders im Vergleich zu dem, was ich die letzten Jahre erlebt hatte, beinahe schon surreal. Falls es wirklich ein Traum war, betete ich, dass ich niemals aufwachen würde.

»Das ist es«, sagte Savannah mit einem verträumten Lächeln. »Ich liebe das Mayflower Festival. Als Kind bin ich jedes Jahr mit Mitchell und meinen Eltern hergekommen. Wir sind Karussell gefahren, haben Zuckerwatte gegessen und waren zum Feuerwerk am letzten Tag des Festivals immer auf dem Riesenrad. Aber es ist schon lange her, dass ich mit meinen Eltern hier gewesen bin. Die letzten Jahre sind Ella, Summer, Mitch, Todrick und ich immer als Gruppe hergekommen.«

Wir reihten uns zwischen den Menschen ein, die ebenfalls durch die Gassen schlenderten. Es waren viele Familien mit Kindern unterwegs, und immer wieder durchbrach deren helles Lachen das stetige Gewirr aus Musik und Stimmen. Ich konnte mir nur zu gut vorstellen, wie Sav und Mitchell hier wohl ebenfalls als Kinder lachend herumgetobt waren. Genauso sorglos wie die Kinder, die vor uns mit leuchtenden Augen an Ständen standen oder gigantische Spieße mit rosa Zuckerwatte in ihren Händen hielten und wie einen Schatz vor sich hertrugen.

»Das klingt toll«, sagte ich ehrlich und drückte ihre Hand. Nicht eine Sekunde war ich mir nicht darüber bewusst, dass ich sie hielt. Dass wir hier unter all den Menschen waren und ich ihre Hand halten durfte, so als würden wir zusammengehören. »Welcher ist dein liebster Stand? Was willst du zuerst machen?«

»Hmm. Ich habe viele Lieblingsstände. Es gibt frische Waffeln mit heißen Kirschen und Schokosoße. Oh, oder wir holen uns Schokopopcorn! Ich bin süchtig nach dem Zeug.«

Ich lachte schnaubend. »Es gibt wirklich so was wie Schokopopcorn?«

»O ja. Aber ich glaube, es ist irgendwie keine richtige Schokolade. Es ist schwer zu erklären, du musst sie selbst probieren. Danach könnten wir uns Corndogs holen, oder Pizza, oder Churros mit Zimt und Zucker!«

Ein Lachen entschlüpfte mir. »Du gibst den Weg an. Ich folge dir.«

Es dauerte eine Weile, bis wir einen Stand erreichten, den Sav auserkor. Es war ein langer Wagen, dessen Auslage hinter dem gläsernen Tresen mit Süßigkeiten gefüllt war. Der Geruch nach Popcorn, karamellisierten Nüssen und Zuckerwatte war hier so stark, dass mir das Wasser im Mund zusammenlief. Ich kaufte uns einen Eimer mit Schokopopcorn und eine Tüte mit sauren Weingummis. Savannah hatte recht, das Schokopopcorn schmeckte tatsächlich ziemlich gut. Nicht ganz schokoladig, aber auch nicht nach Karamell. Was es auch war, ich konnte nicht aufhören, eine Handvoll nach der anderen zu essen.

»Was feiert das Mayflower Festival überhaupt?«, fragte ich, als wir durch eine etwas weniger volle Gasse schlenderten. »Mayflower Day ist doch erst nächste Woche, wenn ich mich nicht irre.«

Savannah nickte und griff wieder in den Eimer, den sie mit einem Arm umschlungen hielt. »Eigentlich feiern wir die Gründung der ersten Siedlung, die den Anfang der Stadtgeschichte bildet. Niemand weiß genau, wann Fletcher gegründet wurde, weil es siebzehnhundertfünfzig zu einem schlimmen Brand kam, der den Stadtkern komplett zerstört hat. In den Dokumenten und den Eintragungen über Fletcher in den Stadtarchiven von Frayton, Coldwater, Warden Hill und ein paar anderen Orten im Umland gibt es einige Unstimmigkeiten. Es sind drei verschiedene Daten, an drei aufeinanderfolgenden Tagen. Deshalb dauert das Mayflower Festival auch drei Tage. Der Name des Fests und der Stadt ist den Pilgervätern zu verdanken, die mit der Mayflower herkamen. Die Familie eines Mitgliedes des Stadtrates schloss sich nach dem Brand einer Gemeinde in Neuengland an und …« Sie verstummte und hob den Kopf an, um mich anzusehen. »Tut mir leid, ich will dich nicht mit Geschichtsunterricht langweilen.«

»Tust du nicht«, beeilte ich mich zu sagen. Ich griff erneut in den Eimer mit dem Schokopopcorn. Wir sahen dabei zu, wie eine Gruppe von Grundschulkindern an einem Stand lernte, wie man Kerzen machte. »Was ist dann passiert?«

Sie lächelte verlegen, nickte dann aber begeistert. »Die Gönner waren direkte Nachfahren der Pilgerväter der Mayflower und stellten die Gelder für den Wiederaufbau zur Verfügung. Dafür wurde die Stadt nach ihrem größten Gönner benannt, George Fletcher VI., und das Fest der Stadtgründung nach dem Schiff, welches die Pilgerväter nach Neuengland brachte – der Mayflower. Denn hätte es die Pilgerväter nicht gegeben, würde auch Fletcher nicht existieren.« Sie machte eine wegwerfende Handbewegung. »A-aber das ist nur ganz vereinfacht heruntergebrochen, und bestimmt habe ich auch irgendwas ganz falsch erzählt! Es gibt noch viel mehr zu wissen. Ein Teil der Einnahmen, die auf dem Mayflower Festival erzielt werden, kommt Organisationen zugute, die sich für den Erhalt indigener Kulturen in unserem Umland einsetzen. Unser Bürgermeister ist der erste Bürgermeister mit indigenen Wurzeln, den Fletcher jemals hatte, und er hat sich dafür eingesetzt. Wir waren deshalb landesweit sogar schon mal in den Nachrichten! Ich … Falls du mehr wissen möchtest, könntest du ins Stadtmuseum gehen oder eine Stadtführung machen.«

»Einen Moment.« Ich zog mein Handy aus der Jeanstasche. »Das sollte ich mir auf meine Liste schreiben.« Und im besten Fall würde es

382

ein weiteres Date werden. Nur falls Savannah Lust hatte, sich eine ganze Führung anzutun.

Erst während meiner Haftzeit hatte ich angefangen, mich für Geschichte zu interessieren. Früher hatte ich während des Schulunterrichts nicht gerade aufgepasst, und in meiner Freizeit hatte ich vermeintlich Besseres zu tun gehabt, als mich damit zu beschäftigen. Aber ich hatte in den letzten Jahren Gefallen daran gefunden.

»Gibt es Bücher?«, fragte ich, als ich das Telefon zurück in die Tasche schob.

»Bücher?«, wiederholte Sav überrascht.

»Über Fletcher und die Stadtgeschichte.«

»Klar! Bestimmt gibt es hier auch irgendeinen Stand, der so was verkauft. Sollen wir einen suchen?«

Ich wollte ihr zustimmen, kam jedoch ins Zögern. Ich hatte nur fünfzig Dollar bei mir. Das Popcorn und die sauren Weingummis hatten mich bereits zusammen fünf Dollar gekostet. Wenn wir noch Riesenrad fahren wollten, Getränke kaufen und vielleicht irgendwas Richtiges zu essen, konnte ich es mir nicht leisten, mir dazu noch irgendein Buch zu kaufen. Ich wusste ja nicht einmal, ob das Geld überhaupt reichte. Immerhin gab es hier auch so was wie Schießbuden, und ich wollte Savannah unbedingt einladen. Das hier war immerhin ein Date, und ich war ein wenig altmodisch. Und vielleicht wollte ich nicht nur ihr, sondern vor allem mir selbst beweisen, dass ich dazu in der Lage war, ihr etwas zu bieten. Vielleicht war das wieder der Höhlenmensch in mir, immerhin ging es nicht um Geld, und das war bisher zwischen uns auch kein Thema gewesen. Aber es verpasste meinem bereits angeknacksten Stolz ziemlich heftige Risse, wenn ich sie nicht einmal zu einem Tag auf dem Jahrmarkt einladen konnte.

Deshalb rang ich mir ein Lächeln ab und schüttelte den Kopf. »Schon okay. Ich denke, ich werde mich irgendwann einfach mal in der Bibliothek umschauen.«

»Gute Idee! Falls du dich in der Campusbibliothek umsehen möchtest oder ich für dich ein Buch herausschmuggeln soll, kannst du auf mich zählen.« Sie grinste verschwörerisch, was mich auflachen ließ.

Ich legte einen Arm um ihre Mitte und zog sie mit mir. »Lass uns etwas an einem Stand spielen, du Buchdealerin.«

Schalk blitzte in ihren Augen auf. »Ich wette, du schaffst es nicht, mich beim Dosenwerfen zu schlagen.«

»Was erhält der Gewinner?«

»*Die* Gewinner*in*, meinst du wohl. Viel wichtiger ist doch, was *der Verlierer* erhält, oder?«

Ich griff in den Eimer und warf sie grinsend mit einem Popcorn ab. »Könnte es sein, dass du gerade ein wenig siegessicher bist?«

Sie schob das Kinn nach vorne, doch ich sah genau, wie sie errötete. »Ich bin nicht in vielen Dingen gut. Aber das Spiel mag mich. Wir haben eine besondere Verbindung.« Sie warf mich ebenfalls mit Popcorn ab und blickte lachend zu mir auf. »Ich werde dich leider in Grund und Boden stampfen. Aber du bekommst einen Trostpreis. Versprochen.«

Es brauchte nur einen kurzen Moment, bis ich den ersten Stand entdeckte, an welchem man Dosenwerfen spielen konnte. Wir visierten ihn an. Nur ein Pärchen stand dort, das konzentriert mit dem Ball auf die silbernen Dosen im hinteren Bereich der Bude zielte.

»Von wegen, ich bin nämlich ein Profi«, log ich und lehnte mich an den Stand. Ich grinste Savannah herausfordernd an und zuckte lässig mit den Schultern. »Ich bin es, der *dich* gleich in Grund und Boden stampfen wird. Weißt du, Savannah, ich bin absolut unbesiegbar. Du hast nicht die geringste Chance.«

Sie verschränkte die schlanken Arme vor der Brust. Der Wind schob ihr eine Haarsträhne ins sommersprossige Gesicht, und ich bekam sofort das Bedürfnis, sie fortzustreichen. Doch ich hielt mich zurück und wartete gespannt auf ihre Erwiderung.

Ihre Mundwinkel hoben sich. Ein herausforderndes Lächeln, das mir geradewegs den Atem raubte. »Dann mach dich auf etwas gefasst, Waldfee.«

KAPITEL 43

SAVANNAH

Zufrieden schob ich mir ein saures Erdbeerweingummi in den Mund, während wir an Schießständen und Essenswagen vorbeiliefen. Wir steuerten den Hügel an. Genauer gesagt das Riesenrad, welches darauf stand.

Ich konnte es mir nicht verkneifen und blieb stehen. »Er ist so süß!«, sagte ich und drückte meinen Finger gegen die schwarze Nase. »*Stups*. Wir sollten uns einen Namen für ihn überlegen.«

Maxx' unglückliches Gesicht tauchte neben dem gigantischen Kopf des glitzernden pinken Plüschteddys auf. Er hielt ihn mit seinen tätowierten Armen umschlungen und trug ihn vor sich her. Der Teddy war fast so groß wie ich, was beängstigend und großartig zugleich war. Ich konnte mir ein Kichern nicht verkneifen. Den Anblick dieses fast zwei Meter großen gut aussehenden Kerls, dessen beiges Cordhemd und weißes T-Shirt bereits jetzt schon über und über mit funkelnden Fellflusen übersät war, würde ich nie vergessen. Nein, mehr noch als das. Das musste ich für die Ewigkeit festhalten.

Ich griff in meine Umhängetasche und zückte mein Handy. »Jetzt bitte einmal für die Nachwelt lächeln.«

Maxx stieß einen gequälten Laut aus. »Du grausame Frau.«

»Sag *cheese*!«

Ich schoss mindestens zehn Bilder von ihm, in Quadraten, hochkant, quer und im Porträtmodus. Er versuchte definitiv, seine verdrossene Miene beizubehalten, aber ich konnte genau sehen, wie Maxx sich das Schmunzeln verkniff und die Lippen kräuselte. Dann stellte ich mich neben ihn, hielt das Handy hoch und wechselte in den Selfie-Modus. Ein Lachen entstieg meiner Kehle.

»Wenigstens eine Person hier hat einen Heidenspaß«, murmelte er, schlang im nächsten Moment plötzlich einen Arm um mich und zog mich mit einem Ruck näher an sich. Ein heißes flatterndes Ziehen schoss durch meinen Bauch und sorgte dafür, dass sich mein Herz pirouettenartig um die eigene Achse drehte.

Ich hob den Kopf, um ihm in die Augen zu sehen. Ich wusste nicht, woher ich den Übermut nahm, aber die Worte purzelten heute nur so aus mir heraus. »Dann gibst du also zu, dass es das Schönste auf der ganzen Welt für dich ist, deinen Trostgewinn-Teddy im Arm zu halten?«

Er beugte sich zu mir nach unten, noch immer mit einem schalkhaften Lächeln auf den Lippen. Sein vertrauter Geruch und das Grübchen auf seiner Wange hätten mich beinahe in die Knie gezwungen. Doch der Ausdruck in Maxx' grauen Augen wurde im nächsten Moment sanft. »Es ist nicht das fusselnde Ungetüm, das diesen Platz für mich einnimmt.«

Ich erwiderte seinen Blick, der viel zu intensiv, viel zu liebevoll, viel zu durchdringend war. Mein Herz schlug plötzlich unglaublich laut.

Wie ferngesteuert senkte ich meinen Arm, den ich noch immer für die Selfies erhoben hatte. »Ist er nicht?«, fragte ich leise, unfähig, meinen Blick von seinem zu lösen. Ich schluckte schwer.

Wie war es möglich, dass die Luft zwischen uns plötzlich wieder so sehr knisterte? Dass ich mit einem Mal dem Verlangen widerstehen musste, jeglichen Abstand zwischen uns zu schließen?

»Ist er nicht«, wiederholte er mit sanfter, tiefer Stimme. Sein Blick senkte sich, heftete sich auf meinen Mund.

Es war dieser Blick, dieser Ausdruck in seinen Augen, der es mir unmöglich machte, noch eine Sekunde länger der Anziehung zu widerstehen.

Ich stellte mich auf Zehenspitzen und küsste ihn. Maxx erwiderte den Kuss augenblicklich, was mir praktisch keine andere Wahl gab, als seufzend die Augen zu schließen. Ich wusste nicht, wie er es machte, aber er nahm mir jede Unsicherheit. Er sorgte dafür, dass ich mich begehrenswert und stark und schön fühlte. Blind steckte ich mein Handy weg und legte Maxx eine Hand auf die Brust, ließ sie höher wandern, bis ich sie in seinen Nacken gleiten lassen konnte. *Es ist nicht das fusselnde Ungetüm, das diesen Platz einnimmt.* Dann war es das Schönste auf der Welt für ihn, *mich* im Arm zu halten? Wollte er das wirklich damit sagen? Die Vorstellung ließ meinen Puls vor Aufregung noch schneller werden. Obwohl wir mitten auf dem Mayflower Festival waren, obwohl ich mich kaum getraut hatte, mit Maxx am Coldwater River zu tanzen, schämte ich mich nicht einmal ansatzweise, ihn hier in aller Öffentlichkeit zu küssen. Es berauschte mich sogar, erfüllte mich mit Stolz, dass alle Welt sehen konnte, dass ich, Savannah Moore, Maxx Williams küssen durfte und er mich küsste! Deshalb zog ich ihn auch noch ein wenig näher an mich.

Er lächelte an meinen Lippen. »Gott, du überraschst mich immer wieder.«

Ich erwiderte sein Lächeln, ohne mich auch nur einen Zentimeter von der Stelle zu bewegen. »Das ist hoffentlich etwas Gutes.«

»Du bist so viel mehr als das.« Sanft strich er mit den Lippen über meine.

Mutig blickte ich auf. Mein Herz war unerträglich laut und wurde immer lauter, je länger ich ihm in die Augen sah.

»Maxx«, sagte ich leise. »Ich wollte dir sagen, dass ich … dass ich dich … du und ich …« Meine Stimme versagte. »Verflixt und zugenäht noch mal«, murmelte ich. »Noch mal von vorne.«

»Hast du gerade wirklich *verflixt und zugenäht* gesagt?«

Ich zog eine Grimasse. »Fluchen ist nicht so meine Stärke. Deswegen bin ich auch der Fluchbär.«

Er lachte laut auf und gab mir einen flüchtigen Kuss. »Ernsthaft? Fluchbär?«

Ein Kichern entschlüpfte mir. Maxx hob eine Augenbraue, warf einen Blick auf den Riesenteddy, den ich für ihn gewonnen hatte, und sah dann wieder mich an. »Ich glaube, wir wissen beide, wie dieses Monster hier heißen sollte.«

»Oh. O nein.«

»O doch. Bitte begrüße deinen neuen besten Freund, Mr. Fluchbär.« Er drehte sich zur Seite, wodurch es so aussah, als würde sich der glitzernde, starr blickende und dauerhaft fröhlich aussehende Teddy vor mir aufbauen. Lachend entfuhr mir ein spitzer Schrei.

Wir alberten eine ganze Weile herum, immer wieder unterbrochen von den süßesten Küssen, die ich je in meinem Leben erhalten hatte.

Die ersten Wolken zogen auf, am Horizont so dunkel, wie es bereits vom Wetterdienst für das Wochenende angekündigt worden war, während Maxx und ich noch damit beschäftigt waren, die Reste unserer leuchtend blauen Crusheis-Slushies auszutrinken. Wir hatten sie uns gleich nach den Corndogs und den heißen Waffeln gekauft. Oder wohl eher Maxx. Er bestand darauf, mich zu allem einzuladen. Egal was es war, er zahlte. Einerseits fühlte ich mich davon ziemlich geschmeichelt und war beeindruckt davon, was für ein Gentleman er war. Andererseits hatte ich auch Schuldgefühle. Die bekam ich jedes Mal, wenn ich zu irgendwas eingeladen wurde. Abgesehen davon wusste ich, dass er momentan nicht gerade in Geld schwamm. Er war vor Kurzem erst freigekommen – ein Thema, welches wir heute noch kein einziges Mal zu Wort gebracht hatten, obwohl ich so viel zu sagen und so viele Fragen hatte –, und doch hatte er mich zu allem auf diesem ersten perfekten Date eingeladen. Ich nahm mir fest vor, beim nächsten Mal ihn einzuladen, und nicht andersherum. Und das brachte uns auch schon zu unserem nächsten Thema.

Wir lagen auf der Anhöhe des Cadfan Hill, halb auf Mr. Fluchbär, der als etwas zu voluminöser Polsterersatz diente. Es störte mich nicht im Geringsten, dass ich einen ersten Regentropfen abbekam. Es war noch immer warm, und der Wind war wohltuend.

Ein Seufzen entwich mir. Maxx strich immer wieder mit den Lippen über meine und fuhr dabei mit den Fingerspitzen meinen Kiefer entlang. Jedes Härchen in meinem Nacken stellte sich dabei auf, und ich erschauderte. »Das Blau auf den Lippen steht dir übrigens wirklich gut«, murmelte er und küsste mich erneut.

Mir wurde so leicht ums Herz, dass es fast schon unerträglich schön war. »Dir auch«, flüsterte ich.

»Blau ist nicht so meine Farbe, Rot steht mir viel besser.«

»Das Kino in der Mall hat rote Slushies. Sie haben sechs verschiedene Sorten, am besten, du probierst dich durch, um einen Favoriten zu finden! Nur Kiwi-Birne kann ich dir nicht so empfehlen. Es schmeckt irgendwie nach Seife.«

Nachdenklich betrachtete er mich. Er wich ein Stück zurück und ließ seinen Blick über mein Gesicht wandern.

»Was ist?«, fragte ich ein wenig verunsichert und presste die Lippen zusammen.

»Erinnerst du dich noch an den Abend im Hotel?«

Augenblicklich kroch mir Wärme in die Wangen. Als hätte ich auch nur eine einzige unserer gemeinsamen Minuten vergessen können, wenn sie sich mir doch so sehr in den Kopf einbrannten. »Ja, wieso fragst du?«

Er lächelte verschmitzt. »Als wir uns unterhalten haben, hätte ich dich beinahe gefragt, wann unser nächstes Date stattfindet. Der einzige Grund, warum ich das nicht getan habe, war, weil du einen anonymen Abend haben wolltest. Ich … bin gerade einfach nur froh, dass wir keinen One-Night-Stand hatten und stattdessen das hier.«

»Das hier?«, wiederholte ich, unfähig, den Blick von seinem zu lösen. Das Flattern in meiner Brust sorgte dafür, dass mir schwindelig wurde.

»Unser Date. Du und ich. Alles. Könnte ich die Zeit zurückdrehen zu dem Tag, als wir uns im Hotel getroffen haben, würde ich nichts anders machen wollen. Vielleicht wären wir sonst nicht hier.«

Ich sah, wie sein Adamsapfel hüpfte, als er schluckte. Der intensive, liebevolle Blick ließ mich den Atem anhalten.

»Sav, ich … Du und ich … Also …« Er schloss den Mund. Öffnete ihn – und schloss ihn wieder. Ungefähr so wie ich vorhin. Eine Falte erschien auf seiner Stirn, ehe seine Augen aufleuchteten und er mich mit einem so anbetungswürdigen schiefen Lächeln bedachte, dass ich beinahe geseufzt hätte. »Verflixt und zugenäht noch mal.«

»Hey, such dir eigene Flüche!«, sagte ich und gab ihm einen Klaps auf die Schulter – auch wenn meine Brust zu glühen schien. Ich wusste nicht wirklich, was er mir sagen wollte, aber seiner Reaktion nach hoffte ich, hoffte *mein Herz* so sehr, dass er mir das sagen wollte, was ich ihm zuvor auch hatte sagen wollen und nicht die richtigen Worte gefunden hatte. Selbst jetzt konnte ich keine finden.

»Du hast recht, ich brauche eigene Flüche. Es klingt nämlich viel niedlicher, wenn du so zensiert fluchst. Da kann ich nicht mithalten.«

Ich lachte, legte meine Hand über seine und schmiegte meine Wange an sie.

»Also, Sav«, sagte Maxx mit leiser, vertraulicher Stimme und bedachte mich mit einem sanften Blick. »Unser nächstes Date. Gehen wir ins Kino?«

Ich strahlte ihn so glückselig an, dass mir die Wangen schmerzten. Es gab nichts auf der Welt, was ich lieber wollte. Und genau das musste ich Maxx auch sagen, denn er hatte mich soeben zum glücklichsten Mädchen auf dem Planeten gemacht. »Ich würde nichts lieber ...«

»*Savannah?*«

Ich fuhr zusammen und setzte mich schlagartig auf.

»Was ist los?«, fragte Maxx alarmiert und setzte sich ebenfalls auf.

Mein Herz rutschte mir in die Hose, als ich mich hektisch umsah. O Gott. Nein. Diese Stimme. Das war nicht irgendeine Stimme. Ganz und gar nicht.

Es war die Stimme meiner Mutter.

Ich entdeckte sie und meinen Dad, wie sie nicht weit von uns auf dem staubigen Weg standen, der hoch zum Riesenrad führte.

Mein erschrockener Blick kreuzte den ungläubigen meiner Mom. Dann sah ich meinen Dad an, und ich hatte das Gefühl, als würde mir der Atem geradewegs im Hals stecken bleiben. Dort standen sie. Meine Eltern. Und das, obwohl sie die letzten Jahre nicht mehr hergekommen waren. Dann sah ich jedoch auch, wer bei ihnen stand. Es war Frank Trevor.

Der Bürgermeister von Fletcher.

»Ach du Schreck!«, stieß ich hervor, rappelte mich hastig auf und strich mein gepunktetes Kleid glatt. »D-da vorn sind meine Eltern.«

»Was?« Maxx stand ebenfalls auf und klopfte sich das vertrocknete Gras von der Jeans.

»Meine Eltern«, wiederholte ich, ohne den Blick von ihnen zu lösen. Ein winziger kalter Tropfen landete genau auf meinem Scheitel. »O nein, sie kommen genau auf uns zu.« Ich beobachtete, wie sie sich vom Bürgermeister verabschiedeten und zu uns liefen. Meine Mutter in Pumps, einem roten Stiftrock und einer weißen Seidenbluse und mein Dad in Chinohose und grauem Poloshirt.

Mir war schlecht. Was um alles in der Welt hatten sie hier zu suchen? Und wie konnten sie ausgerechnet Maxx und mich ausfindig machen, wenn hier so viele Menschen waren?

Während sie noch näher kamen, gab ich mir Mühe, über meinen Mund zu wischen, in der Hoffnung, dass anschließend nichts mehr von der blauen Färbung des Slushies zu sehen sein würde. Mir wurde eiskalt. Ich strich mir eine Haarsträhne nach der anderen aus dem Gesicht und hinter die Ohren, auch wenn ich mir ziemlich sicher war, dass der Dutt auf meinem Kopf der unordentlichste war, den ich je getragen hatte. Ich räusperte mich und rang mir anschließend ein Lächeln ab, um meinen Schreck zu überspielen.

»Was macht ihr denn hier?«, fragte ich, als sie Maxx und mich erreichten. »Ich wusste nicht, dass ihr herkommen würdet. Wieso habt ihr nichts gesagt?«

Es war unübersehbar, wie meine Mom Maxx musterte. Ich wusste, dass es mir eigentlich egal sein konnte. Immerhin war ich erwachsen, und sie hatten mich auch nicht gerade bei etwas Verbotenem erwischt. Aber wie hatte Dr. Dreyer immer so schön gesagt? *Antrainierte Verhaltensmuster verschwinden nicht von heute auf morgen und brauchen Zeit, um sich aufzulösen.* Meine Gefühle waren so wirr und irrational. Es brauchte nur einen Blick von meiner Mom, dass ich mich so fühlte. Irgendwie ertappt und schuldig und verlegen.

»Wir haben uns hier mit Frank verabredet, um etwas Geschäftliches zu besprechen und ein wenig zu plaudern«, sagte mein Dad und schenkte mir ein warmes Lächeln. Er trat zu mir, drückte einen Kuss auf meine Stirn – und zog mir einen vertrockneten Grashalm aus den Haaren.

»Und du?«, fragte er fröhlich, ehe sein Blick zu Maxx glitt, weitaus entspannter als der Blick, mit welchem meine Mutter ihn musterte.

»Ich habe … ein …« Meine Stimme versagte. Doch ich gab mir einen Ruck und räusperte mich. *Keine alten Verhaltensmuster.* Ich konnte ja wohl noch normal mit meinen Eltern sprechen! Also straffte ich die Schultern und stellte mich aufrechter hin. Ich öffnete den

Mund, um endlich über meinen Schatten zu springen – doch meine Mutter kam mir einfach zuvor.

»Du hast ein Date?«, fragte sie, sichtlich verblüfft. Ihr Blick glitt von Maxx zu mir und wieder zurück, ehe sie ihn noch weitaus deutlicher unter die Lupe nahm. Ich konnte regelrecht sehen, wie der Anblick seiner Tattoos eine ihrer Augenbrauen nach oben zucken ließ.

Dass ich mich überrumpelt fühlte, war noch sanft ausgedrückt. Ich hatte das Gefühl, von einer Dampfwalze plattgemacht zu werden.

»J-ja«, stieß ich hervor und rang mir ein Lächeln ab. *Jetzt hör schon auf! Es gibt keinen Grund, so nervös zu sein, du bist erwachsen und hast ein Date, und da ist überhaupt nichts dabei!*

»Möchtest du uns deinen Begleiter nicht vorstellen, Savannah?« Sie lächelte Maxx höflich an.

Hastig nickte ich. Ich drehte mich um und hob den Kopf, um Maxx anzusehen. Was er auch in meiner Miene las, er schien zu merken, wie sehr ich aus dem Konzept war. Deshalb ergriff er die Initiative. Er sah meine Eltern an, lächelte ebenfalls höflich und trat einen Schritt nach vorne, um ihnen die Hand zu reichen. »Maxx Williams. Sehr erfreut. Vielleicht kennen Sie meinen Bruder Ches. Er ist mit Savannahs Freundin Ella zusammen.«

»Ah, Ches«, sagte mein Dad und erwiderte den Händedruck von Maxx strahlend. »Den Namen habe ich schon ein paarmal von Mitchell und Savy gehört. Sav, war er nicht auch schon zu Besuch?«

»Ja«, sagte ich leise. »Ein paarmal, als Mitch und ich mit unseren Freunden am Pool waren.«

Meine Mutter nickte. »Ah richtig, der große Typ mit den Hippiehaaren. Ich bin Savannahs Mutter. Das ist ihr Vater. Du kannst mich Mrs. Moore nennen. «

Dad lachte auf, auch wenn ich das Gefühl hatte, dass es etwas angespannt klang. Er sah sie so an, als würde er am liebsten die Augen verdrehen über das höfliche Getue.

Richtig. Sie hatten mir ja erzählt, dass sie schon lange kein Paar mehr waren. Dass sie nur meinetwegen verheiratet geblieben waren, aus Angst, ich würde einen Nervenzusammenbruch bekommen, sobald ich davon erfuhr. Weil ich ja zerbrechlich und krank und depressiv war und unbedingt mit Samthandschuhen angefasst werden musste.

»Die Vorstellung hätte ich bestimmt auch hinbekommen. Freut mich, dich kennenzulernen, Maxx.«

Einen Moment lang konnte ich sie nur beobachten. Der Knoten in meiner Brust, das Engegefühl in meinem Hals waren zu einnehmend. Ich hatte diese Tatsache in den letzten Wochen ziemlich erfolgreich verdrängt, aber jetzt, wo ich meinen Dad und meine Mom so zusammen sah, war die Distanz und die Anspannung zwischen den beiden nicht zu übersehen. Wie hatte mir in den letzten Jahren nicht auffallen können, dass sie kein Paar mehr waren?

Die negativen, erdrückenden Gefühle, die ich die ganzen letzten Wochen, seit ich sie zuletzt gesehen hatte, so gut verdrängt hatte, überschwemmten mich regelrecht. Die Wut über ihre Unehrlichkeit, die Hilflosigkeit und Trauer, weil sie mir Dr. Dreyer weggenommen hatten, das Ohnmachtsgefühl, die Sorge und noch viel mehr Ärger, weil ich einfach nicht fassen konnte, wie sie mit mir umgingen. All die heftigen Gefühle, die mich schließlich dazu verleitet hatten, meine Liste anzufangen.

Ich konnte meinen Ärger kaum unterdrücken. Ich ballte die Hände zu Fäusten und drückte die Schultern durch. »Maxx und ich sollten jetzt gehen. Wir haben noch etwas vor. Aber es war schön, euch zu sehen.«

Überrascht starrte mein Dad mich an, offenbar über meinen Ton und meine Worte verblüfft. »Oh. Aber natürlich.« Er wandte sich wieder an Maxx und strich sich einen Regentropfen von der Stirn. »Vielleicht kommt ihr zwei mal zusammen zum Essen vorbei.«

Maxx lächelte ihn an und nickte. »Sehr gern, das würde mich freuen.«

»Danke, Dad. Dann viel Spaß noch. Ich rufe euch an. Bis bald!« Ich hob unbeholfen zum Abschied die Hand und drehte mich um, um endlich die Flucht zu ergreifen. Doch gerade als Maxx und ich uns zum Gehen wandten, packte meine Mutter plötzlich mein Handgelenk.

Mit einem Satz stand sie vor mir, ergriff nun auch mit der anderen Hand mein Handgelenk und riss es nach oben. Mit geweiteten Augen starrte sie auf die Stelle, die noch immer mit der festklebenden Folie versehen war. Meine Mom wirkte so angewidert, als hätte sie den Rest eines Hundehaufens unter ihren teuren Schuhen entdeckt.

»Savannah, was um alles in der Welt ist das?«, fragte sie, wie aus allen Wolken gefallen.

Mein Herz krachte zu Boden. »I-ich … D-D-das ist ein …«

»Du hast dich tätowieren lassen?«, fragte sie und sah mich entgeistert an.

»Was?«, fragte nun auch mein Dad und trat ebenfalls vor mich, um einen Blick auf mein Handgelenk zu werfen, das meine Mom noch immer eisern umfasste.

»Oh«, stieß er hervor. Erleichtert atmete er auf. »Zum Glück ist es nur klein.«

»Ein Tattoo?!«, wiederholte meine Mutter aufgebracht und verstärkte den Griff. Hilflos blickte ich zu Maxx, der jedoch genauso hilflos meinen Blick erwiderte.

»Was hast du dir dabei gedacht, dich tätowieren zu lassen, Savannah?«

»Ich wollte das!«, sagte ich – und hasste mich dafür, wie sehr meine Stimme dabei zitterte. »Und zwar schon lange. Außerdem … bin ich erwachsen, Mom.« *Wie jämmerlich.* Ich klang schwach und jämmerlich und zog den Kopf ein wie ein kleines Kind.

Doch als ich meinen Blick hob, um mich erneut zu erklären, sah meine Mom nicht mich an. Ihre Augen waren auf Maxx gerichtet. Nicht nur auf sein Gesicht, sondern auf seine Arme. Auf die Tattoos. Die Folie, die auch sein Handgelenk schmückte, weil wir uns zusammen hatten tätowieren lassen. Ich erwartete, dass sie laut werden würde, so wie in ganz seltenen Fällen zu Hause. Doch es kam noch viel schlimmer. Sie lächelte reserviert, und sie ließ mich endlich los. Sie trat sogar einen Schritt zurück. »Maxx war es, richtig?«

Mein Blick zuckte zwischen ihr und ihm hin und her. Er nickte zögerlich.

»Wie ich sehe, haben Sie und meine Tochter sich beide das gleiche Tattoo stechen lassen.«

Wieder nickte er, sichtlich angespannt.

»Entschuldigen Sie meine Direktheit, aber was machen Sie beruflich? Oder habt ihr beide euch auf der Fletcher University kennengelernt? Studieren Sie ebenfalls?«

Nicht nur ich war überrumpelt von ihrem plötzlichen Verhör, auch Maxx machte den Anschein, als wäre er vollkommen vor den Kopf gestoßen. Doch er fing sich erstaunlich schnell. Einen Wimpernschlag später nahm er eine entspannte Körperhaltung an. Seine Miene wurde ebenfalls entspannt und zugleich undurchdringlich. Kein einziger Schimmer einer anderen Emotion, einer anderen Regung durchdrang diese Maske. Und hätte ich nicht wenige Sekunden zuvor noch etwas ganz anderes auf seiner Miene gesehen, hätte er mich damit definitiv überzeugen können. »Ich bin nicht auf der Fletcher University, Mrs. Moore. Ich studiere am Communitycollege in Frayton und bin erst vor ein paar Wochen nach Fletcher gezogen. Ich komme aus Topsham, in Maine. Ihre Tochter und ich haben uns beim Campingtrip kennengelernt. Von dem hat sie Ihnen bestimmt erzählt. Heute ist unser erstes Date.«

Meine Mom sah ihn einen Moment ausdruckslos an. Dann warf sie meinem Dad einen Blick zu, fast so als erwartete sie, dass er ebenfalls etwas sagte. Er hob jedoch nur verteidigend die Hände und trat einen Schritt zurück. Es war fast, als würde er die Worte *Ich halte mich da raus* aussprechen. Immerhin hatte ich sie schon so oft von ihm gehört, wenn Mom und ich gestritten hatten. Auch wenn man es nicht gerade Streit nennen konnte, wenn man absolut wortlos war und zur Schnecke gemacht wurde.

»Ein Communitycollege«, sagte Mom mit einem eingefrorenen Lächeln, so als würde sie ihren Augen und Ohren nicht trauen. »Wieso haben Sie es denn nicht auf eine bessere Universität geschafft?«

»Mom!«, stieß ich ungläubig hervor. Fassungslos blieb mir der Mund offen stehen, doch sie ignorierte mich vollkommen.

O mein Gott, sie hatte vollkommen den Verstand verloren!

Noch immer war Maxx keine Gefühlsregung anzumerken. »Ich war die letzten Jahre seit meinem Highschoolabschluss verhindert und konnte nicht studieren.«

»Verhindert?«

»Ja«, sagte Maxx und gab meiner Mutter nicht die Genugtuung, auf ihre unverschämte Neugierde einzugehen.

Sie nickte langsam. »Verhindert also. Ich verstehe. Dann waren Sie krank? Hatten Sie einen Krankenhausaufenthalt? Oder waren Sie verreist? Ein Praktikum? Arbeit?«

»Genug! Mom, hör auf«, sagte ich mit erstaunlich fester Stimme. »Es reicht! Hör auf, ihn zu bedrängen, das ist unangebracht.«

»Savannah, ich möchte deinen neuen Freund doch nur ein wenig besser kennenlernen. Du hast dich in letzter Zeit sehr seltsam verhalten, hast uns abgesagt und nicht mehr angerufen. Das sieht dir nicht ähnlich. Dein Vater und ich haben uns bereits Sorgen gemacht. Und offenbar zu Recht. Denn dein Freund war mit großer Sicherheit entweder in einer Entzugsklinik, im Gefängnis oder hat jahrelang nur auf der faulen Haut gelegen und in den Tag hineingelebt. Er hat dich sogar zu einem Tattoo überredet, und ihr kennt euch noch keinen Monat.«

Mein Herz blieb geradewegs stehen.

Genauso wie die Welt.

»Was?«, flüsterte ich. Das hatte sie nicht wirklich gesagt. Ich musste mich verhört haben. Nicht einmal sie konnte so was einfach sagen. Und dann auch noch vor Maxx!

Unsere Blicke kreuzten sich. Obwohl er noch immer seine undurchdringliche Miene aufrechterhielt, konnte ich ganz genau den angespannten Zug um seinen Mund erkennen. Nicht nur das, er hatte seine Hände auch fest zu Fäusten geballt.

Tränen schossen mir in die Augen, und ich schluckte schwer. Mein Gesicht brannte, als würde es lichterloh in Flammen stehen. Noch nie war mir etwas peinlicher gewesen, und noch nie hatte ich mich so sehr für meine Mutter geschämt.

»Mom, er ist nicht ... wir sind nicht ... er war nicht ...«

»Sie haben richtig geraten«, sagte Maxx mit kalter, höflicher Stimme. Er lächelte meine Mutter an. »Ich saß die letzten vier Jahre im Gefängnis. *Aber*«, fügte er hinzu, als sowohl meine Mutter wie auch mein Vater sichtbar erstarrten, »ich saß unschuldig. Es ist keine Geschichte, die ich gerne erzähle, und ich finde es ziemlich unhöflich, dass Sie so viele private Dinge fragen, Mrs. Moore. Entschuldigen Sie *meine* Direktheit, wenn ich das so sage. Ich gehe auf das Communitycollege, weil ich etwas aus meinem Leben machen möchte, und nicht, weil ich ein Taugenichts bin, der ständig auf die schiefe Bahn gerät.«

Für einen langen Moment verschlug es ihr die Sprache. Dann, mit einer steifen Bewegung, drehte meine Mutter sich mir zu und sah mich mit starrer Miene an. Sie war ganz blass geworden, und ihr Ärger war Schock gewichen. Dad wirkte weitaus gefasster. Ungläubig und erschrocken, aber in seinen Augen deutete nichts auf Abscheu hin.

Er schenkte Maxx ein entschuldigendes, halbes Lächeln. »Ich muss mich für meine Frau entschuldigen, Maxx. Sie …«

»Lass uns nach Hause fahren, Liebling«, unterbrach meine Mom ihn. Doch sie ergriff dabei nicht Dads Arm – sondern meinen. Erschrocken schnappte ich nach Luft. »Was?«

»Wir müssen uns unterhalten. Unter vier Augen.«

»Nein!«

Sie erstarrte und sah mich mit großen Augen an. »Nein?«

Wütend funkelte ich sie an, auch wenn meine Knie weich waren und mein Herz viel zu laut und schnell schlug. »I-ich sagte doch, ich habe ein Date, und ihr stört. Ihr solltet gehen.«

Da war es.

Verflucht.

Noch mal.

Ich hatte es getan. Ich konnte kaum glauben, dass ich die Worte tatsächlich ausgesprochen hatte!

Moms Mund klappte auf. Selbst Dad wirkte erschrocken, dass ich widersprach. Dann lachte sie auf, blickte wieder zu Maxx und dann zu mir. »Savannah, Liebling, jetzt mach dich nicht lächerlich. Gehen wir nach Hause und reden. *Sofort.*«

»Nein!«, sagte ich noch einmal, diesmal noch selbstsicherer, noch aufgeregter. Angst und Adrenalin kochten in meinem Blut und ließen meine Knie butterweich werden.

Ihr Blick wurde so kalt, dass ich am liebsten in Tränen ausgebrochen wäre. Ich schaffte es zwar nicht, die eine Träne aufzuhalten, die sich aus meinem Augenwinkel stahl, aber wenigstens schluchzte ich nicht los.

»Nun gut«, sagte sie leise. »Dann reden wir eben hier.«

KAPITEL 44

MAXX

Ich konnte nichts tun. Vor mir brach das Chaos aus, und ich konnte nichts weiter tun, als wie ein unbeteiligter Zuschauer mit anzusehen, was geschah. Savannahs Mutter ließ nicht nach, ließ Savannah kaum zu Wort kommen, geschweige denn Luft holen. In einer Tirade aus Verurteilung und Empörung – über *mich,* und das, obwohl wir uns eben gerade zum ersten Mal begegnet waren – redete sie mit leiser, gepresster Stimme auf ihre Tochter ein. Savannahs Dad machte den Eindruck, als befände er sich in gleicher Position wie ich. Mit sichtlicher Anspannung und Hilflosigkeit sah er dabei zu, wie Mrs. Moore auf Savannah einredete. In meinem Kopf brach mindestens genauso viel Chaos aus wie vor mir, und es rauschte so sehr in meinen Ohren, dass ich nur Fetzen aus ihrem Wortschwall aufnehmen konnte. »Du benutzt diesen Ex-Häftling also, um dich an uns zu rächen, weil wir dir deine Therapie nicht mehr bezahlen und uns scheiden lassen werden? Ist es das?« – »Er ist ein schlechter Einfluss, und vermutlich hast du ihn dir deshalb ausgesucht, ist es nicht so?« – »Ich habe mehr von dir erwartet als dieses kindische unreife Verhalten.«

Ich nahm das Nieseln kaum wahr, welches sich allmählich von der Wolkendecke löste. Mit jedem Wort, das Mrs. Moore sagte, wurde der Druck auf meiner Brust schlimmer. Tränen strömten nun über Savannahs Gesicht, doch sie sagte kein Wort. Der Anblick zerriss mir das Herz, und ich hasste jede Sekunde von dem hier.

Fuck.

Ich musste irgendetwas tun.

»Hören Sie, Mrs. Moore.« Ich hörte mich selbst wie durch dicke Watte hindurch. »Savannah hat nichts falsch gemacht, sie hat nichts getan.«

Mrs. Moores Blick richtete sich auf mich. »Bei allem Respekt, das hier ist eine Familienangelegenheit.«

»Mom!«, sagte Savannah mit aufgebrachter, brüchiger Stimme. »Wie kannst du es wagen, so über Maxx zu reden? Du kennst ihn doch überhaupt nicht! Du machst eine Szene mitten auf dem Mayflower Festival, und du hast unser Date zerstört!« Sie schluchzte auf, doch ihre Haltung war aufrecht, und das Funkeln in ihren Augen war so aufgebracht, so wütend.

Das hier war der Moment. Ich konnte es nicht nur sehen, sondern auch spüren:

Ich spürte, wie sie genau in dieser Sekunde über ihren Schatten sprang.

»Ihr habt mir nicht zu sagen, mit wem ich mich abgebe und mit wem nicht. Ich bin erwachsen, hast du das verstanden? I-ihr habt mir alles weggenommen, sogar Dr. Dreyer. Ich lasse nicht zu, dass ihr das hier auch noch kaputt macht. Ich bin es leid, von euch wie ein Kind behandelt zu werden!«

»Savannah …« Ihr Vater sah sie mit großen Augen an, und ich konnte Schmerz in seinem Blick erkennen. »Liebling, ich habe nie … Ich wollte doch nicht, dass du glaubst …«

Shit. Ich wollte das nicht. Savannah sollte sich doch mit ihren Eltern versöhnen und ein klärendes Gespräch führen. Sie sollten nicht streiten.

Plötzlich schoss mir eine Erinnerung ins Gedächtnis. *Ich möchte meine Eltern nicht verletzen, und ich möchte nicht, dass sie wütend auf mich sind. Ich glaube, das würde ich nicht ertragen, wenn es einen Streit gäbe.*

Die Welt schien in Zeitlupe zu kriechen und zeitgleich rasend schnell an mir vorbeizugehen. Dieser Moment hier, das alles … Es löste eine Kettenreaktion in mir aus. Wie auch schon in der Bar in Topsham oder auf dem Campingplatz nach dem Sturm. Alles drehte sich und war zugleich wie festgefroren. Mir wurde schlecht, besonders als die leise Stimme in mir immer lauter wurde. *Meine Schuld. All das hier, der verzweifelte Schmerz auf Savs Gesicht, das ist allein meine Schuld. Ich bin der Grund, weshalb ihre Eltern wütend auf sie sind. Ihre Mutter. Ich bin der Grund, weshalb gerade alles aus dem Ruder läuft.*

Mein Atem wurde flach. Gott, ich hatte mir solche Mühe gegeben, alles richtig zu machen, aber es hatte nicht mehr als einen Blick gebraucht, dass ihre Mutter mich als das gesehen hatte, was ich niemals sein wollte.

Und ich konnte nichts tun. Ich konnte nichts tun, außer bewegungsunfähig hier zu stehen.

Kalter Schweiß bedeckte meine Handflächen.

Mrs. Moore brauchte einen Moment, um sich nach den Worten ihrer Tochter wieder zu fangen. Sie schob die Augenbrauen zusammen und verzog die Lippen zu einer schmalen Linie. »Schön, wenn du mit einem Kriminellen verkehren und deinen Körper mit Tattoos verunstalten willst, nur zu. Nimm Drogen, geh auf Partys, oder lass dich schwängern. Aber erwarte ja nicht, dass wir zukünftig auch nur einen weiteren Dollar für deine Zukunft zahlen, die du nun offenbar sowieso den Bach runtergehen lässt. Und das wegen eines Mannes, den du gerade ein paar Wochen kennst!«

Ich erstarrte. Doch nicht nur ich, sondern auch Savannah. Selbst ihr Vater.

Savannahs Augen weiteten sich. »Was?«, stieß sie hervor – und schluchzte auf.

O nein. Nein, nein, nein!

»Ich glaube nicht, dass ...«, setzte Mr. Moore an, doch eine harsche Handbewegung seiner Frau ließ ihn geradewegs verstummen. »Vielleicht suchst du dir lieber einen Job, Savannah. Das Wohnheim ist nicht günstig. Ich meine, was ich sage. Wieso sollten wir so viel Geld für dich ausgeben, wenn du es letztendlich einfach wegwirfst. Wir gehen. Savannah, du brauchst nicht schon wieder zu weinen. Wenn du solche unbedachten Entscheidungen triffst, musst du mit den Konsequenzen leben. Überleg dir gut, was du tust. Vielleicht möchtest du ja doch nach Hause kommen und noch einmal über das alles sprechen. Behalte einfach im Hinterkopf, was auf dem Spiel steht.« Sie warf auch mir einen letzten kalten Blick zu. »Einen schönen Abend noch.« Damit wirbelte sie herum und stolzierte davon, zum Weg, der runter vom Hügel führte.

Ein eiskalter Wassertropfen landete geradewegs auf meinem Schädel. Der Regen wurde stärker. Doch ich konnte noch immer nichts anderes tun, als Mrs. Moore hinterherzustarren. Ich hatte das Gefühl zu ersticken. Sie nahm … ihr alles weg. Einfach so.

Meinetwegen.

Meine Schuld. Meine Schuld. Meine Schuld. Meine Schuld.

Keine Kraft der Welt schaffte es, die endlose Kette dieser Worte in meinem Kopf zu stoppen, und sie hallten unendlich laut in mir wider, bis mich kaum noch etwas anderes erfüllte, außer das und pure Verzweiflung.

Mr. Moore legte Savannah eine Hand auf die Schulter. »Gott, es tut mir so leid, Liebling. Ich rede mit deiner Mutter, sobald sie sich beruhigt hat. Mach dir keine Sorgen. Wir klären das.« Auch er warf mir einen letzten Blick zu, doch ich hatte nicht die Kraft, ihn zu erwidern, weil mich vermutlich sowieso nichts anderes als Abscheu und Wut darin erwarteten. Deshalb ließ ich meinen Blick auf Savannahs zuckenden und bebenden Schultern verweilen.

Mit schnellen Schritten folgte ihr Vater seiner künftigen Ex-Frau, und ehe ich mich's versah, war ich wieder mit Savannah allein.

»Sav«, sagte ich erstickt, brachte jedoch nicht mehr heraus. Die Panik und die Verzweiflung fraßen sich immer weiter durch mich hindurch, bis ich fast von ihnen verschlungen wurde. Mit letzter Kraft streckte ich den Arm aus, musste ihr zeigen, dass ich für sie da war, dass es mir unendlich leidtat. Doch in der Sekunde, als meine Hand ihre Schulter berührte, zuckte sie plötzlich weg. Wich aus.

Und es fühlte sich wie der heftigste Schlag ins Gesicht an, den ich je erhalten hatte.

»Nicht«, ächzte sie. »Bitte. Nicht … Nicht berühren. Ich kann gerade nicht.«

»Lass mich dich wenigstens … begleiten«, krächzte ich. »Bitte. Wenigstens zurück bis zum Campusparkplatz.« Denn dass das Date nun vorbei war, brauchte keiner von uns mehr auszusprechen. Wie passend, dass das Wetter ebenfalls umgeschlagen hatte.

Bitte, fügte ich in Gedanken verzweifelt hinzu. *Bitte lass mich wenigstens diese letzte Sache für dich tun, bevor du mich nie wiedersehen willst. Weil ich bin, wie ich bin, und nun auch dazu beigetragen habe, dass dein Leben zerstört wird.*

Bebend atmete sie ein und wischte sich die Tränen aus dem Gesicht. Sie nickte knapp. Mit steifen Schritten trat sie zum riesigen Teddybär, der, genau wie wir, durch den Regen allmählich immer nasser und nasser wurde. Sie hob ihn auf und schlang die Arme um ihn. »Okay«, wisperte sie, ohne mich anzusehen. So als würde sie es nicht ertragen. »Gehen wir.«

Ich war unfähig, noch etwas zu sagen. Mein Herz brach. Und mit jedem Schritt, den ich ihr aus dem Cadfan-Hill-Park und aus dem Mayflower Festival folgte, brach mein Herz mehr. Meine Dämonen schienen mich geradewegs mit sich in die Dunkelheit zu reißen, während der Regen immer stärker wurde.

Meine Schuld.

Meine Schuld.

Meine Schuld.

Meine Schuld.

Und nichts würde je wieder so werden wie zuvor.

KAPITEL 45

SAVANNAH

*M*ir war schlecht. Es war ein Wunder, dass ich es überhaupt bis zum Parkplatz der Fletcher University geschafft hatte, ohne zusammenzubrechen. Doch ich zwang mich, es nicht zu tun. Nicht vor Maxx. Ich wünschte so sehr, wir wären auf dem Schrottplatz, und ich wünschte, ich hätte einen Baseballschläger zur Hand, denn jetzt gerade wollte ich nichts lieber tun als so laut schreien, wie ich konnte, und dabei auf ein Wrack einprügeln. Ich wollte so laut schluchzen, als könnte mich niemand hören. Ich wollte fluchen und weinen und alles rauslassen.

Als Maxx und ich zwischen Autos stehen blieben, hatten die dunklen Wolken bereits das ganze Licht verschluckt, und der Regen wurde stärker. Genau wie der Wind.

Ich wusste nicht, wieso, aber ich zog meinen Autoschlüssel hervor, verstaute wie ferngesteuert den riesigen Teddy im Kofferraum und setzte mich anschließend mit tauben Gliedern auf den Fahrersitz. Ohne ein Wort zu sagen, stieg Maxx ebenfalls ein, und wir schlossen die Türen.

Es war nichts zu hören, bis auf das Prasseln des Regens auf dem Dach und der Windschutzscheibe. Keiner von uns sagte etwas.

Ich vergrub das Gesicht in den Händen und presste fest die Augen zu. »*Fuck*«, sagte ich, was sich fremd und angemessen zugleich anfühlte. »Ich hasse sie! Sie nimmt mir alles weg. Erst Dr. Dreyer und jetzt das Wohnheim! Was soll ich … Wohin soll ich … Wie soll ich das bezahlen? Was mache ich denn jetzt? Ich kann mir das alles doch nicht leisten!« Ein heftiges Schluchzen ließ mich erbeben, und ich ließ den Kopf gegen das Lenkrad sinken. Der Regen wurde lauter und verschluckte meinen erstickten Atem, der mit salzigen Tränen zwischen meinen Händen hervordrang. Mir war so schlecht. Wie konnte meine Mom nur? Wie hatte das so schnell passieren können? Sie war

Maxx doch gerade erst begegnet! Wie hatte sie dermaßen ausrasten können? Und das nur wegen eines winzigen, harmlosen Tattoos?

Was hatte ich ihr bloß getan, dass sie mich so hasste?

»Es … tut mir leid«, erklang es beinahe lautlos neben mir.

Ich schüttelte den Kopf. Himmel noch mal, meine Mom hatte nicht nur mir ihre Worte entgegengeschleudert – Maxx hatte all das gehört! Er hatte gehört, was für Gift meine Mutter speien konnte, wie verurteilend sie war und herrschsüchtig. Ich schämte mich so sehr, dass er das hatte mit ansehen und anhören müssen. Und es schmerzte mich so sehr, dass er sich nun entschuldigte. Er hatte versucht, mich zu verteidigen. Er hatte versucht, ihnen zu erklären, woher er kam und wer er war, und das, obwohl ich genau wusste, wie unglaublich schwer es ihm fiel, über seine Vergangenheit zu sprechen – und in diesem Fall auch noch wenige Minuten nachdem er meine Eltern kennengelernt hatte. Nicht er trug Schuld, sondern meine Eltern! Nicht nur meine Mom, sondern auch mein Dad, der wie immer stumm gewesen war, anstatt einzugreifen und zu helfen. Es war wie immer. Und das machte es mindestens genauso schlimm wie die Worte meiner Mutter.

»Es muss dir nicht leidtun, Maxx«, ächzte ich und schluchzte wieder auf. Mehr Worte brachte ich einfach nicht raus.

Ich musste irgendwas tun. Und gleichzeitig wollte ich nichts anderes, als in mein Bett zu kriechen, mich zusammenzurollen und die Decke über meinen Kopf zu ziehen.

»Du warst so mutig«, flüsterte Maxx neben mir. Er berührte mich nicht. Weil ich ihn darum gebeten hatte, es nicht zu tun. Und dabei sehnte ich mich in diesem Moment so sehr danach, von ihm in den Arm genommen zu werden. »Du warst mutig und bewundernswert. Du hast ihnen die Stirn geboten.«

Ein trauriges Lachen entfuhr mir, und ich presste die Hände fester auf mein tränennasses Gesicht. »Ich bin nicht mutig, sondern ein hoffnungsloser Fall. Es tut mir leid, dass meine Eltern so sind, wie sie sind, und du das mit ansehen musstest. Besonders meine Mutter. Carla und Mitchell können ein Lied davon singen, wie spaßig es ist, hitzige Streitereien mit ihr zu führen. Es tut mir so leid, dass sie diese

Szene gemacht haben, Maxx. Gott, ich hasse meine Mutter«, flüsterte ich erstickt. »Ich hasse sie so sehr. Sie zerstört mein Leben!«

Maxx gab ein seltsames Geräusch von sich, was mich dazu brachte, die Hände vom Gesicht zu nehmen und ihn anzusehen. Und als ich das tat …

Als ich das tat, erkannte ich meinen Fehler.

Er war kreidebleich, und in seinen Augen stand die pure Qual. Sein Atem war flach, und er starrte starr in den strömenden Regen. Ich konnte es sehen. Ich hätte es viel eher sehen müssen, und ich nervige Kuh hatte einfach weitergeredet, hatte nicht bemerkt, wie es um ihn stand, hatte die Panik nicht auf seiner Miene bemerkt, weil ich so in meinen eigenen chaotischen Gedanken ertrunken war.

Er gab sich die Schuld. Die Schuld dafür, was da gerade passiert war.

Ich schnappte nach Luft und griff nach seinem Arm. »Maxx! Du bist nicht für das verantwortlich, was meine Eltern gesagt haben. Dafür sind sie und ganz besonders meine Mom ganz allein verantwortlich! Sie waren schon immer so. Du trägst keine Schuld. Ohne dich hätte ich niemals die Kraft gefunden, endlich meine Stimme zu finden und meine Meinung zu sagen! Ohne dich wäre das gar nicht möglich gewesen!«

Er entzog sich meiner Berührung, so als würde es ihn schmerzen, was mir wiederum einen heftigen Stich der Zurückweisung verpasste.

Offenbar ertrug er es nicht einmal mehr, mich anzusehen. Er atmete so schwer, als würde er jeden Moment zusammenbrechen.

»Ich … kann nicht. Ich kann nicht atmen. Es tut mir … Ich muss gehen. Savannah, wir … Ich … Es tut mir leid.«

Und damit stieg er aus und ließ mich wie betäubt im Wagen zurück.

Der Regen prasselte unaufhörlich auf das Autodach. Er war … gegangen. Einfach gegangen.

Ein Schluchzen entwich mir. Der Schmerz war so unbeschreiblich groß. *Er war gegangen.* Wie hatte all das heute passieren können? Eben hatte ich noch alles gehabt, was ich mir hätte erträumen können, und innerhalb eines Wimpernschlages war es … fort. Was auch immer das zwischen uns war, die plötzliche Angst, es könnte nun vorbei sein, lähmte mich. Die bloße Vorstellung brach mir das Herz auf eine Weise, wie es noch nie verletzt worden war.

Ich weinte so haltlos, dass ich kaum Luft bekam.

Meine Mom war für das Chaos verantwortlich, nicht Maxx. Und diese Tatsache ließ eine so unbändige Wut auf meine Eltern in mir aufsteigen, dass ich regelrecht rotsah. Meine Wut war fast so stark wie der Wind, der in meinem Blickfeld jeden Baum und jeden Busch beugte. Meine Mom allein hatte alles Gute, was ich hatte, kaputt gemacht. Sie hatte mich blamiert, hatte sich unmöglich aufgeführt. Nicht nur sie, sondern auch Dad, der es einfach zugelassen hatte, trug dafür die Verantwortung. *Nicht* Maxx! Ich konnte das einfach nicht mehr. Ich hielt diese ungesunde, toxische Beziehung zu meiner Mutter nicht länger aus. Auch wenn es bedeutete, dass ich fortan schauen musste, wie ich mir das Wohnheim finanzierte. Ich konnte nicht länger zulassen, wie sie mich behandelte. Sie war schuld. Der Verletzende ist der einzige Schuldige und nicht der, der verletzt wird. Nur die Täter, nicht die Opfer. Sie hatte nicht das Recht, mir das Gefühl zu geben, etwas falsch zu machen, wenn sie diejenige war, die Falsches tat!

Ein leuchtend helles Licht blitzte auf und blendete mich so sehr, dass ich die Augen geradewegs zukneifen musste. Und dann erstarrte ich, als das Donnergrollen knackend laut und tief durch das Auto und meinen ganzen Körper, jeden Knochen, vibrierte.

Donner. Blitz.

Ich riss die Augen auf.

»Maxx«, flüsterte ich tonlos. Er war zu Fuß unterwegs. Und es donnerte und blitzte.

Ich riss die Wagentür auf. Dann rannte ich instinktiv los, hinein in den wütenden Sturm.

KAPITEL 46

MAXX

*D*er Regen peitschte kalt und erbarmungslos auf mich herab. Doch ich nahm es kaum wahr. Alles, was ich wahrnahm, war das Pochen meines Herzens und wie es mit jedem Blitzlicht, mit jedem grollenden Donner lauter und dröhnender wurde. Panik spülte durch meine Adern, wie die Flüsse aus Regen an den Rändern der Pflasterstraßen. Sie ließ meine Knie weich werden. Ich taumelte ziellos, immer weiter. Meine Dämonen hatten mich letztendlich also doch bekommen. Sie hatten mich verschluckt. Sie hatten mich gebrochen. Ich musste endlich nachgeben und mir eingestehen, dass es keinen neuen Maxx Williams gab. Ich hatte es so sehr gewollt, aber es war einfach nicht möglich gewesen. Ich war immer noch ich, und das würde sich niemals ändern. Noch immer dieser Kerl, der Ärger magisch anzog und alle um sich herum, und ganz besonders diejenigen, die er liebte, verletzte. Und nun hatte ich ausgerechnet Savannahs Leben so durcheinandergebracht. Der Streit mit ihren Eltern. Das Ultimatum. Ihr Studium. Ihre Zukunft. All das wäre nicht passiert, wenn ich nicht gewesen wäre. *Es ist meine Schuld.*

Ein Blitz, jäh gefolgt von einem heftigen lauten Donnergrollen, ließ mich so sehr zusammenfahren, dass mir im peitschenden Regen ein Schrei entfuhr. Panik und Angst schwemmten in mir über, und ich …

Stürzte. Der Wind riss mich hinab. Mit bebenden Händen fing ich mich an einer kleinen Mauer ab. Ich erstickte. Ich bekam keine Luft mehr, obwohl ich so schnell atmete. Viel zu schnell. Plötzlich kochte alles in mir hoch. Alles; von Rose über das Dealen, die Jahre im Knast, die Prügeleien, die Hölle, die ich durchgemacht hatte. Jedes Wort, mit dem ich andere verletzt hatte. Das Gesicht meiner Mutter, wie sie mich einfach verlassen hatte, wie sie einfach aus dem Besucherraum gehastet war. Das Gefühl, verlassen zu werden. Zurückgelassen zu werden. Eine Last zu sein, eine Bürde, nicht geliebt zu werden und nirgendwo hinzugehören.

Meine Knie knallten auf den pitschnassen Boden neben der Mauer. Wieder ein Donnergrollen. Drückender, kalter Wind, der den Regen in feine Nadelspitzen verwandelte. Ein heftiges Schluchzen entfuhr mir, und ich hustete keuchend. Weinte. Irgendwo war mir klar, dass ich gerade einen Nervenzusammenbruch hatte, doch ich war wie versteinert, konnte nichts dagegen tun, konnte nur keuchen und wie ein verdammtes Baby heulen und von Schluchzern erstickt werden.

Dann waren da plötzlich … Arme. Arme, die mich hielten.

Eine Stimme. Die Wärme eines Körpers.

Ungläubig öffnete ich die Augen und blickte zu Savannah auf. Sie kniete neben mir und hielt mich fest an sich gedrückt. Ich wusste nicht, ob die Erleichterung mich rettete oder den Augenblick noch schmerzhafter, noch unerträglicher machte. Doch ich schlang die Arme um sie. Ich klammerte mich an sie, als sei ich ein Ertrinkender und sie der lang ersehnte Rettungsring. Vermutlich hielt ich sie viel zu fest, aber ich konnte sie nicht loslassen, genauso wie ich nicht aufhören konnte zu schluchzen.

Nur langsam drangen die Worte, die sie sagte, zu mir durch. Und es dauerte noch länger, bis mein Hirn diese auch verarbeiten konnte.

»… Hörst du? Ich lasse dich nicht einfach gehen. Wir sind ein Team. Ich lasse dich nicht im Stich, und ich gebe das hier nicht auf.«

Sie wiegte mich vor und zurück, während ich mein Gesicht wie ein kleiner Junge an ihrem Hals vergrub, so als könnte ich mich dort verstecken, als könnte so die ganze Welt um uns herum verschwinden. Und so saßen wir da, unter schwarzen Wolken und peitschendem Regen und Wind und dem Blitzen und Grollen eines spätsommerlichen Unwetters, das den Halt genauso verloren hatte wie wir. Es schien, als würden Savannah und ich zusammen mit dem Himmel … loslassen.

Ich weinte so selten. Ich hatte es in den letzten Jahren nicht ein einziges Mal gewagt, hatte keine solche Schwäche zulassen können und hatte zuvor nicht zulassen können, dass ein *Kerl wie ich* so was wie Gefühle zeigte. Vor allem nicht vor anderen Menschen. Aber nun saß ich hier und weinte. Und obwohl es sich anfühlte, als würde ich mich früher oder später, Knochen für Knochen und Zelle für Zelle, in Tränen auflösen und vom Regen weggespült werden … spürte ich doch auch, dass es okay war.

»Geh nicht«, stieß ich erstickt hervor. Meine Hände strichen haltlos über ihren Rücken, über das durchnässte Kleid. »Lass mich nicht allein. Lass mich nicht zurück.«

Mit eiskalten Fingern umfasste sie plötzlich mein Gesicht und hob es an. Sie presste ihren Mund auf meinen. Küsste mich voller Verzweiflung, voller Sehnsucht und Schmerz. Ihre Lippen schmeckten nach salzigen Tränen und kaltem Sturm. Ich erwiderte den Kuss augenblicklich und küsste sie so fordernd und hart, dass ich selbst kaum Luft bekam.

»Maxx«, keuchte sie gegen meine Lippen.

Ich küsste sie ein letztes Mal und wich atemlos zurück, um sie anzusehen. »Ich liebe dich.«

Mit großen Augen starrte sie mich an. Wieder beugte ich mich zu ihr und küsste sie. »Ich liebe dich«, wiederholte ich, beinahe tonlos. Kraftlos.

Sie schluchzte auf. »Ich liebe dich auch.«

Mein Herz krampfte sich zusammen. Dann tat es überaus seltsame Dinge. Es schien zu glühen und viel zu groß für meine Brust zu werden.

Meine Kehle wurde mindestens genauso eng. »Du liebst …«

»… dich«, wiederholte sie, so wie ich es zuvor wiederholt hatte.

Ich wusste nicht, ob es ihre Worte waren, dieser Moment oder das Gefühl, dass sie hier war, bei mir. Aber wir kämpften uns auf die Beine, gemeinsam. Mein Körper fühlte sich fremd an, und allmählich spürte ich, wie meine Knie brannten. Offenbar hatte ich mich in meiner Panik heftiger als gedacht fallen gelassen

Ein letztes Mal umfasste ich ihr Gesicht mit den Händen und küsste sie drängend und verzweifelt. Helles Licht und ein plötzlicher grollender Donner beendeten den Kuss jedoch. Ich zuckte zusammen und taumelte zwei Schritte zurück.

»Komm mit«, sagte Savannah und ergriff meine Hand. Sie zog

mich mit sich. Wir rannten durch den Regen zurück in Richtung Campus. Auch wenn ich nicht geglaubt hatte, dass ich es bei dem Druck in meinem Schädel überhaupt mitbekommen würde, fühlte es sich erstaunlich gut an, zu rennen.

Als wir die Wohnheimanlage und Jefferson House erreichten, wünschte ich mir fast, dass wir noch ein klein wenig weiter gerannt wären. Andererseits wollte ich nichts lieber, als aus diesem Regen rauszukommen und fort von diesem Gewitter.

Keuchend und atemlos stieß Savannah die Tür zu ihrer WG auf und wischte sich das Regenwasser aus dem Gesicht.

»Wow, Sav«, erklang es von einem Mädchen zur Begrüßung vom Sofa. »Euch hat es ja richtig erwischt.« Ich blickte kaum hin. Doch auf dem Sofa saß ein Pärchen, das aussah, als sei es ebenfalls vom Unwetter erfasst worden. Genauer konnte ich gerade jedoch nicht drüber nachdenken, da sich mein Hirn durch den Nervenzusammenbruch anfühlte, als wäre es malträtiert worden.

Ohne meine Hand loszulassen, nickte Savannah und zog mich weiter zur geschlossenen Tür ihres Zimmers. »Wo sind die anderen?«, fragte Savannah. »Geht … Geht es allen gut?«

»Dilara ist in ihrem Zimmer. Asha und die anderen haben in der Cafeteria Schutz gesucht. Sie hat mir eben geschrieben, dass es allen gut geht. Aber es ist wohl ein Ast auf Deans Auto gefallen.«

»Oh«, erwiderte Sav nur, sagte aber nichts weiter. Sie blinzelte ihre Freundin an, so als hätte sie bereits jetzt den Faden verloren – so wie ich. »Ich glaube, wir sollten aus den nassen Kleidern raus. Wir sehen uns später.«

Ich atmete erleichtert auf, als wir endlich in Savannahs Zimmer waren und ich die Tür hinter uns schloss. Der Sturm trommelte noch immer dunkel und bedrohlich gegen das geschlossene Fenster.

Ohne ein Wort zu sagen, zog Savannah mich mit sich ins schmale düstere Badezimmer. Sie schlüpfte aus ihren Schuhen, aus ihrem Kleid und stieg anschließend, nur in Unterwäsche, in die Duschkabine. Einen Moment lang konnte ich sie nur anstarren. Dann tat ich es ihr gleich, zog meine Sachen aus, die mit einem satten Schmatzen auf dem Boden landeten, und stieg zu Sav in die kleine Duschkabine.

Wie automatisch schlang ich in der engen Kabine meine Arme um sie und legte das Kinn auf ihrem Kopf ab. Sie drehte das Wasser auf, ehe es einen Moment später eiskalt auf uns hinabprasselte. Ein erschrockenes Quietschen entfuhr ihr, und sie zog die Schultern hoch. Es dauerte jedoch nicht lange, bis das Wasser so warm wurde, dass es dampfte. Ich keuchte auf, hob den Kopf und ließ das heiße, wohltuende Wasser über mein Gesicht fließen.

Wir sprachen nicht. Eine Weile standen wir einfach nur da. So nah, als wären wir eins, und ließen uns vom heißen Duschstrahl aufwärmen. Und das war genug. Es war sogar mehr als genug.

Denn wir waren zusammen.

KAPITEL 47

SAVANNAH

*D*er Sturm hatte sich ein wenig beruhigt, als Maxx und ich unsere Sachen zum Trocknen über die Kabinenwand der Dusche hängten und in mein Bett krochen. Der heutige Tag war nicht das gewesen, womit ich gerechnet hatte. Und nun war ich zu müde, zu erschöpft, um irgendetwas anderes zu tun, als neben Maxx unter meiner Decke zu liegen. Es fühlte sich so intim an, ihm so nahe zu sein, ohne dass uns etwas trennte. Sein Körper war warm, seine Haut fühlte sich glatt und weich an.

Das Fenster stand offen, und ein stetiges Regenprasseln war zu hören. Es roch nach Staub und Holz und Sommerregen, und die Welt war umhüllt von einer dichten grauen Wolkendecke.

Ich schmiegte mich enger an Maxx. Ich legte meinen Kopf auf seine Schulter und genoss das Gefühl, einfach nur von ihm gehalten zu werden. Schon seit wir unter die Dusche gestiegen waren, um uns aufzuwärmen, uns zu beruhigen, hatten wir kein Wort mehr miteinander gesprochen. Je länger ich über das nachdachte, was heute passiert war, desto absurder fühlte es sich an. Ich fühlte mich wie ein verschreckter Vogel. Es war doch lächerlich, welche Macht meine Eltern besaßen! Dass ihre Worte, ihr Verhalten dazu geführt hatten, dass Maxx einen Zusammenbruch erlitt und mein Herz gebrochen wurde.

Ein Schnauben entfuhr mir, und ich schmiegte meine Wange fester an Maxx' nackte Schulter.

»Was ist?«, murmelte er. Seine raue Stimme vibrierte tief an meinem Ohr. Er klang so erschöpft, so müde, als würde er jeden Moment einschlafen.

»Es ist so albern«, flüsterte ich. »Dass meine Eltern es geschafft haben, dass wir uns so mies fühlen. Wieso können sie das?«

Auch wenn Maxx eben noch geklungen hatte, als würde er gleich einschlafen, drehte er sich nun auf die Seite, sodass mein Kopf aufs

Kissen fiel. Er betrachtete nachdenklich mein Gesicht. »Ich finde es nicht albern. Sie haben schließlich ziemlich Macht über dich.«

Macht über mich. Die Worte drückten mir schwer in den Magen. Doch ich nickte nur. »Ich weiß. Das macht es ja so furchtbar.«

Unsicherheit keimte in mir auf. Nur weil ich Maxx hinterhergerannt und wir hergekommen waren, änderte das nichts an den Vorwürfen, die er sich selbst machte. Es änderte nichts an seinem Leid. Aber ich wusste nicht, ob jetzt der richtige Moment war, um es anzusprechen. Immerhin war er erschöpft. Und ich auch.

»Sav?«, fragte er leise und riss mich damit aus meinen sorgenvollen Gedanken. Fragend sah er mich aus noch immer geröteten grauen Augen an. Der Ausdruck in ihnen wurde mit einem Mal sanft. »Hast du das ernst gemeint? Dass du mich liebst?«

Ich lächelte, auch wenn mein Gesicht dabei zu glühen begann. Die Wärme in meiner Brust löste den Knoten ein wenig.

»Ja«, flüsterte ich.

Er erwiderte mein Lächeln träge. Und es war so schön, dass ich nicht anders konnte, als ihn zu küssen.

»Das ist gut«, murmelte er gegen meine Lippen. »Ich habe es auch ernst gemeint.«

Ich seufzte schwer und schloss die Augen. Er umarmte mich fester und lehnte seinen Kopf an meinen.

»Eigentlich wollte ich es dir noch gar nicht sagen«, gestand er. »Es ist viel zu früh, oder? Ich wollte dich nicht bedrängen, oder irgendetwas überstürzen. Frühestens in einem Monat. Oder zwei. Das wäre eher angemessen gewesen … Ich bin einfach kein Datingexperte.«

»Ich glaube nicht, dass es wirklich ein Richtig oder Falsch gibt. Außerdem habe ich es dir zuerst gesagt.«

Er wirkte überrascht. »Hast du? Tut mir leid, mein Kopf fühlt sich an, als wäre er mit Brei gefüllt. Irgendwie sind sogar meine Erinnerungen durcheinander.«

Hatte er es wirklich nicht gehört? Ich hatte es bestimmt drei Mal gesagt, bis er es gesagt hatte. »Bei Panikattacken oder Nervenzusammenbrüchen können die Erinnerungen an den Moment schnell verwischen. Manchmal erinnere ich mich nicht mal an Gespräche, die ich währenddessen geführt habe. Und ich bin vielleicht keine Dating-expertin, vielleicht bin ich auch die Letzte, die man fragen sollte, aber ich glaube nicht, dass Liebe Regeln besitzt. Wenn das Herz beschließt, zu lieben, wieso sollte man dann seine Gefühle zurückhalten, bis der Zeitpunkt angeblich angemessen ist?«

Er beugte sich vor und küsste mich erneut. »Savannah Moore, wo-her nimmst du immer diese Weisheiten?«

Ein kleines Lachen entfuhr mir, und ich fuhr mit den Fingern durch seine kurzen dunklen Haare. »Winterkitschromane.«

»Winterkitschromane?«

»Oder Kitschromane im Generellen. Es sind vielleicht nur Unter-haltungsbücher, aber es geht immerhin um Liebe. Und gerade darü-ber kann man doch viel lernen, wenn man drüber liest. Das glaube ich zumindest, vielleicht ist das auch Quatsch.«

Er überlegte einen Moment. »Vielleicht sollte ich es doch noch mal mit Winter-Keks-Pudding probieren.«

Ich kicherte. »Meinst du die *Hot-Christmas-Pudding*-Reihe?«

»Genau die«, sagte er lächelnd, ehe er leise den Atem ausstieß. Langsam verblasste sein Lächeln wieder, und sein Blick wurde wieder besorgt. Betrübt. »Wie geht es jetzt mit deinen Eltern weiter? Das mit diesem Ultimatum ist wirklich ernst, Sav. Und wenn kein Weg dran vorbeiführt und es bedeutet, dass wir beide …«

Mein Kopfschütteln ließ ihn verstummen. »Sie haben nicht das Recht, über mein Leben zu bestimmen. Besonders meine Mom nicht. Sie sollte meine Zukunft nicht als Druckmittel benutzen. Ich bin nicht ihr Eigentum, sondern ihre volljährige Tochter. Deshalb werde ich …« Ich holte tief Luft. Die nächsten Worte kosteten mich einiges an Überwindung. »Deshalb werde ich auch aus dem Wohnheim aus-ziehen.«

Ich konnte spüren, wie Maxx sich versteifte. »Savannah …«

»Ich möchte meinen Eltern nicht länger die Gewalt darüber über-lassen, wie mein Leben auszusehen hat. Ohne sie könnte ich natürlich nicht studieren, und dafür bin ich ihnen unendlich dankbar. Liebe sollte aber nicht an Bedingungen geknüpft sein, und wenn das bei ihnen so sein sollte, will ich es nicht. Wenn sie mich bedingungslos lieben und meine Ausbildung aus diesem Grund zahlen, dürfen sie nicht mittendrin einfach die Bedingungen ändern, die es sowieso nicht geben sollte, und es so drehen und biegen, dass ich ihnen etwas schuldig wäre, nur weil sie meine Eltern sind.«

»Wenn ich nicht gewesen wäre, hätte es diesen ganzen Streit und das Ultimatum aber nie gegeben«, flüsterte er.

Wieder schüttelte ich den Kopf und legte ihm meine Hand auf die Wange. Ich schluckte schwer. »Maxx. Sie hatte nicht das Recht dazu. Dieser Streit … Es war ein Symptom, aber nicht die Wurzel des Problems. Ich hätte schon längst mit ihnen reden sollen. Denn wenn sie mich verstehen würden, wenn ich mich längst mit ihnen ausgesprochen hätte, wäre es nie zu dieser Szene gekommen. Deshalb möchte ich hier ausziehen. I-ich versuche, wieder ein Zimmer in Parcell House zu bekommen, und gehe auf Wohnungssuche und suche mir endlich einen Job … Vielleicht schreibe ich meinen Eltern einen Brief«, überlegte ich laut. »Und den gebe ich ihnen dann, bevor ich mich mit ihnen ausspreche.« Auch wenn mir die Idee erst gekommen war, während ich die Worte aussprach, mochte ich den Gedanken. Vielleicht hätte ich auch schon früher auf die Idee kommen sollen, ihnen einen Brief zu schreiben, wenn ich es schon nicht schaffte, mich zu öffnen, wenn ich vor ihnen stand. Geschweige denn den Mund aufzubekommen, wenn meine Mutter erst mal in einen Monolog verfallen war, der mir jeglichen Wind aus den Segeln nahm.

Maxx wirkte überrascht. »Die Idee klingt gar nicht mal schlecht. Vielleicht sollte ich …« Er hielt inne und blickte auf, sah sich im düsteren Zimmer um. »Liegt mein Handy auf dem Nachttisch?«

»Ja«, sagte ich, drehte mich um und griff danach, um es ihm zu reichen. Der Bildschirm leuchtete auf und erhellte sein Gesicht.

»Machen wir es zu Punkten auf unseren Listen.«

Mein Herz machte einen aufgeregten Sprung. »Gute Idee.« Ich nahm mir ebenfalls mein Handy und begann darauf zu tippen. Als ich fertig war und wir unsere Telefone wieder weglegten, schaltete ich die Lichterkette über meinem Bett an, ehe ich mich wieder an Maxx kuschelte. Mir kam ein Gedanke, und ich sah ihn fragend an. »Das heißt, du möchtest deinen Eltern auch einen Brief schreiben?«

»Hm. Ich drücke mich schon die ganze Zeit davor, mit ihnen zu reden. Besonders mit meiner Mom. Sie war ... nicht für mich da. Als sie letztes Jahr herausgefunden haben, dass ich im Gefängnis war, kamen sie mich besuchen. Aber meine Mutter hat es nicht ausgehalten, mich dort zu sehen, und ist gegangen. Danach kam sie nicht mehr, wollte nicht mit mir telefonieren. Nichts. Und jetzt tut sie so, als wäre alles wieder beim Alten, aber ich kann ihr einfach nicht verzeihen, dass sie mich so hat hängen lassen, und finde nicht die richtigen Worte, die ich ihr sagen könnte. Weil ich damals verschwunden bin, und Chester und Creed auch, und es meine Schuld war und sie all die Jahre darunter gelitten haben.« Die Traurigkeit auf seinem Gesicht war überwältigend. »Deshalb ist es vermutlich gar keine schlechte Idee, ihr einen Brief zu schreiben.«

Ich nickte langsam. Seit Maxx mir erzählt hatte, dass er im Gefängnis gewesen war, hatten wir nicht mehr wirklich darüber gesprochen. Immerhin war auch alles in den letzten Stunden ziemlich Schlag auf Schlag geschehen. Vermutlich brauchten wir beide ein wenig Luft zum Atmen, weshalb ich mich nicht so recht traute, ihn gleich jetzt darauf anzusprechen und das Thema auf seine Haft zu lenken. Deshalb hob ich es mir auch auf.

»Vielleicht können wir ja morgen die Briefe schreiben«, schlug ich vor.

»Morgen klingt gut.« Er rieb sich über die Augen und gähnte herzhaft. »Tut mir leid, dass ich zusammengebrochen bin.«

»Nicht entschuldigen«, flüsterte ich sanft. Ich wusste, wie es sich anfühlte, sich dafür entschuldigen zu wollen, Breakdowns zu haben, oder Panikattacken. Ich wusste, wie es sich anfühlte, sich dafür zu schämen. Deshalb erfüllte mich auch tiefes Mitgefühl.

Ich ergriff Maxx' Hand und verschränkte seine Finger mit meinen. »Männer dürfen auch weinen. Jeder Mensch hat das Recht auf Schmerz und schwache Momente. Vor mir brauchst du dich niemals zu schämen. Versprochen.«

Er lächelte müde. Seine Augen glitten über mein Gesicht, musterten es, betrachteten es nachdenklich. Dann küsste er mich, lange und innig. »Ich liebe dich, Savannah Moore«, flüsterte er an meine Lippen, ehe sie wieder auf seinen lagen. »Und ich werde wohl nie die richtigen Worte finden, um dir zu zeigen, wie dankbar ich bin, dass du so bist, wie du bist. Ich kenne keinen Menschen, der stärker und mutiger ist als du.«

Erschrocken lachte ich auf. »Stark und mutig. Ich.«

»Das ist mein Ernst, Sav. Ich schwöre es sogar. Und ich kann dir eines versprechen … du bist mein Vorbild. Und meine größte Inspiration.«

Tränen schossen mir plötzlich in die Augen. Das Gefühl, welches mich durchströmte, sorgte dafür, dass sich meine Brust zusammenzog. »Maxx«, flüsterte ich. Doch ich kam nicht weiter. Denn nie zuvor hatte ich es auch nur in Erwägung gezogen, solchen Worten Glauben zu schenken.

Ich schlang die Arme um ihn und vergrub das Gesicht an seinem Hals. »Danke«, flüsterte ich mit erstickter Stimme. »Du weißt gar nicht, was mir das bedeutet. Ich … danke, Maxx.«

Ich spürte, wie er meine Schläfe küsste. »Ich bin es, der sich bedanken muss«, murmelte er leise. So leise, dass ich es nur hören konnte, weil ich ihm so nahe war.

»Morgen machen wir wieder unser Ding«, versprach ich flüsternd und schloss die Augen. »Ich glaube … wenn wir zusammen sind, schaffen wir einfach alles.«

Und ich meinte, was ich sagte. Ich war fest davon überzeugt.

Zum ersten Mal hatte ich tatsächlich das Gefühl, dass alles gut werden würde, obwohl um uns herum noch immer Chaos herrschte. Obwohl das, was der Sturm hinterlassen hatte, noch immer ein reines Durcheinander war.

Ein Schritt nach dem anderen. Ich hatte keine Angst davor. So beängstigend das, was mir, was *uns* bevorstand, auch schien. Wir würden das gemeinsam machen.

Denn wenn Maxx und ich zusammen waren, konnten wir Berge versetzen.

KAPITEL 48

MAXX

*A*m nächsten Morgen fuhr ich bei Ella und Ches vorbei, um mir etwas Trockenes anzuziehen, ehe Savannah und ich in ein Café nahe der Fletcher University gingen, um uns mit Kaffee, Kakao, Stiften und Papier zu bewaffnen. Den ganzen stürmischen Vormittag verbrachten wir damit, über unseren Briefen zu grübeln. Ich dachte viel nach, über meine Mom und meinen Dad, über Ches und Creed und mein Leben, bevor ich ins Gefängnis gekommen war. Ich dachte sogar an Rose und überwand mich endlich, einen Punkt auf meine Liste zu setzen, den ich dort eigentlich nicht sehen wollte. Aber ich wusste, dass er wichtig war. Nicht für sie, sondern nur für mich und meinen Seelenfrieden.

Ich musste ihr schreiben.

Ich musste einmal ausgesprochen haben, was ich dachte, wie enttäuscht ich gewesen war, wie sehr sie mich hatte hängen lassen. Ich war nicht auf der Suche nach einem klärenden Gespräch mit ihr, ich war auch nicht scharf darauf, wieder mit ihr in Kontakt zu treten. Ich wollte meiner Ex-Freundin nur ein letztes Mal sagen, was ich dachte, wollte sichergehen, dass sie meine Worte auch las, sie erhielt, und dann würde ich es endlich hinter mir lassen. Den Schmerz. Die Enttäuschung. Einfach alles, was noch immer in meinem Hinterkopf saß und ich stets verdrängte. Das würde ich jedoch erst angehen, wenn der Brief an meine Eltern geschrieben war. Denn einfach war das nicht. Als Savannah und ich nach einigen Stunden nämlich das Café wieder verließen und uns verabschiedeten, war mein Blatt noch immer nahezu leer. Es war kopfzerbrechend. Sollte ich meiner Mutter einfach unverblümt sagen, wie wütend ich war und wie sehr sie mich enttäuscht hatte? Wie konnte ich ihr klarmachen, was sie mir angetan hatte, ohne sie zu verletzen? Das wollte ich nämlich um jeden Preis vermeiden. Ich wollte niemanden mehr verletzen. Und wenn sich eine Chance auftat, das zu verhindern, würde ich diese Chance auch nutzen.

O Mann. Vielleicht wäre es sogar das Beste, wenn ich ihr einfach ein leeres Blatt schicken würde.

Ich war ziemlich frustriert, als ich bei Ella und Ches ankam. Ich schloss die Wohnungstür auf, schlüpfte aus meinen Schuhen und ließ mich anschließend neben Ches aufs Sofa fallen.

Er schnaubte spöttisch. »Was ist denn mit dir los? Lief das Date mit Sav gestern nicht gut?«

»Doch«, erwiderte ich, ehe ich die Stirn runzelte. »… nein.«

»Was denn jetzt, ja oder nein?«

»Das Date war gut, aber es ist in einer Katastrophe geendet. Savs Eltern sind plötzlich da gewesen, und dann ist irgendwie Chaos ausgebrochen. Lange Geschichte.«

Ehrlich gesagt war ich noch immer ziemlich ausgelaugt von gestern. Ich hätte nie gedacht, wie kräftezehrend es tatsächlich war, einen Zusammenbruch zu haben, und dass ich selbst am nächsten Tag noch die Nachwirkungen davon spürte. Ich fühlte mich, als hätte ich nicht eine Sekunde geschlafen, und mein Schädel brummte. Am liebsten hätte ich den gesamten Tag im Bett verbracht – und bevorzugt nicht in meinem, sondern in Savannahs. Doch ich wusste, dass es einiges zu tun gab. Ich hatte mir selbst versprochen, mir endlich in den Hintern zu treten und allmählich mein Leben aufzuräumen. Nur die Stadt zu wechseln und mein altes Leben zurückzulassen war nicht alles. Es war nicht genug. Ich musste mit mir selbst Frieden schließen, um mein früheres Leben tatsächlich hinter mir zu lassen. Verdrängung allein heilte nicht. Wie hatte Savannah es ausgedrückt? Man sollte keine Symptome bekämpfen, sondern deren Ursache. Und das würde ich tun. Nicht morgen oder nächste Woche. Ich würde heute damit beginnen. Deshalb zog ich auch das zusammengefaltete Papier aus meiner hinteren Jeanstasche und drückte es Ches in die Hand.

»Ich glaube, ich brauche deine Hilfe.«

Verblüfft sah mein Bruder mich an. Dann faltete er den unfertigen Brief auseinander, legte die Stirn in Falten und begann zu lesen. »*Liebe Mom, lieber Dad, ich schreibe Euch einen Brief, weil ich denke, dass*

*wir endlich reden sollten. Ich habe Euch sehr viel zu sagen, aber habe
nie die richtigen Worte gefunden. Anfangen möchte ich im letzten Jahr,
als ...«* Er blickte fragend auf. Dort endete der Brief.

Verlegen räusperte ich mich. »Mehr hab ich noch nicht. Es ist so
was von verdammt schwer.«

Langsam formte sich Chesters Mund zu einem vorsichtigen Lächeln. Er streckte die Hand aus und drückte meine Schulter. »Maxx.
Ich bin stolz auf dich.«

»Stolz?«, wiederholte ich ungläubig. Dann lachte ich auf. »Wegen
diesem jämmerlichen Versuch da auf dem Papier?«

»Ich helfe dir bei dem Brief, wenn du möchtest. Wirklich, es ist toll,
dass du Mom und Dad schreiben willst. Jetzt gleich oder morgen oder
in den nächsten Tagen, wann immer dir danach ist, du kannst auf
mich zählen.«

»Morgen klingt gut«, sagte ich und lächelte schief. »Ich weiß nicht,
ob ich heute noch zu irgendwas imstande bin. Wir ... Ich glaube
übrigens, wir sollten Mom und Dad auch von Rose und dem Käfig
erzählen. Ich glaube, das sind wir ihnen schuldig.«

Ich fühlte mich so viel leichter, jetzt, da ich meinen Bruder um
Hilfe gebeten hatte. Es war, als würde sich dadurch ein schwerer Knoten in meiner Brust lösen, von welchem ich nicht einmal gewusst
hatte, dass ich ihn überhaupt besaß.

Ches nickte. Er wirkte sowohl erleichtert wie auch ehrlich erfreut.
»Du hast alle Zeit der Welt. Mom und Dad erwarten keinen Brief, du
kannst dir ruhig Zeit lassen. Wenn du möchtest, könnten wir auch
Creed um Hilfe bitten.«

»Danke, Chester.« Ich lächelte meinen Bruder erschöpft an, hielt
mich zurück – bis ich der Zurückhaltung einen Arschtritt verpasste
und ihn einfach in eine Umarmung schloss. Er erwiderte die Umarmung verblüfft. Und mit einem Mal fühlte ich mich wieder wie
zwölf. Mit einem Mal fühlte es sich einfach nur an, als seien wir wieder Jungs, zwei Brüder, die sich nahestanden und sich umarmten,
weil sie nicht nur Brüder, sondern auch beste Freunde waren.

»Es tut mir leid«, flüsterte ich erstickt und drückte ihn ein wenig
fester. Der Schmerz um all die Zeit, die wir verloren hatte, raubte mir

fast den Atem. Doch ich ließ ihn zu. Wenigstens für den Moment. Denn wenn ich ihn zuließ, konnte ich ihn hinter mir lassen. *Wir* konnten ihn hinter uns lassen.

»Mir auch«, sagte Ches leise. »Mir auch, Maxx.«

Es war die längste Umarmung, die wir je geteilt hatten. Es fühlte sich so an, als würde alles, was zwischen uns stand, all die Wut, all der Ärger und die Unsicherheit, endlich … Frieden finden. Ich wusste, dass das hier endlich der Schritt war, der so dringend nötig gewesen war. Endlich war ich bereit, mich nicht nur meinen Dämonen zu stellen, sondern auch meinem Bruder, der, genau wie ich, die letzten Jahre so gelitten hatte.

Als wir uns voneinander lösten, begann ich endlich zu sprechen. Endlich all die Worte auszusprechen, vor denen ich mich so fürchtete. Ich erzählte Ches vom Käfig und wie ich mit Savannah dort hingegangen war und anschließend eine Panikattacke bekommen hatte. Ich erzählte ihm vom Gefängnis. Von den dunkelsten Momenten, auf die ich nicht stolz war. Von meiner Angst vor diesem neuen Leben. Von meinem neuen Tattoo und welche Bedeutung es für mich hatte. Von meiner Angst, nicht genug zu sein, nicht *gut* genug und nicht wertvoll genug, um diese Chance zu bekommen. Ich ließ alle Mauern fallen, ließ ihn an all meinen Gedanken teilhaben und ließ es zu, als ich spürte, wie dabei meine Augen zu brennen begannen. Ich ließ es zu, ihm von meinen Gefühlen über Mom und Dad zu erzählen. Und ich ließ es zu, ihm von meinen Gefühlen für Savannah zu erzählen.

»Ich liebe sie«, sagte ich und lächelte schief. »Ich weiß, das klingt vielleicht absurd, aber ich kann nichts dagegen tun, oder es unterdrücken. Das Verrückteste an der Sache ist, dass sie mich auch liebt. Sie hat es mir gestern gesagt, und jetzt kann ich es kaum erwarten, sie wiederzusehen und …« Meine Stimme versagte. »Gott, ich klinge vermutlich wie ein liebeskranker Trottel.«

Ches grinste breit. »Ein bisschen. Ich weiß nicht, wie deine Pläne für heute aussehen, aber Ella und ich wollten heute Abend zu Carla und Lenny fahren. Savannah wird auch da sein.« Vielsagend hob er die Augenbrauen. »Wir könnten auch die anderen fragen und einen

Spieleabend veranstalten. Jetzt, wo das Wetter so mies ist, geht bestimmt niemand aufs Mayflower Festival oder an den Pool.«

»Schlägst du das einfach nur so vor, oder willst du deine Neugierde wegen Sav und mir befriedigen?«

In seinen Augen blitzte Schalk auf. »Vielleicht sowohl als auch.«

»Arschloch«, murmelte ich, musste jedoch lachen. Ich war froh, dass er keine Fragen zu dem stellte, was ich ihm erzählt hatte. Vielleicht spürte er, dass ich nach meinem eigenen Tempo voranschreiten wollte. Von mir aus Dinge erzählen wollte, ganz ohne Druck von außen. Und ich war so dankbar, dass mein Bruder das offenbar verstand. Sein Vorschlag klang toll – ich wollte Savannah nämlich so schnell wie möglich wiedersehen. Vielleicht war es also gar keine so schlechte Idee und die ideale Gelegenheit, endlich auch mit den anderen aus der Gruppe reinen Tisch zu machen. Früher oder später wollte ich ihnen sowieso von meiner Vergangenheit erzählen, also wieso nicht heute schon?

Ich stand auf und fuhr mir gähnend mit den Händen über das Gesicht. Am liebsten hätte ich mich nach draußen verdrückt und eine geraucht, aber ich widerstand diesem monstermäßigen Drang. Für mich. Weil ich mir von nun an mein eigenes Wort zu Herzen nahm. Ich würde einen Spaziergang machen. Und dann würde ich Savannah schreiben und ihr von meinem Gespräch mit Ches erzählen.

Gerade als ich mich daranmachte, in meine Schuhe zu schlüpfen, hielt ich inne. Ich runzelte die Stirn. Dann drehte ich mich um und warf Ches einen Blick zu. »Ich wollte spazieren gehen. Willst du mitkommen?«

Er legte den Kopf schief. Dann zuckte er mit den Schultern und stand auf. »Klar. Wieso nicht?«

»Gut, dann beeil dich. Ich warte schon mal unten.«

»Um frische Luft zu schnappen?«, fragte er spöttisch und nahm sich seine Schuhe aus dem schmalen Schuhschrank.

Ich konnte nicht anders, als zu grinsen, und schnappte mir den Regenschirm, der neben der Tür lehnte. »Ja. Diesmal gehe ich wirklich frische Luft schnappen.«

KAPITEL 49

MAXX

*A*ls wir bei Carla und Lenny eintrafen, regnete es noch immer in Strömen. Auch wenn das Unwetter ziemlich heftig gewesen war, war ich mehr als froh über den Regen. Endlich war der brühend heiße Sommer vorbei, und ich betete, dass es dabei blieb. Ich war mehr als dankbar für jeden einzelnen Regentropfen. Immerhin hatten wir nun schon Anfang September.

Ella, Ches und ich eilten durch den Regen ins Haus und liefen anschließend durch einen engen Hausflur. Die Luft war stickig und feucht, roch nach Essen, Parfum und nassem Hund – eine Mischung der unterschiedlichsten Gerüche, die aus den verschiedenen Wohnungen stammen mussten. Nachdem Ella geklopft hatte, öffnete Lenny die Tür und ließ uns eintreten.

»Ich hoffe, ihr habt Snacks mitgebracht«, sagte sie anstelle einer Begrüßung.

Zum Beweis hielt Ella ihren Stoffbeutel nach oben. »Bis zum Rand gefüllt mit Nachos, Nüssen, Erdnussflips und Schokokeksen.«

So was wie ein Lächeln erschien auf Lennys Gesicht, was ich bisher noch nicht oft bei ihr gesehen hatte – andererseits waren wir uns bisher auch noch nicht so oft begegnet.

Savannah, Summer, Mitchell, Creed und Todrick waren bereits da und saßen auf bunten Stühlen an einem hölzernen Esstisch. Die Wohnung war recht klein, doch sie sah gemütlich aus. Sie hatten auch Klappstühle aufgestellt, damit wir alle zehn Platz finden konnten. Mein Blick begegnete dem von Savannah, und für einen Moment machte mein Herz einen seltsamen, glücklichen Hüpfer. Sie strahlte mich über das ganze Gesicht an. Ich konnte nicht anders, als ebenfalls zu grinsen. Meine Füße setzten sich in Bewegung, bevor ich sie anderweitig steuern konnte, und ich setzte mich neben sie auf den Klappstuhl.

»Hi«, flüsterte sie mit leuchtenden Augen. Ich musste mich zurückhalten, sie nicht einfach vor allen anderen zu küssen, besonders jetzt, wo wir durch die Stühle so ziemlich gleich groß waren.

»Selber hi«, erwiderte ich und legte unauffällig, unter dem Tisch, meine Hand über ihre. Es war, als wolle mich die magnetische Anziehung zwischen uns dazu zwingen, dem Verlangen nachzugeben, aber ich hielt mich mit aller Kraft zurück. Ich wusste schließlich nicht, wie viel sie ihren Freunden jetzt schon verraten wollte. Ich würde mir einfach Mühe geben, dafür zu sorgen, dass niemand etwas merkte. Doch als ich es endlich schaffte, den Blick von ihr zu lösen und zu den anderen zu blicken, um auch sie zu begrüßen, fiel mir auf …

Dass sie uns alle anstarrten.

Erschrocken setzte ich mich aufrechter hin und zog meine Hand zurück. Die Verlegenheit ließ meine Ohren glühen.

»Hi«, wiederholte ich, diesmal an die ganze Runde gewandt. Das Grinsen auf meinem Gesicht schrie jedoch in die Welt hinaus, wie ertappt ich mich fühlte.

»Hallo, Waldfee«, sagte Summer und stützte mit blitzenden Augen das Kinn auf ihre Hand. Ihr Blick huschte kurz zu ihrer hochroten Freundin, und das Schmunzeln um ihre knallroten Lippen wurde stärker. »Schön, dich wiederzusehen.«

Mein Blick glitt beklommen zu Mitchell. Er war immerhin Savannahs Bruder. Aber dieser zwinkerte seiner Schwester nur zu, bedachte mich mit einem Lächeln und machte sich dann daran, Carla dabei zu helfen, die Snacks in Schüsseln zu verteilen.

Ich schluckte schwer und versuchte, so zu tun, als wäre ich vollkommen cool. So cool, als könnte mich absolut nichts aus der Ruhe bringen – und das, obwohl alles in mir purer Aufregung glich.

Ich blieb sogar so cool, dass ich eine Weile einfach nur stumm dasaß und die Gruppe dabei beobachtete, wie sie redete, lachte und Snacks herumreichte, bis ich von Todrick mit einem fragenden Blick bedacht wurde. »Alles in Ordnung, Mann?«

Mit einem Mal schoss mir das Bild in den Kopf, wie heftig er mit Sav auf dem Campingtrip geflirtet hatte. Der hirnlose, Hintern kratzende Höhlenmensch in mir wollte mich gleich dazu bringen, besitzergreifend meinen Arm über Savannahs Stuhllehne zu legen, als sei sie kein Mensch, sondern ein Objekt, auf das ich alleinigen Anspruch erhob. Beinahe hätte ich bei diesen Instinkten aufgelacht, weil ich mir absolut albern vorkam. Deshalb schüttelte ich das Bedürfnis von mir und grinste Todrick an, vielleicht sogar ein klein wenig zu breit. »Klar. Wieso sollte nicht alles in Ordnung sein?«

Er zuckte mit den Schultern und schmunzelte nun selbst. »Sag mal, wie hast du dich eigentlich bisher in Fletcher so eingelebt? Wir haben uns ja seit dem kleinen Urlaub nicht mehr gesehen.«

»Ganz gut, schätze ich. Das Communitycollege ist ziemlich cool.« Ich bemerkte, dass Todrick nicht der Einzige war, der mir bei diesem Update aufmerksam zuhörte, weshalb ich entspannter in den Klappstuhl sank und fortfuhr. »Es war einiges an Input, aber es hat Spaß gemacht. Hab viele neue Leute kennengelernt und verstehe mich mit den Dozenten und Dozentinnen, auch wenn ich mir noch keinen einzigen Namen merken kann. Ich habe schon ein paar Flyer ans Schwarze Brett gehängt, um ein WG-Zimmer oder so was zu finden, aber bisher hat sich noch niemand gemeldet.«

»Schade«, sagte Ella, was ehrlich betrübt klang. »Ches und ich haben auch Ausschau gehalten, aber gerade zu Semesterbeginn kann man es eigentlich vergessen, wenn man nach günstigen Möglichkeiten suchen will. Nur in den etwas teureren Privatwohnheimen gibt es noch Zimmer. Oder man hat Glück und kann irgendwo unterkommen, weil jemand wechselt oder auszieht. Wir schauen einfach weiter. Ich gebe die Hoffnung noch nicht auf.«

Ich nickte, auch wenn das Gewicht auf meinen Schultern dabei schwerer wurde. »Ja«, murmelte ich. »Ich hoffe es auch.«

»Apropos Wohnungssuche«, sagte Savannah. Wir sahen uns an. Das Gewicht auf meinen Schultern verlagerte sich augenblicklich auf mein Herz.

Sie setzte sich aufrechter hin und richtete sich unruhig die goldene Brille. »Ich muss euch etwas sagen.«

Summer wirkte augenblicklich besorgt. »Ist etwas passiert?«

»Ich habe mich gestern mit meinen Eltern gestritten. Es war ziemlich schlimm. Und jetzt muss ich auf Wohnungssuche gehen.«

»Wow, langsam«, sagte Mitchell, augenblicklich alarmiert. »Fang ganz von vorne an. Was ist passiert?«

Wieder warf Savannah mir einen Blick zu, der nur so vor Betrübnis strotzte. Ich konnte nicht anders; es war mir egal, dass alle es sahen. Ich griff nach ihrer Hand und verschränkte unsere Finger miteinander. Sie lächelte mich traurig an, ehe sie sich wieder an die anderen wandte. »Also … es ist so. Gestern hatten Maxx und ich ein Date auf dem Mayflower Festival. Und … plötzlich waren da Mom und Dad. Sie haben uns gesehen, und Mom war gleich total verurteilend, wegen Maxx' Tattoos. Und dann hat sie meines gesehen und ist total durchgedreht. Dad hat wie immer nichts gesagt. Und Maxx hat ihnen erzählt …« Sie verstummte. Erschrocken blinzelte sie und sah mich wieder hastig an. »Er … Er hat nur versucht, sich zu erklären«, rettete sie sich, um nicht das auszusprechen, was eigentlich gewesen war.

Es war so weit.

Ich blickte einen nach dem anderen an; Summer, Mitchell, Carla, Lenny, Creed, Ches, Ella und Todrick. »Ich habe ihnen erzählt, dass ich im Gefängnis war.«

Ich konnte sehen, wie ihre Mienen erst verwirrt und dann ungläubig wurden.

Mein Herz spielte verrückt. Am liebsten hätte ich die Worte augenblicklich wieder zurückgezogen. Doch ich tat es nicht, obwohl sich am Tisch Schweigen ausbreitete.

»Was ich ihnen aber auch erklärt habe«, fuhr ich mit klopfendem Herzen fort, »ist, dass ich unschuldig gesessen habe. Ich wollte diesen Teil meines Lebens nicht mit nach Fletcher nehmen, aber mir ist klar geworden, dass es nicht möglich ist, vor sich selbst wegzulaufen, egal wo man ist. Deshalb sage ich es euch jetzt auch: Ich saß im Maine State Prison für eine Tat, die ich nicht begangen habe. Ich wurde für fünfzehn Jahre verurteilt und saß etwa vier Jahre. Ich hatte damals auf schuldig plädiert, um meine Familie zu beschützen. Damals habe ich ziemlich große Scheiße gebaut, und meine falschen Entscheidungen haben mich letztendlich in den größten Mist von allen geritten, und ich habe mich mit den falschen Leuten eingelassen. Ich hatte das Gefühl, keine andere Wahl zu haben. Es war das Richtige, für diese

Leute in den Knast zu gehen, wenn das bedeutete, dass Ches und Creed und meine Eltern im Gegenzug in Sicherheit waren. Ich weiß, wie das klingt. Total an den Haaren herbeigezogen und wie aus einem schlechten Film.« Ich schluckte schwer gegen die heftige Trockenheit in meinem Hals an und blickte zu Ches und Creed. Sie wirkten erschrocken und gleichzeitig irgendwie ... stolz. Creed nickte mir leicht zu, was mir schließlich die letzte Kraft gab, um fortzufahren. »Aber ich musste es tun. Und letztes Jahr hat es endlich die Chance gegeben, wieder freizukommen. Es gab ein Missverständnis. Oder wohl eher eine Tragödie ... das alles ist eine längere Geschichte, aber kurz gesagt: Ich bekam die Chance, meinen Fall zu erklären und wieder rauszukommen, und das nur dank Ches und Creed und vor allem Ella.«

»Ella?«, fragte Summer mit großen Augen und sah ihre Freundin an. Mit den Lippen formte sie die Worte: *»Du hast davon gewusst?«*

Ich lächelte schief. »Wie gesagt, eine längere Geschichte. Jedenfalls hat man mir noch mal eine Chance gegeben, und ein paar Wochen bevor ich nach Fletcher gekommen bin, wurde ich endlich wieder rausgelassen. Ich habe meine Siebensachen gepackt und bin zusammen mit Ches und Creed hergekommen. Ich wollte vollkommen neu anfangen und ein neuer Mensch werden. Deshalb wollte ich euch erst nichts davon erzählen, damit ihr nicht das Arschloch von früher kennenlernt, sondern ... den, der ich sein will. Nicht den, der ich mal war.« Meine Stimme brach. Hastig räusperte ich mich und starrte auf den Tisch. Dann zu dem unglaublichen Mädchen neben mir. »Aber Sav hat mir geholfen, obwohl sie keine Ahnung hatte, wie mein Leben früher aussah.« Ich drückte sanft ihre Hand und wurde mit einem verlegenen, liebevollen Lächeln belohnt. »Ich habe wieder Mut gefasst und habe angefangen, an mir zu arbeiten. Deshalb habe ich mich gestern auch dazu entschieden, ihren Eltern einfach die Wahrheit zu sagen. Ich habe zwar vor meiner Haft wirklich viel Scheiße gebaut, aber ich saß unschuldig. Ich bin kein Krimineller. Aber das ging ... irgendwie schief.«

Carla fluchte leise auf Spanisch und rieb sich auf eine Art und Weise mit den Händen über die Schläfen, als wüsste sie ganz genau, was das bedeutete. Sie und Mitchell tauschten einen Blick aus, ehe sie uns wieder ansahen.

»Heilige Scheiße«, sagte Mitchell mit starrer Miene. »Unsere Mom ist mit großer Sicherheit absolut ausgerastet, oder?«

Savannah stieß hart den Atem aus. »Das ist noch untertrieben. Und noch lange nicht alles.«

»Wow, Maxx«, sagte Todrick leise. Er schob seinen Stuhl zurück, was diesen über den Boden schaben ließ. Dann stand er auf, lief um den Tisch und blieb neben mir stehen. Er legte mir eine Hand auf die Schulter und drückte sie. »Danke. Dass du uns das erzählt hast, Mann. *Fuck,* das ist ein ziemliches Ding! Zumindest bei uns kannst du darauf bauen, dass wir nicht so reagieren. Tut mir leid, dass du das alles durchmachen musstest.«

Verblüfft blinzelte ich Todrick an. Von allen aus der Runde hatte ich mit dieser Reaktion am wenigsten von ihm gerechnet. Er war sogar aufgestanden, nur für diese Geste. Auch wenn es mehr als unerwartet war, es nahm mir so was von eine Last von den Schultern. Mit großen Augen blickte ich zu den anderen auf, als er sich zurück auf seinen Platz setzte. Mitchell nickte ernst, und in seinen braunen Augen, die mich so sehr an Savannah erinnerten, las ich nichts als Mitgefühl. Carla und Lenny hatten einen ähnlichen Ausdruck auf den Gesichtern, wie auch Summer. Sie schlug sich eine Hand vor den Mund und blickte von Savannah zu mir. Immer im Wechsel. »Es tut mir so leid«, sagte sie. »Vier Jahre! Das ist so verdammt lang, und dann auch noch unschuldig. O mein Gott. Gott! Ich kann mir nicht vorstellen, wie grauenhaft das …« Sie schüttelte den Kopf und senkte die Hand. Es war keine Spur vom Schalk oder der Leichtigkeit zu sehen, welche sonst immer auf ihrem Gesicht zu finden war. Sie wirkte betrübt und mitfühlend. Nicht auf eine Art und Weise, durch welche ich mir vorkam, als würde ich bemitleidet werden, sondern es wirkte wie ehrliches Mitgefühl. Und es … verdammt, es tat so gut. Auch wenn ich es kaum zugeben wollte, ein furchtvoller Teil von mir hatte mit nichts als Ablehnung gerechnet. Weil ich nichts anderes verdiente. Weil meine dunklen Gedanken mir nichts anderes einredeten, als dass ich Ablehnung verdiente. Aber dem war nicht so.

Und es … war das größte Geschenk für mich, das sie mir machen konnten.

Ich war gerührt. Auf eine Art und Weise wie nie zuvor.

»Danke«, sagte ich leise. Die Leichtigkeit, die mein Herz umgab, war warm und überwältigend.

Sav und ich sahen uns an, und einen Moment blieb es still, fast so als würden die anderen uns diesen kurzen Moment lassen. Hätte ich ihr nicht gestern schon gesagt, dass ich sie liebte, wäre es spätestens jetzt so weit gewesen. Denn die Art und Weise, wie ich mich fühlte, wenn ich sie nur ansah und ihre Hand hielt, war alles, was ich brauchte, um aufrecht zu bleiben. Schließlich sah ich jedoch, wie sie allmählich verlegen wurde, weshalb ich ihren Blick freigab.

»Deswegen muss ich vom Campus ziehen«, erklärte sie. Eine Furche erschien zwischen ihren Augenbrauen, und sie zog ihre Hand aus meiner, um sich die Brille höher auf die Nase zu schieben. »Weil ich mich zusammen mit Maxx hab tätowieren lassen, denkt meine Mom, ich würde jetzt lauter Dinge tun, die mir die Zukunft verbauen. Und weil ich ja dabei sei, mir die Zukunft kaputt zu machen, werden sie und Dad kein Geld mehr in meine Zukunft investieren. I-ich …« Ihre Stimme brach. Es spielte keine Rolle, wie lange wir heute Morgen schon darüber gesprochen hatten, oder auch gestern Abend. Der Schmerz auf ihrem Gesicht wurde nicht weniger, und es raubte mir den Atem.

»Sie will mir das Wohnheim nicht mehr zahlen.« Savannah schluchzte auf.

»O mein Gott«, murmelte Ella. Sie streckte den Arm aus und drückte Savannahs Hand. »Ich fasse es nicht, dass sie das getan haben!«

»Scheiße«, sagte Lenny und runzelte die Stirn. »Gehen sie damit nicht viel zu weit? Sie kennen Maxx außerdem überhaupt nicht, wie können sie es wagen, sich so was herauszunehmen?«

Mitchell lachte auf, was mich irritiert aufblicken ließ. Doch nicht nur ich, sondern auch die anderen sahen ihn erschrocken an. Er schüttelte den Kopf und verdrehte die Augen. »Mein Gott. Mom ist so was von … Sie ist …«

Carla machte den Anschein, als wollte sie ihn mit passenden Worten versorgen, schien es sich jedoch zu verkneifen.

Mitchell sah seine Schwester an, und seine Miene wurde ernst. »Sie ist ein für alle Mal zu weit gegangen!«

»Was sagt denn euer Dad dazu?«, fragte Summer. »Ich kann mir gar nicht vorstellen, dass er deine Mom dabei unterstützt.«

Sav zuckte mit den Schultern. »Er hat mir gestern versichert, dass er noch mal mit ihr reden wird. Aber das spielt keine Rolle. Selbst wenn sie sich entschuldigt und sie mir weiterhin das Wohnheimzimmer zahlen wollen … ich kann das nicht mehr zulassen. Ich bin es leid, von ihnen abhängig zu sein und ihnen damit diese Macht zu geben. Sie konnten meine Therapie sang- und klanglos beenden, obwohl ich noch nicht bereit war, und sie können mir jederzeit mit meiner ganzen Zukunft drohen, wenn ich nicht das tue, was sie wollen. Ich kann mir nicht länger vorschreiben lassen, was ich zu tun und zu lassen habe. Die Zeiten sind vorbei. Ich möchte, dass sie keine Macht mehr über mich haben, und es ist an der Zeit, selbstständiger zu werden. Deshalb muss ich mir irgendwo ein Zimmer suchen und einen Job, um es zu finanzieren. Und vielleicht, wenn ich genug arbeite, kann ich mir eine Stunde bei Dr. Dreyer leisten, um einen Abschluss zu finden. Oder um weiterzumachen. Das weiß ich noch nicht. Aber es ist an der Zeit, selbstständig zu werden.«

Meine Brust schwoll regelrecht vor Stolz. Die Bestimmtheit in ihrer Stimme war unerschütterlich.

Summer stand auf, trat um den Tisch und umarmte Savannah. Sie sagte nichts und umarmte ihre Freundin nur. Und ich hatte so das Gefühl, dass dieses Schweigen zwischen ihnen bereits einiges sagte, ein blindes In-und-auswendig-Kennen, sodass keine großen Worte nötig waren. Sav stand anschließend auf, und auch Ella, Carla und Mitchell umarmten sie.

»Savy, ich bin stolz auf dich«, sagte ihr Bruder sanft.

Die anderen nutzten den Moment, um gleich auch mich zu umarmen, was mich ein wenig überrumpelte. Doch es rührte mich auch. Allmählich wurde mir etwas bewusst, auch wenn es noch so neu und zerbrechlich war.

Ich war ein Teil hiervon. Ich gehörte nun zu dieser Gruppe. Sie hatten mich einfach angenommen, und sie stießen mich nicht weg, obwohl sie jetzt von meiner Vergangenheit wussten. Einfach so! Und dieses Gefühl, einfach akzeptiert zu werden, berührte etwas in mir, was schon lange nicht mehr berührt worden war.

Creed war der Nächste, der zu mir trat und mich fest in die Arme schloss. Er atmete auf und umfasste meine Schultern, um mich anschließend zu mustern. Dann erschien ein warmes, breites Lächeln auf seinem Gesicht. »Wusste ich's doch, dass du immer noch der Alte bist.«

Ich erstarrte. *Was zum …?*

»Was meinst du damit? Ich bin überhaupt nicht mehr wie früher.« Beinahe blaffte ich die Worte.

»Ach, komm schon«, sagte Creed und verdrehte die Augen. »Glaubst du wirklich, dass du dein ganzes Leben lang ein Arschloch gewesen bist? Manchmal ist jeder ein Arschloch, das sind aber nur Momentaufnahmen. Selbst als du mit Rose zusammen warst, bist du kein Arsch gewesen, obwohl du da angefangen hast, viel Mist zu bauen. Du warst schon immer wie ein Bruder für mich, und das nicht, weil wir uns einfach schon sehr lange kennen, sondern weil du ein großartiger Mensch bist. Wenn du an früher denkst, dann solltest du nicht nur an deine Fehler denken und an falsche Entscheidungen, sondern auch an die restlichen fünfundneunzig Prozent deines Lebens. Da warst du meistens nämlich ziemlich erträglich. Nervig und überhaupt nicht lustig, wie kleine Quasigeschwister eben sind, aber erträglich.«

Ich atmete tief durch. Mir war schwindelig, und Creeds Worte sorgten dafür, dass sich meine Kehle zusammenschnürte. »Danke, Creed.« Ich klopfte ihm auf die Schulter und lächelte ihn an.

Als wir uns anschließend voneinander lösten und uns wieder setzten, reichte Lenny Sav wortlos eine Schachtel mit Taschentüchern.

»*Ay*, wo wir gerade davon sprechen, dass nach Zimmern gesucht wird«, begann Carla. »Einer von euch beiden könnte Oskars und Mateos Zimmer haben. Die beiden ziehen in drei Wochen bei Vince und Alma ein. Danach steht das Zimmer theoretisch leer.«

Mein Herz machte einen überraschten Sprung, und Savannah

schnappte aufgeregt nach Luft. »Wirklich?« Ihr Kopf zuckte zu mir. »Du solltest das Zimmer nehmen!«

»Nein«, sagte ich langsam – auch wenn ein Teil von mir mich dafür gerne ohrfeigen würde. Es war so eine große Chance ... aber ich konnte das nicht. Nicht wenn anschließend Sav sich mit der anstrengenden Suche nach einem Zimmer herumschlagen musste. »Nimm du es.«

»Aber du suchst doch schon viel länger als ich!«

Ich lächelte schief und zuckte mit den Schultern. »Ich finde schon noch etwas. Nimm du es.«

»Maxx, wenn du willst, kann ich die Jungs aus dem Footballteam fragen, ob sie sich auch umhören können«, bot Todrick an.

»Ich kann im Schwimmteam nachfragen«, sagte Mitchell. »Wenn wir uns alle umhören und suchen, finden wir schon etwas.«

»Ich weiß nicht, ob ich das annehmen kann ...« Hilflos blickte ich zu Ches. Er hatte kaum etwas gesagt und wie ich eher das ganze Geschehen beobachtet. Doch er lächelte mich aufmunternd an.

»*Claro*«, sagte Carla. »Hey, ich muss es auch noch lernen. Ich hasse es, Hilfe anzunehmen. Aber wenn wir alle mit anpacken, wird es leichter.«

»Das stimmt«, sagte Ches und nickte.

Meine Kehle war staubtrocken. Ich schluckte schwer, aber das Gefühl verschwand nicht. Blind tastete ich wieder nach Savannahs Hand. Sie kam mir entgegen und verschränkte unsere Finger miteinander. Es war, als würde allein ihre Berührung mir bereits Halt geben. *Zusammen,* schoss es mir durch den Kopf. Unser Ding. Unser *aller* Ding. Vielleicht ... hatte Carla recht. Vielleicht sollte ich es einfach zulassen, auch wenn sich alles in mir dagegen sträubte, anderen eine Last zu sein. Ich hatte keine Ahnung, wann und wie ich an ein WG-Zimmer kommen sollte, oder eine Wohnung, irgendetwas, das ich mir leisten konnte. Aber ich ... hatte mit einem Mal den Verdacht, die Vermutung, dass es gut gehen konnte. Dass alles gut werden konnte.

»Hey, wohnt Brig nicht auch allein?«, fragte Todrick in die Runde. »Vielleicht könnte er ja auch einen Mitbewohner gebrauchen.«

Summer verzog das Gesicht und rümpfte die Nase. »Du kennst diese Nervensäge auch?«

Creed lachte auf. »Auch? Wer kennt Brigham nicht?«

»Oh, das«, sagte Ella grinsend und machte eine wegwerfende Handbewegung. »Summer hat ihn kürzlich erst kennengelernt. Sie wohnen Tür an Tür. Habt ihr das gewusst?«

»Nein«, sagte Todrick verblüfft. »Wow, ernsthaft? Brig wohnt bei euch dreien im Haus?«

»Eigentlich hättest du das wissen müssen, als sein Stripschuppen-Kumpel«, warf Lenny mit einem fiesen Lächeln ein. Todrick verdrehte die Augen, grinste jedoch auch. »Kein Grund, gleich aus Eifersucht zu sprechen.«

Sie schnaubte belustigt und verschränkte die Arme vor der Brust.

Im nächsten Moment sprachen alle durcheinander. Jeder hatte andere Ideen, auf welche Art und Weise sie mir dabei helfen konnten, ein Zimmer zu finden, und waren mit Eifer und Begeisterung dabei. Ich konnte einen ganzen Moment lang nichts anderes tun, als voller Unglauben und Verblüffung dabei zuzuschauen.

Savannah drückte vorsichtig meine Hand. Blinzelnd riss ich mich vom Anblick der belebten Runde los und sah sie an. Sie lächelte vorsichtig. »Ist alles in Ordnung?«, fragte sie leise.

Ich lehnte mich zu ihr, legte meine Hand auf ihre Wange und küsste sie sanft. Mit all der Liebe, die ich hatte. »Es könnte nicht besser sein«, flüsterte ich. Wir sahen uns an. Obwohl noch so viel vor uns lag, was vermutlich nicht einfach werden würde, hatte ich das Gefühl, als wäre bereits alles gut. Als wäre ich endlich angekommen. Denn wenn ich bei Savannah war, bei diesem Mädchen, das ich liebte, war genau das der Fall.

Ich war nicht länger verloren, denn ich gehörte zu ihr und sie zu mir. So schwer die nächste Zeit vielleicht auch werden würde; wenn wir zusammen waren, konnten wir alles erreichen.

KAPITEL 50

SAVANNAH

Savannah: Ich glaube, ich kann das nicht!!!

Maxx: Doch. Ganz bestimmt. ☺

Savannah: Und was, wenn sie mich nicht verstehen möchte? Was, wenn sie wütend bleibt oder wir uns nicht versöhnen können?

Maxx: Dann ist das nicht deine Schuld. Du schaffst das, ich glaube an dich!!!!!!!!!!!!!!!!!!!!!

Maxx: (Die Ausrufezeichen sind alle für dich ;p)

Savannah: Ich rufe dich an, wenn ich auf dem Weg nach Hause bin, okay? Ich muss jetzt mein Handy weglegen. Bis später!

Mit klopfendem Herzen drückte ich auf die Tastensperre und schob mein Handy unauffällig in die Tasche meines Jeansrocks zurück. Nervös blickte ich auf, erst zu Mitchell, der neben mir auf dem Sofa im Wohnzimmer meiner Eltern saß, dann zu meinen Eltern, die vor uns standen. Mom hielt meinen Brief in der Hand, und sie und Dad lasen Zeile für Zeile. Das Herz klopfte mir bis zum Hals, und ich hatte das Gefühl, jeden Moment in die Luft zu gehen. Mein Magen war hart wie Stein, und mir war unglaublich schlecht vor Nervosität.

Langsam ließ meine Mom das Blatt sinken und reichte es an meinen Dad weiter, der mit zusammengezogenen Augenbrauen offenbar den Brief noch einmal las. Ich erwartete einiges; Wut und Empörung und Ärger. Doch als meine Mutter mich ansah, sah ich Tränen in ihren Augen glitzern. Sie blinzelte hastig und räusperte sich. »Wenn wir so furchtbare Eltern sind, wieso hast du nie etwas gesagt?«

Mein Herz krampfte sich zusammen. Unsicher tauschten Mitchell und ich einen Blick aus, ehe mein Dad hastig das Wort ergriff. Er sah unsere Mutter tadelnd an. »Ich glaube, was eure Mom eigentlich fragen wollte, war, wieso du uns nicht einfach gesagt hast, was du denkst. Auch was Dr. Dreyer angeht. Ich hatte …« Er fuhr sich mit einer Hand über den Kopf. Bedauern trat auf sein vertrautes Gesicht. »Wir hatten keine Ahnung, Savy. Vor allem nicht, wie schlimm es für dich ist, die Therapie einfach zu beenden. Ich dachte, wir tun das Richtige. Es ging dir plötzlich wieder so gut, und wir sind so froh drum, deshalb dachten wir wirklich, dass du die Therapie nicht mehr brauchst.«

»Aber ich hätte es doch wenigstens verdient, mitzusprechen!«, stieß ich hervor. Ich atmete tief durch und setzte mich aufrechter hin. Es war so weit. Das hier war der Moment, auf den ich so hart hingearbeitet hatte. Aber ich konnte das. Nicht wegen des Briefes. Oder wegen Maxx – auch wenn beides eine Rolle spielte. Aber ich konnte es meinetwegen. »Dad, ich bin eine erwachsene Frau und Studentin. Ich kann nicht nur meine eigenen Entscheidungen treffen, ich *muss* meine eigenen Entscheidungen treffen, weil das nun mal zum Erwachsensein dazugehört. Ich weiß, wie viel ihr für mich getan habt, u-und dass ihr mir nichts Böses wolltet, als ihr die Therapie beendet habt, aber ihr habt mich unfair behandelt. Ich möchte nicht mehr, dass ihr auf mich herabblickt und über meinen Kopf hinweg entscheidet. Ich möchte endlich auf Augenhöhe wahrgenommen werden, und ich möchte in Entscheidungen, die mein Leben betreffen, nicht nur mit einbezogen werden, sondern mitentscheiden. Ich bin einundzwanzig Jahre alt.«

Mom schluchzte auf. Sie drehte sich von uns weg, und ich sah, wie ihre zarten Schultern in der silbergrünen Brokatjacke zu beben begannen. »Du hältst uns also für Monster, ja?«, fragte sie erstickt.

Mit einem Mal stand Mitchell auf. »Mom, hast du Savannah überhaupt zugehört?«

»Natürlich! Wir sind offenbar schlechte Eltern!«

Mit einem frustrierten Laut faltete Dad den Brief zusammen. »Verflucht noch mal! Es reicht. Kannst du wenigstens dieses eine Mal versuchen, das Gespräch nicht um dich gehen zu lassen?«

Vor Schreck klappte mir der Mund auf.

Das hatte ich nicht erwartet.

Dad schloss die Augen und kniff sich mit Daumen und Zeigefinger in die Nasenwurzel. »Ich bin es so leid. Savannah, es tut mir leid, wie die Dinge gelaufen sind. Wir bekommen das wieder hin, versprochen.«

»Ich werde aus dem Wohnheim ziehen«, verkündete ich geradeheraus. »Ich möchte nicht mehr von euch abhängig sein. Ich möchte mir einen Job suchen und mich vielleicht sogar im Kino in der Mall bewerben. Und bei Carla und Lenny wird ein Zimmer frei. Dort ziehe ich hin und werde dann meine Miete selbst bezahlen. Und wenn ich nächstes Jahr mit dem Studium fertig bin, suche ich mir einen Vollzeitjob, vielleicht an einem Theater, an einer Highschool, in einem Theaterclub oder einer Schauspielschule. Außerdem gehe ich mit Maxx aus. E-er ist ein guter Kerl, und ich hab ihn wirklich sehr gern. Er unterstützt mich bei allem, was ich mache. Er hat mich nicht dazu gedrängt, mich tätowieren zu lassen. Ich wollte das Tattoo schon sehr lange, und er hat mir geholfen, meine Angst zu überwinden und es mir stechen zu lassen. Weil das mein Traum war. Er bringt mich nicht auf die schiefe Bahn, und er ist auch kein schlechter Einfluss. Es ist das genaue Gegenteil. Wir helfen uns gegenseitig dabei, die beste Version unserer selbst zu sein, und ohne ihn hätte ich vielleicht gar nicht den Mut gefunden, heute hier zu sein und mit euch dieses Gespräch zu führen, oder den Brief zu schreiben.« Ich atmete tief durch, versuchte mein pochendes Herz und den flachen Atem zu ignorieren. »Ich würde mir wirklich wünschen, dass ihr ihm eine echte Chance gebt. Jeder hat eine Chance verdient. Und … Und deshalb möchte ich *euch* auch eine geben. Ich liebe euch, und ich möchte nicht, dass sich unsere Familie entzweit, auch wenn ihr euch bald scheiden lassen werdet. Wir werden für immer eine Familie sein. Deshalb verzeihe ich euch, was ihr getan habt.«

Meine Augen brannten. Hastig blickte ich zu Mitchell. Stolz war auf seiner Miene zu sehen, und sie erfüllte mich ebenfalls mit Stolz. Und Aufregung.

Damit hatte ich es wohl getan.

Ich hatte es endlich getan und ihnen alles gesagt, was ich ihnen schon so lange hatte sagen wollen!

Mein Dad sah mich mit großen Augen an. Zögerlich trat er zu mir. Er zog mich sanft auf die Beine und schloss mich in die Arme.

Das war alles, was es brauchte, dass ich zu schluchzen begann.

»Danke, Savy«, sagte er leise und strich mir über das Haar. »Dafür, dass du uns das gesagt hast. Es tut mir leid. Ich hätte viel eher … Wir hätten nicht …« Er ließ den Satz in der Luft hängen. Es war, als würde er so viel sagen wollen, aber nicht die richtigen Worte finden. Und das war okay. Ich musste gar nicht mehr hören. Sein Dank und seine Entschuldigung reichten mir voll und ganz aus. Er war immerhin mein Dad, und ich liebte ihn. Mir fiel eine so große Last von den Schultern, dass ich aufatmete. Mein Herz wurde leichter, und die Aufregung deswegen ließ Adrenalin durch meinen Körper strömen. Ich klammerte mich an ihn und schloss die Augen. »Ich hab dich lieb, Dad«, sagte ich mit erstickter Stimme.

Er löste sich von mir und strich mir mit dem Daumen über die Wange. Auch in seinen Augen standen Tränen. »Ich verspreche dir, dass ich mir zukünftig Mühe geben werde. Das meine ich ernst.«

Als mein Blick dem meiner Mutter begegnete, keimte Unsicherheit in mir auf. Sie wirkte noch immer ein wenig steif. Doch ich sah den Schmerz in ihren Augen.

Sie nickte langsam. »Es tut mir leid, Liebling. Vielleicht habe ich wirklich ein wenig … überreagiert.« Sie und Dad wechselten einen Blick. »Nein«, sagte sie langsam und sah mich wieder an. »Ich *habe* überreagiert, und dafür entschuldige ich mich. Sag deinem Freund, dass er zum Essen eingeladen ist. Ich werde das wiedergutmachen. Savannah … so furchtbar ich in deinen Augen auch sein mag, ich habe bloß versucht, das Richtige zu tun. Ich wollte eine gute Mutter sein und das Beste für dich tun. Ich weiß, dass ich manchmal ein wenig … eigen sein kann.« Sie presste die Lippen zusammen und wandte stocksteif den Blick ab.

Wow. Ich wusste nicht, was ich sagen sollte. Das hier war … mit Abstand das Ehrlichste, was ich je von meiner Mom gehört hatte! Wieder schluchzte ich auf, weil sie mich damit so sehr überraschte.

Dann trat ich zu ihr, schlang die Arme um sie und kniff die Augen zusammen. »Ich weiß«, sagte ich leise. »Du bist meine Mom. Ich hasse dich nicht, okay?« Ich konnte einfach keinen Groll hegen. Ich wusste, dass es vermutlich viele Menschen gab, die noch immer eine Kluft beibehielten. Abstand, bis sich die Situation tatsächlich wieder beruhigt hatte. Ich wusste auch, dass es einige Menschen gab, denen ihre Worte als Entschuldigung nicht annähernd genug gewesen wären. Aber mir waren sie genug. Ich erwartete von meiner Mutter nicht, dass sie perfekt war, oder ihr ganzes Wesen änderte. Das war immerhin nicht möglich. Keine Worte der Welt würden aus ihr einen neuen Menschen machen und uns alle glücklich in den Sonnenuntergang reiten lassen. Ich kannte meine Mom gut genug, um zu wissen, wie viel Überwindung sie dieses Zulassen von Schwäche, von Schuldbekenntnis gekostet haben musste. Deshalb akzeptierte ich die Dinge, so wie sie waren. Auch wenn ich mich danach sehnte, mehr von ihr zu hören, mehr Zärtlichkeit und Liebe durch ihre Worte zu erfahren, war es *mir* genug. Ich schätzte es. Und ich liebte sie so sehr, dass ich ihr verzieh. Denn wir waren eine Familie, und das war mir wichtiger als mein Stolz. In Zukunft würde ich mich aktiver vor ihrem toxischen Verhalten schützen. Aber ich war bereit, sie so zu akzeptieren, wie sie war.

Langsam entspannte meine Mom sich in meiner Umarmung. Sie erwiderte sie und atmete schwer und langsam aus. Sie streichelte mir über den Rücken und steckte mir ein paar wirre Haarsträhnen hinter die Ohren, so wie sie es auch früher schon getan hatte, als ich klein war.

Als ich zurücktrat und mich wieder neben Mitchell setzte, legte er mir einen Arm über die Schulter und lächelte mich an. »Ich bin so stolz auf dich, Schwesterchen«, flüsterte er. Ich konnte nicht anders, als sein Lächeln mit einem breiten Grinsen zu erwidern.

Ich sah, wie Mom und Dad einen bedeutungsschweren Blick austauschten. Dann drehte Mom sich zu Mitchell und mir um und verschränkte die Arme vor der Brust. »Euer Vater und ich werden noch mal über alles sprechen. Wenn du wirklich aus Jefferson House ausziehst, Savannah, könnten wir … ja vielleicht die Miete für dein WG-Zimmer übernehmen. Oder uns daran beteiligen … ganz ohne

Bedingungen. Vorausgesetzt natürlich, es ist nicht teurer als das Wohnheim.«

Dad schnaubte belustigt und kratzte sich am Kinn. »Wir zahlen dir das Zimmer. Punkt. A-also, natürlich nur, wenn du das möchtest.«

Ich zögerte. Dachte einen Moment darüber nach. »Vielleicht könntet ihr mich ein klein wenig unterstützen, bis ich einen Job gefunden habe? Und bis ich weiß, wie viel ich verdienen werde. Wenn das okay ist. Ich weiß, dass es nicht selbstverständlich ist, überhaupt so was bezahlt zu bekommen, und die meisten müssen ihr Geld mit Nebenjobs selbst stemmen, deshalb …«

»Wir verstehen das«, sagte Dad sanft. »Wenn du unsere Unterstützung annehmen willst, dann werden wir sie dir geben.«

»Und vielleicht könnte ich eine allerletzte Stunde bei Dr. Dreyer bekommen?«, fragte ich vorsichtig und rieb mir über die Arme. Verlegen senkte ich den Blick. »Ich weiß, dass ihr denkt, dass ich die Therapie nicht mehr brauche, aber ich konnte mich nicht von ihr verabschieden, und ich glaube, ich brauche das. Außerdem habe ich überlegt, durch den Nebenjob jeden Monat etwas Geld zur Seite zu legen, um mir dann und wann eine Stunde bei ihr finanzieren zu können. Ich würde das irgendwann gerne selber alles stemmen können und selbstständig sein. Deshalb … wenn es in Ordnung ist und ihr mich bis dahin unterstützen wollt, wäre ich euch wirklich sehr dankbar.«

»Ich schätze, dass das in Ordnung geht«, sagte meine Mom langsam. »Belassen wir es erst mal dabei und reden demnächst noch mal ausführlicher darüber.«

»Gut«, sagte Mitchell und klatschte die Hände auf die Knie, ehe er aufstand. »Dann wäre das ja erst mal geklärt.«

Ich stand ebenfalls auf und lächelte unsere Eltern an. »Danke.«

»Bleibt ihr nicht zum Essen?«, fragte Mom überrascht, als Mitchell und ich uns verabschieden wollten.

»Heute nicht«, sagte ich – was mich mehr Überwindung kostete, als ich zugeben wollte. Doch es verlieh mir auch Kraft. Ich lächelte entschuldigend. »Ein andermal gern.«

»Na gut.« Sie wirkte nicht anklagend, oder böse. So reserviert sie in den letzten Jahren auch geworden war, sie war auch nur ein Mensch. Und unser Gespräch hatte sie nicht kaltgelassen. Die Erschöpfung war ihr deutlich anzumerken.

»Bis dann, Liebling«, sagte Dad und drückte mich ein weiteres Mal an sich. »Und wenn irgendetwas ist, kannst du immer mit uns reden, okay?«

Er umarmte auch Mitchell fest, so als wüsste er genau, dass mein Bruder nur mitgekommen war, um mir eine Stütze zu sein. Es war, als würde seine Umarmung ihm genau dafür danken. Aber er sprach es nicht aus. Das war schon immer sein Ding gewesen.

Wir winkten zum Abschied und durchquerten dann das große Haus, in dem wir aufgewachsen waren – und welches sie nun bald verkauften.

Kaum dass Mitchell und ich das Haus verlassen hatten und in den Nieselregen traten, legte er mir auch schon eine Hand auf den Arm. »Das war großartig, Savannah. Du hast das toll gemacht, ganz ehrlich.«

»Danke, Mitch«, sagte ich ergriffen und lächelte ihn an. »Wirklich.«

»Ich habe doch nur danebengesessen und nicht wirklich etwas getan.«

»Aber du warst meine mentale Stütze! Deshalb: danke.«

Er lächelte und nickte. »Nicht der Rede wert.«

Wir liefen zu unseren Autos.

Etwas blitzte plötzlich verdächtig in Mitchells Augen auf, und seine Mundwinkel zuckten nach oben. »Übrigens … du und Maxx …«

Ich öffnete meine Autotür und klimperte mit meinem Schlüsselbund. Grinsend sah ich meinen Bruder an und zuckte mit den Schultern. »*Cookie.*«

»*Cookie?*«, wiederholte er entrüstet. »Hey, speis mich nicht einfach mit einem *Cookie* ab!«

Ich knuffte ihn in die Seite. »Ich hab ihn wirklich sehr gern. Ich … Ich liebe ihn, Mitch.«

Sein Blick wurde weich, und er lächelte. »Ich freue mich für dich. Für euch. Ihr zwei passt gut zusammen.« Dann lachte er auf. »Irgendwie haben wir wohl ein Talent dafür, Mom und Dad mit unserer Partnerwahl ein wenig in den Wahnsinn zu treiben.«

Wir lachten beide.

»Dann magst du Maxx?«, fragte ich zaghaft.

»Klar. Irgendwie schon. Ich meine, ich kenne ihn noch nicht so gut, und es ist total abgefahren, was er erzählt hat. Das mit dem Gefängnis und allem. Aber er scheint ziemlich in Ordnung zu sein. Ich freue mich schon, ihn besser kennenzulernen.«

Mein Herz schwoll an. »Darauf freue ich mich auch schon.« Und ich hatte noch nie etwas ernster gemeint.

Mitchell und ich verabschiedeten uns, ehe ich in den Wagen stieg und den Motor startete. Ich fuhr aus der Ausfahrt und die Straße hinunter, bis ich sah, wie das Haus meiner Eltern im Rückspiegel immer kleiner wurde. Ich kam nur eine Querstraße weit. Dann blieb ich am Straßenrand stehen, zog die Handbremse an und entsperrte mein Handy.

Es klingelte nur zwei Mal. Dann erklang auch schon diese unwiderstehliche tiefe Stimme, die mein Herz augenblicklich schneller schlagen ließ. »Und, wie war es?«

Ich konnte nicht anders, als aufzulachen. »Gut! Nein, toll. Großartig! Ich kann es gar nicht richtig glauben. I-ich meine, ich habe ihnen einfach meine Meinung gesagt! Und sie haben mich ernst genommen! Wir haben nicht gestritten, sondern uns unterhalten, und es hat sich so gut angefühlt! Wieso habe ich das nicht schon viel früher getan? Ich kann einfach nicht fassen, dass es vorbei ist. Dass sie mir wirklich helfen werden und sich entschuldigt haben. Meine Mom hat sogar gesagt, dass sie dir noch eine Chance geben will. Sie möchte uns bald zum Essen einladen.«

Maxx fluchte und lachte erleichtert auf. »Darauf stoßen wir an! Gott, Sav, ich bin stolz auf dich. Beweg, so schnell du kannst, deinen Hintern hierher, damit ich dir zeigen kann, wie stolz.«

Erschrocken schlug ich mir eine Hand vor den Mund, ehe mein Gesicht auch schon zu glühen begann. Und das, obwohl er mich noch nicht mal sehen konnte. »Maxx, du kannst so was nicht sagen!«

»Kann ich nicht? Wieso nicht?«

»Weil ... ich ...« Ich rang nach Worten. Dann machte ich gleich wieder von meinem Lieblingsgebäck Gebrauch, weil ich mir nicht anders zu helfen wusste. »*Cookie!* Sobald ich da bin, können wir Pizza bestellen und anstoßen, okay?«

»Okay. Nur du, ich und Mr. Fluchbär.«

Ich biss mir lächelnd auf die Unterlippe. »Bis gleich.«

»Bis gleich, Savy«, sagte Maxx mit sanfter Stimme.

Dann war das Telefonat vorbei.

Ich konnte nicht anders, als auf das Lenkrad zu trommeln und laut zu quietschen, um die blubbernde Freude in meiner Brust in den Griff zu bekommen. Ich war so ...

Stolz auf mich. Auf meinen Mut.

Mit glühendem Herzen öffnete ich meine Notiz-App.

Führe endlich ein klärendes Gespräch mit Mom und Dad!!!!

Ein strahlendes Lächeln erfüllte mein Gesicht, und ich setzte einen Haken.

Check.

EPILOG

1 Monat später ...

SAVANNAH

Summer schüttelte sich den Herbstregen aus den langen blonden Haaren und blickte sich so unglücklich im Leo's um, dass ich nicht wusste, ob ich lachen oder Mitleid haben sollte.

»Ich kann nicht glauben, dass ihr mich ernsthaft gezwungen habt, mit euch hierherzukommen. Ich hasse diesen Laden.«

Grinsend zog ich meinen quietschgelben Regenmantel aus und legte ihn mir über den Arm. »Wir haben dich nicht gezwungen.«

»O doch.«

Carla verdrehte die Augen und bedeutete uns, ihr durch die warme, stickige Bar in den hinteren Bereich zu folgen. »Wir haben dich nicht gezwungen, du Esel. Wir haben dich lediglich gefragt, ob du mitkommen möchtest, weil der Spieleabend heute hier stattfindet.«

Die Bar war brechend voll, und wir schoben uns an Dutzenden Körpern vorbei. Ich bildete das Schlusslicht.

Summer gab nicht nach. »Und dann habt ihr mir gedroht, dass Arschloch-Nachbar meinen Platz einnimmt, wenn ich nicht mitkomme!«

»Er ist heute Abend bloß mal dabei.«

»Und dann schaue ich einmal nicht richtig hin, und plötzlich ist er immer dabei! Er soll sich gefälligst eigene Freunde suchen. Und wenn er schon dabei ist, dann auch gleich eine neue Wohnung.«

Carla fluchte leise auf Spanisch. Ich konnte nicht anders, als bei Summers trotzigem Ton zu lachen.

Nachdem Summer und Brigham sich das erste Mal im Hausflur begegnet waren, hatte Summer entschieden, dass sie von nun an Erzfeinde sein würden. Ich wurde das Gefühl nicht los, dass der heutige Abend ziemlich spannend werden würde. Es war außerdem Summers

445

allererstes Mal im Leo's, wenn man das eine Mal vergaß, als sie sich vor zwei Jahren nach dem Tanzen betrunken hierherverirrt hatte und nicht nur die Musik grausig gefunden hatte, sondern auch noch angekotzt worden war.

Suchend blickte ich mich um und ließ den Blick über jede einzelne der vollen Sitznischen gleiten. Enttäuscht musste ich jedoch feststellen, dass Maxx noch nicht hier war. Am Tisch, den wir ansteuerten, saßen nur Ella, Chester, Creed, Lenny und Brig.

»O nein«, sagte Summer gequält. »Arschloch-Nachbar ist schon da.«

Ihre Stimmung schien noch mehr nachzulassen, als wir die anderen begrüßten, uns setzten – und sie ausgerechnet neben Brigham landete. Mit großen grünen Augen sah er Summer fasziniert an. Dann fuhr er sich durch die perfekten blonden Engelslocken und sah Carla und mich fragend an. »Mädels, wer ist denn eure bezaubernde Freundin?«

»Dein schlimmster Albtraum, Arschloch-Nachbar«, erwiderte Summer, bevor ich das übernehmen konnte. Sie verschränkte die Arme vor der Brust.

»Arschloch-Nachbar?«, wiederholte er verblüfft. Dann erhellte ein überraschtes Lächeln seine Miene, und er musterte Summer in ihrem hautengen grauen Wollkleid von oben bis unten. »Warte, *Kotzi,* bist du das? Wow! Ich meine, ich wusste gar nicht, wie umwerfend du bist, wenn du nicht gerade grünes Erbrochenes im Gesicht hast!«

Ich presste die Lippen zusammen, bevor ich loslachen konnte, so wie auch Ella. Summer machte den Eindruck, als würde sie jeden Moment explodieren, und Brigham sah aus wie ein kleiner, glücklicher Junge, der mit einem Stock nichts ahnend und fröhlich einen schlafenden Grizzlybären pikste.

Sie lächelte ihn im nächsten Moment zuckersüß an – und zeigte ihm den manikürten Mittelfinger. »Wenn du mich jemals wieder so nennst oder auch nur daran denkst, mich jemals in diesem Aufzug gesehen zu haben, werde ich dich im Schlaf aufsuchen und dir nicht nur die Augenbrauen abrasieren, sondern auch dein schnöseliges Gesicht in Selbstbräuner ertränken, auf dass du fleckig und orange wirst.«

Brig schien von alldem nur eine einzige Sache gehört zu haben und war begeistert. »Du möchtest nachts in mein Schlafzimmer kommen?«

»Das war's. Ich werde dir ernsthaft wehtun müssen.«

»*Dios mío*«, flüsterte Carla neben mir. »Was zum Teufel ist denn bei denen los?«

»Keine Ahnung«, erwiderte ich grinsend. »Aber sie sind wie füreinander geschaffen.«

Ich sah, dass auch Ella und Ches sich ein Grinsen zuwarfen – und sich unauffällig Geld in die Hand drückten.

Eine Bewegung im Augenwinkel erweckte meine Aufmerksamkeit. Ich drehte mich um und entdeckte Maxx, Todrick und meinen Bruder, die sich ebenfalls einen Weg zu unserem Tisch bahnten.

Mein Herz machte einen freudigen Satz und wurde um einiges schneller – besonders als Maxx mich anlächelte. Er, Todrick und Mitchell setzten sich zu uns. Auf Stühle, die Brigham aus dem Lager stibitzt hatte, da er hier immerhin arbeitete.

»Mann, langsam wird es an unserem Tisch echt voll«, bemerkte Mitchell, ehe er Carla einen Kuss auf den Scheitel drückte.

Ich blickte hoch zu Maxx, der die anderen grüßte und sich anschließend mit seinem Stuhl halb neben mich an den Tisch quetschte. Er schob seine Hand in meinen Nacken, zog mich zu sich und gab mir einen überaus innigen Kuss. Und das vor allen anderen! Ich wich hastig zurück, um ihn mit einem erschrockenen Lächeln und glühenden Wangen anzusehen. Er grinste mich bloß spitzbübisch an, so als hätte er sich für nichts zu schämen. »Wie war deine Schicht im Kino?«, fragte er und küsste meine Wange.

Ich konnte nicht anders, als zu strahlen. »Gut. Mir tun nur die Füße weh. Oh, Francine, Gloria und ich haben das Management dazu überredet, dass wir zukünftig Schokopopcorn verkaufen dürfen! Ich glaube, das wird das Kino revolutionieren.«

Das leise, ehrliche Lachen ließ seine Augen ganz klein werden. »Bietet ihr ab jetzt auch riesige, gruselige Glitzerteddys an? Ich hätte da nämlich noch einen im Angebot.«

»Mr. Fluchbär wird nicht verkauft!«, sagte ich empört. »Hey, das war ein Geschenk. Du musst ihn für immer behalten.«

»Aber seitdem du diesen Erdbeersmoothie auf ihm verschüttet hast, stinkt er wie eine gigantische …« Mein Blick ließ ihn verstummen. Er schmunzelte und nickte anschließend. »Na schön. Mr. Fluchbär bleibt. Aber wundere dich nicht, wenn er in meiner WG zukünftig als Türsteher dienen wird und nicht mehr auf meinem Bett liegt.«

Maxx hatte vor Kurzem endlich ein WG-Zimmer gefunden und teilte sich jetzt mit zwei anderen Studenten des Communitycollege eine kleine Wohnung in Coldwater. Zwar brauchte ich nun zwanzig Minuten mit dem Auto bis zu seiner Wohnung, aber das machte keinem von uns etwas aus.

»Damit kann ich leben, Hauptsache, du gibst ihn nicht weg«, erwiderte ich belustigt und streckte ihm die Zunge raus.

Als ich mit dem Daumen etwas Seltsames auf seinem Handrücken erspürte, senkte ich den Blick auf unsere Hände – und entdeckte dabei gelbe Farbsprenkel auf seiner Haut.

Mein Blick schoss wieder nach oben. »O nein, ihr habt ohne mich angefangen zu streichen?«

»Wir sind sogar schon fertig«, erwiderte er grinsend.

Vor wenigen Tagen war ich endlich bei Carla und Lenny eingezogen und hatte mich von den Mädchen in Jefferson House verabschiedet. Es war ein komisches Gefühl, nicht mehr auf dem Campus der Fletcher University zu wohnen, aber ich liebte Carlas und Lennys – und jetzt auch meine – Wohnung. Die coolste WG, die es je gegeben hatte! Ich hatte meine Ersparnisse dafür genommen, um mir ein Bett zu kaufen, das groß genug war, um nicht nur alleine darin zu liegen, sowie Mobiliar – als Highlight drei große Bücherregale, durch welche meine Bücher endlich nicht mehr in alle erdenklichen Ritzen, Lücken und Ecken gesteckt werden mussten.

»Danke«, sagte ich und drehte mich auch zu Mitchell und Todrick um. »Das ist wirklich lieb von euch. Ich backe euch als Dankeschön Kekse, okay?«

Mitchell und Todrick antworteten gleichzeitig, doch während Mitchell »Ist schon in Ordnung« sagte, sagte Todrick: »Aber bitte die mit Schokolade und Zimt, die du letztes Jahr an Weihnachten gebacken hast!«

Mein Bruder verdrehte die Augen, doch ich grinste bloß. »Wird erledigt, Boss!«

Leo kam an den Tisch, und wir bestellten eine große Runde Getränke. Als ich sah, wie Maxx sich erschöpft über das Gesicht rieb und ein Gähnen unterdrückte, stieg Sorge in mir auf. »Wie war es heute im Altenpflegeheim?«

Maxx hatte damit angefangen, neben seinem Studium und dem Job in der Autowerkstatt zwei Mal die Woche als freiwilliger Helfer in einem Altenpflegeheim in Warden Hill auszuhelfen. Er war noch nicht oft dort gewesen, doch ich wusste, dass es genau das Richtige für ihn war, so wie seine Augen jedes Mal zu leuchten begannen, wenn er davon sprach. So wie auch jetzt, trotz seiner sichtlichen Erschöpfung. Er lächelte strahlend. »Es war toll. Mrs. Lee hat mir heute ihren Schokopudding geschenkt, weil ich für sie jemanden organisiert habe, der täglich nach ihrer Katze schaut, jetzt, wo ihr Mann gestorben ist.«

»O Maxx, das klingt toll«, sagte ich begeistert und verschränkte die Hände über meinem Herzen. »Also das mit dem Pudding, nicht mit ihrem Mann!« Ich hätte beinahe die Augen über mich selbst verdreht. Maxx nickte lächelnd und erzählte mir anschließend, voller Hingabe, von seinem Mittagessen mit zwei Pflegern und der Hausmeisterin. Er schien in diesem Heim regelrecht aufzublühen. Er hatte sich sogar schon erkundigt, was er tun musste, um nach seinem Studium dort einen Vollzeitjob zu bekommen, und setzte nun alles daran, dieses Ziel auch zu erreichen. Es war so schön, mit anzusehen, wie er ankam. Wie er voll und ganz seinen Platz gefunden hatte. Nicht nur im Altenpflegeheim, sondern auch hier in Fletcher, in der Werkstatt, am Communitycollege, hier in unserer Gruppe. Und bei mir. An meiner Seite. Ihn so zu sehen war schöner als jedes Geschenk.

»Margarete und Helga haben uns übrigens beide fürs Wochenende zum Kaffeetrinken eingeladen. Sie richten dir unbekannterweise Grüße aus und wollen dir noch mal danken für deine Buchempfehlung. Sie lieben *Feuer & Leidenschaft* und stecken langsam auch die Pflegekräfte und anderen Alten mit den Highlander-Brüdern an.«

Ein selbstzufriedenes Grinsen machte sich auf meinem Gesicht breit, und ich lehnte mich in meinem Stuhl zurück. »Hab's doch gesagt. Niemand kann den Büchern widerstehen.«

Summer schien uns gehört zu haben und prustete los. »Ernsthaft, Sav? Du hast jemanden dazu gebracht, diesen Highlander-Porno zu lesen?«

»Nicht nur die Alten im Pflegeheim«, sagte ich strahlend und klopfte Maxx voller Stolz auf die Schulter. »Maxx ist schon bei Band zwei! Er hat nur noch zwei Kapitel übrig, und er …«

»Sav!«, zischte er und machte sich auf seinem Stuhl klein. »Verdammt, ich dachte, das bleibt geheim!«

Ella und Summer lachten auf, doch Maxx musste selbst auch das Lächeln unterdrücken, weshalb sich meine aufkochenden Schuldgefühle bändigen ließen.

Er überspielte seine Verlegenheit und zuckte lässig mit den Schultern. Er lächelte mich an …

… und mit einem Mal trat ein verschlagenes Funkeln in seine Augen, das mir ganz und gar nicht geheuer war. »Wisst ihr, Savannah hatte recht, die Bücher sind echt spannend und überraschend politisch und verzwickt. Es gibt zwar ziemlich, *ziemlich* vielen schmutzigen und ausführlichen Sex, aber das scheint weder Savy noch die alten Omis im Heim zu stören.«

Ich schrie auf und vergrub das Gesicht vor Scham in den Händen, ehe der ganze Tisch in Gelächter ausbrach.

»Vielleicht sollte ich die Bücher doch lesen«, überlegte Todrick. »Briggy Babe, lesen wir zusammen? Savannah, wie nennt man das noch mal in der Buchwelt? Ein Bro-Read?«

»Ein Buddyread«, stöhnte ich gequält, noch immer mit dem Gesicht in den Händen. Doch als wieder alle lachten, stimmte ich mit ein und blickte mit brennenden Wangen auf.

Brigham schlug grinsend in Todricks Highfive ein. »Ihr hattet mich schon bei ›heiße Highlander‹. Irgendwie machen mich Schottenröcke total an.«

Summer schnaubte leise und verdrehte die Augen, ehe sie ihr Glas an die leuchtend roten Lippen hob und einen tiefen Schluck Wein nahm. »Ich wette, du kannst nicht mal dann ein Buch lesen, wenn es so ein Highlander-Porno ist.«

Er drehte sich zu Summer um und wackelte mit den Augenbrauen. »Hey, Kotzi. Wie wäre es, wenn wir aus dem Buddyread einen Dreier-Read machen? Du, Todrick und ich. Wir könnten uns jeden Abend bei mir in der Wohnung treffen. Ich lese dir auch gerne als Gutenachtgeschichte aus dem Highlander-Porno vor. Wenn du willst, können Toddy und ich uns abwechseln.«

Summer steckte sich den Finger in den Mund und gab Würgegeräusche von sich. »Wieso klingt jedes Wort von dir so verdammt schmutzig?«

Verteidigend hob Brigham die Hände. »Hey, ich habe nur gefragt, ob wir zu dritt ein Buch lesen wollen.«

»Ich würde mit dir nicht mal ein Pappbilderbuch lesen, auch wenn das vom Anspruch vermutlich das Einzige ist, was dein Erbsenhirn verkraftet.«

Die beiden zankten sich weiter, und das mit einer inbrünstigen Leidenschaft, dass ich am liebsten stundenlang mit Popcorn zugesehen hätte.

Eine Weile sahen Maxx und ich unseren Freunden zu, der lachenden, scherzenden, viel zu großen Runde an diesem Tisch – unserem Tisch –, hier im Leo's. Ein zufriedenes Seufzen entfuhr mir. Ich rutschte auf meinem Stuhl zur Seite, bis ich meinen Kopf auf Maxx' Schulter ablegen konnte. Gedankenverloren streichelte er über meine Haare, und ich tat nichts anderes, als einfach nur dazusitzen und es zu genießen.

»Hey, Sav«, sagte er leise. Er zog sein Handy hervor und hielt es so vor uns, dass wir beide draufblicken konnten. Er öffnete seine Notiz-App mit seiner Liste. Eine Liste, an welcher wir beide die letzten Wochen intensiv gearbeitet hatten. Wie auch an meiner Liste. Denn ständig kamen neue Punkte hinzu.

»Sieh mal.«

Er hielt das helle Display vor mein Gesicht. Suchend glitt ich mit den Augen über den Bildschirm, auf der Suche nach dem, was er mir zeigen wollte.

Dann sah ich es.

Schreibe einen Brief an Mom und Dad – Check.

Schicke den Brief ab – Check.

Ich löste meinen Kopf von Maxx' Schulter, um ihn anzusehen. »Du hast ihn abgeschickt?«, fragte ich überrascht und lächelte ihn an.

Er nickte. »Chester hat mir geholfen. Ich dachte, bevor wir an Thanksgiving mit dir und Ella zu ihnen fliegen, sollte ich den Brief abschicken. Immerhin hab ich mir lange genug Zeit genommen, um ihn zu schreiben. Ich habe meinen Eltern in den Brief geschrieben, dass ich mit ihnen skypen möchte, sobald sie ihn gelesen und sich Gedanken gemacht haben.« Er schien zu zögern. »Na ja, ich dachte, vielleicht möchtest du ja dabei sein. Dann … könntest du sie kennenlernen. Zumindest virtuell. Ich weiß nicht, ob du das möchtest, oder ob das seltsam ist. Ich könnte auch verstehen, wenn du lieber erst Thanksgiving das erste Mal mit ihnen sprichst.«

Ich lehnte mich vor und küsste seine Wange. Ich war so gerührt, dass sich mein Herz zusammenzog. Meine Stimme wurde leise. »Maxx, du kannst auf mich zählen. Versprochen.«

Er wirkte so erleichtert, dass seine Schultern nach unten sanken. »Danke, Savy. Wirklich. Ich … weiß nämlich nicht, ob ich das ohne dich durchstehe.«

»Das würdest du«, sagte ich zuversichtlich. »Du brauchst mich nicht, um Hürden zu bewältigen. Aber zusammen ist es leichter.« Ich verschränkte unsere Finger miteinander. Er hob unsere Hände an seine Lippen und küsste meinen Handrücken. Verschwörerisch lehnte er sich näher zu mir. »Zusammen könnten wir die ganze Welt erobern.«

Ein Lachen entschlüpfte mir. Er stimmte mit ein und streckte einen Finger aus, um die Brille auf meiner Nase ein Stück nach oben zu schieben.

Wärme erfüllte mich. Ich liebte es, wenn er das tat. Und ich liebte ihn. Jede einzelne Seite an ihm, die ich kannte, und jede, die ich nach und nach kennenlernte. Ich bereute es ganz und gar nicht, dass wir uns unsere Gefühle schon so früh gestanden hatten. Es war seitdem immer nur besser geworden. Alles zwischen uns war noch immer so neu und frisch und hochgradig verliebt. Aber es war das Schönste auf der ganzen Welt, mit Maxx zusammen zu sein. Nicht einmal im Traum hätte ich mir vorstellen können, wie wundervoll es war, von ganzem Herzen zu lieben und von ganzem Herzen geliebt zu werden. Denn das schien alles möglich zu machen. Es gab noch so viele Sorgen, so viele Ängste, ungeklärte Fragen, Unsicherheiten, und es gab so unendlich viel zu tun in unser beider Leben. Das Chaos war noch nicht beseitigt. Es waren nicht nur die vielen Aufgaben, die es zu erledigen galt, oder Leistungsdruck. Manchmal waren es auch die guten alten schlechten Tage. Momente, in denen die Welt von Schmerz verschluckt wurde und alles schwer und sinnlos erschien. Doch wenn ich über die Jahre eins gelernt hatte, dann dass es nicht auf das Wissen ankam, all den Schmerz zu haben. Sondern auf das Wissen, dass der Schmerz vorbeiging. Er hielt nicht für immer an. So dunkel und aussichtslos ein Moment auch scheinen mochte, er würde vorbeigehen. Mit Maxx an meiner Seite verschwanden die schlechten Tage nicht. Aber immer wenn er bei mir war, immer wenn ich an ihn dachte, erinnerte er mich daran, dass ein Ende in Sicht war. Bessere Zeiten und bessere Momente warteten auf uns. Wir waren so mutig geworden, so stark. Nicht weil wir voneinander abhängig waren, sondern weil wir uns gegenseitig unterstützten.

Maxx bemerkte den gedankenverlorenen Blick, mit dem ich ihn bis zu diesem Moment angestarrt hatte. So als wüsste er, worüber ich nachgedacht hatte, wurde der Ausdruck in seinen schönen grauen Augen mit einem Mal so zärtlich, dass mir der Atem wegblieb. Lautlos formten seine Lippen Worte. Etwas, was wir in letzter Zeit oft taten. Unser neues Ding.

Ich liebe dich. Er lächelte, was das Grübchen auf seine Wange zauberte.

Ich erwiderte sein Lächeln mit klopfendem Herzen und bewegte ebenfalls lautlos die Lippen. *Ich liebe dich auch.*

Er lehnte sich vor und küsste mich. Und diesmal war es mir egal, dass wir mit unseren Freunden in der Bar saßen. Ich schloss die Augen und gab mich ganz diesem Kuss hin.

Nur eine Sache brachte uns dazu, den Kuss zu beenden. Und das war ein Song von ABBA, der nach einem rockigen Song nun durch die Boxen des Leo's dröhnte.

Ich riss die Augen auf. Begeistert sah ich Maxx an. Er wusste genau, was ich meinte, und grinste zurück. »*Dancing Queen!* Das schreit nach einem Tanz.«

Ich sah mich um. »Aber niemand sonst tanzt. Wir können doch nicht einfach …« Ich verstummte. Dann sah ich Maxx wieder an. Ein Lächeln machte sich auf meinen Lippen breit. »Weißt du was? Du hast recht. Es ist ja nicht unsere Schuld, dass sonst niemand die Gelegenheit nutzt.« Ich stand auf und zog Maxx auf die Beine. Als Ella, Summer, Carla, Lenny und die anderen uns fragend ansahen, straffte ich die Schultern und blickte zu Maxx auf. Er blickte zurück, verschränkte unsere Finger miteinander und zwinkerte mir zu.

»Nur damit ihr Bescheid wisst«, verkündete ich, ohne die Augen von ihm zu lösen. »Maxx und ich werden jetzt so was von das Tanzbein schwingen, und nichts und niemand wird uns davon abhalten!«

DANKSAGUNG

Es fällt mir sehr schwer, Savy und Maxx gehen zu lassen, weil es so eine Freude war, dieses Buch zu schreiben. Die Geschichte hat mich heilen lassen, hat mich mutiger und hoffnungsvoller gemacht und hat meine Seele berührt. Ich habe den vierten Band der Fletcher-University-Reihe ganz besonders ins Herz geschlossen. Deshalb gilt mein erster Dank Fluchbär und Waldfee. Danke, dass ihr wundervolle Protagonisten seid. Ich habe jetzt einen Schreib-Hangover und spinne eure Geschichte in Gedanken für immer weiter.

Als Nächstes muss ich den Mighty Oaks danken. Danke, dass ihr großartige und bewegende Musik macht. Euer Album *All Things Go* lief während des Schreibens rauf und runter und ist zu hundert Prozent der perfekte Soundtrack für die ganze Geschichte. Euer Song »Storm« bedeutet mir für diese Geschichte sogar so viel, dass mir nicht selten die Tränen gekommen sind und ich Gänsehaut hatte, weil ich's einfach gefühlt habe. Danke für eure Kunst. Hoffentlich kann ich euch eines Tages mal live spielen sehen. Dann schenke ich euch eine Ausgabe von *Moving Mountains!*

Ich danke meiner grandiosen und unglaublichen Lektorin Anika Beer für die tolle Zusammenarbeit; danke für jedes Telefonat, jede Nachtschicht und all deine Geduld, wann immer ich dir Dutzende Fotos und Textpassagen auf WhatsApp geschickt habe, um nach deiner Meinung zu fragen. Nie wieder ein Buch ohne dich, du bist ein wahrer Schatz!!!! (Savy-Ausrufezeichen-Style!)

Auch gilt mein Dank meinen wuuuuundervollen Testleser*innen. Meine Dankbarkeit kennt keine Grenzen, und es ist jedes Mal wieder eine wahre, wahre, wahre Ehre und eine Freude mit euch. Danke!!!! (Noch mehr Savy-Style, wuhu!)

Ich danke dem großartigen Team von Droemer Knaur, allen voran Sabine Ley. Danke für eure Begeisterung, den Enthusiasmus, eure Geduld und euer Verständnis.

Danke, Raffi. Ohne unsere Worksessions, Wein- und K-Drama-

Abende hätte ich das Buch nicht beenden können. So viel Liebe an dich.

Danke, Ava. Und Figo. As always. Ich liebe euch sehr!

Danke, Marie, dass du mir immer wieder so süße und Kraft gebende Post geschickt hast. Ich drücke dich so fest!

Auch gilt mein Dank den PJs – wie sollte es auch anders sein? Ihr seid mein Fels in der Brandung und einfach so wundervolle, inspirierende und motivierende Freunde! Ich liebe euch! Besonderer Dank geht noch an Marie. Für all die Gespräche, die Persona-Abende, deine Freundschaft, John, Tschonn und viel zu viele Bloody Marys. Liebe dich sehr!

Danke, Nina und Michi. Danke, Leyla, Mona, Papa, Mama, Nina, Matea, Aida. Nie war ein Jahr härter gewesen als dieses. Nie war es schwieriger für mich, ein Buch zu schreiben, als dieses Jahr. Danke für eure Liebe und eure Kraft. Ihr gebt mir Halt und Energie. Ich bin so froh, dass ich euch in meinem Leben habe und ihr meine Familie seid.

Danke, Michelle, danke, Halil. Ich vermisse euch, und mein Herz blutet für immer. Dieses Buch ist für euch. Alles ist für euch. Ich wünschte, ich könnte euch davon erzählen. Michelle, du fehlst mir so sehr. Und ich hoffe, dort, wo du jetzt bist, kannst du diese Zeilen vielleicht auch lesen und weißt, wie stolz ich auf dich bin und dass du für immer nicht nur eine Freundin, sondern eine Schwester für mich sein wirst. Familie. Ich liebe dich. Und ich trinke ein Red Bull auf dich, ganz oft.

Auch bin ich dankbar für jede einzelne Person, die an meinen Instagram-Worksessions teilgenommen hat. Danke für die Motivation!

Ein weiterer Dank gilt meinen zauberhaften Patrons: Franzi, Jana, Jasmin, Katharina, Kerstin, Laura, Lia-Zoé, Lorena, Nele, Pauline, Sarah, Simone, Sue, Biggi, Ladina, Sara, Sophia, Trudi und Ásdís. Danke für euren wundervollen Support!

Zu guter Letzt gilt mein riesengroßes Danke meinen Leser*innen und meinen Follower*innen auf Social Media. Ich hoffe, euch hat Savs und Maxx' Geschichte gefallen! Danke für eure Begeisterung, eure Liebe für meine Bücher, für eure tollen und wunderschönen Bilder, für jede Rezension, jeden Kommentar, jede DM und jede Mail. Ich schätze euch jeden Tag, und ich so dankbar und glücklich, dass ich Bücher für euch schreiben darf!

Bis ganz bald. 2022 geht es ein weiteres (und letztes) Mal nach Fletcher! Summer und Brigham wollen ihre Geschichte nämlich auch erzählen …

Ich drücke euch fest!
Eure Tami

PLAYLIST

Storm – Mighty Oaks
oh GOD – Orla Gartland
New Friends – Orla Gartland
Chicago (acoustic version) – Sufjan Stevens
All Things Go – Mighty Oaks
When He Sees Me – Kimiko Glenn, Waitress Original
Broadway Cast
Defying Gravity – Kristin Chenoweth, Idina Menzel
Not My Father's Son – Billy Porter, Stark Sands
Lost Again – Mighty Oaks
Light The World On Fire – Mighty Oaks
Waving Through A Window – Ben Platt, Original
Broadway Cast of Dear Evan Hansen
Skinny Dipping – Josh Savage
Midnight Sky – Miley Cyrus
Enigma – Lady Gaga
Deep Water – American Authors
Into The Unknown – Idina Menzel, AURORA
Non-Stop – Leslie Odom Jr., Lin-Manuel Miranda,
Original Broadway Cast of Hamilton
Bop To The Top – High School Musical Cast
Date La Vuelta – Luis Fonsi, Sebastian Yatra, Nicky Jam
Sax – Fleur East
Only For A Moment – Lola Marsh
Cherry Wine – Hozier
Forever – Mighty Oaks
Where The Shadow Ends (acoustic) – BANNERS
Mamma Mia – ABBA
good 4 u – Olivia Rodrigo
Forget Tomorrow – Mighty Oaks
Stupid Love – Lady Gaga

Friday I'm In Love – Phoebe Bridgers
Golden – Harry Styles
Tell Me What You're Thinking – Mighty Oaks
Superposition – Young The Giant
Dancing Queen – ABBA
Ain't No Mountain High Enough – Marvin Gaye,
Tammi Terrell

TRIGGERWARNUNG

(Achtung: Spoiler!)

Dieses Buch enthält Elemente, die triggern können.
Diese sind:

- Emotionaler Missbrauch (durch die Eltern)
- Depressionen
- Panikattacken
- Angststörung
- Nervenzusammenbrüche
- Erwähnung von Suizid
- Gefängnisaufenthalt

Ein allgemeiner Hinweis zum Inhalt des Buches: Enthält Alkohol-konsum, Zigarettenkonsum.

Wir haben uns sehr bemüht, sämtliche potenzielle Trigger anzuführen. Da jeder Mensch besonders und einzigartig ist, hat jede*r Lesende auch eine eigene Wahrnehmung von potenziellen Triggern. Wir bitten daher um Verständnis, das wir nicht gewährleisten können, dass die Aufzählung vollständig ist.

QUELLENNACHWEIS

Kapitel 35:
»Stupid Love«
M&T: Lady Gaga, Ely Rise, BloopPop, Martin Joseph Léonard Bresso,
Max Martin Interscope Records